The
Extended
Mind

창조성은 어떻게 뇌 바깥에서 탄생하는가

The
Extended

익스텐드 마인드

애니 머피 폴 지음 ｜ 이정미 옮김

Mind

RHK
알에이치코리아

샐리, 빌리, 프랭키에게

○

추천사

최첨단 연구와 설득력 있는 실제 사례들, 깊은 통찰력으로 가득 찬 《익스텐드 마인드》는 우리의 뇌가 어떻게 작동하는지 이해할 혁신적인 틀을 제공한다. 정말 흥미로워서 책을 내려놓을 수 없었고, 책장을 덮는 순간 내 삶의 변화가 시작됐다.
그레첸 루빈 《루틴의 힘》 저자

애니 머피 폴은 더 나은 생각을 하는 열쇠가 왜 뇌를 덜 사용하는 데 있는지 설명한다. 우리는 신체, 주변 환경, 그리고 관계를 통해 사고를 확장해서 더 생산적으로 일하고 문제를 창의적으로 해결할 수 있다. 이 책은 이야기와 과학을 사용하여 그것이 어떻게 가능한지 보여 준다.
찰스 두히그 《습관의 힘》 저자

《익스텐드 마인드》에서 애니 머피 폴은 우리가 어떻게 '뇌 밖에서 생각할 수 있는지'를 보여 준다. 즉, 세상의 요소들을 우리 생각의 흐름으로 끌어당기는 것이다. 머리로만 생각할 때 우리는 스스로의 능력을 제한한다. 이 책에서 말하듯 생각을 확장하면 새롭고 다양한 가능성이 열려 집중력, 생산성, 창의력을 얻는다. 한마디로 더 똑똑해질 수 있다.
수전 케인 《콰이어트》《비터스위트》 저자

《익스텐드 마인드》는 창의성, 지능, 심지어 기억력까지도 두뇌가 아닌 우리 바깥의 세계를 통해 얻을 수 있다고 말한다. 이 책은 우리가 생각하는 방식을 근본적으로 바꾸는 매우 흥미로운 책이다.

조슈아 포어 《1년 만에 기억력 천재가 된 남자》 저자

우리가 머리로만 생각하지 않는다면 어떨까? 이 책은 명확하고 도발적이며 생생한 예와 현명한 조언으로 가득 차 있다. 저자는 우리의 정신적 과정이 뇌에서 바깥으로, 즉 몸과 공간 그리고 주변의 사람들에게까지 확장된다는 급진적인 생각을 탐구한다. 현존하는 최고의 과학 작가의 이 야심 찬 작업은 여러분의 사고방식을 바꿀 것이다.

폴 블룸 예일대학교 심리학자, 《최선의 고통》 저자

강력하고, 실행 가능하며, 현명하다. 이 책은 사고가 작동하는 방식에 대해 새로운 가능성의 세계로 가는 문을 열어 준다. 애니 머피 폴의 개념, 실험 사례 및 연구 기반 팁이 사람들을 연결하고, 창조하고, 문제를 새로운 방식으로 수행하는 데 도움이 될 것이라고 확신한다.

다니엘 코일 《탤런트 코드》 저자

애니 머피 폴은 매우 명료한 책을 썼다. 이 책은 마음과 뇌에 대해 더 많이 생각하게 만든다. **하워드 가드너** 하버드대학교 교육학 교수,《다중지능》저자

정체성에 관해서 뇌의 일이 어디까지이고 몸, 환경, 그리고 문화가 어디서 시작하는지 명확한 선이 존재하지 않는다. 저자는 우리가 누구인지에 대한 더 큰 이야기를 풀어낸다. **데이비드 이글먼** 스탠퍼드대학교 신경과학자

인지과학에 관한 흥미로운 연구와 역사상 가장 빛나는 인물들에 대한 흥미 진진한 이야기로 가득 찬 이 책은 여러분이 자신을 이해하는 방법을 바꿀 것이다. 심지어 삶의 방향까지도 바꿀 것이다. 나는 이 책을 내려놓을 수 없었다. **에밀리 에스파하니 스미스**《어떻게 나답게 살 것인가》저자

과학적 아이디어를 설명하기 위한 실제 시나리오를 찾는 저자의 재주는 머 릿속의 사고가 지능과 창의성의 유일한 원천이 아니라는 이론에 큰 신빙성 을 부여한다. 그녀의 신선한 접근법이 적중한다. 〈퍼블리셔스 위클리〉

작가, 예술가, 교사, 그리고 자신의 두뇌 파워를 높이고 다른 사람들도 돕고자 하는 사람들을 위한 실용적이고 폭넓은 가이드. 〈라이브러리 저널〉

매력적이다. 확실한 걸음걸이, 폭넓은 범위. 〈월스트리트 저널〉

스타 과학 작가의 보석 같은 이 책을 읽고 기존의 내 생각을 고쳐야 했다. (2021년 최고의 책) **애덤 그랜트** 와튼스쿨 조직심리학 교수, 《싱크 어게인》 저자 여러분이 생각을 잘하는 법에 대한 책을 쓴다면 다음과 같은 경험을 자주 하게 될 것이다. 우리에게 정보를 제공해 주는 사람들, 즉 주제를 뒷받침할 근거를 지닌 저작물을 쓴 인지과학자, 심리학자, 생물학자, 신경과학자, 철학자들이 자신의 글을 통해 책을 쓰고 있는 여러분에게 직접 말을 거는 것처럼 느껴질 것이다. 그들은 회유하며 주장하고, 논증하고 논쟁하며, 경고하고 판단한다. 학자들의 조언을 독자에게 설명할 때 여러분은 그들이 던지는 날카로운 질문과 마주한다. '당신은 과연 자신이 하는 조언을 따를 것인가?'

나는 130여 년 전에 쓰인 책의 한 구절을 놀라운 마음으로 읽으면서 내밀한 대화를 나누기 시작했다. 마치 저자가 내 책상에 펼쳐진 책장을 통해 손을 내밀고 있는 것 같았다. 그 만남을 더욱 강렬하게 만든 문제의 저자는 의심할 여지 없이 위협적인 인물이었다. 그는 바로 엄격한 시선과 다소 고약해 보이는 콧수염을 가진 독일의 철학자 프리드리히 니체 Friedrich Nietzsche였다.

니체는 다 알고 있다는 듯이 내게 이렇게 말했다. "한 사람이 그의 생각을 어떻게 얻게 되었는지 우리는 얼마나 쉽게 알아내는가. 잉크병 앞에 앉아서 굶주린 채 글을 썼든, 종이 위에 머리를 숙이고 글을 썼든 간에 우리는 그의 책을 빠르게 읽어 버린다. 장담하건대 좁은 창자는 밀실의 공기, 천장, 협소함에 못지않게 스스로를 드러낸다."[1] 갑자기 내가 글을 쓰고 있던 방이 답답하고 좁게 느껴졌다.

나는 신체의 움직임이 우리의 사고방식에 어떤 영향을 미치는가에 대한 내용을 쓰던 와중에 니체의 글과 만났다. 앞서 인용한 니체의 글은 프랑스의 철학자 프레데리크 그로^{Frédéric Gros}가 쓴 《걷기, 두 발로 사유하는 철학》에 나온다. 그로는 책이 꼭 작가의 머릿속에서만 나오는 게 아니라는 조언을 건네면서 자신의 생각을 덧붙였다. "필경사의 몸, 즉 그의 손, 발, 어깨, 다리를 떠올려 보라. 그리고 그가 쓴 책을 하나의 생리적 표현이라고 생각해 보자. 수없이 많은 책에서 독자들은 글쓴이의 앉아 있는 몸, 웅크린 몸, 구부정한 몸, 쭈그러진 몸을 느낄 수 있다."[2] 오전 내내 앉아 있던 내 몸이 뭔가 찔리기라도 한 듯 의자 위에서 자세를 바꿔 움직였다.

그로는 창작 활동을 하는 데 훨씬 더 도움이 되는 것은 '걷는 몸'이며, 그 몸은 "활처럼 펼쳐져 곧게 세워져 있고 태양을 바라보며 활짝 핀 꽃처럼 톡 트인 공간을 향해 열려 있다"고 말했다.[3] 그는 또 우리에게 니체의 말을 상기시켜 준다. 니체는 "가능한 한 조금 앉아야 있어야 하며, 야외에서 자유롭게 움직일 때 떠오른 생각이 아니라면 그 어떤 생각도 믿지 말아야 한다"고 적었다.[4]

철학자들이 하나같이 나를 공격하는 것 같아서 랩톱을 닫고 산책에 나섰다. 물론 내가 철학자들의 말만 듣고 그렇게 행동한 것은 아니었다. 당시 나는 조사를 진행하면서 신체 활동이 우리의 집중력과 기억력, 창의력을 향상시킨다는 점을 보여 주는 실증 연구 논문 수십

편을 읽었다. 실제로 나는 다리를 움직이면서 눈앞을 스쳐 지나가는 이미지와 약간 빨라지는 심장 박동을 느끼며 내 마음에 어떤 변화가 생겼다는 것을 발견했다. 책상으로 다시 돌아와 앉았을 때는 오전 내 내 나를 괴롭혔던 복잡한 문제를 해결하는 데 시간이 허비되지 않았다. (내가 쓴 글에도 그로가 말하는 에너지, 즉 "몸이 지닌 탄력성"이 잘 표현돼 있기를 바랄 뿐이다.[5]) 내 두뇌는 그 문제를 스스로 해결할 수 있었을까, 아니면 움직이는 팔다리의 도움이 필요했을까?

우리가 속한 문화에서는 보통 사유가 뇌를 통해서만 가능하다고 말한다. 내 랩톱을 작동시키는 부품이 알루미늄 케이스 안에 밀봉돼 있는 것처럼 인지 활동이 일어나는 영역이 따로 정해져 있다는 이야기다. 이 책에서는 꼭 그렇지만은 않다는 사실을 논할 것이다. 사유하는 일은 내가 산책 중에 만났던 둥지를 만드는 새에 비유하는 게 더 적합하다고 볼 수 있다. 즉 나뭇가지와 사용 가능한 재료들을 얼기설기 엮어 둥지가 생겨나듯 생각도 만들어지는 것이다. 인간의 경우, 생각을 만드는 재료로 몸의 느낌이나 움직임, 배우고 일하는 물리적 공간, 그리고 반 친구, 동료, 선생님, 지도 교수, 지인 등 우리가 소통하는 사람들이 포함된다. 심리학자 아모스 트버스키Amos Tversky와 다니엘 카너먼Daniel Kahneman의 매우 지적이고 뛰어난 팀이 보여 줬듯 가끔 이 세 요소가 한데 모여 아주 절묘한 방식으로 조화를 이루기도 한다. 이 두 심리학자는 예루살렘의 번화가나 캘리포니아 해안의 구불구불한 언덕을 함께 걷고 대화를 나눠 가며 휴리스틱heuristic과 편향, 즉 인간 정신의 습관적인 지름길과 왜곡에 대한 여러 획기적인 연구를 수행했다. 카너먼은 "아모스와 함께 느긋한 산책을 즐기며 내 인생에서 가장 행복한 사유를 했다"고 말했다.[6]

인간의 인지를 다룬 두꺼운 책들이 자주 출간됐고 많은 이론이 소개됐으며 여러 연구가 진행됐다(트버스키와 카너먼의 책, 이론, 연구도 이에 속한다). 이러한 노력은 셀 수 없이 많은 통찰을 선사했지만, 사고가 뇌 안에서만 일어난다는 가정에 한정돼 있다. 손짓, 스케치북, 다른 사람 이야기 듣기, 다른 사람 가르치기 등 사람들이 생각하기 위해 세상을 이용하는 방식에 대한 관심은 현저히 줄었다. 실은 이러한 '신경 외적extra-neural'인 요소의 투입이 우리의 사고방식을 변화시킨다. 심지어 그러한 요소들이 생각하는 과정 자체의 일부를 구성한다고도 말할 수 있다. 그렇다면 지금의 인식 방식의 연대기는 어디서 왔을까? 과학 저널은 대부분 정신 기관organ은 육체와 분리돼 있고, 뚜렷한 장소가 없으며, 비사교적인 실체, 즉 '통 속의 뇌brain in a vat'라는 전제를 바탕으로 진행됐다.[7] 역사책은 위대한 생각을 가진 개개인 덕분에 세상을 바꾸는 돌파구를 찾을 수 있었다는 이야기를 들려줬다. 하지만 우리 앞에는 늘 비슷한 이야기가 존재해 왔다. 그 이야기는 바로 뇌 밖에서 생각하는 일에 대한 일종의 비밀스러운 역사다. 과학자, 예술가, 작가, 지도자, 기업가 모두 생각의 흐름을 위한 원료로 외부 세계를 사용해 왔다. 이 책은 인류가 어떻게 지성과 창의성이라는 놀라운 위업을 달성할 수 있었는지에 대해 다시 자세히 살펴보면서 그 속에 숨겨진 이야기를 파헤치고자 한다.

우리는 노벨상을 수상한 유전학자 바바라 매클린톡Barbara McClintock이 어떻게 식물 염색체를 상상 속에서 구현해 냈는지, 그리고 선구적인 심리치료사이자 사회비평가인 수지 오바크Susie Orbach가 자신의 신체 내부 감각(내수용 감각이라고 알려져 있다)에 집중함으로써 그녀의 환자들이 느끼고 있는 자극을 어떻게 감지하는지 살펴볼 것이다.

또 생물학자인 제임스 왓슨James Watson이 어떻게 사진을 물리적으로 조작해 디엔에이DNA 이중 나선 구조를 밝혀냈는지, 그리고 작가 로버트 카로Robert Caro가 어떻게 자신이 다룰 주제를 벽면 크기의 지도에 정교하게 구상했는지 살펴볼 것이다. 우리는 바이러스학자 조너스 소크Jonas Salk가 무슨 영감을 받아 13세기 이탈리아 수도원을 돌아다니며 소아마비 백신에 대한 연구를 완수했는지, 그리고 예술가 잭슨 폴록Jackson Pollock이 정신없이 바쁘게 돌아가는 맨해튼 시내에 있는 그의 아파트를 롱아일랜드의 농가와 맞바꾸면서 화법의 혁명을 일으킨 사례를 알아볼 것이다. 또 우리는 픽사 감독 브래드 버드Brad Bird가 어떻게 그의 오랜 제작자와 격렬하게 논쟁해서 〈라따뚜이〉와 〈인크레더블〉 같은 명작 영화를 만드는지, 그리고 노벨상을 수상한 물리학자 칼 와이먼Carl Wieman이 학생들의 대화를 유도하면 그들을 과학자처럼 생각할 수 있게 해 준다는 사실을 어떻게 알아냈는지 살펴볼 것이다.

앞서 언급한 이야기들은 우리 뇌가 모든 것을 스스로 할 수 있거나 해야 한다는 일반적인 가정을 반박하고 있다. 오히려 그 이야기들은 우리가 몸, 공간, 관계를 통해 생각할 때 가장 좋은 생각이 떠오른다는 상계 개념countervailing notion의 생생한 증거라 할 수 있다. 프리드리히 니체가 걷기의 미덕에 찬사를 보냈듯이 뇌 밖에서 생각하기의 효능을 뒷받침하는 증거는 단순한 에피소드와 거리가 멀다. 이와 관련된 다음 세 가지 영역에서 나온 연구는 인간의 사고 과정에서 신경 외적인 자원이 중심적인 역할을 하고 있다는 사실을 설득력 있게 입증해 왔다.

첫째, 우리의 사고에서 신체의 역할을 탐구하는 체화된 인지embodied cognition 연구다. 그 예로 손짓이 어떻게 우리의 화술에 도움을 주고 추상적인 개념에 대한 우리의 이해력을 높이는지에 관한 연구가 있다. 둘째, 우리가 처한 상황이 사고에 미치는 영향을 조사하는 상황 인지 situated cognition 연구다. 일례로 소속감이나 개인의 자제력 등을 전달하는 환경적 신호가 어떻게 주어진 상황에서 우리의 성과를 향상시키는지에 대한 연구가 있다. 셋째, 다른 구성원들과 함께 생각하는 효과를 탐구하는 분산 인지 distributed cognition 연구다. 예컨대, 그룹으로 일하는 사람들은 어떻게 각자의 전문성을 조직화하고(이러한 과정을 설명하는 개념이 바로 '분산 기억 transactive memory'이다), 그룹은 구성원 개개인이 기여할 수 있는 능력을 뛰어넘는 결과(이러한 현상을 가리켜 '집단 지성 collective intelligence'이라고 한다)를 도출하기 위해 어떻게 협력할 수 있는지에 대해 연구한다.

20년 넘게 심리학과 인지과학 연구를 취재해 온 기자로서 나는 이 분야에서 나오는 연구 결과들을 점점 더 흥미진진하게 읽게 됐다. 동시에 그 연구 결과들은 뇌의 바깥에 있는 요소들이 교육, 직장, 일상에서 우리를 똑똑하게 만들어 준다는 사실을 내비치고 있었다. 유일한 문제는 이렇게 수많은 연구 결과 전체를 일관성 있게 '조직적'으로 정리한 중요한 틀이 없다는 점이다. 체화된 인지, 상황 인지, 분산 인지 이 세 분야에 몸담고 있는 연구자들은 서로 다른 저널을 통해 연구 발표를 하고 서로 다른 콘퍼런스에 참석하면서 자신들이 연구하는 전문 분야 간의 연관성을 거의 도출하지 못했다. 그렇게 흥미로운 연구 결과들을 하나로 통합할 수 있는 일관된 견해가 과연 있기나 했을까?

한 철학자가 한 번 더 나를 구해 줬다. 이번에는 영국 서식스대학교에서 인지철학을 가르치는 앤디 클라크Andy Clark 교수였다. 1995년 클라크는 〈확장된 마음The Extended Mind〉이라는 제목의 논문을 공동 집필했고, 그 논문은 "의식은 어디에서 멈추고 나머지 세계는 어디에서 시작되는가?"라는 간단한 질문으로 시작한다.[8] 전통적으로 우리는 정신이 뇌 안에 있다고 가정해 왔지만, 클라크와 그의 공동 저자인 철학자 데이비드 차머스David Chalmers는 "두개골과 피부 안에는 그어떤 신성한 것도 없다"고 주장했다. 바깥 세계의 요소들은 의식을 '확장'하는 역할을 할 수 있고, 뇌의 추상적 사고방식으로는 불가능한 방법으로 우리가 생각할 수 있게 해 준다.

처음에 클라크와 차머스는 기술이 의식을 확장하는 방법을 분석하는 데 초점을 맞췄다. 여러분이 스마트폰을 구입하고 엄청난 양의 데이터를 새 기기로 옮기기 시작하면, 기술이 정신의 기억 저장 영역을 확장시킬 수 있다는 주장은 터무니없는 주장에서 설명이 필요 없는 자명한 사실로 즉시 변한다. (동료 철학자인 네드 블록Ned Block은 클라크와 차머스의 주장이 논문 발표 당시인 1998년에는 거짓이었으나 이후 사실이 됐다고 말하기를 좋아한다. 사실이 된 시점은 아마도 애플이 아이폰을 처음 선보인 2007년이었을 것이다.[9])

그런데 해당 논문을 집필할 초기에 클라크는 다른 유형의 확장이 가능하다는 생각을 비치기도 했다. 클라크와 차머스는 "우리의 인지 능력이 사회적 인간관계를 통해 확장할 수 있을까?"라는 질문을 던졌다. "우리 의식 상태가 다른 사상가들의 정신에 의해 부분적으로 구성될 수 있을까? 우리는 안 될 이유가 없다고 본다."[10] 클라크는 그 후 몇 년 동안 의식의 확장에 기여할 수 있는 실체의 종류를 이해하고자 연구를 계속 확대해 나갔다. 그는 우리의 신체적 움직임과 몸짓이 '확장된 신경-신체 인지 경제'에서 중요한 역할을 한다고 말했다.[11] 그는 인간이 '디자이너 환경designer environment', 즉 복잡한 문제를 해결하기 위해 우리 뇌가 수행해야 하는 계산적인 작업을 단순화하는 환경을 만들어 내는 경향이 있다고 언급했다.[12] 클라크는 더 많은 논문과 책을 통해 '뇌에 갇힌brainbound' 관점, 즉 사고가 우리 뇌 안에서만 일어난다는 견해를 반박하고 '확장된extended' 관점, 즉 우리 세계의 풍부한 자원이 생각의 흐름에 개입할 수 있다는 견해를 뒷받침하는 광범위하고 설득력 있는 주장을 펼쳤다.[13]

나를 전향자로 여겨도 좋다. 확장된 마음이라는 개념은 내 상상력을 사로잡았고, 그 상상 속에서 여전히 벗어나지 못했다. 오랫동안 취재를 해 왔지만 내가 생각하고, 일하고, 양육하고, 일상을 다루는 방식을 이렇게 송두리째 바꿔 버린 생각을 마주하기는 처음이었다. 나는 앤디 클라크의 대담한 주장이 소수만이 이해할 수 있는 상아탑 철학자의 난해한 사고 실험이 아니었음을 확실히 알 수 있었다. 그의 견해는 확실히 다르게 생각하고 더 좋은 방식으로 사고할 수 있게 해 줬다. 나는 연구자들이 실험하고 입증한 수십 가지의 두뇌 밖 사고 기법을 목록화하면서 나의 목록에도 그 방법들을 적극적으로 포함시켰다.

이러한 기법 중에는 올바른 의사 결정을 내리고 정신 작용을 관리하는 데 필요한 신체 내부 신호를 활용하기 위해 내수용 감각을 강화하는 방법이 포함된다. 그 방법에는 기억력과 집중력을 강화하기 위한 특정 유형의 제스처나 특정 모드의 신체 활동에 대한 지침이 들어 있다. 이 책에서는 생산성을 높이고 더 나은 성과를 내기 위한 학습 공간과 작업 공간을 설계하는 지침뿐 아니라 집중력을 회복하고 창의성을 높이기 위해 자연 속에서 시간을 보내는 데 필요한 방법을 소개한다. 그리고 우리가 다룰 연구 결과들은 다른 사람들의 인지 능력이 우리의 인지 능력을 높여 주는 사회적 상호 작용의 형태를 설명할 것이다. 또 생각을 비우고, 생각을 표면화하고, 생각과 적극적으로 상호 작용하는 방법, 즉 우리 머릿속에서 모든 일을 다 하는 것보다 훨씬 더 효과적인 접근법을 알려 줄 것이다.

결국 나는 내가 재교육을 받고 있다는 사실을 깨달았다. 이 교육은 갈수록 더 중요해지지만 거의 항상 그 중요성이 간과되고 있다. 초등학교와 고등학교는 물론이고 심지어 대학교와 대학원에서도 우리는 뇌 바깥에서 생각하는 법을 제대로 배워 본 적이 없다. 우리는 지능적인 사고를 하기 위해 몸, 공간, 관계를 어떻게 사용하면 되는지 배우지 못했다. 그러나 그 방법을 어디에서 찾아봐야 하는지 알고 있다면 바로 배우고 활용할 수 있다. 우리는 그 방법을 스스로 알아낸 예술가, 과학자, 작가들과 그 방법을 연구 대상으로 삼고 있는 연구자들에게 배울 수 있다.

나로서는 이 책에 자세히 설명돼 있는 방법의 도움 없이는 이 책을 쓸 수 없었을 것이라고 확신한다. 그렇다고 해서 내가 우리 문화의 매너리즘에 또다시 빠진 적이 없었다는 말은 아니다. 그날 아침 프리드리히 니체의 우연한 개입이 있기 전까지 나는 뇌를 확장할 기회를 찾는 대신 가엾은 뇌를 더 혹사하면서 키보드에 머리를 푹 숙인 채 완전히 머리 안에 갇혀 있었다. 내 연구를 통해 내가 자연스럽게 변화할 수 있었음에 감사한다. 이 책의 목적 또한 독자들을 보다 생산적인 방향으로 자연스럽게 이끄는 데 있다.

내게 니체의 말을 들려준 프랑스 철학자 프레데리크 그로는 사상가들은 "다른 빛을 찾아" 움직여야 한다고 주장한다.[14] 그가 말한 것처럼 도서관은 항상 너무 어둡고, 책더미 사이의 책들은 그 칙칙한 어두움을 드러낸다. 한편 어떤 책들은 어둠을 가르는 산의 예리한 빛이나 햇살에 반짝이는 바다처럼 보인다. 나는 이 책이 학생과 직장인, 부모와 시민, 리더와 창작자로서 우리가 하는 생각에 색다른 빛을 던지고 신선한 공기를 가득 불어넣어 주기를 바란다. 우리 사회는 전례 없는 도전 과제들에 직면해 있고, 그 과제들을 해결하기 위해서 우리는 제대로 생각할 수 있어야 한다. 현재 뇌에 너무나 지배적으로 얽매여 있는 패러다임은 분명 그 과제를 해결하는 데 적합하지 못한 인식 체계라 할 수 있다. 우리는 우리가 바라보는 모든 곳에서 집중력과 기억력, 동기와 끈기, 논리적 추론 및 추상적 사고와 관련된 문제들을 발견한다. 정말 독창적인 아이디어나 혁신은 부족한 것 같다. 학교와 회사 내 참여 수준은 낮고, 팀이나 그룹들은 효과적이고 만족스러운 방법으로 함께 일하기 위해 발버둥 치고 있다.

나는 그러한 어려움은 생각이 주로 어디에서 어떻게 생겨나는지에 대한 근본적인 오해에서 비롯된다고 믿게 됐다. 우리가 뇌 안에서 생각하는 데 만족하는 한 뇌의 한계에 계속 얽매일 수밖에 없을 것이다. 그러나 우리가 의도적으로 기술을 연마해 두뇌 밖으로 생각을 확장하면 한계를 넘어설 수 있다. 우리의 생각은 우리의 몸처럼 역동적일 수 있고, 우리의 공간처럼 바람이 들 수 있고, 우리의 관계처럼 풍부해질 수 있고, 드넓은 세상처럼 큼지막해질 수 있다.

차례

PART 1

우리 몸

주변 환경

PART 3

관계

뇌 밖에서 생각하기

머리를 써라. 여러분은 이 말을 얼마나 많이 들었는가? 아마 여러분
도 아들, 딸, 학생, 직원에게 이 말을 건네며 재촉했을 것이다. 특히
까다로운 문제와 씨름하거나 이성을 유지하기 위해 스스로를 다독이
면서 숨죽여 중얼거렸을지도 모른다. 머리를 써!

　이러한 명령은 학교, 직장, 일상생활에서 겪는 어려움 속에서 흔히
접할 수 있다. 장소를 불문하고 들려오는 이 외침은 생각에 잠겨 손
으로 턱을 괴고 있는 조각상인 오귀스트 로댕Auguste Rodin의 〈생각하
는 사람The Thinker〉부터 교육용 장난감, 영양제, 인지 건강 운동 등 모
든 종류의 제품과 웹사이트를 장식하고 있는 뇌 모양의 그림에 이르
기까지 문화 전반에서 자주 반복되는 말이다. 우리는 두뇌의 힘을 충
분히 발휘하고 두개골 안의 뛰어난 뇌 조직 덩어리를 잘 활용하라는

의미로 이 말을 사용한다. 우리는 그 조직 덩어리를 깊이 신뢰해서 어떤 문제든 간에 뇌가 그 문제를 해결할 수 있다고 믿는다.

그런데 그러한 믿음이 잘못됐다면 어떨까? 어디서든 접할 수 있는 '머리를 쓰라'는 말이 실은 잘못된 지시라면 어떻게 될까? 쏟아져 나오는 연구 결과들이 우리가 완전히 잘못된 방향으로 나아가고 있다고 시사한다. 현재 우리는 현명하게 생각하는 우리의 능력을 손상시킬 정도로 뇌를 너무 많이 사용한다. 우리가 해야 할 일은 바로 두뇌 밖에서 생각하는 것이다.

뇌 밖에서 생각하기는 머리 바깥에 있는 것들, 즉 몸의 느낌과 움직임, 우리가 배우고 일하는 물리적 공간, 주변에 있는 다른 사람들의 생각을 우리의 정신적인 과정으로 끌어들여 능숙하게 관계 맺는 일을 의미한다. 그러한 '신경 외적extra-neural'인 자원들을 모아들이기 위해 생각을 두뇌 밖으로 확장해 나감으로써 우리는 더 깊이 몰두하고 이해할 수 있으며 두뇌 하나만으로는 품을 수 없는 상상력을 보다 더 창의적으로 발휘할 수 있다. 우리는 우리의 몸과 공간, 관계에 대해 머리로 생각하는 게 더 익숙하다. 그러나 또 우리는 추상적인 개념을 이해하고 표현하기 위해 제스처를 사용하고(몸), 아이디어를 잘 구상하기 위해 작업 공간을 정리하며(공간), 더 깊이 이해하고 더 정확히 기억할 수 있게 해 주는 가르침이나 이야기가 깃든 사회적 관행을 따르는 식으로(관계) 생각할 수도 있다. 우리는 자신과 다른 사람들에게 머리를 쓰라고 적극적으로 권하는 대신 비좁은 두개골 밖에서 생각하기 위해 신경 외적인 자원들을 잘 사용해야 한다.

여기서 잠깐, 여러분은 '과연 그럴 필요가 있을까? 뇌 스스로 그 일을 할 수 있지 않을까?' 하고 물을 수도 있겠다. 그러나 실제로는 그렇지 않다. 우리는 인간의 두뇌가 모든 일에 다 능통한 '생각하는 만능 기계'라고 믿기에 이르렀다. 우리는 뇌의 놀라운 능력, 번개같이 빠른 이해력, 변화무쌍한 가소성에 대한 연구 결과가 담긴 정보의 홍수 속에 살고 있다. 우리는 뇌가 "우주에서 가장 복잡하고 그 깊이를 헤아릴 수 없는 경이로운 존재"라고 들었다.[1] 하지만 그런 과장된 이야기에서 벗어날 때 뇌가 지닌 능력이 실제로는 상당히 제한적이고 국한돼 있다는 사실을 마주하게 된다. 뇌의 한계에 대한 연구자들의 관심이 커지고 있다는 사실은 지난 수십 년간 잘 알려지지 않았다. 인간의 뇌는 사실 집중하고 기억하며 추상적인 개념을 이해하고 어려운 일을 지속해 나가는 능력에 한계를 지닌다.

중요한 것은 모든 사람의 뇌가 이러한 능력의 한계를 갖고 있다는 점이다. 이는 개개인의 지능, 신체 기관의 특징, 생물학적 특성, 진화사의 문제가 아니다. 뇌는 신체 감각을 느끼고, 몸을 움직이고, 공간에서 위치나 방향을 지각하고, 다른 사람들과 관계를 맺는 등 몇 가지 활동은 아주 훌륭하게 해낸다. 그러한 활동들은 굳이 노력하지 않아도 거뜬히 한다. 그렇다면 뇌가 복잡한 정보를 다시 정확하게 기억해 낼 수는 있을까? 아주 엄격한 논리적 추론을 도출할 수 있을까? 추상적이거나 반직관적인 생각을 완전히 이해할 수 있을까? 딱히 그렇지도 않다.

여기서 우리 모두는 딜레마에 빠지게 된다. 현대 사회는 대단히 복잡하고, 개념이나 상징을 중심으로 한 비직관적인 생각이 바탕이 된 정보로 가득 차 있다. 이 세상에서 성공하려면 집중력과 엄청난 기억력, 충분한 재원, 지속적인 동기 부여, 논리적 정확성이나 추상적 개념에 대한 이해력이 필요하다. 우리의 생물학적 뇌가 할 수 있는 일과 현대 사회가 요구하는 능력의 간극은 크고 나날이 더 커지고 있다. 새로운 실험 결과가 나올 때마다 세계에 대한 과학적 설명과 우리의 직관적 이해 사이에 존재하는 간극은 더 뚜렷해진다. 인류의 지식을 저장하는 데이터가 1테라바이트 늘 때마다 우리가 타고난 능력은 더 뒤처지고 만다. 이 세상에 존재하는 문제들이 더 복잡해질 때마다 무방비 상태에 있는 우리 뇌는 그 문제들을 해결하는 데 더 큰 어려움을 겪게 될 것이다.

현대 사회가 제기하는 인지 문제에 대응하기 위해 우리는 철학자 앤디 클라크가 '뇌에 갇힌 사고'라 부르는 것, 즉 문제를 해결하기에 턱없이 부족한 뇌의 한계에 오히려 더 몰두해 왔다. 우리는 우리 자신과 다른 사람들에게 '하면 된다'고 설득하면서 참고 인내하며 더 열심히 생각하라고 재촉한다. 그러나 뇌는 가소성을 자랑하면서도 다루기가 어렵고 고집스러운 것들로 이뤄져 있어서 우리는 종종 좌절감을 느끼고 만다. 그 한계에 직면한 우리는 무심코 자기 자신(혹은 아이, 학생, 직원)이 똑똑하지 않다거나 끈기가 부족하다는 결론을 내릴 수도 있다. 사실, 문제는 우리 인간이 고질적인 정신적 한계에 대응하는 방식이다. 우리는 (시인 윌리엄 버틀러 예이츠William Butler Yeats가 다른 상황에서 언급했듯) 극복할 수 없는 '상상 속의 일을 해내고자 하는 의지'를 보여 주는 방식을 쓰고 만다.[2] 우리에게 현명한 조치는 뇌에 너무 기대지 않고 뇌 바깥에 도달하는 법을 배우는 것이다.

17세기 프랑스 극작가 몰리에르Molière가 쓴 《서민귀족The Middle Class Gentleman》에서 귀족이 되기를 바라는 주르댕은 산문과 운문의 차이를 알게 되면서 얻은 깨달음에 기뻐한다. 주르댕은 외친다. "세상에! 40년 넘게 산문에 대해 아무것도 모른 채 산문을 이야기해 왔구나!"[3] 이와 마찬가지로 우리는 스스로 오래전부터 사고 과정에 신경 외적 자원을 끌어들여 왔다는 것, 즉 우리가 이미 뇌 밖에서 생각하고 있다는 사실을 알게 되면 감명을 받을지도 모른다.

다만 나쁜 소식은 우리가 어떤 의도나 기술 없이 되는 대로 신경 외적 자원을 이용하고 있다는 것이다. 상황이 이렇다는 게 전혀 놀랍지 않다. 경영과 리더십뿐 아니라 교육과 관련된 영역에서 우리가 기울이는 노력에는 대부분 두뇌에 갇힌 사고가 포함된다. 초등학교 때부터 성인이 될 때까지 우리는 가만히 앉아서 조용히 집중하고 열심히 생각하는 법을 익힌다. 우리가 개발하고 배우는 기술은 주로 머리를 사용하는 일과 관련돼 있다. 정보를 기억하거나 내적 추론을 하고 깊이 사유하며 스스로 동기를 부여하기 위해 머리를 열심히 쓴다.

한편 뇌 밖에서 생각하는 능력에 상응하는 기술을 지니려는 모습은 찾아볼 수 없다. 예를 들어, 신체 내부 신호, 즉 우리가 유익한 선택과 결정을 내릴 수 있는 신체 감각을 이해하는 방법에 대한 가르침은 없다. 우리는 과학이나 수학 같은 핵심 개념 과목을 이해하거나 참신하고 독창적인 아이디어를 내기 위해 몸의 움직임이나 몸짓을 사용하는 방법을 배우지 못했다. 학교에서는 자연이나 교외 환경에서 부족한 집중력을 회복시키는 방법이나 학습 공간을 정리해 지적 사고를 확장하는 방법을 학생들에게 가르쳐 주지 않는다. 교사와 감독들은 통찰력을 얻고 문제를 해결하기 위한 방법으로 어떻게 추상적인 아이디어가 만질 수 있는 물질을 통해 이해될 수 있는지 보여 주지 않는다. 직원들은 모방과 대리 학습vicarious learning이라는 사회적 관행이 어떻게 전문 지식 습득 과정을 단축할 수 있는지 증명해 보여 주지 않는다. 교실 내 그룹과 직장 내 팀들은 구성원들의 집단 지성을 높이는 과학적 방법을 교육받지 못한다. 뇌 밖에서 생각하는 우리의 능력은 거의 아무 교육도 받지 못하고 제대로 발달하지 않은 채로 방치돼 왔다.

이러한 실수는 '신경 중심 편향neurocentric bias'의 유감스러운 결과라 할 수 있다. 신경 중심 편향은 우리가 뇌를 이상화하고 뇌에 집착하며 인지 능력이 두개골 밖으로 확장해 나갈 수 있다는 점을 미처 생각하지 못하는 것을 말한다.⁴ (코미디언 에모 필립스Emo Philips는 말했다. "저는 뇌가 제 몸에서 가장 훌륭한 기관이라고 생각하곤 했어요. 그러고는 누가 제게 그런 말을 하는지를 알게 됐죠."⁵) 그런데 다른 관점에서 보면, 보편적인 현상에 가까운 이러한 무관심은 상서로운 기회, 즉 아직 실현되지 않은 가능성의 세계를 나타낸다. 최근까지 과학은 뇌 밖에서 생각하는 일에 별 관심이 없었다. 하지만 더 이상은 그렇지 않다. 심리학자, 인지과학자, 신경과학자들은 이제 신경 외적 자원이 어떻게 우리가 사유하는 방식을 만들어 내는지 명확한 그림을 제시할 수 있게 됐다. 게다가 그들은 두뇌 바깥에 있는 자원들을 사용하여 우리의 사고력을 높이기 위한 실용적인 지침을 제공한다. 이러한 발전은 우리가 의식을 바라보는 방식, 그리고 더 나아가 우리가 우리 자신을 이해하는 방식의 광범위한 변화를 바탕으로 전개되고 있다.

하지만 먼저 우리가 어디에 있었고, 또 어디로 가고 있는지 알기 위해서 뇌에 대한 현재의 생각이 나오게 된 시점으로 되돌아가 볼 필요가 있다.

1946년 2월 14일, 숨이 막힐 만큼의 인파가 필라델피아에 있는 무어전기공학교Moore School of Electrical Engineering 강당을 가득 메웠다. 이

날 이 학교의 아주 비밀스럽고 소중한 보물이 세상에 공개될 예정이었다. 그 보물은 다름 아닌 에니악Electronic Numerical Integrator And Computer, ENIAC 이었다.[6] 무어학교의 잠긴 방에서 번개같이 빠른 속도로 계산할 수 있는 최초의 기계인 전자식 숫자 적분 및 계산기가 크게 울리는 소리를 내며 돌아갔다. 무게 30톤에 달하는 거대한 에니악은 진공관 1만 8000여 개, 스위치 6000여 개, 납땜 조인트 50만여 개를 사용해 제작했고, 그것을 만드는 데에만 20만 인시man-hours 이상이 소요됐다.

버스 크기의 이 기계식 계산기는 무어학교의 모체인 펜실베이니아 대학교의 젊은 과학자 존 모클리John Mauchly와 J. 프레스퍼 에커트 주니어J. Presper Eckert Jr.가 발명했다. 에니악은 미국 육군의 재정 지원을 받아 유럽에서 전쟁 중인 미국 포병들이 탄도 궤적을 계산하기 위해 개발됐다. 미군이 도입한 신무기를 효율적으로 사용하는 데 필요한 궤적표를 작성하는 일은 많은 시간과 노력을 요하는 과정이었고, 24시간 교대로 일하는 인간 '컴퓨터'로 구성된 팀 근무를 필요로 했다. 신속하고 정확하게 임무를 수행할 수 있는 기계식 계산기는 미국 군대가 더없이 중요한 우위를 점할 수 있게 했을 것이다.

브이데이V-Day(제2차 세계 대전의 전승 기념일을 말한다 - 옮긴이) 이후 6개월이 지난 시점에는 전쟁을 하던 시기의 요구가 경제 성장의 요구로 대체됐고, 모클리와 에커트는 그들의 발명품을 세상에 선보이기 위해 기자 회견을 열었다. 두 사람은 적지 않은 연출 기법을 행사에 적용해 가며 정성을 다해 기자 회견을 준비했다. 에니악이 주어진 작업을 수행하며 소리를 내자 축전지에 내장된 네온전구 300여 개가 깜박거리면서 번쩍였다. '프레스'라고 알려진 프레스퍼 에커트Presper

Eckert는 그 작은 전구들이 인상적인 효과를 내기에 충분하지 않다고 판단했다. 기자 회견 당일 아침, 그는 밖으로 뛰어나가 탁구공을 한가득 구입했고, 그 탁구공을 하나하나 반으로 잘라 숫자를 표기했다. 네온전구 위에 붙어 있는 플라스틱 돔들은 극적인 빛을 냈고, 실험실 조명이 어두워지면 더 밝게 빛났다.

약속한 시간이 되자 에니악이 있는 실험실 문이 열렸고 한 무리의 시끌벅적한 공무원, 학자, 언론인들이 줄지어 실험실 안으로 들어왔다. 실험실 멤버인 아서 벅스Arthur Burks는 거대한 기계 앞에 서서 방문객 무리를 환영하고 그 순간의 중요성을 그들에게 알리기 위해 노력했다. 벅스는 에니악이 수학적 연산을 수행하도록 설계됐고, "이러한 연산이 충분히 빠른 속도로 수행된다면 거의 모든 문제를 제때 해결할 수 있을 것"이라고 설명했다.[7] 그는 에니악에 9만 7367의 5000제곱 승을 계산할 것을 지시하는 일로 첫 시범을 보이겠다고 발표했다. 실험실에 있던 기자들은 그들의 메모장 위로 몸을 숙였다. 벅스는 "잘 보세요, 잘못하면 놓칠 수도 있으니까요"라고 주의를 주면서 버튼을 눌렀다. 기자들이 고개를 들기도 전에 계산이 완료됐고 벅스의 손에 쥐어질 천공 카드punch card가 출력됐다.

그다음으로 벅스는 기계의 설계 목적에 맞는 문제를 계산기에 입력했다. 에니악은 이제 화포에서 목표물까지 30초가 걸리는 포탄의 궤적을 계산해야 했다. 전문가들로 구성된 팀이 그 문제를 계산해 내려면 적어도 3일은 걸렸을 것이다. 에니악은 그 문제를 포탄이 날아가는 시간보다 빠른 20초 만에 풀어냈다. 에니악의 여성 프로그래머 중 한 명이었던 진 바틱Jean Bartik 역시 시범을 보이기 위해 당시 그 현장에 있었다. 그녀는 "기계가 그러한 계산 속도를 낸다는 것은 전례가 없는 일이었고, 위대한 수학자들을 포함해 그 실험실에 있던 모든 사람이 자기 눈앞에서 벌어진 일에 감탄하며 경외심을 느꼈습니다"라고 회상했다.[8]

그다음 날, 에니악에 감탄하는 기사가 전 세계 신문을 도배했다. 〈뉴욕 타임스〉는 1면에 다음과 같이 보도했다. "필라델피아 – 전쟁의 일급비밀 중 하나인 놀라운 기계, 즉 지금까지는 계산하기가 매우 번거롭고 어려웠던 수학 문제를 전자의 속도로 풀어내는 기계가 오늘 밤 이곳에서 미국 전쟁부에 의해 발표됐다." 뉴욕 타임스 기자인 T. R. 케네디 주니어T. R. Kennedy Jr.는 그가 본 광경에 현혹된 것처럼 기사를 썼다. 그는 "에니악은 너무 영리해서 제작자들이 에니악이 풀 수 없는 수학 문제를 오래도록 찾다가 포기할 정도였다"라고 적었다.[9]

에니악의 등장은 단순히 기술사에 한 획을 긋는 중요한 사건이 아니었다. 그 사건은 우리가 스스로를 이해하는 방식에 대한 이야기의 전환점이 됐다. 처음에는 모클리와 에커트의 발명품인 에니악이 인간의 뇌에 자주 비유됐다.[10] 신문과 잡지 기사들은 에니악을 "거대한 전자 뇌",[11] "로봇 뇌",[12] "무의식적인 뇌", "뇌 기계"라고 묘사했다. 그런데 얼마 지나지 않아 비유하는 바가 바뀌어 뇌가 컴퓨터 같다는 말이 일상적인 표현이 됐다. 실제로 1950년대와 1960년대에 미국 대학가를 휩쓸었던 '인지 혁명'은 뇌가 곧 인간의 계산기로 이해될 수 있다는 믿음을 전제로 했다. 브라운대학교의 스티븐 슬로먼 교수Steven Sloman에 따르면, 제1세대 인지과학자들은 우리의 의식이 일종의 컴퓨터라는 생각을 진지하게 받아들였다.[13]

디지털 시대 초기 이후, 뇌-컴퓨터 비유는 연구자와 학자들뿐만 아니라 일반 대중에 의해 더 보편화되고 더 큰 영향력을 발휘하게 됐다. 그 비유는 사고가 작동하는 방식의 모델을 가끔 의식적으로 그러나 보통은 암묵적으로 우리에게 제공한다. 뇌-컴퓨터 비유에 따르면, 뇌는 에니악이 잠긴 실험실 안에 격리돼 있는 것처럼 두개골 안에 봉인된 자립형 정보처리 기계라 할 수 있다. 이러한 추론에서 두 번째 추론을 이끌어 낼 수 있다. 인간의 뇌는 쉽게 측정하고 비교될 수 있는 램RAM(기가바이트), 처리 속도(메가헤르츠)와 유사한 속성을 갖고 있다는 것이다. 세 번째이자 아마도 가장 중요한 추론은 다음과 같다. 어떤 컴퓨터들이 다른 컴퓨터들보다 더 나은 것처럼 뇌 역시 그럴 수 있다는 논리다. 즉 어떤 뇌들은 컴퓨터의 충분한 기억 장치, 더 좋은 처리 능력, 더 높은 해상도의 화면처럼 이에 생물학적으로 상응하는 요소를 갖고 있다는 것이다.

오늘날까지 뇌-컴퓨터 비유는 우리가 정신 활동에 대해 생각하고 말하는 방식을 지배하고 있다. 하지만 그것만이 뇌에 대한 우리의 생각을 형성하는 것은 아니다. 에니악이 공개된 지 반세기 만에 또 다른 비유가 주목을 받았다.

"새로운 연구[14]는 뇌가 근육처럼 발달할 수 있다는 것을 보여 준다"라고 볼드체로 적힌 뉴스 기사의 헤드라인을 읽은 적이 있다. 때는 2002년이었고, 컬럼비아대학교 심리학 교수인 캐럴 드웩Carol Dweck과 대학원생 리사 블랙웰Lisa Blackwell은 뉴욕의 한 공립 학교에서 7학년 학생들로 가득 찬 학급에 그 기사의 복사본을 나눠 주고 있었다. 드웩과 블랙웰은 우리가 뇌를 개념화하는 방식이 우리의 사고력에 영향을 미칠 수 있는 가능성을 조사하면서 새로운 이론을 실험하고 있었다. 해당 연구의 계획서에 따르면, 블랙웰이 여덟 차례의 수업을 통해 학생들을 지도하고, 세 번째 수업에서는 학생들이 번갈아 가며 기사 본문을 큰 소리로 읽어야 했다.

한 학생이 "많은 이가 사람은 똑똑하거나 평범하거나 어리석게 태어나 계속 그 상태로 머무른다고 생각한다"고 읽기 시작했다. "하지만 새로운 연구는 뇌가 근육과 비슷하다는 것을 보여 준다. 즉 뇌를 사용하면 뇌가 변하고 더 강해질 수 있다." 다른 학생이 이어서 그다음 단락을 읽었다. "역기를 들면 근육이 커지고 더 강해진다는 것은 누구나 알고 있는 사실이다. 운동을 처음 시작할 때 20파운드도 들지 못했던 사람이 오랜 기간 운동을 하고 나면 100파운드까지 들 수 있을 만큼 강해질 수 있다. 운동을 하면 근육이 더 커지고 튼튼해지기 때문이다. 그리고 운동을 멈추면 근육이 줄어들어 몸이 약해진다. 그래서 사람들이 '사용하지 않으면 잃는다'고 말하는 것이다." 키득거리는 웃음소리가 교실에 파문처럼 번져 나갔다. 그러고는 세 번째 학생이 글을 계속 읽어 나갔다. "그러나 대부분의 사람은 그들이 새로운 것을 배우고 연습하면 운동할 때 근육이 변하고 커지는 것처럼 뇌 일부분도 변하고 커진다는 사실을 알지 못한다."

드웩이 처음에 '지능의 증가 이론incremental theory of intelligence'**15**이라고 불렀던 생각은 결국 '성장 마인드셋growth mindset'**16**이라는 이론으로 세상에 알려지게 됐다. 성장 마인드셋은 활기찬 육체적 활동이 사람을 더 강하게 만들 수 있는 것처럼 결연한 정신적 활동이 사람을 더 똑똑하게 만들 수 있다는 이론이다. 드웩과 그녀의 동료들이 학교에서 진행한 초기 연구에 대해 설명한 바와 같이, "핵심 메시지는 학습이 새로운 연결 고리를 형성해 뇌를 변화시키고 학생들이 이 과정을 경험한다는 데 있었다."**17** 연구 시작 초기부터 성장 마인드셋 이론은 인기 있는 현상이 됐다. 수백만 부 이상 판매된《마인드셋》이라는 책이 출간됐고, 학생과 교사들뿐만 아니라 기업과 직장인들이 수많은 연설, 프레젠테이션, 워크숍을 통해 성장 마인드셋 이론을 접할 수 있었다.

이 모든 것의 중심에는 뇌가 근육과 같다는 메타포가 있다. 뇌는 근육과 같다는 이 비유에서 의식은 개인마다 근력이 다른 이두박근이나 사두근과 비슷하다고 할 수 있다. 이 비유는 심리학에서 유래해 큰 인기를 끈 '그릿grit'이라는 개념에 흡수되기도 했다. 그릿을 '장기적인 목표를 이루기 위한 인내와 열정'[18]으로 정의하는 펜실베이니아대학교 소속 심리학자인 안젤라 더크워스Angela Duckworth는 자신의 책에서 드웩을 상기시킨다. 더크워스는 2016년 출간된 베스트셀러 《그릿》에서 "사용하면 더 강해지는 근육처럼 새로운 목표를 이루기 위해 고군분투할 때 뇌는 스스로 변한다"고 했다.[19] 《그릿》에서 내적 자원을 최대한 발휘해야 한다고 강조하는 내용은 뇌-근육 메타포를 더 완벽한 비유로 만들어 준다. 뇌-근육 비유는 '코그니핏CogniFit'과 '브레인짐Brain Gym'이라는 이름으로 희망에 찬 사용자 수백만 명을 끌어모은 '인지 피트니스cognitive fitness' 운동 서비스 제공 업체들에 의해 훨씬 더 분명하게 드러난다. (뇌에 대한 일반적인 오해를 뜻하는 '신경 신화neuromyth'의 확산을 우려하는 일부 과학자가 '뇌는 실제 근육이 아닌 뉴런으로 알려진 특수한 세포로 만들어진 기관'이라고 지적하기 시작했을 정도로 뇌-근육 메타포가 여기저기 만연해 있다.[20])

뇌를 컴퓨터에 비유하거나 근육에 비유하는 두 메타포 모두 몇 가지 중요한 가정을 바탕으로 한다. 우선 정신은 두개골에 봉인된 별개의 것이다. 이 분리된 정신은 사람들의 지능을 타고난 것으로 상정하고, 아이큐처럼 쉽게 측정되고 비교되며 평가받을 수 있는 특성을 갖고 있다. 이러한 가정은 우리에게 편안하고 친숙하게 와 닿는다. 사실 이런 생각이 처음 알려졌을 때도 딱히 새로울 게 없었다. 수 세기에 걸쳐 뇌는 유압 펌프, 기계식 시계, 증기 기관, 전신기 등 당대 가장 진보한 것으로 보이는 기계에 비유돼 왔다.[21]

1984년 강연에서 철학자 존 설John Searle은 이렇게 말했다. "우리가 뇌를 잘 이해하지 못하기 때문에 그것을 이해하기 위한 모델로 최신 기술을 계속 사용하려 듭니다. 어린 시절 저희는 항상 뇌가 전화 교환기라고 확신했습니다." 그는 선생님, 부모님, 그 외에 다른 어른들 모두 뇌를 교환기에 비유했다는 경험담을 들려주면서, "그것 말고 뭐가 있었겠습니까?"라고 물었다.[22]

또 앞서 말했듯 뇌는 운동으로 더 튼튼해질 수 있는 근육에 오랫동안 비유돼 왔다. 이러한 비유는 19세기와 20세기 초에 의사와 건강 전문가들 덕분에 널리 알려진 주제가 됐다. 1888년 출간된 첫 책《생리학과 위생학에 관하여 제1권First Book in Physiology and Hygiene》에서 의사 존 하비 켈로그John Harvey Kellogg는 캐럴 드웩의 견해와 매우 비슷한 주장을 폈다. "근육을 강화하고 싶을 때 우리는 어떻게 해야 할까? 매일 열심히 사용하면 된다. 그렇지 않은가?" 켈로그는 그의 젊은 독자들에게 질문을 던지며 이렇게 적었다. "운동을 하면 근육이 커지고 더 튼튼해진다. 우리 뇌도 그와 마찬가지다. 우리가 열심히 배우고 공부하면 우리 뇌가 더 튼튼해지고 공부가 쉬워진다."[23]

탄탄한 역사적 근거가 앞서 살펴본 메타포들을 뒷받침한다. 그 메타포들은 또 깊은 문화적 토대를 바탕으로 한다. 뇌를 컴퓨터나 근육에 비유하는 것은, 자기만의 능력을 갖춰 자율적이고 독립적인 존재로 기능해야 한다며 개인주의를 강조하는 우리 사회의 모습에 딱 들어맞는다. 또 이러한 비유는 좋은 것, 더 좋은 것, 가장 좋은 것을 추구하는 우리 문화의 성향과도 쉽게 일치한다. 과학자이자 작가인 스티븐 제이 굴드Stephen Jay Gould는 한때 '철학적 전통의 가장 오래된 문제와 오류'라는 목록에 '더 좋은 것에 선형적 순위를 매기는 우리의 끈질긴 성향'을 포함했다.[24] 컴퓨터는 느려지거나 빨라질 수 있고, 근육은 약해지거나 강해질 수 있다. 우리는 인간의 의식 역시 그럴 것이라고 가정한다.

우리가 뇌에 대해 이러한 생각을 수용하는 그 밑바탕에는 선천적으로 타고난 심리적 요인들도 있는 것으로 보인다. 지능의 핵심적인 부분이 어느 정도 우리 머릿속에 있다는 믿음은 심리학자들이 '본질주의essentialism'라고 부르는 인간의 보편적인 사고 패턴과 잘 들어맞는다. 여기서 본질주의란 우리가 마주하는 각 실체는 그것이 그 자체로 존재할 수 있게끔 만들어 주는 내적 본질을 갖고 있다는 확신을 말한다. 예일대학교 심리학 교수인 폴 블룸Paul Bloom은 "본질주의는 연구가 이루어진 모든 사회에서 나타난다"고 말하면서 이렇게 덧붙였다. "본질주의는 우리가 세상을 생각하는 방식을 구성하는 기본 요소로 보인다."[25] 우리는 외부 영향에 대한 반응을 바꾸기보다는 오래 지속되는 본질에 관해 생각한다. 정신적으로 본질이 더 쉽게 사고 가능할 뿐만 아니라 감정적으로 더 만족감을 준다고 여기기 때문이다. 본질주의자의 관점에서 볼 때 사람은 단순히 지적으로 사고할 수 있거나 아닌 존재, 그뿐이다.

그와 함께, 우리 정신에 대한 가정의 역사적 · 문화적 · 심리적 근거, 즉 '정신의 속성은 사람마다 개별적이고, 선천적이며, 질적으로 쉽게 평가된다'는 근거는 매우 강력한 호소력을 발휘한다. 그러한 가정은 정신 활동의 본질, 교육과 일의 수행, 우리 자신과 타인의 가치에 대한 관점이 형성되는 데 깊은 영향을 미쳤다. 그러므로 이 모든 가정이 오류일 수도 있다고 하면 깜짝 놀랄지도 모른다. 여기서 오류의 본질을 파악하려면, 이해를 위해 또 다른 비유를 고려해 볼 필요가 있다.

2019년 4월 18일 아침, 한국의 가장 큰 도시인 서울에서 한 구역의 컴퓨터 화면이 꺼졌다. 천만 명 정도가 살고 있는 234제곱마일(약 605제곱킬로미터)의 도시에 있는 학교와 사무실에서 불빛이 깜박였다. 도로 교차로의 정지 신호가 깜박거리고, 전동 열차는 속도를 줄였다. 정전의 원인은 그 결과가 광범위했던 것에 비하면 별것 아니었다. 원인은 바로 전신주와 송전탑에 둥지를 튼 까치였다.[26] 까마귀, 어치, 큰까마귀 등과 같이 까마귓과에 속하는 까치는 주변에 이용할 수 있는 모든 것을 동원해 둥지를 만드는 것으로 유명하다. 까치는 나뭇가지, 끈, 이끼뿐 아니라 치실, 낚싯줄, 젓가락, 숟가락, 빨대, 신발 끈, 안경테와 같은 놀라운 재료들을 사용하는 것으로 밝혀졌다. 1930년대에 미국 서부 지대의 대초원을 휩쓴 더스트 볼Dust Bowl(모래 폭풍으로 인한 환경 재해를 말한다-옮긴이) 발생 당시에도 까마귓과 새들이 가시철사로 둥지를 만들었다.

밀집된 도시 지역인 오늘날의 서울에는 나무나 덤불이 많지 않아서 까치가 철제 옷걸이, TV 안테나, 강철 철사 등을 사용하여 둥지를 짓는다. 이 재료들은 전기를 전도해서 새들이 도시의 높은 송전탑에 둥지를 틀면 전기의 흐름이 자주 방해된다. 한국전력공사KEPCO에 따르면, 까치 때문에 전국 각지에서 연간 수백 건에 달하는 정전이 발생하고 있다. 한국전력공사 직원들은 매년 둥지 1만 개 이상을 제거하는 작업을 벌이지만, 까치들은 그러한 작업이 무색할 만큼 빠른 속도로 둥지를 다시 튼다.

전력 회사 입장에서는 까치가 골칫거리일 수도 있지만, 까치의 활동은 의식이 작동하는 방식에 대한 아주 적절한 비유를 제공한다. 우리 뇌는 까치와 비슷한 것 같다. 까치가 주변에 있는 재료로 둥지를 만들어 내는 것처럼 우리는 주변에서 발견한 조각들을 생각의 흐름에 엮어 넣는다. 컴퓨터나 근육에 뇌를 비유하는 메타포와 비교하면 까치에 비유한 뇌는 매우 다른 유형의 비유다. 후자가 전자에 비해 의식 과정이 작용하는 방식에 있어 다음과 같이 매우 다른 함축적 의미를 지닌다는 점을 분명히 알 수 있다. 첫째, 사유는 두개골 안에서뿐만 아니라 세상 밖에서도 일어난다. 즉 지속적인 조립과 재조립을 통해 두뇌 바깥에 있는 자원들을 끌어당기는 행위라 할 수 있다. 둘째, 생각에 사용되는 재료가 생성된 생각의 본질과 질에 영향을 미친다. 마지막으로, 제대로 잘 생각할 수 있는 능력, 즉 지적 사고는 개인의 고정된 특징이 아니라 신경 외적 자원과 그 자원을 이용하는 방법에 따라 바뀔 수 있다.

이러한 방식은 확실히 새로운 사고방식이라 할 수 있다. 이렇게 새로운 방식을 적용하는 게 쉽지 않다거나 자연스럽지 않게 느껴질 수도 있다. 하지만 여러 과학 분야에서 점점 더 많이 쏟아져 나오고 있는 증거들을 살펴보면, 새로운 비유야말로 인간의 인지 능력이 실제로 어떻게 기능하는지 훨씬 더 정확하게 설명해 주는 해석이라는 점을 알 수 있다. 게다가 그 방식은 만족스러울 만큼 창의적인 개념적

해석이라 할 수 있다. 이러한 새로운 사고방식은 우리가 사고력을 향상시킬 수 있는 실용적인 기회를 많이 제공해 준다. 새로운 개념이 제때 우리를 찾아온 셈이다. 다들 두뇌에 얽매인 접근법에 어느 때보다 더 집중하고 있지만, 그런 때일수록 우리는 더 뇌 밖에서 생각할 수 있어야 한다. 서로 반대되는 접근 방식에 치여 위축된 우리 스스로를 발견함에 따라, 의식이 어떻게 기능하는지에 대한 우리의 모델을 재구성하는 일이 하나의 시급한 과제가 됐다.

우선 뇌 밖에서 생각할 필요가 있다는 인식이 점점 더 커지고 있다. 우리 중 대다수가 쉽게 인지하고 있는 것처럼, 정신없이 지나가는 일과와 학교나 직장에서 수행하는 업무의 복잡도가 높아지면서 생각하는 일에 대한 부담도 점점 증가하고 있다. 또 우리가 처리해야 할 정보가 더 많아졌고, 지금도 빠르게 늘어나고 있다. 게다가 우리가 다뤄야 할 정보의 유형은 갈수록 더 전문화 및 추상화되고 있다. 이러한 정보 유형의 변화는 특히 중요하다. 우리가 하나의 생물로서 신체를 통해 배울 준비가 돼 있는 지식과 기술들은 훨씬 부자연스럽고 어려운 과정을 통해 습득해야 하는 지식이나 기능에 밀려 뒤처져 왔다. 미주리대학교의 심리학 교수인 데이비드 기어리David Geary는 '생물학적 1차 능력'과 '생물학적 2차 능력'을 구분했다.[27] 그는 인간이 태어날 때부터 이미 무언가를 배울 준비가 돼 있다는 사실을 지적한다. 예를 들어 인간은 태어나면서 지역 사회의 언어를 말하는 법, 익숙한 풍경에서 길을 찾는 법, 소그룹 내 집단생활의 어려움을 극복하는 법 등을 배울 준비가 돼 있다는 것이다. 우리는 미적분학의 복잡성이나 물리학의 반직관적인 법칙을 배우기 위해 태어나지 않았다. 또 우리는 금융 시장의 작동 방식이나 세계 기후 변화의 복잡성을 이해하기 위해 진화하지 않았다. 그럼에도 불구하고 우리는 그러한 생물학적 2차 능력이 발전, 심지어 생존의 열쇠를 쥐고 있는 세상에 살고 있다. 현대 사회의 요구는 이제 생물학적 뇌의 한계에 도달했고 그 한계를 넘어서고 있다.

한동안 인류는 끊임없이 발전하는 문화를 따라갈 수 있었고, 생물학적 뇌를 더 잘 사용할 수 있는 방법을 슬기롭게 찾아낼 수 있었다. 일상적인 환경이 점점 더 지적인 능력을 요구함에 따라 사람들은 갑자기 인지 능력을 겨루는 행위로 대응했다. 영양 개선, 생활환경 개선, 전염병 및 기타 병원균에 대한 노출 감소와 함께 현대 사회의 삶이 주는 정신적 피로를 계속 겪어 온 전 세계 사람들의 아이큐IQ 점수는 100년 동안 꾸준히 높아졌다.[28] 하지만 이러한 상승 궤도는 이제 점점 안정화되고 있다. 최근 몇 년간 핀란드, 노르웨이, 덴마크, 독일, 프랑스, 영국과 같은 국가에서는 아이큐 점수가 더 이상 오르지 않거나 오히려 떨어지기 시작했다.[29] 어떤 연구자들은 이제 우리의 정신적 장비가 한계에 도달했다는 견해를 밝히기도 한다. 니콜라스 피츠Nicholas Fitz와 피터 라이너Peter Reiner는 과학 학술지 〈네이처〉에 기고한 글에서 "우리의 뇌는 이미 최적에 가까운 능력으로 작동하고 있다"고 논했다.[30] 피츠와 라이너는 뇌라는 신체 기관에서 더 많은 지능을 뽑아내려는 노력은 신경생물학의 엄격한 한계에 부딪히고 말 것이라고 덧붙였다.

이 불편한 진실에 항의라도 하듯 최근 들어 그 한계를 극복하고자 하는 시도들이 점점 더 많은 주목을 받고 있다. 코그메드Cogmed, 루모시티Lumosity, 브레인에이치큐BrainHQ 같은 두뇌 훈련 프로그램들은 기억력과 집중력 향상을 꾀하는 많은 사람을 끌어모았다. 루모시티는 단독으로 195개국에 사용자 1억 명을 보유하고 있다.[31] 동시에 사용자의 지능을 더 높여 준다는 '스마트 알약smart pill'이나 전기 뇌 자극과 같은 획기적인 개입을 의미하는 '신경 향상neuroenhancement'은 제약이나 생명공학 기업들의 광범위한 투자뿐 아니라 숨 가쁜 언론 보도를 이끌어 냈다.

그러나 지금까지 이러한 접근 방식은 실망과 헛된 희망만 주었다.[32] 두뇌 훈련 프로그램 업체의 웹사이트에 인용된 연구 중 동료 평가가 완료된 중재 연구를 평가하기 시작한 한 과학자 팀은 두뇌 훈련이 일반적인 인지 능력을 향상시킨다고 주장하는 연구들을 검토했고, 그 결과 증거를 거의 찾을 수 없었다.[33] 두뇌 훈련 프로그램을 사용하면 사용자의 인지 능력이 향상되기는 하지만, 사용자가 연습한 것과 아주 비슷한 운동에서만 그 능력이 향상되는 것으로 밝혀졌다. 그 효과가 집중력 및 기억력과 관련 있는 실제 활동에서는 드러나지 않은 것으로 보인다. 2019년 코그메드에 대한 연구에서는 이러한 효과 전이가 희박하거나 거의 존재하지 않을 수 있다고 결론지었다.[34] 2017년 루모시티에 대한 연구에서는 두뇌 훈련이 건강한 청년들에게 아무런 이득도 주지 못하는 것으로 보인다는 결론을 내렸고,[35] 노년층도 비슷한 결과가 나온 것으로 보고됐다.[36] 2016년 루모시티는 허위 광고에 대한 벌금으로 200만 달러를 미국 연방거래위원회Federal Trade Commission에 납부해야 했다.[37] 스마트 알약도 별반 나을 게 없었다.[38] 뇌 기능을 개선해 준다고 하여 실리콘밸리의 기술직 종사자들 사이에서 인기가 많은 '누트로픽nootropic' 약물에 대한 한 임상 시험에서는 커피 한 잔이 기억력과 집중력을 높이는 데 더 효과적이라는 사실이 밝혀졌다.[39]

언젠가 실제로 지능을 향상시킬지도 모르는 약물과 기술은 아직 실험실 테스트 초기 단계에 머물러 있다.[40] 적어도 지금으로서 우리가 더 똑똑해질 수 있는 가장 좋은 방법은 뇌 밖에서 더 잘 생각하는 것이다. 그러나 우리는 이러한 인지 유형을 무시하거나 폄하한다. 두 뇌에 갇힌 사고를 선호하는 우리의 뚜렷한 편견은 오랜 시간 단단히 자리해 왔지만, 편견은 편견일 뿐 더 이상 그 편견을 지지하거나 계속 지닐 수는 없다. 미래는 뇌 밖에서 사고하는 데 있다.

우리는 뇌 밖에서 사고한다는 발상이 처음 등장했던 때를 되돌아보면서 뇌 밖에서 생각하는 미래를 더 잘 이해할 수 있다. 1997년 당시 미주리주 세인트루이스시에 있는 워싱턴대학교 철학 교수였던 앤디 클라크는 기차에 랩톱을 두고 내렸다.[41] 나중에 그는 평소 늘 곁에 있던 컴퓨터를 잃어버린 것이 "갑작스럽고 다소 잔인한 형태의 (바라건대 일시적인) 뇌 손상처럼" 자신을 강타했다고 적었다.[42] 멍하고, 혼란스럽고, 눈에 띄게 쇠약해진 사이보그 피해자 클라크는 가벼운 뇌졸중을 겪은 것만 같았다. 그 경험은 고통스러웠지만, 얼마간 그가 곰곰이 생각해 왔던 개념에 도움이 될 만한 사항을 제공했다. 그는 자신의 컴퓨터가 어떤 의미에서 자기 의식의 한 부분이 됐고 자신이 생각하는 과정에 없어서는 안 될 필수 요소가 됐다는 것을 깨달았다. 그의 정신적인 능력은 랩톱을 사용하여 효과적으로 확장됐고, 그 덕분에 그의 뇌도 기대 이상의 성과를 냈다. 즉 랩톱이 없을 때보다 더 효율적이고 효과적이며 지능적으로 생각할 수 있었다. 그의 뇌와 컴퓨터가 합쳐져 그의 의식이 확장된 것이다.

2년 전, 클라크와 그의 동료 데이비드 차머스는 이 현상을 명명하고 설명하는 논문을 공동 집필했다. 〈확장된 마음〉이라는 제목의 그 논문은 분명한 답이 있을 듯한 질문을 던지는 것으로 시작했다. 바로 "의식은 어디에서 멈추고 나머지 세계는 어디에서 시작되는가?"라는 질문이었다.[43] 클라크와 차머스는 계속해서 새로운 답을 내놓았다. 우리 정신은 피부와 두개골의 정해진 경계에서 멈추지 않는다고 그들은 주장했다. 오히려 정신은 생물학적 유기체와 외부 자원이 결합한 확장된 시스템이라고 보는 게 더 정확할 수 있다는 견해였다. 그들은 이러한 현실을 인식하면 정신에 대한 철학적 관점뿐 아니라 도덕적, 사회적 영역에서 중요한 결과를 얻게 될 것이라고 여겼다. 클라크와 차머스는 자신들이 세운 비전에 사람들은 어떤 존재인지, 그들은 어떻게 기능하는지, 그리고 자기들이 꼭 필요하며 옳다고 여기는 것은 무엇인지 다시 철저하게 상상하는 일이 필요하다는 사실을 알고 있었다. 두 사람은 일단 피부와 두개골이 주도권을 빼앗기면 우리가 스스로를 이 세계의 피조물로서 더 진실하게 바라볼 수 있을지도 모른다는 결론을 내렸다.

처음에 세상은 별로 확신하지 못했다. 1998년 학술지 〈애널리시스Analysis〉에 발표되기 전, 이 논문은 세 개의 다른 학술지에서 거절당했다.[44] 〈확장된 마음〉이 발표되자마자 사람들은 당혹스러운 반응을 보였고 적지 않은 조소를 보내왔다. 그러나 논문에 실린 견해는 학계 안팎에서 놀라운 힘을 발휘하며 반향을 일으켰다. 처음에는 급진적이고 특이한 주장 같았던 게 곧 그렇지 않은 것처럼 보였다. 디지털 시대의 일상생활이 도구를 통해 의식을 확장하는 사례를 지속적으로 증명했기 때문이다. 처음에는 별난 생각 취급을 받으며 비웃음을 샀지만, 확장된 마음이라는 개념은 상당히 설득력 있고 선견지

명이 있는 개념으로 받아들여지는 것 같았다.

〈확장된 마음〉이 발표된 지 20여 년 만에 그 논문에 소개된 이론은 다양한 과학적 하위 분야를 아우르는 매우 중요한 우산 개념이 됐다. 체화된 인지, 상황 인지, 분산 인지는 각각 신체에 의해 사고가 확장되는 방법, 우리가 배우고 일하는 공간에 의해 사고가 확장되는 방법, 다른 사람과의 상호 작용에 의해 사고가 확장되는 방법을 연구하여 확장된 마음의 견해를 계속 이어 나가고 있다. 이러한 연구는 인간 인지의 본질에 대한 새로운 통찰을 만들었을 뿐 아니라 의식을 확장하기 위한 여러 증거 기반 방법에 대한 말뭉치를 만들었다.

이 책이 나온 것 역시 바로 그런 이유에서다. 이 책은 확장된 마음을 작동하고, 이 철학적 개념을 현실적인 유용한 개념으로 바꾸기를 목표로 한다. 1장에서는 신체 내부에서 발생하는 내수용 감각을 이해하고 더 합리적인 결정을 내리는 이 신호를 사용하는 방법에 대해 살펴볼 것이다. 2장에서는 몸을 움직이는 것이 어떻게 우리 의식을 더 깊은 이해로 이끌 수 있는지 알아본다. 3장에서는 어떻게 손짓이 기억을 강화해 줄 수 있는지 살펴본다. 4장에서는 자연 공간에서 보낸 시간이 어떻게 부족한 집중력을 회복시켜 주는지 살펴본다. 5장에서는 학교나 직장 등 평소 우리가 생활하기 위해 만들어진 공간이 창의력 증진을 위해 어떻게 디자인될 수 있는지 알아볼 것이다. 6장에서는 머리에서 벗어나 생각을 '아이디어 공간'으로 옮기는 것이 어떻게 우리를 새로운 통찰과 발견으로 이끌 수 있는지 탐구할 것이다. 7장에서는 어떻게 우리가 전문가의 의식을 통해 생각할 수 있는지 살펴본다. 8장에서는 어떻게 반 친구, 동료, 동년배들과 함께 더불어 생각할 수 있는지 고찰한다. 마지막으로 9장에서 우리는 함께 생각하는 그룹이 어떻게 해서 그룹 내 구성원 전체의 능력보다 더 나은 결과를 낼 수 있는지 살펴볼 것이다.

확장된 마음의 다양한 사례를 살펴보면 몇 가지 공통적인 주제가 분명하게 드러난다. 첫 번째는 앤디 클라크에게 처음으로 영감을 준 원천, 즉 우리의 사고를 확장하는 기술의 역할과 관련된 것이다. 우리가 사용하는 장치가 의식을 확장해 줄 수 있기는 하지만 항상 그런 것만은 아니다. 낚시성 기사나 광고에 주의가 산만해지거나 말하는 내비게이션 시스템에 속은 적이 있는 사람이라면 알겠지만, 그 장치들은 우리가 더 똑똑하게 생각하지 못하도록 만들기도 한다. 지능을 지속적으로 향상시키기 위한 기술의 실패는 서문에서 살펴본 메타포, 즉 컴퓨터를 뇌에 비유한 메타포와 관련이 있다. 오늘날 컴퓨터와 스마트폰을 만드는 사람들은 사용자가 생물학적 신체에 살고, 물리적 공간을 차지하고, 다른 사람들과 상호 작용한다는 사실을 너무 자주 잊어버린다. 기술 자체는 두뇌에 얽매여 한계가 있다. 그러나 같은 이유에서 기술은 우리가 생각의 질을 크게 높여 주는 신경 외적 자원을 포함할 수 있도록 확장될 수도 있다. 앞으로 살펴볼 각 장에서 우리는 이러한 '확장된 기술'에 대한 사례들을 접하게 될 것이다. 사용자가 말만 반복하는 것이 아니라 제스처를 취할 것을 권장하는 온라인 외국어 학습 플랫폼부터 가장 빠른 경로가 아닌 자연 녹지로 가득 찬 경로를 안내하는 내비게이션 앱, 게임 플레이어들이 화면을 보는 것이 아니라 서로를 바라보도록 유도하고 경험을 공유하기 위해 움직임을 동기화하는 비디오 게임에 이르기까지 다양한 사례를 살펴볼 것이다.

확장된 마음에 대한 연구를 살펴보면서 접하게 될 두 번째 주제는 전문 지식의 본질에 대한 독특한 해석과 관련이 있다. 전문가를 만드는 일에 대한 전통적인 개념은 두뇌에 상당히 갇혀 있고, 개인적인 노력에 초점이 맞춰져 있다(어떤 한 분야에 통달하려면 '1만 시간'의 연습이 필요하다는 심리학자 앤더스 에릭슨Anders Ericsson의 유명한 연구 결과를 한번 떠올려 보자[45]). 확장된 마음에 관한 문헌에서는 전문가란 '신경 외적 자원을 가장 잘 결집하여 당면한 과제에 적용하는 법을 배운 사람'이라는 다른 견해를 제시한다. 전문가에 대한 이러한 대안적 관점은 우리가 우수한 성과를 이해하고 쌓아가는 방법에 실질적인 영향을 미친다. 예를 들어, 전문 지식에 대한 기존의 관점은 천재와 슈퍼스타들의 '하면 된다' 식 행동의 경제성, 효율성, 최적성을 강조한다.[46] 그런데 확장된 마음을 바탕으로 한 연구에서는 전문가들이 초보자들보다 실제로 더 많이 실험하고 테스트하며 역추적한다는 사실이 밝혀졌다. 전문가들은 초보자들보다 자신의 신체나 물리적 공간, 다른 사람들과의 관계를 더 능숙하게 활용하는 경향이 있다. 연구자들의 예측 분석 결과, 전문가들은 대부분 머리를 사용할 가능성이 더 낮고, 그들의 의식을 확장시키는 경향이 있다는 사실을 발견했다.

마지막으로, 확장된 마음에 대한 연구를 살펴보면서 그냥 지나치기 어려운 주제 한 가지를 더 발견했다. 바로 '확장 불평등extension inequality'이라고 부를 수 있는 문제다. 우리의 학교, 직장, 사회 구조는 어떤 사람들이 다른 사람보다 더 똑똑하게 생각할 수 있다는 가정에 기반을 두고 있다. 즉 그들의 머릿속에 '지능'이라고 불리는 것이 더 많이 들어 있기 때문이라고 당연하게 받아들이는 것이다. 확장된 마음에 대한 연구는 그와 다른 이유를 제시한다. 다시 말해, 어떤 사람들은 그들의 의식을 더 잘 확장시킬 수 있기 때문에 더 똑똑하게 생각할 수 있다. 그들은 이 책에서 이해하고자 하는 지식, 즉 정신적 확장이 어떻게 작용하는지에 대한 지식을 더 많이 알고 있을 것이다. 그러나 우리가 잘 생각할 수 있게 해 주는 정신적 확장, 즉 몸을 움직일 수 있는 자유, 자연 녹지의 근접성, 개인 작업 공간에 대한 권한, 박식한 전문가와 숙련된 동료들과의 관계 등이 균등하게 분포돼 있지 않다는 사실에는 논란의 여지가 없다. 앞으로 각 장을 읽어 나가면서 우리는 정신적 확장에 대한 접근성이 우리의 학생, 직원, 동료, 시민들의 사고를 형성할 수 있다는 사실을 명심해야 한다.

메타포는 강력한 힘을 발휘한다. 그리고 우리 의식을 이해하기 위해 사용하는 메타포보다 더 강력한 메타포도 없다. 이 글에서 설명한 접근법의 가치는 궁극적으로 우리가 배우고 기억하며 문제를 해결하고 가능성을 상상하기 위한 일상적인 노력에 적용할 수 있는 새로운 비유에 있다. 우리는 뇌를 기계처럼 회전시키거나 근육처럼 키우는 대신, 우리 세계에 풍부한 재료를 뿌리고 그것들을 생각에 엮어서 한계를 넘어 확장해 나갈 수 있다.

The

Extended

PART 1
—
우리 몸

Mind

감각을 통해
생각하기

존 코츠John Coates는 골드만삭스Goldman Sachs, 메릴린치Merrill Lynch, 도이치은행Deutsche Bank에서 금융 전문 트레이더로 근무하면서 계속 같은 일이 벌어지는 것을 지켜봤다.[1] 영국 케임브리지대학교에서 경제학 박사 학위를 받은 그는 학업을 통해 습득한 지식을 적극 활용하여 다양한 경제 보고서와 통계 자료를 바탕으로 논리적으로 흠잡을 데 없는 합리적인 거래를 설계했다. 그런데도 매번 돈을 잃었다.

그 외에도 이해하기 어려운 다른 일들이 벌어졌다. "나는 또 다른 가능성을 주변시peripheral vision(시야가 미치는 범위 중 주변부에 대한 시력을 말한다-옮긴이)로 언뜻언뜻 확인하곤 했다. 이와 같은 현상은 의식 속에 일시적으로 나타나 순간적으로 내 주의를 끌었고, 미래의 성과와 연관성이 매우 높다는 사실을 느끼는 통찰의 섬광과도 같았다." 그는 이러한 '직감'을 믿고 따랐을 때 보통 수익성 있는 결과로 보상받는 다는 사실을 발견했다. 그는 자신이 세운 모든 가정과 그동안 받아 온 모든 교육에도 불구하고 다음과 같은 색다른 결론에 도달할 수밖에 없었다. "좋은 판단을 하려면 몸의 반응을 주의 깊게 들을 수 있는 능력이 필요하다."

코츠는 "어떤 사람들은 몸이 보내오는 피드백을 다른 사람들보다 더 잘 알아들을 수 있다"고 이야기한다. 그리고 "설득력 있는 분석에도 불구하고 수익은 전혀 내지 못하는, 아이큐가 높고 아이비리그에서 교육받은 트레이더들을 월스트리트의 어느 거래소에서나 찾아볼 수 있을 것이다. 한편, 반대편 복도에는 최신 분석 정보에 정통하지는 않지만 계속 수익을 내며 자신보다 능력이 더 출중해 보이는 동료들에게 짜증과 당혹감을 안기는 무명 대학 출신의 한 트레이더가 자리를 잡고 앉아 있다"며 다음과 같이 말을 잇는다. "생각해 보면 좀 이상할 수도 있지만, 수익을 잘 내는 트레이더가 내리는 더 좋은 판단은 신체 신호를 만들어 내는 동시에 그 신호를 알아들을 수 있는 능력 덕분일 수 있다."

코츠는 저서 《리스크 판단력》에서 이러한 생각들을 공유했다. 책에는 코츠가 트레이더로 활동하던 시절뿐 아니라 응용생리학자로 변신한 이후의 생각들이 담겨 있다. 그는 시간이 지남에 따라 금융 업무 자체보다 그 업무를 보면서 떠오른 질문들에 더 흥미를 느끼게 됐고, 과학 연구에서 그 답을 구하기 위해 월스트리트를 떠났다. 코츠는 궁금했다. '어느 한 사람이 다른 사람보다 더 뛰어난 직감을 지니고 있는지 정확히 알아낼 수 있을까?' '더 뛰어난 직감을 가진 사람들의 몸에서 나타나는 반응을 관찰하고 알아차릴 수 있을까?' 2016년 코츠는 학술지 〈사이언티픽 리포트Scientific Reports〉에 학계의 신경과학자 및 정신과 의사들과 공동 연구한 결과를 상세히 설명하며 성과를 발표했다.

코츠와 그의 새 동료들은 런던의 한 거래소에서 일하는 금융 트레이더로 구성된 그룹을 연구했고, 각 참가자에게 심장 박동을 느꼈던 연속적인 순간, 즉 신체 신호에 대한 민감도를 확인해 줄 것을 요청했다. 그들은 금융 트레이더 그룹이 그들과 비슷한 나이와 성별의 비금융 종사자들로 구성된 통제 그룹보다 심장 박동을 훨씬 더 잘 느낀다는 사실을 발견했다. 또 연구 조사에 참여한 트레이더 중 심장이 뛰는 순간을 정확하게 감지한 사람들이 더 많은 수익을 냈고, 변동성이 매우 높은 업무 분야에서 더 오래 버티는 경향을 보였다. 코츠의 연구 팀은 "우리의 연구 결과는 몸이 내보내는 신호, 즉 금융에 대한 직감이 금융 시장에서 성공하는 데 도움을 준다는 사실을 의미한다"는 결론을 내렸다. 이러한 결론은 금융 분야와 같은 업무 환경에서 성공한 사람들이 반드시 더 많은 교육을 받고 지적 능력이 뛰어난 사람들이라기보다는 '내수용 감각 신호interoceptive signal(신체 내부의 감각 신호를 말한다-옮긴이)를 더 민감하게 느끼는 사람들'이었다는 코츠의 비공식적 의견이 사실임을 확인해 줬다.[2]

내수용 감각Interoception은 간단히 말해 신체 내부 상태에 대한 인식이다.[3] 우리는 외부 세계의 정보를 받아들이는 센서(망막, 달팽이관, 미뢰, 후각 망울olfactory bulb)를 갖고 있고, 우리 몸 안에는 신체 내부에서 끊임없이 내보내는 정보의 흐름을 뇌에 전달하는 센서가 있다. 내수용 감각은 신체 내부의 장기, 근육, 뼈 등 우리 몸 전체에서 발생하며, 여러 경로를 통해 뇌섬엽insula이라 불리는 뇌 부위로 이동한다. 이러한 내부 정보 보고는 외부 세계에서 수집된 우리의 다양한 생각, 기억, 감각 입력sensory input 등 여러 정보의 흐름과 병합된다. 또 우리의 현재 상태, 즉 그 순간 '내가 어떻게 느끼는지'에 대한 감각뿐만 아니라 신체 내부의 균형 상태를 유지하기 위해 취해야 할 행동에 대한 감각을 전달하는 하나의 짤막한 정보로 통합된다.

우리 모두는 이러한 신체 신호를 경험하지만, 그중 일부는 다른 사람들보다 신체 신호를 더 예민하게 느낀다.[4] 내수용 감각을 측정하기 위해 과학자들은 존 코츠가 금융 트레이더 그룹을 연구 조사하면서 사용한 심장 박동 감지 테스트를 사용한다.[5] 테스트 참가자들은 가슴에 손을 얹거나 손목에 손가락을 대지 않은 채 심장이 뛰는 순간을 식별해야 한다. 연구자들은 사람들이 점수를 매기는 방법에 있어 그 범위가 놀라울 정도로 넓다는 사실을 발견했다. 어떤 사람들은 심장이 언제 뛰는지 정확하고 일관되게 알아차릴 수 있는 뛰어난 내수용 감각을 갖고 있다. 또 어떤 사람들은 둔감한 내수용 감각을 갖고 있어 심장 박동을 잘 느끼지 못한다. 우리 중 신체 내부 상태를 감지하는 능력에 이 같은 범위가 존재한다는 사실을 잘 알고 있는 사람은 거의 없다. 자기 자신이 어느 범위에 속하는지 알고 있는 사람을 찾기가 어려운 것은 말할 것도 없다. 보통은 뇌와 관련된 좀 더 상투적인 능력에 사로잡혀 있는 경우가 많다. 우리는 대학수학능력시험SAT 점수나 고등학교 내신 성적은 기억해도 신체 내부 상태를 감지하는 능력에 대해서는 생각조차 하지 않는다.

비비안 에인리Vivien Ainley는 흔히 발생하는 이러한 실수를 분명하게 보여 주는 일화를 떠올렸다. 런던대학교 로열홀러웨이Royal Holloway 소속의 내수용 감각 연구자인 에인리는 런던과학박물관Science Museum

에서 열린 전시의 일환으로 일반인을 대상으로 한 심장 박동 감지 테스트를 수행하고 있었다. 전시회를 찾은 방문객들은 맥박을 재는 센서에 손가락을 갖다 대라는 안내를 받았고, 그 센서가 읽어 낸 정보는 에인리만 볼 수 있었다.

에인리는 테스트 참가자들에게 "심장이 뛸 때 말씀해 주세요"라고 말했다. 전시 부스에 들른 한 노부부는 그러한 에인리의 요청에 매우 다른 반응을 보였다.

나이가 지긋한 아내는 믿을 수 없다는 듯 물었다. "제 심장이 하는 일을 제가 어떻게 알 수 있다는 거죠?" 그러자 그녀의 남편은 몸을 돌려 어이가 없다는 듯 그녀를 뚫어지게 바라봤다.

"당연히 알 수 있지"라며 남편이 소리쳤다. "누구나 자기 심장 박동을 느낄 수 있다고!"[6]

"남편은 늘 자기 심장 소리를 들을 수 있었고, 아내는 한 번도 자기 심장 소리를 들어 본 적이 없었던 거예요." 에인리는 웃음 띤 얼굴로 지난 일을 회상하며 인터뷰에 응했다. "두 분은 수십 년에 걸쳐 결혼 생활을 했지만, 서로가 그렇게 다르다는 것을 이야기해 본 적이 없고 그러한 차이를 인식조차 못 한 거죠."[7]

우리가 잘 알아차리지 못할 수도 있지만 그 차이는 실제로 존재하고, 뇌 스캔 기술을 사용하는 과학자들은 심지어 그 차이를 볼 수도 있다.[8] 뇌의 감각 중추인 뇌섬엽의 크기와 활동 수준은 개인마다 다다르고, 내수용 감각에 대한 개인의 인식과 상관관계에 있다. 어떻게 해서 그런 차이가 처음 발생하게 됐는지는 아직 밝혀지지 않았다. 우리 인간은 이미 작동 중인 내수용 감각으로 삶을 시작하고, 내수용 자각은 아동기와 청소년기에 걸쳐 계속 발달한다.[9] 신체 내부 신호에 대한 민감도 차이는 유전적 요인뿐 아니라 우리가 성장하는 환경에도 영향을 받을 수 있으며,[10] 우리가 신체 자극에 반응하는 법을 배우면서 우리를 돌봐 주는 사람과 나누는 의사소통도 그에 포함된다.[11]

우리가 알고 있는 사실은 바로 내수용 자각이 의도적으로 발달될 수 있다는 것이다. 일련의 간단한 훈련을 통해 우리가 이미 갖고 있지만 보통 의식하지 못하는 지식, 즉 우리 자신이나 다른 사람 그리고 우리가 돌아다니는 세상에 대한 지식을 이용해 신체 내부에서 나오는 메시지와 접촉할 수 있다. 일단 이렇게 유용한 정보를 주는 내부 소스와 접촉하게 되면, 그 정보가 우리에게 말해 주는 바를 현명하게 사용할 수 있다. 예를 들어, 그 정보를 현명하게 사용하면 더 나은 결정을 내리고, 도전이나 방해 요소에 보다 탄력적으로 대응하고, 강렬한 감정을 만끽하는 동시에 상황을 더 능숙하게 다스리고, 더 깊은 세심함과 통찰력으로 사람들과 연결될 수 있다. 머리가 아닌 가슴이 앞장서서 이끌어 주는 셈이다.

어떻게 내수용 감각이 그렇게 풍요로운 저장소 역할을 할 수 있는지 이해하기 위해서는 이 세계가 우리의 의식적인 정신이 처리할 수 있는 것보다 훨씬 더 많은 정보로 가득 차 있다는 점을 인식하는 일이 중요하다. 다행히 우리는 무의식적으로 접하는 정보량을 수집하고 저장할 수 있다. 우리는 매일매일 정보를 접하는 경험을 바탕으로 규칙적인 패턴을 지속적으로 파악하고 저장하면서 미래에 그 정보를 참고할 수 있도록 태그를 붙인다. 이렇게 정보를 수집하고 패턴을 파악하는 과정에서 우리가 마주한 상황을 이해하게 된다. 그렇지만 그러한 지식의 내용을 명확하게 설명하거나 우리가 어떻게 그것을 이해하게 됐는지 알아낼 수 없는 경우가 많다. 이 정보 저장소는 주로 의식의 표면 아래에 있고, 보통 그러한 상태로 있는 게 좋기 때문이다. 의식 아래 깊이 감춰져 있는 그 상태는 주의력과 작업 기억working memory의 제한된 저장소가 다양한 용도로 쓰일 수 있도록 돕는다.

인지과학자 파웰 르위키Pawel Lewicki가 주도한 연구는 이러한 과정의 축소판을 보여 준다.[12] 르위키의 연구에 참여한 실험 참가자들은 십자 모양을 한 표적이 나타나고 사라졌다가 다시 새로운 위치에 나타나는 컴퓨터 화면을 지켜봤고, 표적이 어느 위치에 나타날지 예측하라는 요청을 반복적으로 받았다. 몇 시간에 걸쳐 표적의 움직임에 노출된 참가자들은 시간이 갈수록 점점 더 정확한 예측을 했다. 실험 참가자들은 이리저리 떠돌아다니는 표적 뒤에 숨어 있는 패턴을 이해했다. 그러나 그들은 실험 연구원이 보수를 제공하겠다는 제안을 했음에도 자신이 이해한 그 패턴을 말로 표현하지 못했다. 르위키는 실험 참가자들이 그 패턴과 비슷한 어떤 고유한 특성도 제대로 설명해 내지 못했다고 말했다. 표적은 의식적으로 받아들이기에는 너무나 복잡한 패턴으로 움직였다. 그러나 의식 아래의 넓은 영역은 그 패턴을 받아들이기에 충분했다.

르위키가 말하는 '무의식적 정보 획득Nonconscious information acquisition'[13]은 우리 삶에서 늘 발생하고 있다. 새로운 상황을 처리할 때 우리는 과거의 저장된 패턴에 대한 정신적 기록을 스크롤해 현재 상황에 해당하는 패턴을 살펴본다.[14] 이처럼 검색 작업이 이뤄지고 있다는 사실을 우리는 알지 못한다. 르위키는 "인간의 인지 체계는 의식적으로 통제된 수준에서 그러한 작업을 처리할 준비가 돼 있지 않다"고 말했다. 그는 또 "우리의 의식적인 사고는 외부의 도움 없이 무의식적으로 작동하는 운영 처리 알고리즘이 수행하는 동일 작업을 즉시 처리하기 위해 기록, 플로차트flowchart, 조건문'if-then' statement 목록 (또는 컴퓨터)에 의존하게 된다"고 덧붙였다.[15]

그런데 패턴에 대한 정보를 우리가 의식하지 못한다면 어떻게 그 정보를 활용할 수 있을까? 그 답은 관련된 패턴이 잠재의식에 감지되면 우리의 내수용 감각 능력이 우리에게 알려 준다는 데 있다. 즉 몸을 떨거나, 한숨을 쉬거나, 호흡이 빨라지거나, 근육이 긴장할 수 있다. 유용하지만 접근하기 어려운 정보를 우리에게 알려 주기 위해 우리 몸은 종처럼 울린다. 보통은 뇌가 신체 행동을 지시한다고 생각하지만, 몸 역시 여러 미묘한 움직임과 자극으로 뇌에 지시를 내린다. (한 심리학자는 이러한 몸의 지시를 '신체 방향타somatic rudder'라고 불렀다.[16]) 심지어 연구자들은 우리가 움직이는 도중에도 그러한 몸 상태를 정확히 포착했다. 몸이 우리가 찾고 있는지조차 모를 패턴의 출현을 의식하게 만들기 때문이다.

이와 같은 내수용 감각 자극은 서던캘리포니아대학교University of Southern California 교수인 신경과학자 안토니오 다마지오Antonio Damasio 가 주도한 실험 연구의 기초가 된 도박 게임에서 관찰됐다.[17] 컴퓨터 화면으로 진행되는 이 게임에서는 플레이어들에게 2000달러를 받고 디지털 카드 덱 네 개를 보여 줬다. 플레이어들의 임무는 덱에 있는 카드를 뒤집어 최대한 돈을 잃지 않고 가장 크게 이길 수 있는 덱을 선택하는 것이었다. 플레이어들이 카드를 뒤집으려 클릭하자 이쪽저쪽에서 보너스로 50달러 혹은 100달러를 받거나 벌금으로 많고 적은 액수의 돈을 잃기 시작했다. 실험 연구원들이 플레이어들에게 알려 주지 않은 것이 있다면 카드 덱 A와 B에는 큰 액수의 벌금을 내야 하

감각을 통해 생각하기

는 카드가 들어 있어 '나쁘다'는 점, 카드 덱 C와 D는 시간이 지남에 따라 벌금보다 더 많은 보너스를 받을 수 있는 카드가 들어 있어 '좋다'는 점이었다.

실험 참가자들이 게임을 하는 동안 그들의 생리적 각성physiological arousal 상태에 대한 정보를 손가락에 부착된 전극을 통해 모니터했다. 손가락에 부착된 전극은 '피부 전도도skin conductance' 수준을 계속해서 추적 관찰했다. 잠재적 위협을 느껴 우리 몸의 신경계가 자극을 받으면 우리가 잘 인지하지 못한 상태에서 땀이 나기 시작한다. 땀이 배출되면서 생긴 옅은 광택은 순간적으로 우리 피부를 더 유용한 전기 전도체로 바꿔 놓는다. 따라서 연구원들은 신경계 흥분을 측정하는 척도로 피부 전도도를 사용한다. 다마지오와 그의 동료들은 피부 센서를 통해 수집한 데이터를 살펴보면서 흥미로운 사실을 발견했다. 실험 참가자들이 잠깐 게임을 한 뒤 나쁜 카드 덱을 클릭할 것을 고려할 경우, 그들의 피부 전도도가 급상승하기 시작한 것이다. 더 인상적인 사실은 게임 플레이어들이 점점 더 좋은 카드 덱에 이끌리면서 나쁜 카드 덱을 피하기 시작했다는 점이다. 르위키의 연구에서와 같이 실험 참가자들은 시간이 지남에 따라 주어진 임무를 잘 수행하게 됐고, 돈을 더 적게 잃고 많이 이겼다.

그러나 실험 참가자들을 대상으로 한 인터뷰에서는 참가자들이 피부 전도도가 급증하고 난 한참 뒤에도 특정 덱을 선택하기 시작한 이유를 인지하지 못했음이 드러났다. 10번 카드(게임 시작 후 약 45초 뒤)를 뒤집었을 때쯤 측정한 피부 전도도 결과는 참가자들의 몸이 게임이 조작됐다는 것을 인지하고 있음을 나타냈다. 그러나 연구원들은 카드를 열 번 더 뒤집어 스무 번 카드를 뒤집고 나서도 "다들 무슨 일이 일어나고 있는지 전혀 감을 잡지 못했다"고 회상했다. 모든 참가자가 게임 시작 후 몇 분이 지나고 오십 번 카드를 뒤집고 나서야 카드 덱 A와 B가 더 위험하다는 것을 의식적으로 느꼈다. 그들의 몸은 뇌가 그 사실을 알아차리기 훨씬 전에 이미 그 사실을 알고 있었다. 후속 연구에서는 내수용 감각을 더 잘 감지하는 플레이어가 게임상에서 현명한 선택을 잘 내린다는 중요한 연구 결과가 추가로 밝혀졌다.[18] 내수용 감각을 잘 느끼는 플레이어에게는 몸이 보내는 현명한 충고가 크고 명확하게 전달됐다.

다마지오의 액션 게임은 우리에게 매우 중요한 사실을 알려 준다.[19] 몸은 우리의 의식적인 정신이 수용할 수 있는 것보다 더 복잡한 정보에 접근할 수 있도록 한다는 것이다. 또 우리 몸은 의식적인 정신보다 훨씬 더 빠른 속도로 그 정보를 처리한다. 이러한 몸의 개입으로 우리가 얻을 수 있는 이점은 카드 게임에서 이기는 것 이상으로 클 수 있다. 결국 현실 세계는 장단점을 하나하나 다 따져 볼 시간이 없는 역동적이고 불확실한 상황으로 가득 차 있다. 의식적인 정신에만 의존하면, 우리는 결국 지고 만다.

우리가 내수용 감각을 연마해야 하는 이유가 여기에 있다. 자신의 신체 감각을 더 잘 이해하고 있는 사람들은 자신의 무의식적인 정보를 더 잘 이용할 수 있다. 마음챙김Mindfulness 명상은 감각에 대한 인식을 향상시키는 방법 중 하나다.[20] 마음챙김 명상은 신체 내부 신호에 대한 민감도를 높이고, 뇌의 핵심 영역인 뇌섬엽의 크기와 활동까지 변화시키는 것으로 밝혀졌다.[21] 이 수행법을 구성하는 특정 요소가 특히 효과적인 것으로 보인다. 바로 '보디 스캔body scan'이라고 알려진 활동으로, 명상을 시작하면서 자주 행하는 명상법이다. 미얀마, 태국, 스리랑카 불교 전통에 뿌리를 둔 이 보디 스캔 명상법은 현재 매사추세츠대학교 의과대학 명예교수이자 마음챙김의 선구자인 존 카밧진Jon Kabat-Zinn을 통해 서구 사람들에게 소개됐다. 카밧진은 다음과 같이 말한다. "보디 스캔은 의식적인 마음과 몸의 감정 상태를 다시 연결해 주기 때문에 사람들은 보디 스캔이 유익하다는 사실을 발견하게 되죠. 규칙적인 훈련을 통해 사람들은 보통 이전에는 한 번도 느껴보지 못하거나 생각해 본 적 없는 신체 부위의 감각을 더 많이 느끼게 됩니다."[22]

카밧진은 보디 스캔 명상 연습을 하려면 먼저 편안한 곳에 앉거나 누워 눈을 부드럽게 감아야 한다고 설명한다. 그는 잠시 시간을 내서 몸 전체를 느끼고, 숨을 들이쉬고 내쉴 때마다 복부가 오르내림을 자각하라고 말한다. 그리고 나서 왼쪽 발가락에서 시작해 몸을 죽 훑으며 감각을 느끼기 시작하는 것이다. 카밧진은 이렇게 조언한다. "발가락에 주의를 집중하면서 여러분의 호흡을 발가락으로 옮겨 갈 수 있는지 관찰해 보세요. 그러면 발가락으로 숨을 들이쉬고 내쉬는 것처럼 느껴질 겁니다." 몇 차례 호흡하면서 발가락에 주의를 집중한 후, 발바닥, 발뒤꿈치, 발목 등을 거쳐 왼쪽 엉덩이까지 옮겨 가며 신경을 집중한다. 오른쪽 다리 역시 몇 차례 호흡하는 동안 각 부위에 주의를 집중하면서 같은 절차를 반복한다. 신체 부위를 따라 움직이는 주의 집중은 이제 몸통, 복부, 가슴, 등, 어깨를 거쳐 각 팔을 따라 팔꿈치, 손목, 손까지 이동한다. 마지막 스포트라이트는 목과 얼굴을 통해 위로 이동하는 것이다. 연습 중에 주의 집중이 흐트러질 경우, 집중할 신체 부위에 다시 자연스럽게 초점을 맞추면 된다. 카밧진은 적어도 하루에 한 번 보디 스캔 명상을 해 볼 것을 권장한다.

　보디 스캔 명상을 연습하는 목적은 신체 내에서 발생하는 모든 감각을 비판단적 알아차림nonjudgmental awareness, 즉 있는 그대로 인식할 수 있도록 하는 데 있다. 바쁜 일상 속에서 우리는 이러한 신체 내부 신호를 무시하거나 간과할 수 있다. 만약 신체 내부 신호가 우리의 주의를 끈다면 우리는 그에 대한 반응으로 조바심을 내거나 자기비판하는 모습을 내보일 수도 있다. 보디 스캔은 그러한 신체 내부 감각에 관심을 갖고 침착하게 관찰하도록 우리를 훈련시킨다. 그러나 감각을 주의 깊게 관찰하고 느끼는 일은 첫 단계에 불과하다. 그다음 단계는 바로 내수용 감각에 이름을 붙여 주는 것이다. 내수용 감각에 이름을 붙이면 그 감각을 통제할 수 있게 된다. 세심한 자기 통제가 없으면 감정에 압도되거나 그 감정이 생겨난 원인을 잘못 해석할 수 있다. 연구 조사에 따르면 감각을 통해 느끼는 감정에 이름을 붙이는 단순한 행동은 신경계에 엄청난 영향을 미치고, 신체의 스트레스 반응을 바로 누그러뜨린다.[23]

　캘리포니아대학교 로스앤젤레스UCLA 소속 연구원들이 수행한 실험에서 참가자들은 청중 앞에서 연이은 즉흥 연설을 해 달라는 요청을 받았다(불안을 유발하기에 아주 좋은 방법이다).[24] 그리고 나서 실험 참가자 중 절반은 연구자들이 '정서 명명affect labeling'이라고 부르는 정서 조절 방식을 확인하는 실험에 참여할 것을 요청받았다. 참가자들은 "나는 ＿＿＿＿＿을(를) 느낀다"라는 문장의 빈칸을 즉각적으로 채워 답해야 했다. 나머지 절반에게는 감정이 드러나지 않는 모양의 물체를 서로 연결시키는 작업을 요청했다. 정서 명명 실험에 참가한 그룹은 생리적 각성 수준이 높게 유지된 통제 그룹에 비해 심박동 수와

감각을 통해 생각하기

피부 전도도에서 급격한 감소를 보였다. 뇌 스캔 연구는 정서 명명의 진정 효과를 입증하는 증거를 더 제시해 준다. 우리가 느끼는 감정을 명명하는 것만으로도 공포나 격한 감정을 처리하는 일에 관여하는 뇌 부위인 편도체 활동이 감소한다.[25] 한편, 감정이나 그 감정을 유발한 경험에 대해 더 복잡하게 생각하면 편도체 활동이 증가한다.[26]

보디 스캔과 마찬가지로 정서 명명을 연습하는 일은 우리 몸에서 발생하는 감각에 집중하고 이름을 붙이는 습관을 기를 수 있게 해 주는 일종의 마음 훈련이라 할 수 있다. 심리학자들은 우리가 정서 명명을 시험 삼아 시도해 볼 때 다음 두 가지를 명심하라고 당부한다. 첫째, 가능한 한 많은 이름을 지어 보는 것이다. UCLA 소속 과학자들은 자신이 느끼는 감정에 더 많은 이름을 붙인 실험 연구 참가자들이 더 큰 폭으로 생리적 각성의 감소를 경험했다고 보고했다.[27] 둘째, 가능한 한 세분화해 표현하는 것이다. 즉 우리가 느끼는 것을 표현할 때 정확하고 구체적인 단어를 선택해야 한다. 내수용 감각을 정확하게 구분하는 일은 더 나은 결정을 내리고,[28] 충동적인 행동을 줄이고,[29] 더 성공적인 계획을 세우는 것과 결부돼 있다. 아마도 그 이유는 우리가 필요로 하고 원하는 게 무엇인지 명확하게 느낄 수 있도록 하기 때문일 것이다.[30]

신체 내부 감각을 느끼고 각 감각에 이름을 붙이는 일은 내부 감각이 우리의 신체 방향타로서 더 효율적으로 기능할 수 있게 하고, 우리가 삶에서 마주하는 많은 결정을 거쳐 민첩하게 나아갈 수 있게 해 준다. 그렇다면 실제로 우리 몸은 생각, 즉 흔히 우리 머릿속에서만 일어난다고 여기는 사고 과정에 기여할 무언가를 갖고 있을까? 그렇다. 사실, 최근 연구 결과를 보면 몸이 뇌보다 더 이성적일 수 있다는 상당히 놀라운 가능성을 시사하고 있다. 존 코츠가 수행한 연구에서 더 예민하게 내수용 감각을 자각하는 트레이더들이 더 많은 돈을 벌었다는 사실을 떠올려 보자. 시장이 평가했듯이 그들은 내수용 감각을 자각하지 못하는 투자자들보다 매매와 관련해 더 합리적인 선택을 내렸다. 이 결과는 뇌가 생래적으로 지녔을 법한 사소한 결함, 즉 의식적 사고를 자주 왜곡하는 인지 편향cognitive bias의 영향을 우리 몸이 받지 않는다는 사실에서 비롯되는 것일 수 있다.

자기 얼굴에 침 뱉기가 될지언정 공평이라는 개념을 고집하는 우리의 고지식한 성향을 예로 들어 보자. 행동경제학자들이 자주 사용하는 실험 패러다임인 '최후통첩 게임ultimatum game'에서 실험 참가자들은 파트너와 짝을 이루고, 파트너 중 한 명은 자신이 마음대로 분배할 수 있는 돈을 받게 된다. 그리고 다른 파트너는 상대방이 분배하기로 한 금액의 돈을 받거나 거부할 수 있다. 아주 적은 금액이라도 상대방의 제안을 받아들이는 쪽이 거절하는 것보다 더 합리적이다. 제안을 거절하면 한 푼도 받지 못하기 때문이다. 그러나 연구 결과를 보면 많은 게임 참가자들이 불공평한 대우를 받는다고 느껴 적은 금액의 돈은 거절하는 것으로 나타났다. 다시 말해 그들은 더 많은 금액의 돈을 받아야 마땅하다고 느낀 것이다.[31]

2011년 발표된 한 연구에서 버지니아공과대학교Virginia Tech 소속 연구원들은 최후통첩 게임 참가자들을 두 그룹, 즉 정기적으로 명상을 하는 그룹과 명상을 하지 않은 통제 그룹으로 나눠 뇌 스캔을 했다.[32] 뇌 스캔 결과에 따르면 명상을 하는 그룹은 게임을 하는 동안 내수용 감각 중추인 뇌섬엽이 활성화됐고, 이는 그들이 결정을 내리기 위해 신체 신호에 의존했음을 나타낸다. 한편, 통제 그룹은 다른 패턴을 보였다. 통제 그룹의 뇌 스캔 결과에서는 무엇이 공평하고 불공평한지를 의식적으로 판단하는 뇌 영역인 전전두엽 피질prefrontal cortex이 활성화되는 것으로 나타났다. 연구원들은 또 이 두 그룹이 행동에서도 차이를 보였다고 보고했다. 내수용 감각을 인지하는 명상가 그룹은 돈을 단 한 푼도 받지 않겠다고 결정하는 대신 적은 금액이라도 받아들이기로 할 가능성이 더 높았다. 반면에 심사숙고형인 통제 그룹은 상대방에게 더 큰 액수가 할당된 제안을 거부하는 경향을 보였다.

사회과학자들 사이에서는 호모 이코노미쿠스Homo economicus라는 인물이 자주 등장한다. 호모 이코노미쿠스는 완벽하게 논리적이고 합리적인 선택을 하는 이상적인 의사 결정자를 이르는 용어다. 실제로 이 합리적인 인물을 찾기는 어려운 것으로 밝혀졌지만, 버지니아 공대 연구원들은 "본 연구에서 우리는 마치 호모 이코노미쿠스가 의사 결정을 내리듯 최후통첩 게임을 하는 인간 집단을 발견했다"고 보고했다. 또 그들은 다소 놀란 어조로 이렇게 덧붙였다. "숙련된 명상가들은 절반 이상의 실험에서 매우 불공평해 보이는 금액을 기꺼이 받아들인 반면, 통제 그룹에 속한 보통의 호모 사피엔스들은 4분의 1을 겨우 넘는 경우에서만 그 제안을 받아들였다."[33]

버지니아공대에서 수행한 연구에서 명상을 하지 않은 통제 그룹 참가자들이 보여 준 편향은 행동경제학자들이 목록화한 많은 편향 중 하나다. 그 외에 다른 편향으로는 우리가 처음 접하는 정보를 기준으로 삼고 그 정보에 지나치게 의존하는 현상을 뜻하는 앵커링 효과anchoring effect(정박 효과, 기준점 효과, 또는 닻 내림 효과라고도 한다—옮긴이), 더 쉽게 떠오르는 사건의 발생 가능성을 과대평가하는 현상을 말하는 가용성 휴리스틱availability heuristic, 우리가 개인적으로 선호하는 것들이 우리 믿음을 지나치게 낙관적인 쪽으로 치우치게 만드는 이기적 편향self-serving bias 등이 있다. 그렇다면 이러한 편향들을 어떻게 해야 할까? 많은 경제학자와 심리학자가 펴는 전략은 사람들에게 편향이 존재한다는 사실을 알리고, 편향의 징후는 없는지 자신의 마음을 주의 깊게 살피기를 사람들에게 권하는 것이었다. 심리학자 다니엘 카너먼Daniel Kahneman이 대중화한 용어를 빌려 말하자면, 더 즉각적인 사고 모드인 '시스템 1'의 편향된 반응을 막기 위해 합리적이고 성찰적인 사고 모드인 '시스템 2'를 사용해야 한다는 주장이었다.[34]

영국 개방대학교The Open University에서 조직행위론organizational behavior을 가르치고 있는 마크 펜톤-오크리비Mark Fenton-O'Creevy 교수는 한때 뇌에 갇힌 사고방식의 신봉자였다. 당시 그는 투자 은행 여섯 곳에서 근무 중인 전문 트레이더들과 일련의 인터뷰를 진행했고, 그들이 뇌에 갇힌 사고방식을 바탕으로 일하는 경우는 거의 없다는 사실을 알게 됐다.[35] 그 대신, 그들은 자기 몸 안에 소용돌이치는 감각에 크게 의존한다고 답했다. 한 투자자는 그 과정을 특히 더 본능적인 방식으로 펜톤-오크리비에게 설명했다. 그는 "직감을 믿어야 하고, 순간적으로 많은 결정을 내려야 해요. 그렇기 때문에 어느 쪽이 유리하고 무엇을 어떻게 해야 할지 알아야 합니다"라고 설명하면서 이렇게 덧붙였다. "감각을 느끼는 건 수염을 기르거나 사슴이 되는 것과 비슷합니다. 인간의 귀로는 들을 수 없는 소리를 듣거나 갑자기 신경이 곤두서는 것과 비슷하죠. 어딘가에서 뭔가 미세한 떨림이 느껴지지만 그게 뭔지 확실하지는 않아요. 하지만 신경 써야 할 뭔가가 있는 거죠."[36]

펜톤-오크리비는 성공한 금융 전문가들이 이러한 미묘한 생리적 신호에 민감하게 반응한다는 사실을 발견했다. 게다가 그들은 감각이 느껴지기 시작할 때 신호를 빨리 알아차리고, 그 느낌을 떨쳐 버리거나 억누르거나 나중으로 미루지 않고 그 순간 바로 행동을 취하는 것으로 보였다.[37] 이러한 접근 방식은 정신적인 노력을 거의 필요로 하지 않고 빠르게 진행되기 때문에 많은 사람이 마주하는 복잡하고 빨리 변화하는 상황에서 결정을 내리는 데 훨씬 더 적합한 방법이 될 수 있다.[38] 또 이 같은 방식으로 우회해 나가는 게 인지 편향을 애써 고쳐 나가려는 것보다 더 효과적이다. 펜톤-오크리비는 이렇게 강조해 말한다. "시스템 1에서 시스템 2로 사고 모드를 전환하는 방법으로 인지 편향에서 벗어나려는 접근법은 성공하기 어려울 겁니다. 자기 감시self-monitoring와 노력을 필요로 하는 시스템 2를 작동시킬 인간의 능력은 제한돼 있는데다가 빠르게 퇴화합니다. 편향에 대해 배우고 자기 감시를 함으로써 인지 편향을 줄이려는 시도는 곧 인간이 겪는 인지 능력의 한계에 부딪힐 수밖에 없어요."[39]

그는 마음챙김 명상 훈련과 적극적인 생리학적 피드백 제공을 통해 투자자들의 내수용 자각을 높이는 기술을 실험했다. 그리고 실험 참가자들이 자신의 실험실에서 스페이스 인베스터Space Investor라는 특별 제작된 게임을 하도록 했다.[40] 참가자들은 자신의 심장이 얼마나 빨리 뛰고 있는지 심박동 수를 주기적으로 짐작해 계산했다. 가슴에 장착한 무선 센서로 심박동 수를 측정했을 때, 그들이 미루어 짐작한 수치가 정확할수록 더 많은 게임 점수를 얻을 수 있었다. 펜톤-오크리비는 반복적인 게임 플레이를 통해 참가자들의 내수용 감각의 자각이 지속적으로 개선된 것으로 보인다고 보고했다.

이러한 접근 방식은 현명한 의사 결정을 지원하는 새로운 방식, 즉 열심히 애써 가며 깊이 생각하고 분석하는 방식이 아닌 우리가 '내수용 감각 학습interoceptive learning'이라 부를 수 있는 능력을 길러 적용하는 방식을 제시한다.[41] 이 과정에서 우리는 여러 가지를 배우게 된다. 첫째, 우리는 신체 내부 신호를 감지하고, 이름을 붙이고, 통제하는 법을 배운다. 둘째, 우리는 우리가 내부에서 느끼는 특정 감각과 현실 세계에서 마주하는 사건의 패턴을 서로 연결 짓는 방법을 배운다. 우리가 특정 행동을 취하기 시작할 때 복부에서 떨림이 느껴지면 어떤 결과가 뒤따르게 될까? 우리 앞에 놓인 선택지 중 한 가지를 생각하면 가슴이 뛰고 다른 한 가지를 언급하면 가슴이 철렁 내려앉을 경우, 그 느낌은 결국 우리가 내리게 될 선택에 어떤 징조가 될까?

우리는 '내수용 감각 일지', 즉 우리가 한 선택과 그 선택을 했을 때 무엇을 느꼈는지 글로 적어서 신체가 보내오는 메시지를 명확히 하고 문서화할 수 있다. 각 일지는 세 부분으로 이뤄져 있다. 첫째, 우리가 내려야 할 결정에 대한 간략한 설명이다. 둘째, 다양한 선택 사항을 고려하면서 우리가 겪는 신체 내부 감각에 대한 상세하고 정확한 설명이다. 내수용 감각 일지는 우리 앞에 놓여 있는 선택지를 하나하나 깊이 생각해 보고 그중 한 가지를 선택하는 상상을 하도록 도우면서 우리가 느끼는 감각을 살펴보게 한다. 일지의 세 번째 부분에는 우리가 최종 선택한 것을 표기하고, 최종 선택을 내렸을 때 생긴 다른 감각들을 적는다.

투자해서 수익을 얻었는가? 신입 사원은 일을 잘하고 있는가? 출장 가기를 잘한 것인가? 일단 무언가를 선택하고 그 선택이 어떤 결과로 이어졌는지를 알게 되면, 여러분은 그 선택을 내린 순간의 기록을 다시 확인해 볼 수 있다. 시간이 지나면서 여러분은 이 순간들이 일정한 형태로 정리된다는 사실을 알게 될 수도 있다. 여러분은 실망스러운 결과를 낸 선택지를 고민할 당시에는 가슴이 조이는 느낌을 받았고, 성공적인 결과를 낸 선택지를 고려할 당시에는 흉곽이 위로 올라가 열리는 듯한 살짝 다른 느낌을 받았다는 사실을 뒤늦게 깨닫게 될지도 모른다. 이러한 미묘한 차이는 순식간에 나타났다가 사라진다. 내수용 감각 일지는 우리가 충분한 시간을 두고 그 감각의 차이를 명확하게 살펴볼 수 있도록 해 준다.

내수용 감각의 차이를 명확하게 인지할 수 있다면 우리 몸은 올바른 의사 결정의 현명한 길잡이 역할을 할 수 있다. 존 코츠의 말을 빌리면, 겉으로 잘 드러나지 않는 '흑막éminence grise'[42]과 같은 내수용 감각은 쉽게 동요하는 의식적인 정신보다 더 박식하고 현명하다. 또 우리의 몸과 내수용 감각 능력은 목표를 추구하고, 역경에 굴하지 않으며 앞으로 나아가며, 좌절을 딛고 다시 일어설 수 있도록 우리를 독려하는 코치 역할을 하기도 한다. 한마디로 말해서, 내수용 감각에 대한 자각이 우리를 더 탄력적으로 만들어 줄 수 있다.

이러한 이야기가 놀랍게 들릴 수도 있다. 물질보다 정신, 그리고 육체보다 정신을 더 필요로 하는 인간의 능력으로 우리는 회복탄력성resilience을 꼽는다. 우리는 보통 우리가 움직이기 싫어하는 몸의 저항을 무릅쓰고 정신력을 발휘하기로 다짐하거나 끝까지 밀고 나가기로 결심한다고 생각한다. 그러나 실제로 회복탄력성은 인체 내 장기와 팔다리에서 생겨난 감각에 대한 자각에 그 뿌리를 두고 있다. 또 우리가 이러한 신체 내부 신호에 더 주의를 기울일수록 삶의 역경과

고난 앞에서 더 탄력적인 사람이 될 수 있다.

그 이유는 우리가 취하는 모든 행동이 귀하고 희소한 에너지를 필요로 하기 때문이다.[43] 신체 내부 신호에 대한 인식이 부족한 상황에서 우리는 우리가 얼마나 많은 에너지를 갖고 있는지, 그리고 세상이 요구하는 행동을 취하기 위해 우리에게 얼마나 많은 에너지가 필요한지 끊임없이 관찰하게 된다. 내수용 감각은 우리의 현 상태를 지속적으로 업데이트해 주는 게이지 역할을 한다. 즉 우리가 언제 스스로를 채찍질하고, 또 언제 스스로에게 휴식을 줘야 하는지 알려 준다. 내수용 감각 신호는 우리가 도전하고자 하는 일의 수준에 맞게 모든 노력을 다하고 페이스를 잘 유지해 그 일을 끝까지 다 마무리할 수 있도록 도와준다. 어떤 사람들이 결정을 내릴 때 다른 사람들보다 신체 감각을 더 잘 이용하듯이, 어떤 사람들은 에너지가 소모되는 매 순간을 주의 깊게 살피고 관리하기 위해 다른 사람들보다 내수용 감각 신호를 더 잘 이용한다.[44]

캘리포니아대학교 샌디에이고University of California, San Diego 정신의학과 교수인 마틴 파울루스Martin Paulus는 회복탄력성을 높이는 데 내수용 감각이 어떤 역할을 하는지 연구하고 있다. 2016년에 실시한 실험 연구[45]에서 파울루스는 실험 참가자들에게 아래와 같은 설문 문항 목록[46]을 제공해 각 문항에 대한 동의 여부를 물었다.

나는 무슨 일이 생겨도 처리할 수 있다.
나는 어려운 일을 겪거나 아파도 잘 회복하는 편이다.
나는 무슨 일이 있어도 최선을 다한다.
나는 상황이 절망적으로 보여도 포기하지 않는다.

나는 압박감 속에서도 집중하고 명확하게 사고한다.

나는 실패해도 쉽게 좌절하지 않는다.

설문 문항에 대한 답변을 바탕으로 실험 참가자들은 두 그룹, 즉 회복탄력성이 낮은 그룹과 회복탄력성이 높은 그룹으로 분류됐다. 참가자들의 답변에 따르면, 역경이나 도전에 직면했을 때 회복탄력성이 높은 그룹은 성공을 향해 끝까지 밀고 나갈 가능성이 높은 반면, 회복탄력성이 낮은 그룹은 힘겨워하거나, 번아웃burnout을 경험하거나, 포기할 가능성이 높았다. 파울루스는 두 그룹 사이의 차이를 추가로 발견했다. 심장 박동 감지 테스트를 했을 때, 평균적으로 회복탄력성이 낮은 사람들은 내수용 감각이 부족한 것으로 나타난 반면, 회복탄력성이 높은 사람들은 내수용 감각이 예민한 것으로 나타났다.

파울루스는 그러한 흥미로운 실험 연구 결과들을 분석하기 위해 실험 참가자의 뇌를 스캔하는 동안 참가자들을 자극적인 신체 내부 경험에 노출시키는 프로토콜을 고안했다. 지난 10년 동안 실험 참가자 수백 명을 대상으로 들숨 작업 태스크inspiratory breathing load task라 불리는 방법을 시행했으며, 그의 실험 대상 중 가장 유명한 사람이 바로 수영 챔피언 다이애나 니아드Diana Nyad 였다. 장거리 수영 세계 기록 보유자인 니아드는 1975년 맨해튼섬Manhattan Island을 헤엄쳐 완주한 최초의 여성으로 역사에 남았다. 40년 후, 그녀는 64세의 나이로 쿠바에서 플로리다까지 헤엄쳐 횡단하는 일에 착수했다. 니아드는 약 177킬로미터를 수영하는 동안 피로, 메스꺼움, 생명을 위협할 수 있는 해파리에 맞서 싸우면서 회복탄력성을 대표적으로 보여 주는 모델이 됐다. 그녀는 도전을 시작하고 2013년 8월 횡단에 성공하기까

지 총 네 번에 걸쳐 실패를 경험했다.[47]

같은 해 말, 니아드는 선구자가 된 모습으로 파울루스의 연구소를 찾았다. MRI 기계에 오르기 전 그녀는 코를 통해 호흡하지 못하게 하는 코 클립과 입으로 들어가는 튜브를 장착했다. 튜브 끝에는 마개가 있었다. 마개를 제거할 경우, 니아드는 튜브를 통해 자유롭게 숨을 쉴 수 있었다. 마개가 끼워져 있으면 공기가 극소량만 통과할 수 있었다.

MRI 검사실에 들어간 니아드는 눈앞에 설치된 컴퓨터 화면을 바라보라는 지시를 받았다. 화면이 파란색으로 바뀌면 호흡 튜브 마개가 열린 상태였고, 화면이 노란색으로 바뀌면 25퍼센트의 확률로 튜브 마개가 닫히게 돼 호흡하는 데 어려움을 겪을 수밖에 없었다. 파울루스와 그의 동료들은 각 상태에서 활동하는 니아드의 뇌를 관찰하면서 그녀가 어떻게 스트레스 요인을 예측하고, 어떻게 스트레스 요인에 반응하며, 어떻게 스트레스 요인에서 벗어나는지 조사할 수 있었다. 이 모든 실험이 진행되는 동안 니아드는 자신의 인지 능력을 검사하는 질문에 답하고 있었다. (니아드는 자서전에 그 경험에 대한 이야기를 기록하면서 "당연히 나는 경쟁심이 강하기 때문에 그 MRI 검사를 받은 사람 중에서 가장 높은 점수를 받고 싶었다"라고 언급했다.[48])

니아드의 뇌를 스캔한 결과, 이러한 불편한 경험에 대한 독특한 반응이 나타났다. 그녀의 뇌섬엽은 화면이 노란색으로 바뀌자, 즉 스트레스 요인을 마주하자 강렬한 예기 반응-anticipatory response(자극을 받기 전에 미리 그 자극을 예상해 나타나는 반응을 말한다-옮긴이)을 보였지만, 스트레스 요인에 노출되는 동안이나 노출된 후에는 비교적 안정된 상태를 보였다. 인지 능력 검사를 언급하면서 니아드는 디지털화한 그래프에 점으로 표시된 검사 결과를 보여 줬던 파울루스를 떠올렸다. 그녀는 "산소가 제한될 때나 산소가 제한될 것으로 예상될 때 우수하지 못한 인지 능력 검사 결과를 보인 사람들은 그래프 하단에 몰려 있었다"고 말하면서 이렇게 덧붙였다. "다음 그룹은 통제 그룹보다 훨씬 더 높은 검사 결과를 보인 해병대 그룹이었다. 그다음으로 그래프 상단에 높이 자리한 그룹은 네이비 실Navy SEALS(미국 해군의 특수 부대를 말한다-옮긴이)이었다. 파울루스 박사는 그다음으로 컴퓨터 화면에서 거의 벗어나 있는 오른쪽 상단을 가리켰다. 그는 내가 바로 이 영역에 속한다고 말했다."[49]

니아드는 분명 아웃라이어outlier(평균치를 크게 벗어나 다른 대상들과 확연히 구분되는 표본을 말한다-옮긴이)이기는 하지만, 파울루스는 각 분야에서 뛰어난 능력을 발휘하는 사람들에게서 그와 동일한 패턴을 발견했다.[50] 놀랍게도 뛰어난 능력을 지닌 사람들이 극도로 불쾌한 내수용 감각을 경험하도록 만들면 그들의 인지 능력이 실제로 향상된다는 것이다. 각 분야의 챔피언들은 몸의 신호를 감지하는 데 있어 우수한 능력을 갖고 있기 때문에 어려운 상황을 마주했을 때 자신의 신체 자산을 더 잘 감시하고 관리할 수 있다.[51] 그들은 에너지 낭비가 거의 없어 충분한 에너지가 비축돼 있는 효율적이고도 정교한 모터와 같다.

반면에 회복탄력성이 낮은 사람들은 전혀 다른 특징을 보인다.[52] 들숨 작업 태스크를 수행한 그들의 뇌를 스캔한 결과, 다이애나 니아드의 뇌를 스캔한 결과와 반대되는 패턴을 보인다. 즉 스트레스 요인을 마주하면 뇌의 활동 수준이 낮아지고, 스트레스 요인에 노출되는 동안이나 노출된 후에는 뇌의 활동 수준이 높아진다. 분야를 막론하고 회복탄력성이 낮은 사람들은 정교하지 못해 에너지 효율이 떨어지는 모터처럼 자기 관리가 엉성했다. 그들은 어려움에 봉착하면 하던 일을 계속해 나가지 못하고, 그러한 상황을 다시 바로잡아 회복하는 데 에너지를 낭비한다. 그들은 인지 능력 검사 문제에 답하기 위해 고군분투한다. 그들은 자신이 실수했다는 사실에 낙담해 에너지가 바닥나고 의욕을 잃어 포기하고 만다.

이러한 차이는 용기나 인내를 필요로 하는 육체적 활동을 할 때 분명 주요하게 작용하지만, 좀 더 지적인 활동을 추구할 때에도 중요하게 작용한다. 우리가 수행하는 다른 활동들과 마찬가지로 정신 활동 역시 에너지를 동원하고 관리하는 능력이 필요하다. 실제로 우리 뇌는 무려 20퍼센트에 달하는 신체 에너지를 사용한다. 연구자들은 정신적 문제를 해결하는 데 신체 내부 자원을 효과적으로 할당하는 능력을 '인지 탄력성cognitive resilience'이라고 부른다.[53]

마틴 파울루스의 공동 연구자 중 한 명인 엘리자베스 스탠리Elizabeth Stanley에게 인지 탄력성은 특히 더 중요하다. 조지타운대학교Georgetown University 안보학과 부교수인 스탠리는 독일, 한국, 발칸반도 등지에서 미국 육군 정보 장교로 다년간 근무한 유명 군인 가족 출신이다. 군 생활에서나 민간 생활에서나 스탠리는 자기 자신을 사정없이 몰아붙였다. 그녀는 자신의 작업 방식을 '꾹 참고 견디며 의지력과 결단력이라는 깊은 우물을 이용해 힘차게 나아가는 방식'이라고 설명한다. 스탠리는 또 이렇게 적었다. "수십 년 동안 나는 이런 식으로 내 몸과 감정을 외면할 수 있는 힘을 좋은 것, 즉 강인함, 자제력, 결단력의 상징으로 여겼다."[54] 그러나 결국 그녀는 이러한 디폴트default 전략이 자신의 성과와 행복을 좀먹고 있다는 사실을 인식하

감각을 통해 생각하기

게 됐다. (그녀가 박사 학위 논문을 쓰기 위해 하루에 열여섯 시간씩 여러 달을 보낸 뒤 컴퓨터 키보드 위에 토하고 만 순간이 그 전조 중 하나였다.)

스탠리는 다른 접근 방식을 모색하면서 (지금은 매일 실천하고 있는) 마음챙김 명상을 생활화할 방법을 찾았다. 그녀는 또 스트레스를 많이 받는 서비스업 종사자들의 인지 탄력성을 강화하기 위해 고안된 마인드풀니스-베이스드 마인드 피트니스 트레이닝Mindfulness-based Mind Fitness Training(이하 MMFT)이라는 프로그램도 만들었다.[55] MMFT 프로그램은 알려진 대로 신체 내부 신호를 인식하고 조절하는 데 중점을 둔다. 스탠리는 학계 심리학자와 신경과학자들과의 공동 연구를 통해 전투에 배치될 준비 중인 병력을 대상으로 MMFT 프로그램의 효과를 실험했다. 실험 결과는 실험 참가자들이 매우 어려운 상황에서도 집중력을 유지하고 작업 기억을 유지하는 데 MMFT 프로그램이 도움이 된다는 사실을 보여 줬다.[56,57] 스탠리는 전국을 돌며 진행한 워크숍에서 군인들뿐만 아니라 소방관, 경찰관, 사회복지사, 의료인, 재난 구조대원을 포함한 스트레스를 많이 받는 직업군에 속한 사람들에게도 MMFT 프로그램을 소개했다.

스탠리는 마크 펜톤-오크리비 교수가 인터뷰한 전문 트레이더들이나 마틴 파울루스가 연구한 엘리트 운동선수들과 마찬가지로 인지 탄력성이 가장 뛰어난 군인들 역시 스트레스 징후가 늘어나기 시작하는 도전 초기 단계에서 자신의 신체 감각에 세심한 주의를 기울인다는 사실을 발견했다. 그녀는 워크숍 참가자들에게도 마음챙김의 선구자인 존 카밧진 교수가 설명한 것과 유사한 마음챙김 기술을 사용해 그들의 신체 감각에 주의 집중하는 방법을 알려 줬다. 스탠리는 이러한 예비 신체 신호에 계속 세심한 주의를 기울이면 뜻밖의 상황에 놀라 과민 반응을 보이며 진정되기 어려운 생리적 각성 상태에 들어가는 일을 피할 수 있다고 말한다. (스탠리는 우리 중 상당수가 한때 그랬듯 정반대의 접근법을 취하고 있다며 아쉬움을 토로했다. 즉 우리는 '무슨 일이 있어도 끝까지 해내서' 일을 완수할 수 있다는 바람으로 신체 내부에서 보내는 위험 신호를 외면하고 있다는 이야기다.)

스탠리는 또 자신이 '셔틀링shuttling'이라고 부르는 기술, 즉 몸 안에서 일어나는 현상과 몸 밖에서 일어나는 현상 사이를 오가며 집중하는 기술을 학생들에게 가르치고 있다.[58] 그러한 전환은 우리가 외부 사건에 지나치게 사로잡힌다거나 내적 감정에 너무 압도되지 않도록 하는 데 도움을 주는 대신, 내부와 외부 양쪽에서 입력된 정보를 통합하는 균형 잡힌 영역을 필요로 한다. 이러한 주의 집중 전환은 내수용 감각 정보를 주기적으로 파악하기 위해 계속 확인하는 일이 습관이 될 때까지 여유를 갖고 연습할 수 있다. 요점은 신체 내부에서 벌어지고 있는 실제 상황과 늘 긴밀한 관계를 유지하는 데 있다. 스탠리의 말을 빌리면, "어떤 일이 일어나고 있는 동안 무슨 일이 일어나고 있는지 알아차릴 수 있도록" 우리 자신을 훈련하는 것이다.[59] 스탠리가 제안하는 인지 탄력성에 대한 비전은 그녀가 한때 적극적으로 수용했던 의지와 근성에 대한 과시가 아닌 안팎으로 변화하는 상황에 매 순간 유연하게 대응하는 능력에 있다.

내수용 감각 신호에 대한 자각은 우리가 더 나은 결정을 내리고 스트레스를 더 쉽게 회복할 수 있도록 한다. 또 우리가 더 다채롭고 만족스러운 감정을 느끼며 삶을 즐길 수 있도록 한다. 연구 조사에 따르면, 내수용 감각에 더 민감하게 반응하는 사람들은 그들의 감정을 더 강하게 느낄 뿐 아니라 감정을 더 능수능란하게 관리한다.[60] 이는 내수용 감각이 가장 감지하기 어렵고 미묘한 감정, 즉 애착, 존경, 감사, 슬픔, 갈망, 후회, 짜증, 질투, 원망 같은 감정의 구성 요소를 만들어 내기 때문이다. 내수용 감각을 더 잘 인지하는 사람들은 내수용 감각의 도움으로 만들어지는 감정과 더 친밀하고 능숙하게 상호 작용할 수 있다.[61]

하지만 일단 내수용 감각과 감정의 관계를 이해하기 위해서는 감정이 어떻게 생겨나는지에 관한 우리의 근본적인 오해를 바로잡는 게 필요하다. 보통 우리는 다음과 같이 이야기한다. 우리에게 일어나는 일을 바탕으로 우리 뇌가 그에 걸맞은 감정(행복, 슬픔, 불안)을 결정하고, 또 그에 따라 우리 몸이 행동(웃음, 울음, 비명)하도록 지시한다. 실은 그 인과 관계를 나타내는 화살표가 반대로 돼야 한다. 육체를 통해 감각이 만들어지고, 육체를 통해 행동이 개시된다. 그러고 나서 비로소 의식은 우리가 감정이라 부르는 실체가 될 흔적들을 모은다.

미국의 선구적인 심리학자 윌리엄 제임스William James는 이 같은 사실을 한 세기보다 더 오래전에 추론해 냈다. 제임스는 숲속에서 곰을 만났다고 상상해 보라고 했다. 심장은 쿵쾅거리고, 손바닥에는 땀이 나고, 다리는 더 빨리 움직여 달리기 시작한다. 왜 그럴까? 그 이유는 우리 뇌가 공포심을 만들어 낸 다음, 우리 몸이 움직이도록 지시하기 때문인지도 모른다. 그러나 제임스는 실은 그와 반대로 작용한다고 말했다. 즉 심장이 빨리 뛰고, 손바닥에 땀이 나고, 다리가 우리를 앞으로 달려 나가도록 만들기 때문에 공포심을 느낀다는 말이었다. 그는 "재산을 잃어 애석해하며 울고, 곰을 만나 겁을 먹고 도망하며, 경쟁 상대에게 모욕을 당해 화를 내고 공격하는 게 상식이라고 말한다"

라고 말하면서 "하지만 이 순서는 맞지 않다"고 덧붙였다. 제임스는 "울어서 애석하고, 공격을 해서 화가 나고, 몸을 떨어서 불안한 것이라고 말하는 게 좀 더 정확할 것이다"라고 적었다.[62]

최근 들어 과학자들은 뇌 스캔과 같은 최신 연구 기법의 도움을 받아 제임스의 이론을 좀 더 자세히 설명하기 시작했다. 그들의 연구는 우리가 '정서emotion'(통합된 형태로서는 경험)라고 부르는 것이 실제로 더 많은 요소로 구성돼 있다는 점을 확인시켜 줬다.[63] 그 구성 요소에는 내수용 감각 체계가 만들어 내는 신호뿐 아니라 그 신호를 어떻게 해석해야 하는지에 대한 가족 가치관과 문화 가치관 등이 포함된다. 이러한 관점은 두 가지 중요한 의미를 내포하고 있다. 첫째, 내수용 감각을 더 많이 자각할수록 정서에 대한 우리 경험 역시 더 생생하고 풍부해질 수 있다. 둘째, 내수용 감각에 대한 자각 능력을 갖추면 정서를 구성하는 초기 단계부터 관여할 수 있다. 즉 우리가 경험하는 정서를 만드는 데 참여할 수 있다.

정서의 구성을 연구하는 심리학자들은 이러한 정서 조절 방식을 '인지적 재평가cognitive reappraisal'라고 부른다. 인지적 재평가는 앞서 우리가 배운 대로 내수용 감각을 감지하고 그 감각에 이름을 붙인 다음 그 감각을 '재평가', 즉 조절 가능한 방식으로 재해석하는 과정으로 이뤄진다. 예를 들어, 우리는 '초조nervousness'를 '흥분excitement'이라는 감각으로 재평가할 수 있다. 이 두 정서를 수반하는 내수용 감각을 한번 생각해 보자. 심장이 두근거리고, 손바닥은 땀에 젖고, 위는 경련을 일으킬 수도 있다. 느껴지는 감각이 거의 똑같다고도 할 수 있다. 우리가 각 감각에 부여하는 의미가 그 감각을 두려운 시련 혹은 즐거운 흥분으로 만드는 것이다. 초조나 흥분을 느끼는 순간에 우리는 냉정해지거나 침착해질 수 없다. 그런데도 많은 사람은 불안감에 사로잡혀 있을 때 우리가 해야 할 일이 마음을 진정시키는 것이라고 확신한다.

하버드 경영대학원 부교수인 앨리슨 우드 브룩스Alison Wood Brooks는 초조한 느낌을 다스리는 방법에 대해 다른 생각을 갖고 있었다. 그녀는 긴장할 만한 상황에 처한 사람들로 구성된 그룹을 대상으로 세 차례에 걸쳐 연속으로 실험했다.[64] 첫 번째 실험은 시간이 제한된 상황에서 난이도가 매우 높은 아이큐 테스트 완료하기, 두 번째 실험은 공공장소에서 자기 자신이 훌륭한 업무 파트너인 이유에 대해 설득력 있는 즉흥 연설하기, 그리고 가장 괴로운 세 번째 실험은 80년대 팝송인 저니Journey의 돈 스톱 빌리빙Don't Stop Believin'을 큰 소리로 부르기였다. 주어진 활동을 시작하기 전 참가자들은 자신을 진정시키거나 지금 신이 나 있다고 스스로에게 말해야 했다.

초조를 흥분으로 재해석하는 일은 두드러진 성과 차이를 낳았다. 아이큐 테스트 응시자들은 상당히 높은 점수를 받았고, 즉흥 연설을 한 사람들은 더 설득력 있고 유능하고 당당하다는 인상을 줬다. 노래를 부른 사람들도 더 수월하게 공연했다(닌텐도 위 가라오케 레볼루션Nintendo Wii Karaoke Revolution 프로그램을 사용해 심사했다). 참가자 모두는 실제로 신나는 기분을 느꼈다고 말했다. 그들에게 주어진 활동이 불러일으킬 것으로 예상된 불편한 감정과는 전혀 다른 감정 변화였다.

비슷한 방식으로 우리는 심신을 약화시키는 '스트레스'를 생산적인 '해결 능력'으로 재평가하기를 선택할 수 있다.[65] 2010년 보스턴 지역의 대학생들을 대상으로 실시한 한 연구에서는 스트레스가 우리 생각에 미치는 긍정적 효과, 즉 더 기민하고 의욕적으로 사고할 수 있게 해 준다는 사실을 알게 된 사람들이 스트레스가 많은 상황에 직면했을 때 어떤 일이 일어나는지 조사했다.[66] 대학원 입학시험인 GRE를 치르기 전, 첫 번째 그룹에 속한 학생들은 다음과 같은 메시지를 받았다. "사람들은 표준화된 시험standardized test을 보면서 불안감을 느끼면 시험을 잘 못 볼 거라고 생각한다. 하지만 최근 연구 결과는 각성 상태가 시험 성적에 해가 되기보다 오히려 시험 성적을 높이는 데 도움을 줄 수 있음을 시사한다. 시험을 보는 동안 불안감을 느끼는 사람들이 실제로 더 좋은 성적을 받을 수도 있다. 즉 여러분이 오늘 GRE 시험을 보면서 불안감을 느낀다면 걱정할 필요가 없다는 의미다." 두 번째 그룹은 GRE 시험을 보기 전에 아무 메시지도 받지 못했다. 3개월 후, 학생들의 GRE 점수가 공개됐을 때 스트레스에 대한 감정을 재평가하기를 권유받은 학생들이 평균 65점 더 높은 점수를 받은 것으로 밝혀졌다.

재평가 관련 연구는 인지적 재평가가 그 효과를 발휘하는 메커니즘을 더 자세히 설명하기 시작했다. 앞서 언급한 GRE 연구에서는 모든 참가자의 타액 샘플을 수집했고 신경계 각성과 관련된 호르몬 유무를 분석했다. 재평가를 경험한 학생들의 경우, 신경계 각성과 관련된 호르몬 수치가 올라갔다. 즉 그들의 몸이 주어진 도전 과제를 인지하고 효과적인 대응을 하기 시작하면서 경각심과 주의력이 높아졌다. 또 다른 연구에서는 재평가 기법이 수학 공포증에 시달리는 학생들에게 미치는 신경 효과를 분석했다.[67] 그 연구에서는 기능적 자기공명 영상법fMRI 기계 안에서 수학 문제를 푸는 학생들의 뇌가 두 차례에 걸쳐 정밀 촬영됐다. 첫 번째 촬영 전에 참가자들은 어떤 전략이든 간에 그들이 평소에 쓰는 전략을 사용하라는 지시를 받았다. 두 번째 촬영 전에는 참가자들에게 재평가 전략을 사용하는 방법과 관련된 지침이 주어졌다. 학생들은 재평가 전략을 사용할 때 더 많은 수학 문제를 정확하게 풀었고, 뇌 스캔 결과를 통해 그 이유를 알 수 있었다. 재평가 전략이 사용될 때 연산 수행과 관련된 뇌 영역이 더 활동적이었던 것이다. 해당 뇌 영역에서의 활동 증가는 학생들의 인지적 재평가가 불안감에 소진됐던 정신적 자원을 수학 문제를 푸는 용도로 바꿔 사용할 수 있게 했음을 시사한다.

심리학자들은 재평가 전략을 취하는 사람들에게 두 가지 흥미로운 점을 이야기한다. 첫째, 재평가 전략은 내수용 감각을 자각하고 있는 사람들에게 가장 효과적이다.[68] 결국 우리는 신체 내부 감각에 대해 생각하는 방식을 바꾸기 전에 그 감각을 먼저 인지할 수 있어야 한다. 둘째, 우리가 실제로 느끼고 있는 감각이 우리가 만들어 내고자 하는 감정과 일치해야 한다.[69] 초조와 흥분이라는 두 감정과 관련된 생리적 신호가 매우 유사하기 때문에 우리는 초조를 흥분으로 재평가할 수 있다. 만약 우리가 무관심이나 무기력을 느꼈다면, "정말 신난다!"고 소리쳐도 아무 소용이 없을 것이다.

신체 내부 감각을 자각하게 되면 우리가 느끼는 감정을 다스리는 데 도움이 될 수 있다. 더 놀라운 사실은 신체 내부 감각 능력이 다른 사람들의 감정과 더 밀접하게 교류할 수 있게 한다는 것이다. 뇌 자체는 다른 사람의 정신 상태에 직접 접근할 수 없어서 다른 사람의 감정을 느낄 수 있는 방법이 없기 때문이다. 다른 사람의 말이나 얼굴 표정을 해석하는 것은 내면에 뒤섞여 있는 감정에 대한 냉담하고 추상적인 감각만을 알려 줄지도 모른다. 우리 몸은 부족한 내면의 정보를 뇌에 제공하는 중요한 통로 역할을 한다. 예를 들어, 우리는 다른 사람들과 소통하면서 그들의 얼굴 표정, 몸짓, 자세, 목소리 톤을 은연중에 무의식적으로 모방한다.[70] 그리고 나서 신체 신호의 내수용 감각을 통해 상대방이 느끼고 있는 감정을 인지하게 된다. 즉 상대방이 느끼는 감정을 자신 안에서 느끼는 것이다. 우리는 다른 이들의 감정을 실어 나르고, 우리 몸은 양쪽을 잇는 다리 역할을 한다. 상대방 접시에 있는 음식을 한 입 먹어 보거나 친구가 듣고 있는 음악을 듣기 위해 이어폰 한쪽을 빌리는 것과 비슷하게 우리는 다른 사람의 감정을 체험하고 맛보려 한다.

사람들은 그러한 모방을 하지 못할 때 다른 사람들이 무엇을 느끼는지 이해하는 데 어려움을 겪는다. 한 가지 주목할 만한 사례를 예로 들면, 얼굴 표정을 만드는 근육을 살짝 마비시켜 주름을 완화해 주는 보톡스를 맞은 사람의 경우 다른 사람들의 감정을 정확하게 감지하지 못할 때가 많다.[71] 자기 몸 안에서 다른 사람의 감정을 모방할 수 없기 때문인지도 모른다. 반대로 내수용 감각에 익숙한 사람들은 다른 사람의 얼굴 표정을 모방할 가능성이 더 높고,[72] 내수용 감각이 둔한 사람들보다 다른 사람의 감정을 더 정확하게 이해하며,[73] 다른 사람의 감정에 더 잘 공감하는 경향이 있다.[74] 우리 모두는 모방을 통해 타인의 고통을 느낀다. 연구 결과에 따르면, 다른 사람이 신체적 손상을 입는 모습을 목격하면 우리 자신의 고통을 감지하는 뇌 영역 역시 활성화된다. 그런데 내수용 감각에 익숙한 사람들이 누군가가 고통스러워하는 모습을 목격하면 그들은 그 사람의 고통을 더 강렬하게 느낀다.

우리 중 내수용 감각 챔피언을 꼽자면 다름 아닌 임상심리학자를 들 수 있다. 임상심리학자는 환자가 자기감정을 말로 잘 표현하지 못할 때조차 그 환자가 어떤 감정을 느끼고 있는지 힌트를 얻기 위해 자기 자신의 신체 신호를 읽게끔 전문적으로 숙달돼 있다.[75] 2004년 한 임상의사는 치료 전문가들이 환자를 이해하기 위해 그들의 몸을 이용하는 방법에 대한 연구에서 다음과 같이 말했다. "그것은 마치 몸을 레이더로 사용하는 것과 같다. 위성 메시지를 수집해 전송하는 접시 안테나를 떠올리면 된다. 나는 몸을 그런 식으로 바라보고 이해한다."[76] 마찬가지로 임상심리학자이자 여성과 신체상body image에 관한 획기적인 책들을 쓴 수지 오바크Susie Orbach 역시 자신의 몸이 환자들이 느끼는 감정을 이해할 수 있게 해 주는 민감한 도구라는 것을 알게 됐다. 오바크는 이렇게 말했다. "환자를 치료하는 동안 안에서 솟아 나오는 감각에 집중했고, 그러한 집중은 육체의 변화가 정신의 변화만큼이나 매우 중요하다는 사실을 깨닫는 데 도움을 줬다."[77]

심리치료사들과 마찬가지로 우리는 다른 사람과 더 밀접하게 연결될 수 있는 신체 능력, 즉 '사회적 내수용 감각social interoception'을 개발할 수 있다.[78] 연구 결과에 따르면 대화 상대를 눈으로 직접 바라보는 일은 손이나 팔을 잠깐 만지는 것과 마찬가지로 내수용 감각의 조화를 높여 준다고 한다.[79,80] 또, 사회적으로 거부를 당하거나 배제됐다고 느끼는 등 대인 관계가 어려울 때 우리는 신체 내부 감각에서 벗어나 외부 사건에 초점을 맞추는 경향이 있다.[81] 아마도 관계 단절을 복구하기 위한 절박한 노력에서 비롯된 변화일 것이다. 아무리 좋은 의도라 할지라도 이러한 변화로 우리는 상대방에 대한 통찰의 근원이 가장 필요한 순간에 그 근원과 단절될 수 있다. 이때는 다른 사람의 사회적 신호에 집중하는 일과 우리 자신의 내수용 감각 신호에 집중하는 일 사이를 유연하게 오가는 것이 더 낫다(엘리자베스 스탠리의

'셔틀링' 기술을 상기시키는 과정이다).[82] 양쪽에서 데이터를 끌어내어 우리는 우리 자신의 생생한 감각을 유지하는 동시에 다른 사람의 감정 세계로 들어감을 느낄 수 있다.

이 장의 서두에서 만난 트레이더 출신 과학자 존 코츠는 우리 몸을 '예측 정보를 나타내는 포물선 모양의 민감한 반사경'에 비유했다. 그는 이러한 생물학적 안테나가 계속해서 중요한 메시지를 수발신하고 있지만, "그 메시지는 끔찍할 정도로 알아듣기가 어렵고 라디오 방송을 원거리에서 청취하는 것처럼 들렸다 말았다 한다"고 지적했다.[83] 코츠는 기술이 그 메시지를 이해하는 데 도움을 줄 수 있다고 믿는다. 그는 데이터 기반 알고리즘으로 직감을 대체하는 것이 아니라 몸 자체에 축적된 통찰을 더 자세히 설명함으로써 그것이 가능하다고 믿는다. 코츠는 이제 그의 세 번째 직업인 기업가로 새로운 활동을 시작하게 됐다. 그의 회사인 듀라인리서치Dewline Research는 웨어러블wearable 센서를 통해 금융 트레이더들의 생리적 신호에 관한 데이터를 수집하고, 시장의 선회와 트레이더들의 신체 반응 사이의 관계를 추적한다.

한편, 또 다른 내수용 감각 연구진도 비슷한 장치를 개발했다. 이 장치는 회복탄력성을 촉진하는 신체를 강화하는 것을 목표로 삼았다. 영국 브라이튼서식스 의과대학Brighton and Sussex Medical School 소속 과학자들이 선보인 기술인 하트레이터Heartrater는 운동선수가 신체 내부 상태를 더 자세히 관찰할 수 있게 해 에너지를 더 효율적으로 사용하고 몸에 쌓인 피로를 더 빨리 풀 수 있게 한다.[84] 그러한 확장된 기술, 즉 신체에 의해 확장된 디지털 도구의 가장 흥미로운 사용은 런던대학교 로열홀러웨이의 심리학 교수이자 내수용 감각 연구원인 마노스 차키리스Manos Tsakiris가 개척했다고 해도 과언이 아니다. 차키리스는 임패틱테크놀로지즈Empathic Technologies 소속 팀과 함께 도플doppel이라는 장치를 개발하는 일에 참여했다. 도플은 사용자에게 자세한 정보가 아닌 의도적으로 왜곡된 신체 피드백을 제공한다.[85] 사실상 도플은 사용자를 속여 그가 자신의 심장이 실제보다 더 느리게 혹은 더 빠르게 뛰고 있다고 믿게 만든다.

윌리엄 제임스가 매우 설득력 있게 설명한 것처럼, 뇌는 신체가 만들어 내는 감각을 통해 우리가 경험하는 감정의 신호를 받아들인다는 점을 떠올려 보자. 차키리스의 장치는 우리 몸이 실제로 만들어 내는 메시지와 다른 메시지를 뇌에 전달하여 이러한 순환에 개입한다. 시계나 핏빗Fitbit처럼 손목에 차는 도플은 설정에 따라 느리고 편안한 심장 박동 혹은 빠르고 흥분된 심장 박동이라는 그럴듯한 감각을 만들어 낸다. 느린 모드로 설정할 경우, 도플은 대중 연설을 해야 한다는 데 불안감을 느끼는 사람들이 안정감을 느끼도록 유도한다.[86] 빠른 모드로 설정돼 있는 도플을 착용한 사람들은 지속적인 집중력을 요하는 어려운 시험에서 더 기민하고 정확한 성과를 내도록 유도당한다.[87] 차키리스에 따르면, 이러한 기술은 우리가 심장 박동과 비슷한 리듬에 자연스럽게 반응하도록 해서 더 나은 성과를 낼 수 있도록 한다.[88]

그러한 속임수는 몸과 마음이 강력하게 연결돼 있음을 강조하는 역할도 한다. 즉 우리가 매일 내리는 결정, 매일 기울이는 노력, 가장 친밀하게 맺는 관계를 형성하는 데 많은 역할을 하는 정보의 양방향 흐름을 분명히 보여 준다. 이 연결 고리는 더 근본적인 토대, 즉 자아를 형성할 수도 있다. 다른 모든 기능 중에서 우리가 경험하는 내적 감각의 꾸준한 흐름은 우리에게 개인적인 연속성을 부여해 준다. 사상가들은 어떻게 우리가 스스로를 고유하면서도 계속 같은 존재로 실재하는 개체로 바라볼 수 있는지에 대해 오랫동안 숙고해 왔다. 고인이 된 철학자 데릭 파핏Derek Parfit은 "인생을 살아가면서 내가 계속 같은 사람인 동시에 타자와 다른 사람이 될 수 있는 이유는 무엇일까?"라며 궁금해했다.[89] 사상가들의 대답은 보통 우리의 뇌, 즉 생각이나 기억과 관련이 있었다. 프랑스 철학자 르네 데카르트René Descartes 역시 "나는 생각한다, 고로 나는 존재한다"고 선언했다.

신경해부학자이자 내수용 감각 전문가인 A. D. 크레이그A. D. Craig에 따르면, "나는 느낀다, 고로 나는 존재한다"라고 말하는 게 더 정확할 수도 있다.[90] 크레이그는 내수용 감각 자각이 우리 자신에 대한 가장 기본적인 지식 원천인 '물질적 자기material me'의 기초라고 주장한다. 우리의 심장은 뛰고, 폐는 부풀어 오르고, 근육은 늘어나고, 장기는 소리를 낸다. 게다가 이러한 우리 자신만의 고유한 감각들은 우리가 태어난 날부터 쉬지 않고 계속돼 왔기 때문에 우리는 하나의 연속된 자아, 즉 다른 사람이 아닌 우리 자신이 되는 것이 어떤 일인지 잘 알고 있다. 크레이그는 내수용 감각이 그야말로 '살아 있는 느낌'이나 다름없다고 말했다.

운동을 통해
생각하기

제프 피들러Jeff Fidler 박사는 미네소타주 로체스터에 있는 메이요클리닉Mayo Clinic 방사선 전문의다. 그는 근무 중에 매일 1만 5000개가 넘는 사진을 계속 검토한다. 그리고 그 일을 앉아서 했다. 그러나 이제 그렇게 앉아서 일하지 않는다. 요즘 피들러는 그가 검사해야 하는 방사선 슬라이드를 띄운 대형 스크린 앞에 트레드밀을 설치해 놓고 슬라이드를 보면서 그 위를 걷는다.[1] '워킹 워크스테이션walking worksta-tion'이라는 작업 공간을 마련한 첫해 동안 그는 약 11킬로그램을 감량했고, 자신이 정밀 검토하는 엑스레이X-ray 사진에서 숨겨진 이상 징후를 더 잘 찾아낸다고 확신했다.

피들러는 동료와 함께 그의 생각이 맞는지 실험하는 연구를 설계했다. 방사선 전문의들은 앉아서, 그리고 트레드밀을 시속 1마일(약

시속 1.6킬로미터)의 속도로 걸으면서 한 묶음의 방사선 사진을 검사했다.[2] 실험에 참가한 의사들은 방사선 슬라이드에서 관심을 요하는 총 1583개 영역을 발견했고, 그중 459개 영역은 환자의 건강에 심각한 위험을 초래할 가능성이 있는 것으로 평가했다. 그들이 앉아 있을 때와 움직일 때 달성한 '발견율'을 비교하자 결과는 명확했다. 앉아 있던 방사선 전문의들은 사진에서 이상 징후를 평균 85퍼센트 찾아냈고, 트레드밀 위를 걸은 방사선 전문의들은 평균 99퍼센트 찾아냈다.

다른 증거들도 피들러의 발견을 뒷받침한다. 예를 들어, 메릴랜드 대학교 메디컬센터에서 수행한 연구에서는 환자의 폐 사진을 검사하는 방사선 전문의들이 근무 시 앉아 있기보다 걷고 있을 때 문제 있는 결절을 발견할 가능성이 더 높은 것으로 밝혀졌다.[3] 버지니아주 포츠머스 해군의료센터에서 실시한 한 연구에서는 트레드밀 작업대를 사용한 방사선 전문의가 정확성을 잃지 않은 채 주어진 업무를 더 빨리 수행한다는 사실을 발견했다.[4]

그 밖의 다른 연구들도 위에서 얻은 결과를 설명하는 데 도움을 준다. 우리가 신체 활동을 할 때, 우리의 시각은 시선의 주변부에 나타나는 자극과 관련해 특히 더 예민해진다.[5,6] 인간뿐만 아니라 비인간 동물에게도 발견되는 이 변화는 진화적인 측면에서 보면 이해하기 쉽다. 우리가 주변 환경을 적극적으로 탐색할 때 시각계visual system가 더 예민해진다. 우리의 몸이 안정되면, 즉 의자에 앉아 있으면 그 예민함이 누그러진다.

이러한 활동으로 인한 시각 정보 처리 방식의 변화는 몸을 움직이면 생각하는 방식이 어떻게 변하는지 보여 주는 하나의 예에 불과하다. 과학자들은 전반적인 신체의 건강 상태가 인지 기능을 뒷받침한다는 사실을 오래전부터 알고 있었다.[7] 실제로 더 건강한 신체를 가진 사람들이 더 예민한 정신을 갖고 있다. 그런데 최근 몇 년 동안 연구자들은 한 가지 흥미로운 가능성을 탐구하기 시작했다. 그 새로운 가능성은 바로 단 한 번의 신체 활동이 우리의 인지 기능을 단기적으로 향상시킬 수 있다는 주장이다. 다시 말해, 우리 몸을 특정한 방식으로 움직여 그 즉시 더 지능적으로 사고할 수 있다는 이야기다. 이 현상을 연구하는 과학자들은 두 가지 다른 방향, 즉 움직임의 강도와 움직임의 유형을 연구해 왔다. 곧 살펴보겠지만, 저강도, 중강도, 고강도의 신체 활동은 우리의 인지 기능에 각각 다른 영향을 미친다. 이 장 후반부에서 또한 동일한 움직임, 새로운 움직임, 자기 지시적self-referential 움직임, 은유적 움직임 등 특정 유형의 움직임이 어떻게 우리가 움직이지 않을 때보다 생각을 확장시킬 수 있는지 살펴볼 것이다.

생각과 움직임 사이의 긴밀한 연관성은 인류 진화의 역사가 남긴 유산이다. 인간의 뇌는 인체의 크기를 고려할 때 이상적이라 할 수 있는 크기보다 약 세 배 더 크다.[8] 화석 증거에 따르면, 뇌 크기의 놀라운 확장은 약 200만 년 전에 일어났다. 과학자들은 뇌가 이렇게 커진 것을 두고 우리 조상들의 사회적 상호 작용이 복잡해졌다거나 변화하는 생태 조건에 적응할 필요가 있었다는 등의 다양한 이유를 제시했다. 그런데 최근에는 새로운 설명이 제시됐다. 서던캘리포니아대학교의 생물학 교수인 데이비드 라이크렌David Raichlen은 "인간의 혈통에서 뇌 크기가 증가하기 시작한 것과 동시에 유산소 활동 수준이 극적으로 변화한 것으로 보인다"[9]라고 말하며 이렇게 덧붙였다. "인간의 조상은 비교적 몸을 많이 움직이지 않는 유인원 같은 상태에서 수렵과 채집으로 생활 방식이 바뀌면서 초기 호미닌hominin들보다 더 많은 신체 활동을 필요로 했다."[10]

세계에 남아 있는 수렵 채집 부족 중 일부를 상대로 광범위한 연구를 수행한 라이크렌은 수렵과 채집으로 이뤄진 생활 방식이 육체적으로나 인지적으로 부담이 클 수 있다고 지적한다. 수렵 채집 생활은 격렬하고 지속적인 신체 활동뿐 아니라 집중력, 기억력, 공간 탐색, 운동 제어motor control, 계획 및 의사 결정과 같은 실행 기능executive function을 필요로 한다.[11] 사냥 역시 정신적, 육체적 도전을 제기한다.[12] 사냥꾼은 동물의 위치를 파악하고 예측 불가능한 움직임을 추적해야 하며 심지어 그 동물을 앞지르기 위해 힘을 비축해 둬야 한다. 바로 이러한 조건 아래에서 인간의 독특한 뇌가 진화한 것이다. 신체적 도전과 인지적 복잡성이라는 두 가지 요구가 호모 사피엔스라는 특별한 지위를 만들어 냈다. 그리고 오늘날까지 신체 활동과 정신적 예민함은 여전히 밀접하게 관련돼 있다.

물론, 현대 사회에 사는 우리들의 상황은 달라졌다. 우리는 더 이상 활동적인 종이 아니다. 라이크렌이 연구한 수렵 채집 부족 중 하나인 동아프리카의 하즈다족은 하루 평균 135분 동안 중강도부터 고강도에 해당하는 신체 활동을 하는 반면에, 선진국 주민 대부분은 일주일에 최소 150분 활동이라는 보건 전문가들의 권고 사항을 충족하지 못하고 있다.[13] 바꿔 말하면, 오늘날 수렵 채집 생활을 하는 사람들은 중강도부터 고강도에 해당하는 신체 활동을 전형적인 미국인들보다 14배 이상 더 많이 하고 있는 셈이다. 우리 사회에서 관찰되는 신체적 움직임의 부족은 학업과 배움에 대한 지배적인 열정과 그 열정을 채우기 위한 노력을 중심으로 만들어져 온 습관 및 신념이 크게 작용해 나타난 결과라 할 수 있다. 즉, 우리는 생각하는 동안 가만히 앉아 있어야 한다고 믿는다.

이 믿음에 대한 도전은 비웃음을 받을지도 모른다. 제프 피들러가 그의 연구 결과를 〈미국 방사선학회 저널Journal of the American College of Radiology〉에 발표했을 때, 그의 동료 중 일부는 조롱하는 비웃음으로 반응했다. 코네티컷주 하트퍼드의 방사선 전문의 로버트 펠드Robert Feld는 편집자에게 보낸 편지에 "기분 전환용으로 이 논문만한 게 없을 것 같군요"라고 썼다.[14] 펠드는 피들러의 연구가 실패한 임상 연구의 패러디나 다름없고, 그의 의견대로 의사들이 일할 때 움직이기 위한 환경을 만드는 것은 노력과 자원의 엄청난 낭비라고 강조해 말했다.

이러한 태도는 학생과 근로자들이 시간을 사용하는 방식에 널리 반영돼 있다. 아이들은 학교 수업 중 평균 50퍼센트를 앉아서 보내고, 이 비율은 청소년기에 접어들면서 더 증가한다.[15] 직장 내 성인들은 그보다 훨씬 더 적게 움직여 평균 근무일 중 3분의 2 이상을 앉아서 보낸다.[16] 철학자 앤디 클라크의 말을 빌리면 우리는 '살아 있는 정신'[17]을 물려받았지만, 오늘날의 교실과 사무실에서는 활기찬 발소리가 섬뜩한 정적 속으로 사라져 버렸다.

캘리포니아주 샌라파엘에 있는 발레시토초등학교의 4학년 교사 모린 징크Maureen Zink는 특별한 방식을 취했다. 그녀의 학생들은 책상 앞에 가만히 앉아 있지 않는다.[18] 실은 대부분이 아예 앉아 있지를 않는다. 2013년에 학교 전체가 기존의 책상과 의자를 서 있는 책상, 즉 스탠딩 데스크로 교체했고, 자유로운 활동을 허용하는 학교의 기풍으로 인해 학생들은 똑바로 서고, 스툴에 걸터앉고, 바닥에 앉고, 아니면 그들이 원하는 대로 움직일 수 있게 되었다. 일부는 변화하기를 주저했지만, 징크와 발레시토의 다른 교사들은 학생들이 더 초롱초롱하고, 주의 깊고, 적극적이라면서 이 변화를 통해 큰 성공을 거뒀다고 했다. 징크는 "저는 30년 동안 앉아서 가르쳤습니다. 다시는 그때로 돌아가지 않을 거예요"라고 말했다.[19] 스탠딩 데스크로 교체하던 시기에 발레시토초등학교 교장이었던 트레이시 스미스Tracy Smith는 학생들이 더 집중하고, 자신감 있고, 생산적으로 변했다는 데 동의했다.

발레시토초등학교의 일부 구성원이 처음에 느낀 두려움은 우리가 처한 실상을 잘 보여 준다. 우리는 정적인 것을 꾸준함, 진지함, 근면함과 연관 짓는다. 우리는 움직이고 싶은 충동을 조절하는 것에 도덕적인 무언가가 있다고 믿는다. 해야 할 과업이 있는 시간과 장소에서 신체적인 움직임은 반감을 사거나 심지어 의심을 사기도 한다. (우리가 몸을 꼼지락거리면서 안절부절못하는 것과 어떤 도덕적 결함을 연관 짓는 방식을 생각해 보자.) 이러한 태도가 간과하는 사실은 우리의 집중력과 행동을 조절하는 능력은 제한된 자원인데, 그 일부가 움직이고 싶다는 아주 자연스러운 충동을 억제하는 데 소모된다는 점이다.[20]

이 사실은 독일에 있는 유스투스리비히대학교Justus Liebig University의 크리스틴 랭핸스Christine Langhanns와 헤르만 뮐러Hermann Müller의 연구에 잘 드러나 있다. 2018년 발표된 연구에서 그들은 자원봉사자들로 구성된 그룹들에 움직이지 않는 상태, 별 움직임 없이 느긋한 상태, 리듬감 있게 약간씩 움직이는 상태, 이 세 가지 상태에서 암산으로 수학 문제를 풀도록 했다.[21] 수학 문제를 푸는 동안 참가자들의 인지 부하cognitive load, 즉 그들의 뇌가 얼마나 열심히 작동하는지를 기능적 근적외선 분광법functional near-infrared spectroscopy(이하 fNIRS)이라고 불리는 뇌 정밀 검사 기술로 측정했다. 측정 결과는 이해하기 쉬울 정도로 분명했다. 랭핸스와 뮐러는 실험 대상자들의 인지 부하가 '움직이지 말라'는 지시 아래 상당히 증가했다고 보고했다. (인지 부하가 높다는 것은 뇌의 정보 처리에 부담이 된다는 뜻이다.) 전전두엽 피질은 산술과 같은 지적 작업을 수행하고 우리의 충동을 억제하는 역할을 하는데, 의미심장하게도 움직이지 말라는 지시를 하자 암산을 할 때 활성화되는 영역과 같은 영역인 전전두엽 피질에서 뇌 활동이 증가했다. 앞의 세 가지 조건 중에서는 움직이지 않고 가만히 있어야 하는 조건에서 수학 문제를 풀고 얻은 점수가 가장 낮았다. 즉, fNIRS로 측정한 전반적인 인지 부하가 높을수록 실험 대상자들의 계산 능력이 떨어졌다. 랭핸스와 뮐러는 "학교에서 공부하면서 조용히 앉아 있는 게 꼭 좋은 것만은 아니다"라는 결론을 내렸다.

앉아 있는 것과 반대로 서 있을 때 우리가 지속적으로 만드는 작은 움직임은 연구자들이 '저강도' 활동이라 부르는 움직임을 구성한다. 예를 들어, 한쪽 다리에서 다른 쪽 다리에 번갈아 가며 몸무게를 실으면 팔을 더 자유롭게 움직일 수 있게 된다. 이러한 움직임이 사소한 것 같아도 실제로 인간의 생리에 중요한 영향을 미친다. 메이요클리닉 소속 연구원들이 수행한 실험 결과, 실험 참가자들이 앉아 있지 않고 서 있는 것만으로도 13퍼센트 더 많은 에너지를 소모하는 것으로 나타났다.[22] 우리의 인지 기능에 미치는 영향도 상당하다. 연구에 따르면, 스탠딩 데스크의 사용은 학생들의 실행 기능 향상이나 학업 참여도 증가와 관련이 있다고 한다.[23] 참고로 실행 기능은 계획을 세우고 의사 결정을 내리는 데 중요한 역할을 하는 능력 중 하나다.[24] 성인의 경우, 스탠딩 데스크에서 일하는 것이 생산성을 향상시킨다고 밝혀졌다.[25]

자유로운 활동을 허용하는 장치들은 몸을 움직이려고 하는 우리의 성향을 감시하고 통제할 의무에서 벗어날 수 있게 해 줄 뿐 아니라 우리의 생리적 각성 수준을 미세 조정할 수 있게 해 준다. 이렇듯 변화를 주는 자극은 주의력 결핍 장애attention deficit disorder가 있는 청소년들에게 특히 중요할 수 있다. 주의력 결핍 과잉 행동 장애attention deficit hyperactivity disorder(이하 ADHD)를 가진 아이들의 뇌는 만성적으로 각성이 덜된 것처럼 보인다.[26] 그들은 어려운 과제를 해결하는 데 필요한 정신적 자원을 동원하기 위해 손가락을 두드리거나, 다리를 흔들거나, 자리에서 몸을 들썩거릴 수 있다. 또한 정신을 차리고 집중력을 높이기 위해 몸을 움직인다. 어른들이 정신을 차리기 위해 커피를 마시는 것과 별반 다르지 않다.

2016년, 캘리포니아대학교 데이비스University of California, Davis의 정신과 교수인 줄리 슈바이처Julie Schweitzer는 ADHD 진단을 받은 10~17세 아이들을 대상으로 한 연구를 진행했다.[27] 연구에 참가한 아이들이 쉽지 않은 정신적 과제를 수행할 때, 그들의 발목에 묶인 '동작계(활동측정기)actometer'라는 센서가 그들의 움직임을 감시했다. 슈바이처는 신체의 움직임이 활발할수록 과제 해결에 필요한 인지 능력이 더 잘 발휘된다는 것을 발견했다. 다시 말해, 아이들이 더 많이 움직일수록 더 효과적으로 생각할 수 있었다. 슈바이처는 부모와 교사들은 아이들이 집중해서 무언가를 시작하기 전에 움직이기를 멈춰야 한다고 믿는 경우가 많다고 말한다. 그보다 더 건설적인 접근법은 아이들이 움직이고 돌아다닐 수 있도록 해서 그들이 과제에 집중할 수 있도록 하는 것이다.

ADHD 진단을 받지 않은 아이들의 경우에도 최적의 각성 상태를 유지하기 위해 필요한 자극의 양이 저마다 다르다. 사실, 한 개인만 보더라도 하루에 몇 번씩 그 양이 달라질 수 있다. 우리는 자신에게 필요한 자극을 조정하기 위해 마음대로 사용할 수 있는 유연하고 민감한 메커니즘을 갖고 있다. 그 방법은 바로 꼼지락거리는 것이다. 가끔 우리는 불안감을 다스리고 온전히 집중하기 위해 간단한 율동을 하기도 한다. 또 어떤 순간에는 졸음을 쫓기 위해 손가락을 치거나 발을 두드릴 수도 있다. 그리고 어려운 개념을 곰곰이 생각할 때는 펜이나 종이 클립 같은 물건을 만지작거릴 수도 있다. 연구자 캐서린 이스비스터Katherine Isbister는 소셜 미디어에 사람들이 가장 좋아하는 '피젯 물품fidget object'(불안함이나 지루함을 달래기 위해 손으로 만지작거릴 수 있는 물건을 말한다-옮긴이)과 그것을 어떻게 사용하는지 알고 싶다는 이야기를 올렸다. 그러자 앞서 언급한 모든 움직임과 함께 다른 많은 사례가 그녀에게 도착했다.[28]

캘리포니아대학교 산타크루즈University of California, Santa Cruz의 컴퓨터미디어학과 교수인 이스비스터는 꼼지락거리는 행위를 향한 사회적 반감이 잘못됐다고 생각한다. 우리는 머릿속에서 정신 활동을 제어할 수 있다고 여기지만, 오히려 우리 몸의 움직임을 이용하는 것이 그 목적, 즉 이스비스터가 '체화된 자기 조절embodied self-regulation'[29]이라 부르는 지점을 달성하는 데 더 효과적인 경우가 많다. 이스비스터는 뇌가 신체에 할 일을 지시하는 일반적인 명령 체계를 뒤집어 생각했다. 그녀는 "신체가 하는 일을 바꾸면 우리의 감정, 인식, 생각도 변

할 수 있다"고 말한다.[30]

이스비스터와 다른 사람들의 연구는 꼼지락거리는 행동이 단순히 우리의 각성 상태를 조절하기를 넘어 여러 방법으로 우리의 의식을 확장시킬 수 있다는 점을 시사한다. 꼼지락거리는 행동에 담긴 장난기는 좀 더 유연하고 창의적인 사고와 연결된 다소 긍정적인 감정 상태로 우리를 유도할 수 있다.[31,32] 또 꼼지락거리기의 무심하고 반복적인 특징은 해야 할 일을 앞두고 심란해지는 마음을 막을 수 있을 정도로 충분한 정신적 대역폭을 확보해 주기도 한다. 한 연구에서는 지루한 듣기 과제를 수행하는 동안 낙서를 하도록 지시받은 사람들이 낙서를 하지 않은 사람들보다 29퍼센트 더 많은 정보를 기억한다고 밝혔다.[33] 낙서를 하지 않은 사람들은 주어진 과제에 온전히 집중할 수 없었을 것이다.

가장 흥미로운 사실 중 하나는 꼼지락거리는 행동이 스크린이나 키보드와의 무미건조한 만남으로 인해 완전히 사라져 버린 다양한 감각을 경험하게 해 준다는 이론일 것이다. 이스비스터는 오늘날의 디지털 기기들은 부드럽고 단단하며 매끈한 특징을 갖고 있는 경우가 많고, 그녀가 크라우드소싱 crowdsourcing(전문가 대신 비전문가인 소비자나 대중에게 문제의 해결책을 아웃소싱하는 것을 말한다-옮긴이)해서 알게 된 피젯 물품들은 "돌의 부드러움, 호두 껍질의 거칢, 셀로판테이프의 끈적임 등 더욱 다양한 질감을 갖고 있다"고 말했다.[34] 의견을 공유해 준 사람들은 그들이 좋아하는 피젯 물품을 생생한 단어로 묘사했다. 그들이 좋아하는 물건들은 쪼글쪼글하고, 물렁물렁하고, 딸깍거렸다. 또 그들은 그 물건들을 쥐어짜고, 빙빙 돌리고, 문질러서 뽀드득뽀드득 소리를 낼 수 있었다. 마치 우리가 뇌 그 이상이라는 것, 즉 몸도 감정을 느끼고 행동할 수 있는 풍부한 능력을 갖고 있다는 사실을 우리 스스로에게 상기시키기 위해 꼼지락거리는 행동을 하는 것 같았다. 움직이면서 생각하기는 우리가 지닌 다양한 능력을 발휘하게 한다.

자유로운 활동을 허용하는 환경은 학교와 직장에서 여전히 이례적이지만, 그러한 환경이 일반적인 상황이 될 수 있도록 해야 한다. '자유로운 활동을 허용'한다는 그 조심스러운 표현 역시 생략하는 게 좋을지도 모른다. 저강도 신체 활동은 분명 이미 무의식적으로 일어나고 있기 때문이다. 한편, 심리학자 다니엘 카너먼이 스스로 발견해 낸 것처럼 중강도와 고강도 활동은 우리의 인지 기능에 각각 다른 영향을 미친다.

카너먼은 매년 여러 달을 캘리포니아주 버클리에서 보내며 거의 매일 샌프란시스코만San Francisco Bay을 바라볼 수 있는 언덕길을 4마일(약 6.5킬로미터) 정도 걷는다. 태생이 과학자인 카너먼은 자신의 경험을 면밀하게 분석했다. 그는 "보통 나는 내 시간을 계속 추적하고, 그렇게 함으로써 꽤 많은 것을 알게 됐다"고 적으면서 이렇게 덧붙였다. "나는 내가 산책할 때 1마일(약 1.6킬로미터)을 걷는 데 약 17분 정도 걸린다는 사실을 알게 됐다. 확실히 안락의자에 앉아 있을 때보다 더 많은 신체 활동을 하고 그 속도로 걸으면서 더 많은 칼로리를 태우지만, 어떤 부담이나 갈등도 없고 스스로를 몰아붙일 필요도 없다. 또 그 속도로 걸으면서 생각이나 일을 할 수도 있다. 사실 나는 산책으로 인한 가벼운 신체적 각성이 더 높은 수준의 정신적 각성으로 이어질지도 모른다는 생각을 하고 있다."

그런데 카너먼은 또 이렇게 말했다. "더 빠른 속도를 걷게 되면 그 경험이 완전히 달라진다. 빠른 걸음으로 전환하면 논리 정연하게 생각하는 내 능력이 급격히 저하되기 때문이다. 걸음 속도를 더 높이면 걷는 일과 더 빠른 속도를 의도적으로 유지하는 일에 자꾸만 내 관심이 쏠리고 만다. 그러한 이유로 일련의 생각을 정리해 결론짓는 내 능력이 제 기능을 다 하지 못한다. 언덕에서 내가 가장 빨리 걸을 수 있는 속력은 1마일에 약 14분이 걸리는 속력이다. 그 속력으로 걸을 때는 뭔가를 생각할 엄두조차 내지 않는다."[35]

카너먼의 세심한 자기 관찰의 근거는 다른 경험적 연구가 뒷받침해 준다. 적당한 시간의 중강도 운동은 운동을 할 때와 운동 직후에 생각하는 능력을 향상시킨다. 과학자들이 기록한 긍정적인 변화를 살펴보면, 주의 집중하는 능력과 주의를 산만하게 하는 요소에 저항하는 능력이 증가한다. 또 언어를 더 유창하게 구사하고, 인지적 유연성이 높아지며, 문제 해결 및 의사 결정 능력이 향상되고, 학습 내용에 대한 장기 기억뿐 아니라 작업 기억도 향상된다.[36] 이러한 변화들이 불러오는 흔한 이점으로는 카너먼이 추측한 '높은 각성 상태, 뇌로 가는 혈류 증가, 뇌에서 정보 전달의 효율성을 높이고 뉴런이나 뇌세포의 성장을 촉진하는 신경 화학 물질 분비 증가' 등이 있다. 중강도 운동이 주는 유익한 정신적 효과는 운동이 끝난 후 2시간 동안 지속되는 것으로 나타났다.

이러한 연구가 암시하는 바는 학습하거나, 창조하고, 다른 유형의 복잡한 인지 기능을 수행하는 데 이상적인 상태를 유도할 힘이 우리 안에 있다는 것이다. 즉, 우리는 원하는 활동을 하기 바로 직전에 활발하게 몸을 움직이면 된다. 그러나 지금과 같은 현실에서는 이런 기회를 의식적으로 잘 이용하지 않는 경우가 많다. 우리 문화는 우리가 몸과 마음을 분리해 바라보도록 길들였고, 그 결과 우리는 생각하는 시간과 운동하는 시간을 분리한다. 예를 들어, 퇴근 후나 주말에만 헬스클럽에 가는 사람이 얼마나 많은지 떠올려 보면 감이 잡힐 것이다. 우리는 직장과 학교에서 보내는 시간에 활발한 신체 활동을 포함할 수 있는 방법을 찾아내야 한다. 즉 우리가 쉬는 시간을 어떻게 활용할지 다시 생각해 봐야 한다. 점심을 먹고 커피를 마시며 갖는 휴식 시간이나 업무나 회의 사이사이에 갖는 휴식 시간에 우리는 뇌가 최적의 상태로 기능할 수 있게 돕는 운동을 할 수 있다.

아이들의 경우, 확실히 쉬는 시간이 그 역할을 한다. 연구에 따르면, 운동장에서 쉬는 시간을 보내고 돌아온 아이들이 집중을 더 잘하고 실행 기능을 더 잘 사용할 수 있다.[37,38] 그러나 전국의 모든 학교가 책상 앞에 앉아 학업에 집중할 시간을 더 늘린다는 명목으로 쉬는 시간을 줄이거나 아예 없애 버렸다.[39] 집중적인 정신노동에서 벗어나 있는 시간이 실질적으로 낭비되고 있다는 생각은 우리가 휴식에 대해 가지고 있는 여러 잘못된 생각 중 하나다. 정신노동에 집중하는 능력은 시간이 지남에 따라 점점 떨어지고, 오히려 신체 활동을 통해 재충전되기 때문이다. 학생들이 학업 성취도를 높이기를 바라는 부모, 교사, 행정가들은 활발한 신체 활동을 할 수 있는 휴식 시간을 늘리도록 노력해야 한다.

휴식 시간에 대한 또 다른 오해는 정신노동을 계속 하려면 휴식을 통해 가만히 쉬면서 에너지를 충전해야 한다는 생각이다. 앞서 살펴본 바와 같이, 우리가 신체 활동을 하면 뇌에서는 오늘날 사람들이 하는 지식 작업을 수행할 준비가 된다. 아이디어와 씨름하거나 가능성을 신속하게 판단하는 (은유적인) 작업을 준비하기 위한 가장 좋은 방법은 (실제로) 땀을 흘리는 것이다. 어려운 프로젝트와 씨름하기 전에 맥없이 라떼를 홀짝이는 대신, 잠시 밖으로 나가 활기차게 산책할 수 있어야 한다.

휴식 시간에 대한 잘못된 가정이 하나 더 있다. 우리는 업무와 느낌이 다른 활동, 즉 트위터 화면을 스크롤하고, 뉴스를 확인하고, 페이스북을 보면서 휴식 시간을 보내면 뇌의 고갈된 자원이 재충전된다고 생각한다. 문제는 그러한 활동이 우리가 인지 중심의 작업을 할 때와 동일한 뇌 영역을 사용해서 정신적 자본을 소모하게 된다는 데 있다. 결국 우리는 일을 멈추기 전과 비슷하거나 더 피곤한 상태로 업무를 재개하게 된다. 커피를 마시기 위한 휴식 시간을 일부 공중보건 전문가가 말하는 '움직이기 위한 휴식 시간movement break'[40]으로 바꿔서 보내면 휴식을 취하기 전보다 좀 더 활기찬 상태로 업무에 복귀할 수 있을 것이다.

캘리포니아 해안의 언덕을 따라 걷는 동안, 다니엘 카너먼은 아주 빠른 속도로 움직이면 논리적으로 생각하는 능력이 급격하게 나빠진다는 사실을 알게 됐다. 이러한 관찰 결과 역시 연구가 그 근거를 뒷받침해 주고 있다. 과학자들은 운동 강도와 인지 기능 사이의 관계를 설명하기 위해 '역 U자형 곡선inverted U-shaped curve'[41]을 그렸고, 그 곡선의 중간 부분에 해당하는 중강도 활동이 사고력에 가장 유용하게 작용하는 것으로 나타났다. 고강도 활동을 나타내는 곡선의 우측 하향 경사면에서는 실제로 인지 제어가 약해지기 시작한다. 그러나 이러한 상태가 늘 나쁜 것만은 아니다. 비교적 오랜 시간에 걸쳐 수행한 매우 격렬한 활동은 오히려 창의적인 사고에 도움이 되는 일종의 변성 상태altered state를 유도해 내기도 한다.[42]

일본의 저명한 소설가 무라카미 하루키도 그러한 경험을 했다. 무라카미는 주 50마일(약 80킬로미터)을 달리고 스물네 번 넘게 마라톤 대회에 참가한 아주 열성적인 달리기 전문가다.[43, 44] 심지어 그는 《달리기를 말할 때 내가 하고 싶은 이야기》라는 제목으로 달리기에 관한 책을 출간하기도 했다. 무라카미는 "달리면서 무슨 생각을 하느냐는 질문을 자주 받는다"면서 이렇게 말한다. "보통 이런 질문을 하는 사람들은 장거리를 달려 본 적이 없다. 나는 늘 그 질문을 곱씹어 본다. 나는 달릴 때 정확히 무슨 생각을 할까?" 그는 별 생각 없이 달린다는 결론을 내린다. 바로 그게 핵심이다. "나는 달리면서 이렇다 할 그 어떤 것도 잘 생각하지 않는다. 그냥 달린다. 나는 공허한 마음으로 달린다. 아니면 이렇게 뒤집어 말해도 좋을 것 같다. 나는 공허한 마음을 느끼고 싶어 달린다."[45]

과학자들은 무라카미가 말하는 '공허void'에 해당하는 용어를 사용한다. 그 용어는 바로 '일시적 전두엽 기능 저하transient hypofrontality'다.[46] 전두엽 기능 저하를 뜻하는 hypofrontality는 hypo와 frontality의 합성어로, hypo는 '아래' 혹은 '이하'를 뜻하는 접두사이고 frontality은 뇌 앞부분인 전두엽을 가리킨다. 전두엽은 계획하고, 분석하고, 비평하고, 우리의 생각과 행동을 엄격하게 통제하는 일을 주로 담당하는 뇌 영역이다. 그런데 우리의 모든 자원이 격렬한 신체 활동을 수행하는 데 집중될 때, 전전두엽 피질의 영향력은 일시적으로 감소한다. 이러한 전두엽 기능 저하 모드에서는 생각과 느낌이 더 자유롭게 뒤섞이게 되면서 독특하고 예상치 못한 생각들이 떠오른다.[47] 과학자들은 일시적 전두엽 기능 저하 현상이 꿈꾸는 일에서부터 약물에 의한 환각 체험에 이르는 모든 변성 상태의 기저를 이루고 있을 것이라는 추측을 하고 있다.[48] 하지만 격렬한 활동이 일시적 전두엽 기능 저하를 유도하기에 가장 적합한 방법인지도 모른다. 저강도 활동이나 중강도 활동은 이렇게 기능을 억제하는 효과를 발생시키지 않는다.[49] (우리가 살펴본 바와 같이, 강도가 적당히 높은 신체 활동은 오히려 실행 기능을 향상시킨다.[50]) 일시적 전두엽 기능 저하 상태가 되려면 일반적으로 '환기 역치ventilatory threshold' 수준에서 운동을 해야 한다. 환기 역치는 운동하는 사람의 최대 심장 박동 수의 약 80퍼센트에 상응하는 강도로 40분 이상 운동이 지속됐을 때 호흡하기가 힘들어지는 지점을 말한다.

또 한 명의 '달리는 작가'인 캐서린 슐츠Kathryn Schulz는 환기 역치는 도달하기에 벅찬 정점이지만 그 지점에 도달하면 "일종의 데카르트의 붕괴를 유발"할 수 있다고 말한다(데카르트는 몸과 정신이 분리되어 있다고 생각했다).[51] 몸과 정신이 혼합돼 그녀가 말하는 '영광스러운 결탁glorious collusion'이 이뤄지는 것이다.

움직임이 사고에 미치는 영향을 고려할 때, 신체 활동의 해방, 강화, 억제 효과는 이야기의 절반에 불과하다. 의미와 정보를 전달하는 특정 신체 활동이 우리의 사고 과정에 관여하는 다양하고 미묘한 방법 역시 중요하다. 체화된 인지를 연구하는 분야에서는 지난 수십 년간 추상적이거나 상징적인 생각을 포함한 생각이 우리가 몸을 움직이는 방식에 큰 영향을 받아 형성된다는 설득력 있는 증거를 제시해왔다.[52] 인지에 대한 전통적인 이해, 즉 뇌에 얽매여 있는 이해에 따르면, 우리는 먼저 생각을 한 다음 그 생각을 따라 몸이 움직이도록 지시한다. 최근 발표된 연구 자료들은 그러한 인과 관계의 화살표가 반대 방향을 가리키도록 돌려놓는다. 즉 우리가 몸을 움직이면 우리의 생각이 그 움직임에 영향을 받는다는 것이다. 이 연구 결과에 함축돼 있는 흥미로운 사실은 신체 활동을 통해 우리의 정신적 기능을 의도적으로 향상시킬 수 있다는 것이다. 예를 들어, 우리는 뇌를 더 열심히 사용하는 게 아니라 팔다리의 의미 있는 움직임을 반복하여 기억력을 향상시킬 수 있다.

새로운 내용을 외우고 기억해야 할 때, 우리는 시각과 청각 모드에 크게 의지하는 경향이 있다. 즉 되풀이해서 읽고 큰 소리로 말한다. 그런데 이 접근 방식에는 한계가 있다. 연구 결과를 보면, 인간은 들은 바를 기억하는 능력이 특히 약하다는 사실을 알 수 있다.[53] 그러나 우리가 한 일, 즉 신체적 행동에 대한 기억은 훨씬 더 견고하다.[54] 움직임과 암기할 내용을 연결하면 더 생생해져 잘 지워지지 않는 '기억 흔적memory trace'을 뇌에서 만들어 낸다. 게다가 움직임은 명시적 기억declarative memory(연설문의 내용처럼 정보가 담긴 내용에 대한 기억)과 구별되는 절차 기억procedural memory(자전거 타는 법과 같이 특정 행위를 하는 법에 대한 기억)이라는 과정을 수반한다.[55] 우리가 움직임과 정보를 연결하면 두 가지 유형의 기억이 모두 활성화되고 결과적으로 우리의 기억이 더 정확해진다. 연구자들은 이러한 현상을 '행위화 효과enactment effect'[56]라고 부른다.

적절한 예로, 전문 배우들이라면 신체 행위가 기억을 강화하는 방식을 설명할 수 있을 것이다.[57] 일리노이주에 있는 엘머스트대학교 심리학과 명예교수인 헬가 노이스Helga Noice와 그녀의 남편이자 시카고 지역에서 배우로 활동 중인 엘머스트대학교 연극과 교수 토니 노이스Tony Noice는 많은 양의 대사를 암기하는 배우들의 능력을 연구하는 데 여러 해를 보냈다. 그들은 배우들이 연기를 하는 동안 평균 98퍼센트의 정확도로 대사를 말하면서 연기에 임한다는 사실을 알아냈다.[58] 또 두 사람은 연극 공연이 모두 끝나고 몇 달이 지난 후에도 배우들이 여전히 대본의 90퍼센트를 기억해 낼 수 있다는 것을 발견했다. 배우들은 어떻게 그렇게 잘 기억해 낼 수 있을까? 노이스 부부는 배우들의 뛰어난 기억력이 그들이 만들어 내는 몸짓과 밀접하게 관련돼 있다는 결론을 내렸다. 연구 과정에서 많은 배우가 동작, 즉 무대에서 연출해야 할 신체적인 움직임이 모두 정해질 때까지 대사를 외우려고 하지 않았다고 말했다. 노이스 부부가 진행한 인터뷰에서 한 배우는 이렇게 말했다. "이 두 트랙이 동시에 진행돼야 해요. '이게 내가 하는 말이고, 이때 이곳으로 움직여야 한다.' (…) 두 트랙이 맞물려 있는 셈이죠."[59]

2000년에 실시한 한 연구에서 노이스 부부는 미국의 극작가 A. R. 거니 주니어A. R. Gurney Jr.가 제작한 〈다이닝 룸The Dining Room〉(가족이 함께 모여 식사하는 공간을 뜻한다−옮긴이)을 초창기에 함께 공연한 극단의 소속 배우 여섯 명을 불러 모았다.[60] 연극의 한 장면에서 남매인 아서Arthur와 샐리Sally는 팔기 위해 내놓은 부모님 집의 집기를 어떻게 해야 할지 다음과 같이 상의한다.[61]

아서 엄마가 플로리다에서 이런 거 안 쓸 거라는 게 확실해?

샐리 엄마가 갖고 있는 것들을 둘 공간이 거의 없어. 엄마가 싸우지 말고 나눠 가지랬어.

아서 그럼 제비뽑기로 정하면 되겠네.

샐리 어떤 물건을 한 명만 원하는 게 아니라면 그렇게 해야지.

아서   그럼 오늘 정해야겠다.

샐리   집에 있는 모든 걸 다 나누기에 시간이 충분할까?

아서   샐리, 내 거 다시 돌려받을 거야. (아서가 찬장을 잠시 들여다본
다.) 제비뽑기를 한 다음 방을 차례대로 둘러보자. (아서가 은
수저 한 개를 꺼낸다.) 자, 그럼 이 소금 스푼으로 하자. (아서는
두 손을 등허리에 숨긴 채 한 손에서 다른 손으로 스푼을 왔다 갔다 옮기
다가 두 주먹을 내민다.) 골라 봐. 소금 스푼을 고르면 다이닝 룸
은 네 거야.

샐리   여기서 시작하자고?

아서   어디선가 시작해야지.

〈다이닝 룸〉 공연이 5개월 전에 끝났고 배우 대부분이 그 이후로
새로운 배역을 맡았지만, 그들은 여전히 무대 위 동작이나 제스처(아
서가 샐리에게 소금 스푼을 내밀 때와 같은)가 동반된 연극 대사들을 기억하
고 있었다. 노이스 부부는 배우들이 가만히 서 있거나 앉아 있을 때
전달한 대사는 기억하지 못할 가능성이 훨씬 더 높다는 사실을 발견
했다.

노이스 부부는 다른 연구에서도 말과 동작을 연결하는 방법이 대
학생, 생활 보조 시설에 거주하는 노인 등 배우가 아닌 사람들의 기
억력을 향상시킨다고 밝혔다. 십자말풀이, 스도쿠, 루모시티와 같은
두뇌 훈련 프로그램 등 노화와 관련된 기억 상실을 예방해 주는 것으
로 알려진 활동 대부분은 우리의 사고가 뇌 안에서만 작동한다고 믿
는 사회의 모델을 따른다. 그와 대조적으로 헬가 노이스와 토니 노이
스는 몸을 움직이는 일이 기억력과 다른 정신 능력을 강화하는 데 매

우 중요한 기여를 한다는 사실을 발견했다.

65~85세 사이의 사람들을 대상으로 한 일련의 연구에서 노이스 부부는 연구 참가자들에게 전문적으로 연기하는 기술을 가르친 다음, 그들이 연극 작품의 장면을 연습해 공연하도록 했다.[62] 두 사람은 4주에 걸쳐 진행된 프로그램 전후로 참가자들의 단어 암기력, 언어 유창성, 문제 해결력, 그리고 영양 성분 표시를 비교하고 수표로 청구서를 지불하며 전화번호를 찾는 일 등의 일상 업무에서 측정되는 일반적인 인지 능력을 검사했다. 연극 프로그램에 참여한 사람들은 예술 감상 교실처럼 움직임이 동반되지 않는 활동에 참여했거나 어떤 프로그램에도 등록하지 않은 같은 연령대에 비해 정신적으로 더 예리해졌다는 결과를 보였다. 연구 참가자들은 '기억할 내용에 동작 연결하기' 등 연기 수업에서 배운 전략들을 빌려 와 일상생활에 적용할 수 있었다.

비슷한 결과가 젊은 층에서도 발견됐다. 거듭 말하지만, 움직임이 기억력을 강화하는 데 핵심 역할을 하는 것으로 보인다. 예를 들어, 2001년 대학생들을 대상으로 한 연구에서 노이스 부부는 실제 리허설과 반복적인 공연 후 발견된 신체 움직임의 효과가 연기 경험이 거의 없거나 전혀 없는 사람들에게 단 몇 분간 교육을 제공한 이후에도 발견됐다고 보고했다.[63] 노이스 부부는 연구 참가자들이 정보를 기억해 내는 능력과 관련해 최소한의 교육이 만들어 낸 차이에 주목했다. 학습 전략에 움직임을 포함한 학생들은 암기했던 내용을 76퍼센트 기억해 낸 반면, 차분하게 암기한 학생들은 37퍼센트밖에 기억해 내지 못했다.

노이스 부부의 연구가 시사하는 바는 확실하다. 첫째, 우리가 움직이면서 정보를 암기하면 그 정보가 더 잘 기억난다. 심지어 그 움직임이 암기할 정보의 의미가 그대로 반영된 행위가 아닌 단순한 움직임에 불과한 경우라 해도, 동작이 그 정보와 유의미한 관계를 맺는 동시에 그 정보를 흡수시키기는 마찬가지다.[64] 둘째, 움직임과 관련된 정보는 우리가 이후 같은 움직임을 다시 취하거나 기억해 둔 정보를 소환할 때 더 잘 기억된다.[65] 예컨대, 몸짓을 동원해 연설을 연습하면 이후 연설문을 더 잘 기억할 수 있다. 또 무언가를 움직이면서 암기하면 나중에 그 내용을 다시 생각해 낼 때 (예를 들어 시험을 보고 있을 때) 그 움직임을 정확히 모방할 수 없더라도 여전히 도움이 될 수 있다.

실제로 어떤 정보와 움직임을 연결하려 하는 기능은 그 정보가 중요하다는 정신적 표시로 꼬리표를 붙이는 것처럼 볼 수 있다.[66] 우리가 선천적으로 지닌 자기중심적인 편견은 우리가 어떤 방식으로든 자기 자신, 즉 내 의도, 내 몸, 내 움직임과 연결된 정보를 우선적으로 다루고 기억하도록 만든다. 노이스 부부는 학술 논문을 통해 이렇게 결론을 내렸다. "누군가는 데카르트의 말을 바꿔 '나는 움직인다, 고로 나는 기억한다'라고 말할는지도 모른다."[67]

움직이면서 암기하기는 우리가 정보를 더 정확하게 기억할 수 있도록 도와준다. 어쩌면 움직이면서 암기하기는 우리에게 정보를 다른 방식으로 이해하도록 도움을 주는 것인지도 모른다. 말하자면, 내면에서 더 깊이 이해하는 것이다. 심리학자 시안 베일락Sian Beilock은 그녀의 연구실에서 일하는 한 학부생의 엉뚱한 코멘트를 듣고 우리 몸이 하는 역할에 대해 궁금증을 갖게 됐다. 당시 베일락은 오하이오주 옥스퍼드에 있는 마이애미대학교의 조교수로 재직 중이었다. 그 학생은 마이애미대학교 소속 하키 팀에서 뛰고 있었다. 그는 자신이 TV에서 중계되는 경기를 볼 때, 얼음 위에서 경기를 뛰어 본 적 없는 친구들과 다른 방식으로 선수들의 동작을 이해하는 것 같다고 베일락에게 말했다.

베일락과 그녀의 동료들은 그가 받은 느낌을 테스트하기 위한 연구를 설계했다.[68] 먼저 실험 연구원들은 하키 경기['하키 선수가 퍽puck(아이스하키에서 사용하는 공을 말한다 - 옮긴이)을 쐈다']와 일상생활('아이가 공중에 떠 있는 풍선을 봤다')에서 골라낸 동작 순서를 두 그룹의 연구 참가자들에게 읽어 줬다. 한 그룹은 경험 많은 하키 선수들로 구성됐고, 다른 한 그룹은 하키를 해 본 적이 없는 사람들로 구성됐다. 그다음으로 연구 참가자들은 그들이 들었던 동작 순서와 일치하거나 일치하지 않는 사진들을 봤다(예를 들면, 공중에 떠 있는 풍선을 바라보고 있는 아이 사진, 혹은 바닥에 떨어진 바람 빠진 풍선을 바라보고 있는 아이 사진이었다).

문장과 사진을 한 쌍으로 제시했을 때 모든 참가자는 주어진 문장과 사진이 일치하는지 아닌지를 정확하게 구별할 수 있었다. 그런데 그 동작이 하키 게임과 관련이 있었을 때는 하키 선수들이 선수가 아닌 사람들보다 훨씬 더 빨리 구별할 수 있었다. 즉 하키 선수들은 베일락이 '용이한 이해facilitated comprehension'라고 부르는 현상을 직접 보였다. 두 그룹에 뇌 스캔을 실시한 결과, 참가자들이 하키와 관련된 표현을 들었을 때 하키 선수가 아닌 사람들의 뇌보다 하키 선수들의 뇌에서 특정 신경 영역, 즉 능숙한 신체 동작 수행을 담당하는 등쪽 전운동 피질dorsal premotor cortex의 왼쪽 부위가 더 강하게 활성화된다는 사실이 밝혀졌다. 일반적으로 이 영역은 언어 처리와 관련이 없지만, 하키 선수들의 개인적인 경기 이력은 그들이 들었던 단어와 연결할 수 있는 신체 기반의 경험을 제공했다. 베일락의 연구를 통해 알 수 있는 놀라운 사실은 다른 방식으로 움직이는 사람들은 생각 역시 다른 방식으로 한다는 것이다. 이러한 통찰은 스포츠를 뛰어넘어 훨씬 더 다양한 분야에 적용될 수 있다.

사고력을 강화하는 움직임 활용에 대한 연구에서는 총 네 가지 유형의 유익한 움직임, 즉 '동일한 움직임, 새로운 움직임, 자기 지시적 움직임, 은유적 움직임'을 찾아냈다. 네 가지 유형 중 첫 번째인 '동일한 움직임'은 생각하는 내용을 물리적인 형태로 표현한다. 우리는 신체 동작으로 어떤 사실이나 개념의 의미를 표현해 낸다. 동일한 움직임은 이해하고 기억하는 과정에 신체 요소를 도입하여 낯설고 새로운 지식을 효과적으로 익히는 방법이다. 잘 알려진 예 중 하나가 숫자가 적힌 직선을 따라 몸을 움직이는 것이다. 수학을 배우는 아이들은 숫자를 셀 때나 덧셈과 뺄셈 같은 계산을 할 때 바닥에 그려진 큰 수직선을 따라 걷는 동작을 통해 도움을 받을 수 있다. 수직선을 따라 몸을 위아래로 움직이는 행동은 숫자를 더하고 빼는 정신 작용과 일치한다. 작은 걸음을 내딛는 것은 한 번에 한 단위를 세는 정신 작용과 일치하고, 더 큰 걸음은 한 번에 여러 단위를 더하거나 빼는 정신 작용과 일치한다. 이런 식으로 숫자와 움직임을 연결하는 연습을 한 학생들은 후에 더 많은 수학 지식과 기술을 갖추게 된다.[69]

동일한 움직임은 어느 정도 유익한 부분이 있다. 그러한 방식으로 몸을 움직이면 구체적인 대상을 추상적인 대상으로 전환하는 어려운 과정을 이해하는 데 도움을 주기 때문이다. 그 과정은 아이들이 처음 읽는 법을 배울 때 직면하게 되는 어려움이다. 그들은 현실 세계의 물질과 그것을 나타내기 위해 사용하는 추상적인 부호 사이의 연결을 만들어 내야 한다. 애리조나주립대학교의 심리학 교수인 아서 글렌버그Arthur Glenberg는 보통 아이들은 일상생활에서 실제 공이나 컵이 그들 주위에 있을 때 '공'이나 '컵'이라는 단어를 접하게 된다고 말한다. 그러나 책 속에 적힌 단어들은 그와 같은 현실 세계의 지시 대상이 존재하지 않는 상황에서 이해될 수 있어야 한다. 글렌버그는 이 틈을 메우기 위해 동일한 움직임을 사용한다. 그는 '독서를 통한 움직임Moved by Reading'이라는 방법을 통해 아이들에게 그들이 읽고 있는 텍스트(추상적인 기호)를 구체적인 신체 동작으로 시뮬레이션하는 법을 가르친다.[70] 그러한 시뮬레이션은 학습 능력을 크게 높여 준다. 글렌버그는 아이들이 책에 적힌 단어를 몸으로 표현해 보면, 그들의 독해력이 두 배로 늘 수 있다는 점을 발견했다.[71]

한 연구에서 글렌버그는 초등학교 1학년과 2학년 학생들에게 농장 생활에 대한 이야기를 읽을 것을 부탁했다.[72] 또 아이들에게는 미니어처 헛간, 트랙터, 암소와 같은 농장 관련 장난감이 제공됐다. 그 아이들 중 절반은 농장 생활에 대한 이야기를 두 번 읽기를 지시받았고, 나머지 절반은 그들이 읽고 있는 내용을 표현해 내기 위해 장난감을 사용하라는 지시를 받았다. 예를 들어, 아이가 "농부가 트랙터를 헛간으로 몰았다"라는 문장을 읽은 후, 장난감 트랙터를 미니어처 헛간으로 옮겼다. 문장을 연기하듯 장난감을 사용해 표현한 아이들은 내용을 더 잘 추론할 수 있었고, 시간이 지난 뒤에도 단순히 읽기를 반복하기만 한 아이들보다 이야기를 훨씬 더 잘 기억했다.

다른 여러 연구에서도 이 동일한 움직임이 수학 문제를 푸는 아이들에게 도움을 줄 수 있다는 사실이 밝혀졌다.[73] 글렌버그의 또 다른 실험에서는 초등학생들이 하마와 악어에게 한 마리당 얼마나 많은 물고기를 나눠 줬는지 계산하면서 동물들에게 음식을 배급하는 사육사 역할을 하도록 했다. 글렌버그는 단어 문제에 나와 있는 내용과 동일하게 움직인 학생들이 머릿속으로만 생각해서 문제를 푼 학생들보다 더 정확하게 계산했고, 정답을 맞힐 가능성이 더 높았다고 밝혔다. 수학 문제 속 '이야기'를 행동으로 표현하는 일은 학생들이 수학 문제를 해결하는 데 꼭 필요한 정보를 찾을 때 도움을 주는 것으로 보인다. 이야기를 행동으로 표현함으로써 학생들이 문제 해결과 관련 없는 숫자나 다른 세부 사항들로 주의가 산만해질 가능성이 35퍼센트나 감소했다.[74]

기술은 우리를 계속 의자에 가만히 앉혀 놓고 화면에서 눈을 떼지 못하게 하려고 만들어진 것처럼 보일 때가 많다. 기술의 경우, 동작 방식에 동일한 움직임을 통합하여 기술 확장이 가능하다. 실제로 터치스크린 기기를 사용한 연구에서는 사용자가 학습 중인 내용과 일치하는 손동작을 하도록 권장하는 디지털 교육 프로그램이 성공적인 학습을 지원한다는 사실을 보여 준다.[75] 예를 들어, 수의 나열 속 빈칸의 숫자 추측하기number line estimation에서 숫자를 연속적인 값으로 이해시키는 프로그램이 있다. 그 프로그램과 상호 작용할 때는 서로 단절된 이산적인 움직임(화면을 한 번 두드리기)이 아니라 연속적인 움직임(화면을 가로질러 손가락 드래그drag 하기)을 할 때 더 나은 결과를 얻는다.[76]

우리의 사고를 발전시킬 수 있는 또 다른 종류의 신체 동작은 바로 '새로운 움직임'이다. 새로운 움직임은 우리가 전에는 경험하지 못했던 신체 경험을 통해 추상적인 개념을 익힐 수 있는 움직임을 말한다. 다음 질문에 대한 답을 한번 생각해 보자. "여러분이 집에서 샤워를 하려고 할 때, 어떻게 뜨거운 물을 틀까요?"이 간단한 질문에 답하기 위해 여러분은 머릿속으로 익숙한 동작을 시뮬레이션할 것이다. 아마도 여러분은 손을 뻗어 머릿속에 떠오르는 수도꼭지를 돌렸을 것이다. 그렇다면 신체적으로 경험해 본 적이 없는 동작에 대해서는 어떻게 생각하면 될까? 바로 그 점이 물리학을 공부하는 학생들이 직면하는 딜레마다. 그들은 각속도 angular velocity나 구심력 같은 현상에 대해 감각하지 못한 채 그 현상을 추리해야 한다. 수십 년에 걸쳐 진행된 물리 교육에 대한 연구는 실망스러운 결과, 즉 물리학을 배운 학생 대부분이 물리학을 확실하게 이해하지 못했다는 점을 보여 준다.[77] 일부 연구에서는 학생들이 학부 물리학 입문 과정을 마친 후에 오히려 물리학에 대한 이해도가 더 부정확해진다는 것을 발견했다.[78]

물리학을 가르치는 전통적인 방식은 두뇌에 갇힌 인지 모델을 기반으로 한다. 학생 개개인은 컴퓨터처럼 추상적 법칙들을 적용해 문제를 해결해야 한다. 그러나 컴퓨터와 전혀 다른 우리 인간은 주어진 시나리오 속의 자신을 상상하여 문제를 가장 효과적으로 해결하고, 그 당사자가 자신의 정신적 예측을 바탕으로 하는 과거의 신체 경험을 마주하게 된다면 더 쉽게 문제를 해결할 수 있다.[79] 학생들에게 그러한 신체적 조우를 경험할 수 있게 하는 것이 우리가 앞서 살펴본 하키 선수들과의 실험 연구에 영감을 받은 심리학자 시안 베일락의 연구 목적이었다.

베일락은 시카고의 드폴대학교 물리학과 부교수인 수전 피셔 Susan Fischer와 협력해서 학생들에게 물리 수업에서 배우고 있는 물리학적 힘을 추상적인 개념이 아닌 본능적인 경험을 바탕으로 소개하기 위해 여러 활동을 설계했다.[80] 예를 들어, 그들이 설계한 활동 중 한 가지는 하나의 자전거 차축에서 독립적으로 회전하는 두 개의 바퀴를 사용한 것이었다. 차축이 수평에서 수직 방향으로 기울어졌을 때, 차축을 잡고 있던 사람은 물리학자들이 말하는 토크torque, 즉 물체를 회전시키는 회전력을 직접 느낄 수 있었다. 베일락과 피셔는 학생들로 구성된 첫 번째 그룹에 그 기계 장치를 손에 들고 축을 기울이는 것이 어떤 느낌인지 경험해 보도록 했다. 두 번째 그룹의 학생들은 다른 사람이 그 기계 장치를 사용해 시연하는 모습을 지켜보기만 했다. 그런 다음, 두 그룹의 학생들은 토크의 개념에 대한 이해도를 평가하기 위한 테스트를 받았다.

베일락과 피셔가 발견한 바에 따르면, 토크를 몸소 체험한 학생들이 이해도를 평가한 테스트에서 더 높은 점수를 받았다. 그들의 우세한 이해도는 가장 어려운 이론적 질문에 대한 답에서 특히 두드러지게 나타났다. 게다가 뇌 스캔 결과, 학생들이 토크에 대해 생각하라는 요청을 받았을 때 움직임을 조절하는 뇌 영역이 토크를 몸소 체험한 학생들의 뇌에서만 활성화됐다. 심지어 fMRI 기계 안에 움직이지 않고 누워 있거나 가만히 앉아서 시험을 보는 동안에도 이 학생들은 해당 움직임의 신체적 경험에 접근할 수 있었고, 이를 통해 토크라는 개념을 더 자세하고 정확하게 이해할 수 있었다.

이 연구가 암시하는 함축적인 의미는 과학 수업에서 무언가를 설명할 때, 학생들이 관찰자로 밀려나서는 안 된다는 것이다. 물리적으로 참여하는 학생들만이 신체 동작에서 비롯된 심도 있는 내적인 이해를 얻게 될 것이다. 교육학 교수인 도르 아브라함슨Dor Abrahamson이 말했듯이, "학습은 새로운 방향으로 나아가고 있다."[81]

우리가 생각하는 방식을 개선할 수 있는 또 다른 유형의 움직임은 바로 '자기 지시적 움직임'이다. 자기 지시적 움직임은 우리가 우리 자신, 특히 우리 몸을 지적 활동에 끌어들이는 움직임을 말한다. 자기 자신을 행동의 중심에 두는 것은 '비과학적'인 방식처럼 보일 수 있지만, 과학자들 스스로가 자신을 연구 대상으로 여기면서 자기 몸을 지식 탐구의 도구로 자주 사용한다. 실험실에서 일하고 있는 이론물리학자들을 연구해 온 인류학자 엘리너 옥스Elinor Ochs는 과학자들은 그런 방식을 통해 그들이 이해하려고 애쓰는 실체에 대한 일종의 공감 능력을 쌓아 간다고 말한다.[82] 세계에서 가장 유명한 물리학자 알베르트 아인슈타인은 자신의 상대성 이론을 발전시키면서 광선 위에 올라타는 자기 모습을 상상했다고 한다.[83] 아인슈타인은 "어떤 과학자도 방정식으로 생각하지 않는다"라고 주장했다.[84] 더 정확히 말하면, 그는 자신의 생각을 구성하는 요소들은 사실상 '시각적'인 것에 가깝고, 심지어 '근육'과 관련이 있다고 말했다.[85]

다른 과학자들은 그들이 새로운 것들을 발견해 낼 수 있도록 도와준 상상 속의 행동들을 묘사했다. 옥수수의 염색체 연구를 통해 노벨상을 받은 유전학자 바바라 매클린톡Barbara McClintock은 현미경을 통해 염색체를 검사한 소감을 이렇게 밝혔다. "제가 염색체와 함께 일할 때, 저는 밖에 있지 않고 그곳에 있었어요. 저는 염색체 시스템의 일부였죠. 저는 염색체들과 함께 있었고, 그것들이 커졌어요. 심지어 저는 염색체 내부까지 들여다볼 수 있었고, 사실 그 안에 모든 게 있었습니다. 실제로 제가 그곳에 있는 기분이 들었고, 염색체들과 친구가 된 것만 같아 저는 놀랐습니다."[86] 소아마비 백신을 발명한 바이러스학자 조나스 소크Jonas Salk는 자기 몸을 자신의 연구 도구로 사용한 또 한 명의 과학자다. 소크는 자신의 연구 작업 방식에 대해 다음과 같이 설명한 적이 있다. "예컨대, 저는 제 자신을 바이러스나 암세포라고 상상하면서 그것이 어떤 모습일지 느껴 보려고 합니다. 저는 또 제 자신을 면역 체계라고 상상하고, 바이러스나 암세포와 싸우는 면역 체계로서 제가 할 일을 재구성해 보려고 노력합니다. 특정 문제에 대한 일련의 시나리오를 완성하고 새로운 통찰을 얻었을 때, 저는 그에 맞는 실험실 실험을 설계할 겁니다."[87]

학생들에게 과학에 대한 공정하고 객관적인 관점을 취할 것을 권장하는 경우가 많지만, 연구 결과는 학생들 역시 과학자들과 마찬가지로 '체화된 상상력'[88]을 발휘하는 데에서 도움을 얻을 수 있다는 점을 보여 준다. 우리 몸으로 생각하고 배우는 일은 근본적으로 인간의 자아 중심적인 사고방식을 이용한다. 우리는 사건이나 견해를 중립적이고 공정한 관점으로 보지 않고, 우리와 어떤 관련이 있는지 이해하도록 진화해 왔다. 연구에 따르면, 자기 지시 행위, 즉 새로운 지식을 우리의 정체성이나 경험과 연결하는 행위는 일종의 '통합 접착제'[89] 기능을 한다. 그리고 자신과 무관한 별개의 것을 접했을 때 꼭 들어맞지 않지만 관련성을 부여한다. 일인칭 시점을 취한다고 해서 우리가 그 시점에 제한되는 것은 아니다. 실제로 주어진 현상을 탐구하기 위해 우리 몸의 움직임을 이용하는 것은 그 현상을 내부적인 관점과 외부적인 관점 사이에서 번갈아 보는 능력을 촉진한다. 이 '자기 지시적 움직임'은 더 깊은 수준의 이해를 만들어 낸다.[90]

워싱턴대학교의 물리학과 조교수인 레이첼 쉐르Rachel Scherr는 '에너지 극장Energy Theater'[91]이라 불리는 교육적인 역할극 프로그램을 고안했다. 쉐르는 학생들이 완전히 이해하기 어려운 에너지 속성 중한 가지를 언급하는데, 바로 에너지가 '소모'되지 않고 항상 일정하게 유지되면서 다른 형태로 변환된다는 이론이다. 예컨대, 핀볼 플런저 pinball plunger의 코일 스프링(원통 모양으로 감은 스프링을 말한다 - 옮긴이)이 방출한 탄성 에너지가 핀볼의 운동 에너지로 변환되는 것과 같다. 학생들은 그 함의를 제대로 이해하지 않은 채 교과서에 실린 에너지 보존에 대해 읽을지도 모른다. 그런데 에너지 극장에 참여하면서 에너지를 체현할 때 그들은 본능적인 방식으로 그 함의를 이해하기 시작한다. 쉐르는 "에너지가 '되기' 위해 움직임을 이용하는 학생들은 자기 몸을 통해 전달되는 영구성과 지속성을 알 수 있다"고 말하면서 이렇게 덧붙인다. "그들은 '소모'되지 않고, 그래서 그들은 에너지 역시 그렇지 않다는 사실을 더 잘 이해할 수 있다."[92] 쉐르의 연구는 에너지 극장에 참여한 학생들이 에너지 역학을 더 자세히 이해할 수 있다는 것을 보여 준다.

학습에 도움이 될 자기 지시적 움직임을 구성할 수 있는 또 다른 기회는 학생들이 생물학 수업, 유사 분열, 감수 분열과 같은 복잡하고 상호 작용적인 과정의 본질을 이해하려고 노력할 때 생긴다. 세포가 분열하고 번식하는 방식에 대해 공부하면서 수반되는 여러 단계의 과정은 학생들의 정신적 대역폭을 쉽게 압도할 수 있고, 기껏해야 피상적인 이해에 그치거나 최악의 경우에는 학생들을 매우 혼란스럽게 만들 수도 있다. 버지니아 코먼웰스대학교의 생물학 부교수인 조셉 키니치Joseph Chinnici는 그의 학부생들이 세포와 관련된 중요한 개념들을 이해하기 위해 애쓰는 모습을 보고 다음과 같은 생각을 했다. '스스로 인간 염색체가 되어 세포 분열과 번식 과정을 자기 몸으로 체현

해 보고 신체 내부에서 그 개념들을 이해해 보라고 학생들에게 권하면 어떨까?'[93]

키니치는 여러 해에 걸쳐 자신의 접근법을 미세하게 다듬은 후, 그 방법을 설명하는 내용을 〈미국생물교사The American Biology Teacher〉라는 학회지에 발표했다. 그는 야구 모자와 티셔츠를 나눠 주는 것으로 시작했다. 각 모자와 티셔츠에는 유전자를 나타내는 글자, 즉 우성 유전자를 나타내는 대문자와 열성 유전자를 나타내는 소문자가 표시돼 있었다. 학생들이 모자를 쓰고 티셔츠를 입으면 그들은 세심하게 안무를 짠 왈츠를 통해 안내를 받게 된다. 유사 분열 초기 단계에서 '인간 염색체' 중 일부는 팔을 연결해 짝을 짓는다. 유사 분열 중기 단계에서 짝을 짓지 않은 채 남겨진 염색체들은 '방추spindle'로 지정된 영역으로 이동한다. 유사 분열 후기 단계에서는 짝을 이룬 학생들이 분리돼 방추의 반대 극으로 이동한다. 마지막으로 학생들은 방추가 분해되고 염색체가 풀리는 유사 분열 종기 단계를 체현한다. 어색하게 웃고 잠시 미간을 찡그리는 가운데 학생들은 이 이상한 춤을 통해 길을 찾는다. 즉 분열하는 염색체들이 어떻게 상호 작용하는지 직접 보고 느끼며 어려운 개념을 이해하게 된다.

키니치의 연구는 유사 분열과 감수 분열 역할극에 참여한 학생들이 그 개념을 더 정확하게 이해할 수 있었다는 점을 밝혔고, 키니치의 연구와 비슷한 다른 연구에서도 이 같은 결과가 나타났다. 연구자들은 학생들이 순행 운동과 역행 운동을 하듯 태양계 행성들을 체현하기,[94] 학생들이 마치 크레브스 회로Krebs cycle의 효소 반응을 겪는 것처럼 탄소 분자를 체현하기,[95] 학생들이 마치 단백질로 합성되는 것처럼 아미노산을 체현하기[96]의 효과를 연구했다. 각각의 시나리오에서 학생들은 단순히 읽고 들을 때보다 이러한 실체들을 체현할 기회가 주어졌을 때 더 많이 배우고 더 나은 성과를 냈다.

수학적 개념을 신체적으로 구현할 때의 효과를 연구해 온 버몬트 대학교의 카르멘 페트릭 스미스Carmen Petrick Smith는 '그것이 되는 것Being it', 즉 개념적 대상을 체현하는 일은 '그것을 보는 것'이나 개념적 대상을 '자신과 멀리 떨어져 있는 것'으로 보는 일과 매우 다른 경험이라고 말한다.[97] 예를 들어, 각 그룹에 속한 학생들이 쭉 뻗은 팔로 삼각형을 만든 다음 서로 더 가까이 그리고 더 멀리 이동해 가면서 시험해 볼 수 있다.[98] 이런 방식을 통해 학생들은 삼각형 크기가 그 모서리의 각도를 바꾸지 않고도 달라질 수 있다는 사실을 이해하게 된다. 스미스는 이러한 '신체 기반 활동'은 학생들이 수학적 개념을 더 깊이 이해하고 더 잘 기억할 수 있도록 해 준다고 말한다.[99] 예를 들어, 수학 교사들은 막대나 정육면체의 수를 세는 등 교묘한 교수법을 오랫동안 적용해 왔다. 스미스와 다른 이들의 연구는 학생들이 학문을 익히는 과정에서 몸을 사용할 때 훨씬 더 많은 것을 배운다는 점을 시사한다.

사고를 향상시키는 움직임의 마지막 범주는 명시적이든 함축적이든 비유를 체현하는 움직임을 아우른다. 우리가 사용하는 언어는 체화된 존재로서의 경험에서 차용한 은유들로 가득하다. '은유적인 움직임'은 이 과정을 역행해 정신을 자극하는 동작을 통해 은유가 표현하고자 하는 상태로 몸을 밀어 넣는다. 시안 베일락은 이렇게 썼다. "몸을 움직이면 우리가 의식적으로 생각하기 전에 무의식적으로 그 생각을 우리 머릿속에 밀어 넣어 마음을 바꿀 수 있다. 사람이 움직이면 그 움직임과 어떤 공통분모를 가진 생각을 경험해 볼 수 있는 문턱이 낮아진다."**100**

한 예를 들자면, 우리는 몸을 움직여서 동적인 움직임과 동적인 사고를 연결하는 메타포, 즉 몸에 밴 무의식적인 메타포를 활성화한다. '막힌', '정체된'과 같이 우리가 독창적인 아이디어를 낼 수 없을 것 같을 때 사용하는 단어들이나, '열중하는', 생각이 '넘치는'과 같이 우리가 영감을 받을 때 스치는 단어들을 떠올려 보자. 연구 결과에 따르면, 사람들은 '상자 밖에서 생각하기 thinking outside the box' **101**와 같이 창의성과 관련된 비유적 표현을 신체적으로 표현함으로써 창의적인 정신 상태가 될 수 있다. 위스콘신대학교 매디슨캠퍼스 소속 심리학자 에반 폴먼 Evan Polman 은 실험 참가자들에게 창의적인 사고와 관련된 과제를 완수하도록 하는 실험을 설계했다. 어떤 학생들은 5제곱피트의 골판지 상자 안에 앉아 과제를 수행했고, 또 어떤 학생들은 그상자 옆에 앉아 과제를 완성했다. 말 그대로 '상자 밖에서' 생각을 한 참가자들은 상자 안에서 아이디어를 낸 참가자들이 작성한 목록보다 평균 20퍼센트 더 긴 목록의 창의적 해결책을 생각해 냈다.

또 폴먼과 그의 동료들은 여러 가능성에 대한 생각을 전달하기 위해 쓰이는 '한편으로는 (…) 다른 한편으로는' **102** 이라는 표현의 은유를 체현할 때의 생성 효과 generative effect 를 실험했다. 이번에는 실험 참가자들에게 새 캠퍼스 건물 단지의 새로운 용도를 제안할 것을 요청했다. 실험 참가자 중 절반은 아이디어를 내면서 한 손을 쭉 뻗고 있도록 했고, 나머지 참가자들은 손을 번갈아 가며 내밀도록 했다. '한편으로는 (…) 다른 한편으로는'이라는 은유를 (자기 자신도 모르게) 체현해 낸 후자의 참가자들은 새 단지의 잠재적 용도에 대한 아이디어를 약 50퍼센트 더 많이 생각해 냈고, 심사위원들은 그들의 아이디어가 더 다양하고 창의적이라고 평가했다.

이러한 실험은 우리가 특정 인지 과정과 연관된 은유를 체현하여 인지 능력을 높일 수 있다는 것을 시사한다. 단순히 공간을 통해 몸을 움직이는 행위 자체가 새로운 각도와 예상치 못한 풍경, 그리고 유연한 사고와 역동적인 변화를 위한 창의성에 대해 마음껏 표현하는 메타포라 할 수 있다.[103] 이러한 메타포의 활성화는 사람들이 가만히 앉아 있을 때보다 걷는 동안이나 걷고 난 후에 더 창의적이라는 연구 결과를 설명하는 데 도움이 될 수 있다.

스탠퍼드 교육대학원 학장 다니엘 슈워츠Daniel Schwartz는 박사과정에 있는 대학원생들이 학위 논문에 대한 아이디어를 짤 때 그의 사무실에 가만히 앉아 있기보다는 함께 밖에 나가 걸을 것을 권하는 경우가 많다. 2014년, 당시 그 대학원생 중 한 명으로 현재는 스탠퍼드 예방연구센터Stanford Prevention Research Center에서 의학 전임 강사를 맡고 있는 매릴리 오페조Marily Oppezzo는 걷기가 창의성에 미치는 영향에 대한 경험적 연구를 진행하기로 했다.[104] 일련의 실험에서 슈워츠와 오페조는 스탠퍼드대학교 학부생, 스탠퍼드대학교 직원, 인근의 지역 전문대학 학생들을 대상으로 여러 가지 독창적인 사고 실험을 했다. 일부 학생은 캠퍼스를 산책하거나 트레드밀을 걷는 동안 주어진 과제를 완성할 것을 요청받았고, 다른 학생들은 교실에 앉아 테스트에 응했다.

첫 번째 실험에서 참가자들은 벽돌이나 종이 클립과 같은 평범한 물체를 예상치 못한 용도로 사용할 수 있는 방법을 찾아내라는 요청을 받았다. 학생들은 앉아 있기보다는 걷고 있을 때 평균적으로

4~6개 더 많은 용도를 생각해 낼 수 있었다. 또 다른 실험에서는 참가자들에게 '불이 나간 전구'와 같은 자극적인 이미지를 제시한 뒤 그와 비슷한 이미지(예를 들면, '녹아내리는 원자로'와 같은 이미지)를 제시하도록 했다. 가만히 앉아 있던 학생들 중 50퍼센트만이 실험 과제를 완수해 낸 반면, 걷고 있던 학생들의 경우 95퍼센트가 그 과제를 완수했다. 슈워츠와 오페조는 "걷기는 아이디어가 자유롭게 흘러나올 수 있게 한다"는 결론을 내렸다. 다른 연구자들이 수행한 연구에서는 판에 박은 듯 일률적으로 나 있는 길이 아닌 구불구불 자유롭게 나 있는 길을 따라 걷는 것이 사고 과정을 보다 더 창의적으로 향상시킬 수도 있다는 연구 결과를 밝히기도 했다.[105]

현대 문화는 가만히 앉아 생각할 것을 요구하지만, 문학과 철학의 역사를 살펴보면 그를 반박하는 메시지에 대한 충분한 증거를 발견할 수 있다. 우리의 여정을 시작하면서 언급했던 프리드리히 니체를 떠올려 보자. 니체는 "걷는 동안 떠오른 생각만이 가치가 있다"고 주장했다.[106] 덴마크의 철학자 쇠렌 키르케고르Søren Kierkegaard도 비슷한 생각을 했다. 키르케고르는 "나는 가장 행복한 내 생각 속으로 걸어 들어간다"고 말했다.[107] 미국 작가 랄프 왈도 에머슨Ralph Waldo Emerson은 걷기가 '정신을 위한 체조'라고 말했다.[108] 스위스 태생의 철학자 장 자크 루소Jean-Jacques Rousseau는 "나는 걷지 않으면 성찰할 수가 없다. 걸음을 멈추는 순간, 나는 더 이상 생각하지 않는다. 그리고 다시 움직이기 시작하면, 내 머리가 다시 생각하기 시작한다"고 주장했다.[109] 프랑스의 철학자이자 수필가인 미셸 드 몽테뉴Michel de Montaigne는 이동 중에 아무 데도 적을 곳이 없을 때 생각이 자주 떠오르고, 이런 일은 특히 말안장, 즉 생각이 가장 폭넓게 펼쳐지는 그 자리

위스펜드 마인드

에서 일어나곤 한다며 한탄했다.¹¹⁰

이 위대한 사상가들은 분명히 무언가를 알고 있었다. 우리는 움직임을 우리의 모든 일상에 통합하는 방법과 동시대 작가 리베카 솔닛Rebecca Solnit이 말하는 걷기가 이끌어 내는 정신 상태, 즉 '시속 3마일(약 시속 5킬로미터)의 정신'¹¹¹이라는 이동식 지능을 활용할 수 있는 방법을 찾아야 한다. 이러한 방법에는 우리가 컴퓨터 앞에서 타이핑하며 트레드밀 위를 걷기, 상대방과 통화 중에 걷기, 업무 회의를 하면서 걷기, 심지어 수업에 참여하면서 걷기 등이 포함될 수 있다.

걸으면서 생각하는 게 학계에서는 꽤 자연스러운 일처럼 보인다. 몇 해 전, 노스텍사스대학교의 철학과 교수 더글러스 앤더슨Douglas Anderson은 그와 학생들이 운동의 장점을 높이 평가하는 내용을 공부하면서 정작 자신들은 왜 강의실 안에만 머물러 있는지 의문이 생겼다. 앤더슨은 그의 담당 과목 중 하나인 '자기 수양의 철학Philosophy of Self-Cultivation'이라는 과목을 움직이면서 가르치기 시작했다. 교수와 학생들이 매주 정해진 자료를 읽고 그 내용에 대해 서로 의견을 주고받으며 캠퍼스를 돌아다니는 수업이었다. 앤더슨은 본래 수업이 진행되던 강의실 밖으로 나가자마자 학생들이 달라졌다고 말했다. 즉 학생들의 목소리와 얼굴 표정에서 더 큰 생동감이 느껴졌고, 서로 더 많은 이야기를 했고, 그들의 정신이 더 빠른 속도로 작동하는 것처럼 보였다.

물론 앤더슨의 강의 계획서에는 철학자이자 자연주의인인 헨리 데이비드 소로Henry David Thoreau가 1851년 콩코드 문화 회관Concord Lyceum에서 처음 강연한 수필 〈걷기Walking〉가 포함돼 있다. 소로는 "저는 하루에 4시간 혹은 그 이상 숲, 언덕, 들판을 산책하지 않으면 제 건강과 정신을 건강한 상태로 유지할 수 없다고 생각합니다"라고 분명히 말했다.[112] 같은 해, 소로는 이 주제에 관한 더 자세한 내용을 자신의 일기에 이렇게 적었다. "살기 위해 일어서지도 않으면서 앉아서 글을 쓴다는 건 얼마나 허망한 일인가! 나는 내 다리가 움직이기 시작하는 순간 사유가 흐르기 시작한다고 생각한다."[113]

제스처를 통해 생각하기

가브리엘 에르퀼Gabriel Hercule은 흰 셔츠에 얇은 회색 정장을 입고 붉은색 넥타이를 맨 차림으로 스타트업부트캠프Startupbootcamp의 2018년 데모 데이Demo Day 무대에 올랐다.[1] 에르퀼이 입을 떼기 전 그의 자신감이 부드러운 걸음걸이와 자연스러운 제스처로 나타났다.

에르퀼은 "2년 전 저는 한눈을 판 운전자가 몰던 밴에 치였습니다"라며 말을 시작했다. 그는 눈을 크게 뜨고 믿을 수 있겠냐고 묻는 것처럼 손바닥을 드러내 보이며 두 손을 내밀었다. "다행히 저는 가벼운 찰과상을 입었지만 자동차, 특히 운전자가 엄청난 시간 압박에 시달리는 업무용 차량의 안전에 뭔가 적절한 조치를 취할 필요가 있다고 실감했습니다." 그는 '엄청난huge'이라는 단어를 강조하기 위해 두 팔을 크게 벌렸다.

121

"(오른손 손가락으로 정확하게 집게발 모양을 만들면서) 업무용 차량 부문에서 우리가 배운 중요한 교훈 중 하나는, (말하는 사이사이 허공에 두어 번 잽을 날리며) 차량 총괄 매니저^{fleet manager}가 모든 배송이 적시 적소에 이뤄지도록 만들어야 한다는 겁니다. 말처럼 쉬운 일이 아니죠."

에르퀼은 차량 총괄 매니저들이 운전자가 길을 잃을까 봐, 교통사고가 날까 봐, 배송이 늦어질까 봐 불안해한다는 말을 덧붙였다. "('안에'라는 단어를 강조하면서 손을 아래로 밀어 넣는 동작을 하며) 이러한 이유로 차량 총괄 매니저들은 그들이 관리하는 운전자들에게 더 나은 업무 습관을 길러 주기 위해 그들이 모는 차량 '안에' 함께 타려고 합니다." 그는 극적인 효과를 내기 위해 말을 잠시 멈췄다.

"운전 습관을 개선하기 위한 세 가지 핵심 기능과 함께 홀로그램을 통해 운전자에게 직접 운전 정보를 전송하는 최초의 헤드업 디스플레이인 아틀라스 원^{Atlas One}을 소개하고자 합니다. 이 모든 기능은 운전자가 도로에 집중한 상태에서 사용이 가능합니다." 본론으로 들어가자 그의 손이 끊임없이 움직였다. 에르퀼의 손은 카메라 뷰파인더처럼 그의 시선을 표현한 다음, 마치 정보가 그의 시야로 흘러들어오는 것처럼 움직이고, 두 눈 근처에서 그의 앞에 놓인 상상 속 도로 쪽을 가리켰다.

사실, 에르퀼 앞에는 그의 말 한마디에 귀를 기울이는 잠재 고객, 파트너, 투자자 수백 명이 자리하고 있었다. 에르퀼의 이야기를 듣고 있던 참가자들은 자신이 에르퀼의 연설 못지않게 그의 제스처에도 영향을 받고 있다는 사실을 알아차리지 못했을 것이다. 체화된 인지를 연구하는 연구자들은 사람들이 단어뿐 아니라 손짓과 몸짓으로 자신의 생각을 표현하고 전달한다는 사실을 제시하며 새로운 관심을 끌고 있다.[2] 제스처는 단순히 구어를 반복하거나 강조하는 역할만 하지 않는다. 제스처는 언어가 접근할 수 없는 인지 기능과 소통 기능을 수행해 낸다. 단어 하나하나가 이어져 완성되는 언어가 독립적이고 선형적이라면, 제스처는 전체적인 인상을 보여 주면서 사물이나 상황이 어떻게 보이고 느껴지고 움직이는지에 대한 즉각적인 감각을 전달한다.[3]

제스처 특유의 강점은 다른 사람들을 설득하거나 그들에게 호소할 때 특히 가치를 발한다.[4] 제스처는 시각적으로 행동의 중심에 위치하고, 에르퀼이 주선하고 통제할 수 있는 자리를 차지하도록 한다.[5] 그의 말은 묘사하거나 칭찬하거나 설명할 수 있지만, 그의 제스처는 (상징적으로나마) 세상에 영향을 준다. 동시에 제스처를 취하는 사람의 동작은 추상적인 생각을 인간적 척도, 체화된 용어,[6] 그리고 구경꾼들이 제스처를 취하는 사람의 관점을 정신적으로 시뮬레이션하기 쉬운 행동으로 만들어 준다.[7] 아마도 가장 중요한 것은 아직 존재하지 않는 사업 기획이 제스처를 통해 현재 명백하게 존재한다는 느낌을 줄 수 있다는 점이다.[8] 연구자들로 구성된 한 그룹은 이러한 방식으로 제스처를 사용하면 스타트업계에 엄청나게 유리할 수 있다고 강조한다. "기업가들은 현실적인 일과 아직 일어나지 않은 일의 경계선에서 사업을 벌이기 때문"이다.[9] 다음 분기 성과를 예상하든, 프로젝트를 위한 제안을 하든, 우리가 꾀하는 변화가 왜 현명한 선택인지 그 이유를 설명하든, 우리 중 많은 사람이 이러한 이점을 취할 수 있다. 제스처는 불확실한 미래를 관측 가능한 현재로 데려오고, 손에 잡힐 듯한 현실로 그 불확실한 미래를 가득 채울 수 있게 한다.

프랑스 엠리옹비즈니스스쿨Emlyon Business School에서 기업가 정신과 조직에 대해 가르치는 장 클라크Jean Clarke 교수는 가브리엘 에르퀼과 같은 기업가들이 유럽 전역의 데모 데이, 비즈니스 인큐베이터, 투자 포럼에서 자신들의 주장을 펼치는 모습을 관심 있게 지켜보는 데 여러 해를 보냈다. 2019년 발표된 연구에서 클라크와 그녀의 동료들은 자기주장을 펴면서 '효과적인 제스처를 사용한' 회사 설립자들이 신규 벤처 자금을 유치할 가능성이 12퍼센트 더 높았다고 밝혔다.[10] 그와 같은 능숙한 제스처 사용에는 화자가 전하고자 하는 메시지의 전체적인 의미를 정확히 담아내는 '상징적인 제스처'와 특정 지점에서 간간이 사용하는 손짓인 '비트 제스처beat gesture'가 포함된다. 에르퀼이 자신의 눈을 반복해 가리켰을 때 그는 상징적인 제스처(도로를 바라보는 눈)를 취하고 있었고, 그의 손가락으로 집게발 모양을 만들었을 때나 주먹으로 허공에 잽을 날렸을 때 그는 비트 제스처로 그의 주장을 강조하고 있었다. 클라크는 숙련된 제스처를 취할 줄 하는 사람들은 그들이 전하고자 하는 중요한 이야기를 전달할 때 운에 기대지 않는다고 말한다. 그들은 자신이 전하려는 이야기를 준비하면서 자신이 취하고자 하는 동작들을 연습한다.

발표에 설득력을 더해 주는 것은 제스처를 만들고 관찰하는 사람인 우리가 사고할 때 제스처가 하는 역할에 있다. 연구에 따르면, 제스처는 시각적 신호나 운동 신경 신호로 구어를 보강하여 우리의 기억력을 향상시킨다. 제스처는 우리 손에 정보를 '떠넘김offloading'으로써 우리가 생각을 정리하게 돕는다. 또 제스처는 우리가 추상적인 생각, 특히 공간적 개념이나 관계적 개념과 같이 말로만 표현하기 어려운 개념을 이해하고 표현하는 데 도움을 줄 수 있다. 손짓은 우리가 더 지능적으로 사고할 수 있도록 도와준다. 그러나 제스처를 '불필요

한 행동'으로 여겨 비웃거나 과장되고 어색한 움직임으로 폄하하는
경우도 많다.

이 사실은 콜롬비아 경영대학원의 경제학자 프레데릭 미스킨Fred-
eric Mishkin 역시 잘 알고 있다. 미스킨이 강의실 앞에 서 있거나 일상
적인 대화를 나눌 때 그의 손은 계속해서 움직이고 있으며, 이는 그
가 하는 말을 강조하고 보완하는 역할을 한다. 그는 "저는 손으로 이
야기합니다. 항상 그래 왔어요"라고 말한다.[11] 그러나 그가 사회 초년
생 때 멘토 중 한 명은 거듭되는 그의 손짓에 몹시 화를 내기도 했다.
그는 손을 움직이는 제자의 습관을 고치기 위해 미스킨이 자기 사무
실을 방문할 때 지켜야 할 규칙을 분명히 밝혔다. "그는 제가 그와 이
야기할 때, 제 손을 깔고 앉으라고 했어요." 미스킨은 씁쓸한 기억을
떠올렸다.

제스처에 대한 무시는 인간이 자연스럽게 의사소통하는 방식에 상
충하는 문화적 제약이 될 수 있다. 실제로 언어학자들은 제스처가 인
류 최초의 언어이며, 최초로 말을 하기 훨씬 전부터 활발하게 사용됐
다는 이론을 제시한다. 오늘날에도 어느 모로 보나 몸짓은 말만큼이
나 중요한 의사소통의 대체 채널 역할을 하고 있다.[12] 제스처는 우리
가 다른 사람과의 상호 작용을 이해하고 기억하는 방법에 강력한 영
향을 미치지만, 우리는 보통 잘 인식하지 못한 상태에서 그 영향을
받는다.[13] 우리는 자신이 할 말을 신중하게 선택하고 다른 사람들의
말에 귀를 기울일 수 있지만, 실제로 일어나고 있는 의사소통의 상당
부분을 잘 알아차리지 못한다. 우리는 풍부한 '언어 외적 의미'를 지
속적으로 주고받고 있다.[14]

때때로 제스처는 화자가 전하고자 하는 말의 의미를 더 구체적으

로 명시하기 위해, 즉 그 의미를 명확히 하거나 강조하기 위해 말과 함께 기능한다.[15] 어떤 경우에는 제스처가 화자의 말 어디에서도 찾아볼 수 없는 의미를 전달하기도 한다.[16] 또 어떤 경우에는 제스처가 화자의 언어적 자기표현과 모순되거나 전혀 다른 의미를 강하게 전달하기도 한다.[17] 제스처는 우리가 말하지 않는 것들을 전달한다. 심지어 제스처는 우리가 말할 수 없는 것들까지 전달한다. 말로는 어떻게 표현해야 할지 우리가 잘 모르기 때문이다.

그렇다면 우리 모두는 사실상 이중 언어를 사용하는 것이나 다름 없다. 보통 우리는 언어를 하나 이상 말할 수 있고, 제스처도 아주 능숙하게 사용할 수 있기 때문이다. 우리 종이 진화하는 동안 제스처는 구어로 바뀌거나 대체되지 않았고, 오히려 말보다 한두 발 더 앞서서 대화와 늘 함께하는 파트너로서의 자리를 유지해 왔다. 킹스칼리지 런던King's College London에서 업무와 조직에 대해 가르치는 크리스찬 히스Christian Heath 교수는 비디오로 녹화한 대화들을 면밀하게 분석하는 방식을 통해 신체적 움직임과 언어적 표현 사이의 역동적인 상호 작용을 연구한다. 히스가 녹화한 의사와 환자의 대화는 사람들이 어떤 식으로 먼저 제스처를 취하고 뒤이어 할 말을 꺼내는지 상세히 보여 준다.[18]

히스의 비디오에서 카메라에 잡힌 의사는 그가 처방할 특정 약물에 대해 말하고 있다. "아시다시피, 염증을 가라앉히는 데 어느 정도 도움이 될 겁니다." 그런데 그가 '아시다시피'라는 말을 꺼냈을 때는 이미 그의 손을 위에서 아래로 세 번 움직인 뒤였다. 카메라에 잡힌 환자의 경우, 그녀는 재정난으로 인한 스트레스와 '쳇바퀴 돌듯' 공과금을 납부하는 방법을 이야기하고 있다. 그런데 그녀가 그러한 말을 꺼내기 전에 이미 그녀의 손은 원형을 그리며 움직이기 시작했다. 각 대화에서 제스처는 말로 전달될 개념을 미리 보여 주었다. 또 의사와 환자 두 경우 모두, 화자의 말이 다 끝나기도 전에 청자가 화자의 제스처를 인지하는 순간 (고개를 끄덕이고 속삭임으로써) 그 정서를 이해한다는 것을 보여 준다. 히스의 비디오 테이프를 보면, 우리의 대화 대부분이 손을 통해 전개되고 우리가 하는 말은 뒤이어 나올 뿐이라는 결론을 쉽게 내릴 수 있다.

  연구에 따르면 우리 모두는 우리가 말하고자 하는 바를 우리 손으로 미리 보여 주는 것, 즉 '몸짓이 암시하는 복선'과 관계를 맺고 있다고 한다.[19] 예를 들어 말실수했다는 사실을 깨닫고 그 말을 바로잡기 위해 잠시 멈출 때, 우리는 말하기를 멈추기 수백 밀리초(1밀리초는 1000분의 1초를 말한다 – 옮긴이) 전에 손짓을 먼저 멈춘다.[20] 그러한 연속적인 사건들은 우리 손이 우리가 무슨 말을 할지 우리의 의식적인 정신보다 먼저 알고 있으며, 사실 이 같은 경우가 흔히 있는 일이라는 놀라운 개념을 제시한다. 제스처는 우리가 말을 할 수 있도록 정신적으로 준비시켜 주고 우리 입에서 적절한 말이 나오게 한다.[21] 만약 사람들이 손짓을 하지 못할 경우에는 언어 구사력이 떨어지게 된다.[22] 손이 뒤이어 할 말을 더 이상 제공해 주지 못하기 때문에 말문이 막히고 만다. 사고 과정에 도움을 주는 제스처를 취하지 못하면 우리는 별로 유용하지 않은 정보를 기억하고,[23] 문제를 서투른 방식으로 해결하고,[24] 우리가 생각하는 바를 잘 설명하지 못할 수도 있다.[25] 제스처는 그저 말을 따라다니는 서투른 짝이 아닌 우리의 생각을 선도하는 역할을 한다.

제스처는 인류가 사용한 최초의 언어였고, 모든 유아는 이 진화의 역사를 반복하며 심지어 언어의 기초를 습득하기도 전에 제스처를 능숙하게 사용한다. 아기들은 말을 하기 전에 손을 흔들고 손짓을 하고 팔을 들어 자기를 들어 달라는 신호를 말없이 보낸다.[26] 손가락으로 가리키는 손짓은 보통 생후 9개월 무렵에 시작되는 아이들의 첫 번째 제스처 중 하나다.[27] 생후 10~14개월 사이에는 미세한 손가락 근육을 조절하는 힘이 좋아지면서 더 섬세한 제스처를 취할 수 있는 능력이 발달하기 시작한다. 이 시기에 어린아이들이 말로 표현하는 능력은 손을 움직여 표현하는 능력보다 훨씬 더 뒤떨어진다. 예를 들어, 보통 아이들은 '코'라는 말을 구사할 수 있기 전인 생후 6개월 무렵 그들의 코를 가리켜 보라고 시키면 곧잘 이해하고 그대로 행동에 옮길 줄 안다.[28] 또 연구에 따르면, 아이들은 세상에 대해 배울 때 그들이 들어야 할 말들을 자신의 보호자에게 듣기 위해 제스처를 사용한다고 한다.[29] 예를 들어, 아이가 낯선 물건을 가리키면 어른은 의무적으로 그 물건의 이름을 말해 줄 것이다. 부모가 이런 식으로 아이의 제스처를 말로 '번역'해 주면, 그 말은 특히 몇 달 안에 그 아이가 말로 구사할 수 있는 어휘에 포함될 가능성이 높다. 한 연구원이 말했듯이 놀랍게도 "어린아이들은 자기 엄마에게 할 말을 전하기 위해 손을 사용한다."

제스처를 사용한 어린 시절의 경험은 구어의 기초가 된다.[30] 제스처는 무언가(몸짓이나 말소리)가 다른 무언가(물체나 사회적 행위)를 상징하도록 만드는 속임수의 첫 번째 시도가 된다. 예를 들어, 아이가 식사용 의자에서 내려오기 위해 '아래로'라는 말을 익히는 일은 정교한 정신적 행위다. 손을 아래쪽으로 내리는 동작을 수행하는 것은 그 중요한 중간 단계로 기능할 수 있다. 실제로 연구자들은 생후 14개월 된 아이가 취하는 몸짓의 비율과 그 아이가 4살 반이 됐을 때의 어휘력 사이의 관계를 상세히 기록해 왔다.[31] 아이들은 그들 주변에서 제스처를 사용하는 사람들, 즉 어른들에게 제스처를 배운다. 연구에 따르면, 부모가 제스처를 많이 사용하는 아이들은 제스처를 자주 취하게 되고, 결과적으로 광범위한 어휘를 습득하고 말하게 된다.

아동 발달 전문가들은 아동에게 말을 거는 일의 중요성을 오랫동안 강조해 왔다. 1995년 두 심리학자 베티 하트Betty Hart와 토드 리즐리Todd Risley가 수행한 연구에 따르면, 학교에 입학할 무렵의 부유한 아이들과 가난한 아이들이 소리 내어 말하는 단어 수 차이가 3000만 개에 달한다는 추산이 나왔다.[32] 하트와 리즐리의 연구가 발표된 이후 진행된 다른 연구[33]에서는 고소득 부모들이 저소득 부모들보다 더 많은 말을 하는 경향이 있을 뿐 아니라,[34] 훨씬 더 다양한 어휘를 구사하고,[35] 더 복잡하고 다양한 문장을 쓴다고 밝혀졌다.[36] 또한 이러한 차이가 아이의 어휘력을 예측할 수 있게 한다는 것을 확인했다.[37] 이제 연구자들은 부모가 아이 앞에서 제스처를 취하는 방식 역시 중요하다는 증거를 내놓고 있다. 또 부모가 아이들과 대화할 때 그들이 손을 사용하는 빈도와 연관된 사회 경제적 차이는 우리가 '제스처 갭gesture gap'이라 부를 만한 현상을 만들어 낼지도 모른다.

연구 결과에 따르면, 고소득 부모들이 저소득 부모들보다 제스처를 더 많이 취한다.[38] 또 제스처의 양적인 측면뿐 아니라 질적인 측면에서도 차이를 보인다. 부유한 부모들은 물체, 추상적 개념, 사회적 신호를 포함한 더 많은 범주의 의미를 나타내는 다양한 종류의 제스처를 취한다. 반면에 형편이 좋지 못한 부모와 아이들은 서로 소통할 때 더 좁은 범위의 제스처를 사용하는 경향이 있다. 부모를 보고 자란 고소득 가정의 아이들은 저소득 가정의 아이들보다 더 많은 제스처를 취한다. 한 연구에 따르면, 고소득·고학력 가정에서 나고 자란 생후 14개월 된 아이들은 90분간의 관찰 시간동안 평균 24개에 달하는 의미를 전달하기 위해 제스처를 사용한 반면, 저소득 가정의 아이들은 13개의 의미밖에 전달하지 못했다. 4년 후 그 아이들이 학교에 입학할 시기가 됐을 때, 형편이 어려운 가정의 아이들의 경우 어휘 이해력이 평균 93점이었던 것에 반해 부유한 가정의 아이들은 어휘 이해력에서 평균 117점을 받았다.

부모가 제스처를 취하는 방식의 차이는 불평등한 교육 결과를 초래할 수 있지만 그것은 거의 잘 알려지지 않은 동인 중 하나이기도 하다. 제스처에 노출되는 경우가 적을수록 어휘력도 더 떨어질 수 있다. 어휘력에서 드러나는 작은 차이는 시간이 지남에 따라 더 큰 차이를 만들어 낼 수 있으며, 어떤 아이들은 운이 좋지 못한 다른 친구들이 갖고 있는 정신적 어휘력보다 몇 배 더 높은 정신적 어휘력을 갖춘 상태에서 유치원에 입학할 수도 있다.[39] 결과적으로 아이들이 학교 교육을 시작하는 시점에 지닌 어휘력은 아이들이 유치원과 나머지 학창 시절을 학업적인 면에서 얼마나 잘 수행해 나갈지를 짐작하게 해 주는 강력한 예측 변수가 될 수 있다.[40]

한 가지 좋은 소식이 있다. 연구에 따르면, 부모들에게 간단한 지침을 전달하면 그들이 제스처를 더 자주 취하고, 결과적으로 자녀들 역시 더 활발하게 제스처를 취하게 된다고 한다. 어느 부모든 이러한 중재 프로그램을 통해 제시된 전략을 취할 수 있다. 아이와 함께 자주 손을 사용하고, 아이 스스로도 손을 사용하도록 격려하는 게 좋다.[41] 그림책을 읽을 때도 손가락을 사용할 수 있다.[42] 특정 단어나 삽화를 손가락으로 가리키고 아이들에게 자신이 본 것을 손가락으로 가리키도록 할 수 있다. 고양이를 흉내 내는 할퀴는 동작이나 꿈지락거리는 집게손가락으로 애벌레를 흉내 내는 동작 등 실제 지시 대상과 짝을 이룰 수 있는 간단한 제스처를 제안하고, 제스처를 취할 때 그 단어를 큰 소리로 말하는 것을 잊지 말아야 한다.[43] 하버드 교육대학원 교수인 메레디스 로위Meredith Rowe는 어쩌면 우리가 명심해야 할 가장 중요한 사실은 아이의 언어 발달이 환경의 영향을 잘 받으며 부모가 그 발달 과정에서 매우 중요한 역할을 한다는 점이라고 말한다.[44] 2019년 한 연구에서 로위는 이러한 메시지를 사회 경제적으로 다양한 배경을 갖고 있는 부모와 보호자들로 구성된 그룹에 전달했고, 제스처를 더 적극적으로 취해 줄 것을 당부했다. 이 개입 프로그램에 대한 결론을 내면서 로위는 프로그램의 도움을 받은 성인들이 제스처 교육을 받지 않은 성인들보다 평균 13배 더 많이 손짓을 사용하고, 그 자녀들 역시 손짓을 훨씬 더 자주 사용한다는 점을 발견했다.

아이들이 성장하는 와중에도 제스처는 그 아이들이 말보다 훨씬 앞선 곳에서 정신적 영역을 정찰하며 선두 역할을 계속해 나간다. 꽤 놀랍게도, 연구자들은 어떤 개념을 이해하거나 문제를 해결하는 방법에 대한 아이들의 '가장 새롭고 발전된 생각'이 그 아이들의 제스처에서 가장 먼저 나타난다는 것을 발견했다.[45] 예를 들어, 여섯 살짜리 한 소녀에게 전형적인 '보존conservation' 개념 과제가 주어졌다고 치자. (이러한 과제는 선구적인 심리학자 장 피아제Jean Piaget가 아동인지 발달과정을 연구 조사하기 위해 처음 사용했다.[46]) 소녀에게 물이 가득 찬 폭이 좁고 높이가 긴 유리잔을 보여 준 다음, 그 물을 다시 폭이 넓고 높이가 짧은 유리잔에 옮겨 담는다. 물의 양이 그대로인지 물으면 소녀는 아니라고 답하면서도 동시에 두 손으로 컵 모양을 만드는 동작을 해 보인다. 이는 소녀가 같은 양의 물을 폭이 넓은 두 번째 유리잔에 첫 번째 유리잔보다 더 낮은 높이로 담아낼 수 있음을 이해할 수 있다는 전조를 나타낸다.[47]

이는 시카고대학교의 심리학과 교수 수전 골딘메도 Susan Goldin-Meadow가 편집한 방대한 비디오 파일에서 가져온 이야기다. 골딘메도는 문제를 어떻게 해결하는지 설명하기 위해 말과 제스처를 사용하는 사람들의 모습이나 이야기가 담긴 비디오와 오디오 자료 수천 개를 수집해 왔다. 그녀는 수많은 장면 곳곳에서 흥미로운 패턴을 발견했다. 말과 제스처가 모두 올바르고 일치했을 때, 화자는 물질을 완전히 이해하고 있는 게 맞다. 말과 제스처가 일치하지만 둘 다 사실과는 틀렸을 때, 우리는 화자가 그 물질을 아직 잘 이해하지 못하고 있음을 추정할 수 있다. 그러나 말과 제스처가 일치하지 않을 때, 즉 어떤 한 사람이 무언가를 말하면서 손으로는 다른 표현을 하고 있을 때, 그 사람은 자신이 말로 표현하고 있는 잘못된 개념에서 제스처로 표현하고 있는 올바른 개념으로 옮겨 가는 '과도적 상태 transitional state'에 놓여 있다고 말할 수 있다.

골딘메도가 보존 개념 과제를 수행하는 아이들을 촬영한 비디오에서는 총 분량 중 약 40퍼센트의 시간 동안 개념을 새롭게 이해하는 모습이 제스처를 통해 먼저 나타났다.[48] 말과 제스처의 불일치는 인지 발달 과정 전반에 걸쳐 자주 발생하는 것으로 보인다. 한 연구에 따르면, 10세 아이들이 수학 문제를 풀 때 약 30퍼센트에 해당하는 시간 동안 그들이 하는 말과는 다른 전략들이 그들의 제스처에 나타난다고 한다.[49] 또 다른 연구에서는 문제 해결 과제를 수행하는 15세 아이들의 말과 제스처가 일치하지 않는 비율이 32퍼센트인 것으로 나타났다.[50]

게다가 골딘메도는 말과 제스처의 불일치를 나타내는 학생들이 특히 더 배움에 수용적인 태도를 보인다는 점을 발견했다.[51] 즉 부모나 교사가 그들을 가르칠 경우, 올바른 지식을 익히고 적용할 준비가 돼 있다는 이야기다. 심지어 성인들도 그들의 말과 제스처의 불일치를 통해 자신들이 배울 준비가 돼 있다는 신호를 보낸다. 예를 들어, 한 실험에서 어느 대학생 그룹이 입체이성질체stereoisomer에 대해 공부하라는 지시를 받았다.[52] 입체이성질체는 동일한 원자 수를 갖고 있지만 원자의 공간 배치 방식이 다른 화합물을 말한다. 해당 연구의 주저자lead author인 골딘메도는 대학생들이 그 개념을 학습하는 과정에서 드러내 보이는 말과 제스처의 불일치 정도로 그들의 학습 능력을 예측할 수 있었다고 적으면서 이렇게 덧붙였다. "즉, 말로 표현하지 못한 올바른 개념 정보를 제스처로 표현하면 할수록 이후에 더 많은 것을 배울 수 있었다." 우리의 말과 제스처가 엇갈릴 때, 다음에 무슨 일이 일어날지 알려 주는 것은 바로 우리의 제스처다.

왜 우리의 '가장 앞선 생각'이 말로 나오기 전에 제스처로 나타나는 것일까? 연구자들은 제스처가 우리 마음에 막 형성되기 시작한 개념을 구체화하는 데 도움을 준다고 추측한다. 우리가 이해하려고 애쓰는 개념을 말로는 완전하게 표현할 수 없는 순간에도 우리는 여전히 새롭게 이해하기 시작한 점들을 포착해 내는 방법으로 손을 움직일 수 있다.[53] 그렇다면 우리는 적합한 단어를 찾아 표현하는 데 도움이 될 우리만의 제스처를 파악하고 시도하기를 활용할 수 있을 것이다. 또 우리가 새로운 생각들을 말로 표현하기 전에 움직임으로 먼저 표현해 보는 일이 더 자연스럽게 느껴질 수도 있을 것이다. 수전 골딘메도의 말을 빌리면, "제스처는 실험을 하게 만든다."[54]

초기의 미숙한 생각과 함께 표현되는 제스처의 기능은 우리가 새로운 물질을 이해하기 시작할 때 변화하는 손짓을 통해 드러난다. 낯선 생각을 이해하려고 할 때 우리는 별 생각 없이 많은 제스처를 취한다. 특히 이미 이해하고 있는 개념을 설명할 때보다 어떤 한 개념을 적극적으로 이해하거나 추론하려고 할 때 제스처를 더 많이 취한다.[55] 제스처를 취하는 행위는 문제의 난이도와 함수 관계에 있다. 즉 문제가 더 어렵고 문제를 해결하기 위한 옵션이 더 많이 존재할수록 우리는 더 많은 제스처를 취한다.[56] 한편 우리는 어떤 한 연구자가 표현한 '혼란스러운 말',[57] 즉 불완전하게 연결된 개념들이 뒤죽박죽 뒤섞인 말을 하기도 한다. 우리의 말과 제스처는 쉽게 조화를 이루거나 일치하지 않는다. 그래서 인지적으로 어려운 문제가 바로 머리와 손이 따로 작동하게 만드는 새로운 아이디어를 완전히 이해하는 일이다.[58]

그 과정은 복잡할 수 있지만, 거치지 않으면 중요한 지식을 놓칠 수도 있다. 제스처는 복잡한 지식을 훨씬 더 잘 획득할 수 있게 하는 방법이다.[59] 손을 이리저리 움직이는 동안 우리는 전에는 알지 못했던 것에 대한 통찰을 제스처가 불러온다는 사실을 발견하게 될지도 모른다. 심리학자 바바라 트버스키는 제스처를 우리가 공중에 그리는 '가상 다이어그램 virtual diagram'[60]에 비유했고, 우리는 이 비유를 새

익스텐드 마인드

로운 개념을 정착하고 발전시키는 데 이용할 수 있다. 이해력이 깊어지면 우리의 언어는 더 정확해지고 움직임은 더 명확해진다.[61] 그렇게 되면 제스처는 그 사용 빈도가 줄어들고,[62] 우리가 전하고자 하는 말의 의미와 잘 맞아떨어지며, 우리가 하는 말과도 타이밍이 잘 맞는다.[63] 우리의 손짓은 이제 개념 이해보다는 다른 사람들과 소통하는 쪽에 더 초점을 맞추게 된다.[64] 그러나 애초에 제스처의 도움을 받지 못했다면, 이렇게 만족스러운 상태에도 결코 도달하지 못했을 것이다. 연구에 따르면 복잡한 주제에 대해 말을 하거나 제스처를 사용하지 않고 글로 표현해야 하는 과제가 주어질 경우, 그 글을 쓰는 사람들이 예리한 의견을 내고 생각을 논하는 데 더 어려움을 겪는다고 한다.[65]

이 과정은 어떤 한 주제를 처음 접하고 배우는 초급자뿐 아니라 미지의 영역을 탐구하는 전문가들 역시 똑같이 경험하게 된다.[66] 제스처는 새로운 것을 발굴하기 위해 함께 노력하는 팀원들이 공유하는 암묵적인 합의를 뒷받침하는 데 특히 유용하다. 이는 캘리포니아대학교 샌디에이고 소속 연구원들이 수행한 연구에서 분명히 밝혀졌다. 아마야 벡바Amaya Becvar를 포함한 연구원 세 명은 캘리포니아대학교 샌디에이고 캠퍼스에 있는 생화학 연구 그룹의 실험실 회의에서 녹화된 비디오테이프를 분석했다.[67] 그 실험실의 과학자들은 특히 트롬빈thrombin이라는 효소에 초점을 맞춰 혈액 응고의 역학을 연구하고 있었다. 어떤 단백질이 트롬빈의 '활성 부위active site'에 붙느냐에 따라 혈전이 형성되거나 분해된다. 트롬빈이 특정 단백질과 어떻게 그리고 왜 결합하는지 밝혀내는 일은 비정상적인 혈액 응고로 발생하는 심장 마비와 뇌졸중을 치료하기 위한 약물을 만드는 데 길잡이 역할을 한다. 생화학 연구 실험실 과학자들은 트롬빈의 '결합 파트너' 라 할 수 있는 트롬보모듈린thrombomodulin이 핵심 역할을 할 것이라 고 짐작했다.

생화학 연구 실험실의 주간 회의에서 한 대학원생이 다른 대학원 생 두 명과 그들의 지도 교수에게 트롬보모듈린에 관한 새로운 연구 를 보고했다. 지도 교수는 새로운 발견에 대한 반응으로 트롬빈 분자 를 나타내기 위해 왼손을 사용해 갈고리 모양으로 손가락을 구부리 며 손바닥을 가리켰다. "여기가 바로 활성 부위입니다"라고 지도 교 수가 설명했다. "우리의 새로운 이론은 트롬보모듈린이 이러한 역할 을 한다는 것이죠." 그녀는 벌어져 있는 각 손가락을 더 세게 구부렸 다. 또 그녀는 아마도 '이런' 효과를 낼 거라는 말을 덧붙이면서 자신 의 손가락을 한꺼번에 꽉 잡아당겼다. 벡바는 나머지 회의 시간 내내 지도 교수와 대학원생들이 계속해서 '트롬빈 손' 제스처, 즉 다양한 잠 재적 배치 형태를 나타내기 위해 트롬빈을 나타내는 손을 가리키고, 그 손에 대고 이야기하고, 손가락 위치를 바꾸는 제스처를 재현했다 는 데 주목한다. 또 벡바는 그 과학자들이 새로운 지식을 창조하는 데 그들의 상징적인 손짓이 큰 도움이 됐다고 결론짓는다. 그리고 이 같 은 사실은 그녀의 논문 제목인 〈분자 역할을 하는 손Hands As Molecules〉 에도 잘 드러나 있다.

제스처는 말로는 정확하게 담아내지 못하는 개념, 즉 시각적이고 이미지가 풍부한 개념, 물체나 생각의 관계와 관련된 개념, 직접적인 지각의 범위를 넘어서는 실체(원자처럼 아주 작거나 태양계처럼 아주 광대 한 것 등)와 관련 있는 개념 등을 이해하고자 할 때 특히 유용하다. 또 제스처는 공간 개념을 전달하는 데에도 도움이 된다. 예컨대, 전문 지질학자들은 공간에서 지층이 구부러지고 접히고 이동하는 방식에 대해 생각하고 그 생각을 알리기 위해 전문화된 제스처를 사용한다.[68] 그들은 지구 표층을 이루는 판이 다른 판 아래로 움직이는 '섭입sub-duction'을 나타낼 때 한 손을 다른 손 아래로 미끄러뜨린다. 그들은 두 지층이 비스듬하게 서로 다른 각도를 이룰 때 생기는 '경사 부정합angular unconformity'을 언급할 때, 좌우로 기울어진 손 위에 다른 한 손을 고정시킨다. 전문 지질학자들은 그들이 말하고자 하는 현상을 표현할 수 있는 용어들을 갖고 있지만, 이를 설명하고 표현할 때는 여전히 그들의 손에 많이 의지한다.

지질학을 처음 배우는 학생들도 제스처를 사용하여 도움을 받을 수 있다.[69] 캘리포니아대학교 리버사이드의 교육학과 조교수인 키나리 아팃Kinnari Atit은 두 그룹의 대학생들에게 지질학적 특징이 드러나는 3차원 모델을 만들기 위해 어떻게 플레이도Play-Doh(미술이나 공예에 사용되는 점토를 말한다-옮긴이)를 사용할 것인지 설명해 달라고 요청했다.[70] 첫 번째 그룹은 손짓을 사용할 수 있게 했고, 두 번째 그룹은 말만 사용하도록 했다. 연습 전후에 두 그룹 모두 전문가들이 '투시적 사고penetrative thinking'라 부르는 사고 능력에 대한 테스트를 받았다. 투시적 사고란 물체의 표면을 보고 3차원 물체의 내부를 시각화하고 추론해 내는 능력인데, 지질학에서 매우 중요한 기술 중 하나로 많은 학생이 어려워한다. 손짓을 사용했던 연구 참가자들은 투시적 사고 능력을 측정하는 두 번째 테스트를 했을 때 상당히 높은 점수를 받은 반면, 말로만 설명했던 참가자들은 연습 전후로 더 나아진 결과를 얻지 못했다.

이러한 결과는 제스처를 취하는 행위가 다른 사람들에게 공간 개

넘을 설명하는 데 도움이 될 뿐 아니라 제스처를 취하는 사람이 그 공간 개념을 더 깊이 이해하는 데에도 도움이 된다는 점을 시사한다. 실제로 학생들은 제스처의 도움 없이는 공간 개념을 전혀 이해하지 못할 수도 있다. '주향과 경사Strike and dip'는 기울어진 지층이 수평면과 만나 이루는 선의 방향(경사)과 북쪽을 기준으로 측정한 방위각(주향)을 설명하는 기본적인 지질학 개념이다. 펜실베이니아주립대학교의 한 연구 팀은 이 개념에 대한 교과서식 도입 설명을 읽은 많은 대학생이 "노두outcrop(지표에 드러나 있는 암석이나 지층 부분을 말한다-옮긴이)의 주향과 경사를 캠퍼스 지도에 기록하면서 눈에 띄는 오류를 범했다"고 말했다.[71] 연구 팀은 이 과제를 더 잘 수행하는 데 학생들의 적극적인 제스처 사용이 영향을 미친다는 사실을 발견했다.[72]

매사추세츠대학교 애머스트의 지질학과 교수인 미셸 쿡Michele Cooke은 공간 개념을 이해하고자 노력하는 학습자들에게 "실제로 언어는 방해가 될 수 있다"고 말한다.[73] 청각 장애인인 쿡은 청각 장애를 가진 학생들이 지질 단층계 연구에 참여할 수 있도록 지원하는 프로그램을 이끌어 오는 데 여러 해를 보냈다. 그녀는 청각 장애를 가진 학생들이 지질학적 개념과 이론을 특히 더 빨리 이해한다는 사실을 알게 됐고, 그러한 높은 이해도는 미국식 수화American Sign Language, ASL 사용자로서 그들이 개발해 온 관찰력과 공간 인식 능력 덕분이라고 말한다. 쿡처럼 수화에 능통한 사람들은 시각과 공간 정보를 처리하는 능력이 뛰어난 것으로 밝혀졌다.[74] 그러한 뛰어난 능력은 청각 장애인뿐만 아니라 수화를 할 줄 아는 비장애인에게도 나타난다.[75] 이는 수화를 사용하는 사람들이 공간적 사고를 향상시키는 데 도움이 되는 의미 있는 제스처를 체계적이고 반복적으로 사용한다는 점을 시사한다.

쿡은 종종 매사추세츠대학교 애머스트에서 청각 장애가 없는 학생들과 함께 변형된 형태의 수화를 사용한다. 쿡은 자신의 손을 사용하여 자신이 설명하고자 하는 현상의 3차원적 특징을 정확하게 포착해 낼 수 있다는 것을 발견했다. 그녀는 학생들이 자신이 강조하고 싶은 특징에 집중하도록 그들의 관심을 효과적으로 이끌어 낼 수 있다. 또 그녀는 자신이 제시하는 큰 정보의 흐름을 두 가지 작은 갈래, 즉 언어적 정보와 시각적 정보로 나눌 수 있다. 그렇게 해서 그녀의 학생들은 인지 부하를 줄일 수 있다. 보통 초급자들이 새로운 개념과 어휘를 동시에 배울 때 인지 부하가 증가하기 쉽다. 쿡은 자신의 강의를 듣는 학생들에게 새로운 지질학적 개념을 처음 소개할 때 수화를 기반으로 한 제스처를 따라해 줄 것을 요청하고, 토론 그룹 내에서 서로 이야기할 때 학생들이 손짓을 사용하도록 권장하고 있다. 쿡의 수업은 대학에서 가르치고 배우는 방식을 특징짓는 구어와 문어에 대한 집중에서 벗어나서 보다 직관적이고 특별한 제스처가 효과적으로 기능할 할 수 있는 공간을 만들어 냈다.

우리는 제스처가 말의 부속물 취급을 받으며 무시당하고 있는 현재의 상태에서 벗어나 더 효과적으로 기능할 수 있게 해야 한다. 우리 스스로 더 많은 제스처를 취하는 게 좋은 출발점이 될 수 있다. 어느 연구에서는 손짓이 추상적이고 복잡한 개념에 대한 이해를 증진시키고, 인지 부하를 줄이며, 기억력을 향상시킨다고 밝혔다. 또 제스처는 우리의 메시지를 다른 사람들에게 더 설득적으로 전달할 수 있도록 한다. 연구에 따르면, 말을 듣는 동시에 제스처를 보고 있으면 말과 제스처를 각각 따로 듣고 볼 때보다 시각과 청각을 관장하는 뇌 영역에 더 강한 반응을 불러일으킨다고 한다.[76] 제스처는 말의 영향력을 증폭시키는 역할을 한다. 제스처를 취하는 화자의 모습은 효과적으로 청자의 주의를 사로잡아 화자가 하는 말에 집중하도록 만든다.[77] (누군가가 제스처가 아닌 단순한 동작, 즉 스푼으로 커피 잔을 젓는 것과 같은 기능적 동작을 하는 모습은 주의를 끄는 효과를 내지 못한다.) 제스처를 봄으로써 주의를 환기시키는 뇌 영역 중 하나는 구어를 처리하는 뇌 부위인 청각 피질auditory cortex이다.[78] 뉴욕에 있는 콜게이트대학교에서 심리학과 신경과학을 가르치고 있는 스펜서 켈리Spencer Kelly 교수는 "손 제스처가 청각 피질에 의미 있는 의사소통이 일어나고 있음을 환기하는 것으로 보인다"고 말한다.[79]

우리가 어떤 개념을 설명하거나 어떤 이야기를 할 때 제스처를 취하면 다른 사람들이 우리가 하는 말을 더 잘 이해한다.[80] 즉 손동작은 청자의 이해를 돕는 방식으로 우리의 말을 명확히 하고, 구체화하고, 정교하게 만들어 준다. 사람들은 또 우리가 말과 함께 제스처를 취할 때 우리가 한 말을 더 잘 기억할 가능성이 높다. 한 연구에 따르면, 비디오로 녹화된 연설을 본 실험 대상자들은 제스처가 딸린 부분을 기억할 가능성이 33퍼센트 더 높았다.[81] 이러한 효과는 실험 대상자들이 녹화된 비디오를 보고 난 직후에 바로 발견됐고, 시간이 지남에 따라 더욱 뚜렷하게 나타났다. 연설을 본 지 30분이 경과했을 때도 실험 대상자들이 제스처가 딸린 연설 내용을 기억해 낼 가능성이 50퍼센트가 넘는 것으로 나타났다.

제스처가 우리에게 주는 이점은 우리로 하여금 두 번째 단계로 나아가게 만든다. 즉, 우리 자신과 다른 사람들을 위해 교사가 몸짓을 능숙하게 사용할 수 있는 교육 도구를 찾아내야 한다는 것이다. 많은 연구에서 제스처를 포함하고 있는 교육용 비디오가 시청자들에게 훨씬 더 많은 학습 정보를 제공한다는 사실이 밝혀졌다.[82] 즉 시청자들은 더 효율적으로 화면을 바라보고,[83] 중요한 정보에 더 많은 관심을 기울이고,[84] 자신이 배운 것을 더 쉽게 새로운 상황에 적용할 수 있다.[85] 제스처가 포함된 비디오는 그 안에서 다루는 개념에 대한 지식이 상대적으로 부족한 상태에서 시작하는 사람들에게 특히 더 유용한 것으로 보인다.[86] 또 모든 학습자에 해당하는 제스처의 유익한 효과는 현장에서의 직접적인 교육보다 비디오 교육에서 훨씬 더 강하게 나타난다고 한다.[87]

그러나 캘리포니아대학교 로스앤젤레스UCLA와 캘리포니아주립대학교 로스앤젤레스 소속 심리학자들로 구성된 연구 팀에 따르면, 온라인에서 가장 인기 있고 널리 시청되는 교육 비디오 대부분은 제스처의 힘을 활용하지 못하고 있다. 연구원들은 통계 연구에서 중요한 주제 중 하나인 표준 편차 개념을 설명하는 유튜브 상위 비디오 100개를 조사했다.[88] 그들은 조사 대상이었던 비디오 100개 중 68퍼센트는 강사의 손을 볼 수조차 없었다고 보고했다. 나머지 비디오에서는 강사들이 주로 손으로 가리키거나 강조하기 위한 비트 제스처를 사용했다. 연구원들이 검토한 비디오 중 10퍼센트 미만에서만 상징적인 제스처, 즉 추상적인 개념을 전달하는 데 특히 도움이 되는 제스처 유형이 사용됐다.

이러한 연구의 시사점은 우리 자신, 아이들, 학생들을 위한 교육용 비디오를 선택할 때 교사의 손이 보이고 적극적으로 움직이는 영상을 찾아야 한다는 것이다. 그리고 우리 자신이 온라인에서 가르쳐야

제스처를 통해 생각하기

141

하거나 줌Zoom 혹은 다른 화상 회의 플랫폼을 통해 소통해야 할 경우, 다른 사람들이 움직이는 우리 손을 볼 수 있도록 해야 한다. 연구에 따르면, 이러한 제스처를 통해 우리는 능력을 향상시킬 수 있다.[89] 비디오를 통해 가르칠 때 제스처를 취하는 사람들은 더 유창하고 분명하게 말하고, 실수가 적고, 더 논리적이고 이해하기 쉬운 방식으로 정보를 전달하는 것으로 밝혀졌다.

제스처를 체현하는 일은 좀 더 간접적인 이점을 갖고 있다. 다른 사람들(아이, 학생, 직장 동료, 직원들)이 우리가 제스처를 취하는 모습을 볼 때, 그들은 더 많은 손동작을 하는 경향이 있다.[90] 그러나 우리는 그들이 우리를 보고 따라 하기를 기다릴 필요가 없다. 그들이 제스처를 취하도록 그들에게 적극적으로 권할 수 있기 때문이다. "그것을 설명할 때 손을 움직여 보세요"라고 간단하게 부탁하기만 하면 된다.[91] 예를 들어, 초등학생의 경우 수학 문제를 풀 때 제스처를 취하도록 북돋아 주면 새로운 문제 해결 전략을 발견하고, 학습 중인 수학 개념을 더 성공적으로 배울 수 있다.[92]

또 다른 실험에서는 대학생들에게 머릿속에 있는 물체를 회전시키거나 종이접기를 시각화하는 등의 공간 관련 문제를 풀도록 했다. 그중에 제스처를 사용하라는 권유를 받은 학생들이 제스처 사용이 금지되거나 손을 움직이는 게 (권장되지는 않았지만) 일부 허용된 학생들보다 더 많은 문제를 정확하게 풀었다.[93] 제스처를 사용한 학생들의 공간적 사고 능력 향상은 제스처 사용이 금지된 채로 문제를 풀어야 하는 두 번째 문제가 주어졌을 때까지 지속됐다. 연구원들은 초반에 제스처의 도움을 받은 공간적 기술이 '내재화'됐고, 학생들의 사고에 영향을 미친 제스처의 내재적 효과가 새롭고 다양한 공간 문제를 해결하는 데에도 영향을 미쳤다고 말했다. 심지어 더 많은 제스처를 취하라는 요청을 받은 성인들의 경우, 제스처를 사용하는 비율을 늘리는 반응을 보이기도 한다(그 결과, 말도 더 유창하게 한다).[94] 교사들이 학생의 학습에 제스처가 얼마나 중요한지 알게 되고 수업에서 더 활발한 제스처 사용이 장려될 때, 학생들은 학업적인 면에서 더 많은 성과를 얻게 될 것이다.[95]

제스처를 사용하도록 할 경우, 학업 성취의 격차가 줄어드는 현상과 같은 놀랍고 강력한 효과를 내기도 한다. 남성과 여성의 공간적 사고 능력에서 나타나는 차이는 가장 널리 알려진 인지적 성차(性差)다.[96] 시카고대학교 소속 심리학자들이 수행한 한 연구에 따르면, 다섯 살짜리 남아들이 머릿속으로 모양을 맞춰 완성하는 공간적 사고 문제를 해결하는 데 같은 또래의 여아들보다 더 뛰어난 것으로 나타났다.[97] 그런데 자세히 분석해 보니, 이 실험 결과는 성별 차이라기보다 제스처를 취하는 성향의 차이인 것으로 밝혀졌다. 아이들이 과제를 수행하는 동안 제스처를 더 많이 사용할수록 성과도 더 좋았던 것이다.[98] 또 남아들이 여아들보다 훨씬 더 많은 제스처를 취하는 경향을 보였다. 예를 들어, 여덟 문제 전부를 푸는 과정에서 남아 중 27퍼센트가 제스처를 사용한 반면, 여아 중에서는 3퍼센트만이 제스처를 사용했다. 또 제스처를 전혀 사용하지 않은 비율을 살펴보면 남아는 6퍼센트에 불과한 반면, 여아의 경우 23퍼센트에 달했다.

해당 연구 논문의 저자들은 이러한 불일치가 남아와 여아의 경험 차이에서 나타날 수 있다고 말한다. 또 그들은 남아들이 공간 지향적인 장난감과 비디오 게임을 즐길 가능성이 더 높으며, 그 결과 공간에 관한 제스처를 사용하는 것을 더 편안하게 여길 수 있다고 말한

제스처를 통해 생각하기

다. 네 살짜리 아이들을 대상으로 한 또 다른 연구에서는 제스처를 사용하도록 권유받은 아이들이 공간적 사고 능력에 크게 의존하는 과제, 즉 정신적 물체를 회전시키는 과제를 더 잘 수행하는 것으로 나타났다. 해당 연구에서 여아들 역시 제스처 사용을 유도했을 때 과제를 잘 수행할 가능성이 높았다.

제스처 사용을 촉진하는 또 다른 방법에는 사람들이 제스처를 사용할 수 있는 기회를 만드는 것도 포함된다. 즉 사람들이 손을 움직일 수밖에 없는 상황을 만드는 것이다. 그러한 상황은 사람들이 즉흥적인 행동을 해야 할 때, 즉 청중 앞에서 즉흥적으로 설명을 해야 하거나 이야기를 들려줘야 할 때 발생할 수 있다. 즉흥적으로 무언가를 한다는 것은 인지적으로 큰 부담이 되고, 그러한 부담에 직면하게 되면 우리는 더 많은 제스처를 취하는 경향이 있다.[99]

울프마이클 로스Wolff-Michael Roth는 캐나다 빅토리아대학교 소속의 인지과학자다. 과학적 문해력 발달에서 제스처가 하는 역할에 대한 로스의 연구는 그가 교수로서 강의하는 방식을 변화시켰다. 로스는 강의 대부분을 말로 설명하는 대신 학생 개개인이 그날 강의에서 다루고 있는 주제에 대해 직접 말하고 설명할 수 있도록 가능한 한 많은 기회를 만드는 편이다. 완전한 이해나 주제와 관련된 기술 어휘가 부족한 그의 학생들은 새로 습득한 지식을 전달하기 위해 제스처에 크게 의존한다. 그리고 그러한 모습이 바로 로스가 학생들에게 기대하는 모습이다. 그는 "이해는 그들 스스로를 통제하기보다는 표현하려는 시도에서 발달해 나간다"라고 주장한다.[100]

로스는 또 다른 기회를 만들어 내는 사람이기도 하다. 그는 무언가 가리킬 것이 있을 때 사람들이 제스처를 사용할 가능성이 더 높다는 사실을 발견했고,[101] 연구를 통해 이를 확인했다. 도표, 다이어그램, 지도, 모형, 사진과 같이 로스가 '시각 자료'[102]라고 부르는 것들을 제공하여 화자가 더 많은 제스처를 취하도록 유도하고, 그러한 손동작을 통해 더 깊은 이해를 구할 수 있다. 로스는 빅토리아대학교 물리학과 동료들과 함께 물리학 교수들이 수업 중에 제스처 사용을 장려하기 위해 활용할 수 있는 일련의 시각 자료와 구체적인 모형들을 개발했다. 그러한 물체 옆에 서 있을 때 학생들은 아직 제대로 표현하거나 설명할 수 없는 부분 혹은 과정들을 간단하게 손으로 가리킬 수 있고, 연구 초기 단계에서 가능했던 것보다 '더 깊은 물리학적 이야기'[103]를 할 수 있다. 제스처의 사용은 대학생들이 현장에서 자기 지식을 더 확고하게 말할 때, 여전히 불안정한 물리학에 대한 그들의 이해를 뒷받침해 주는 임시 발판을 제공한다.

제스처의 힘을 활용하는 또 다른 방법은 바로 다른 사람들이 손을 움직이는 방식에 더 큰 관심을 기울이는 것이다. 우리가 발견한 바와 같이, 가장 새롭고 발전된 아이디어는 우리 제스처에서 가장 먼저 나타나는 경우가 많다. 게다가 사람들은 그들의 제스처와 하는 말이 서로 다를 때 배울 준비가 돼 있다는 신호를 보낸다. 그러나 구어에 대한 집착 때문에 우리는 그렇게 다른 방식으로 전달되는 단서를 놓칠 수 있다.[104] 연구에 따르면, 심지어 경험이 많은 교사들도 학생들의 손동작이 담고 있는 정보 중 3분의 1 이하밖에 이해하지 못한다고 한다.[105] 한편 우리가 제스처를 나타내는 신체 암호에 더 집중할 수 있도록 스스로를 훈련할 수 있다는 결과를 보여 주는 여러 연구가 있기도 하다.

수전 골딘메도와 시카고대학교 동료들이 수행한 연구에서 성인들로 구성된 한 그룹이 앞서 우리가 살펴본 '물 붓기 문제'와 같은 보존 개념 문제를 푸는 아이들의 모습이 담긴 비디오를 보기 위해 모집됐다.[106] 그들은 제스처에 대한 몇 가지 기본적인 정보를 제공받았다. 제스처는 종종 말에서 찾을 수 없는 중요한 정보를 전달하고, 우리는 사람들이 말하는 것뿐 아니라 손으로 '말하는' 것에도 주의를 기울일 수 있다는 정보였다. 손 제스처의 형태, 동작, 배치 등에 특히 신경을 쓸 수 있다는 정보도 함께 제공됐다. 이러한 간단한 정보를 제공받은 실험 참가자들은 비디오를 한 번 더 시청했다. 참가자들은 간단한 제스처 교육을 받기 전에는 아이들이 제스처로 새로운 지식을 나타내는 장면 중 약 30~40퍼센트만을 알아봤지만, 훈련을 받고 난 후에는 약 70퍼센트에 달하는 장면을 알아봤다.

약간의 노력으로 제스처가 담고 있는 정보를 수집할 수 있으며, 일단 그렇게 하면 새로운 옵션을 다양하게 얻게 된다. 우리는 제스처를 취하는 사람이 얻고자 하는 통찰을 제공할 수 있고, 그 사람의 제스처를 말로 '번역'할 수 있다('당신이 ~을/를 제안하는 것처럼 보인다'). 또 우리는 그 사람의 제스처를 직접 재현하여 그 사람의 제스처를 '재청(再請)'할 수 있고,[107] 그렇게 함으로써 그 사람이 손으로 가리킨 유망한 전략을 재확인할 수 있다.

자연스러운 제스처가 지적인 사고를 뒷받침할 수 있다는 것은 분명한 사실이다. 계획된 제스처라 부를 수 있는 것들도 존재한다.[108] 다시 말해서, 특정 개념을 전달하기 위해 사전에 세심하게 만들어 낸 몸짓 같은 것도 있다. 수화에 영감을 받아 만들어진 지질학자 미셸 쿡의 제스처가 이 범주에 속한다. 그녀는 학생들이 말로 소통하기 어려운 공간 개념에 대한 이해를 돕기 위해 매우 계획적으로 손동작을 사용한다.

계획된 제스처는 우리의 기억력을 강화하는 데 특히 효과적이라는 장점도 지니고 있다. 말하는 동안 제스처를 취하는 것은 기억할 내용에 여러 '고리hook' [109]를 달아 놓는 과정과 관련이 있기 때문이다. 그 고리는 나중에 해당 내용이 필요할 때 그 기억을 불러올 수 있게 한다. 우리 스스로 큰 소리로 말하고 듣는 것은 청각용 고리에 속한다. 특정 제스처를 취하고 있는 우리 모습을 보는 것은 시각용 고리에 속한다. 또 '자기 수용 감각용' 고리도 있다. 자기 수용 고리는 제스처를 취하는 우리 손을 느끼는 데서 비롯된다. (자기 수용 감각은 우리의 신체 부위가 어느 위치에 있는지 알 수 있게 해 주는 감각이다.) 놀랍게도, 이 자기 수용 감각 신호가 세 가지 고리 중 가장 강력한 고리일 가능성이 있다. 연구에 따르면, 제스처는 손동작을 하고 있는 우리 손이 우리 눈에 보이지 않는 상태에서도 우리의 사고력을 향상시킨다고 한다.[110]

호주 빅토리아대학교에서 해부학과 세포생물학을 가르치고 있는 케리 앤 딕슨Kerry Ann Dickson 부교수는 강의 중에 이 세 가지 고리를 모두 사용한다. 신체 부위와 신체 계통 같이 따분한 목록을 암기하는 대신 그녀의 학생들은 우는 척을 하고(눈물샘/눈물 분비에 해당하는 제스처), 귀 뒤에 손을 대고(달팽이관/청각), 몸을 흔드는(전정계vestibular system/균형) 연습을 한다.[111] 또 그들은 씹는 척(아래턱 근육/저작)과 침 뱉는 척(침샘/타액 분비)을 한다. 학생들은 마치 콘택트렌즈를 끼고, 코를 후비고, 혀가 맞닿는 키스를 하는 것처럼 행동하기도 한다(각각 눈, 코, 입의 점막을 나타내는 동작이다). 딕슨은 학생들이 제스처를 통해 용어를 배울 때 해부학 시험 점수가 42퍼센트 더 높게 나온다고 밝혔다.

단어 암기는 외국어를 배우는 데 있어 중요한 부분을 차지한다. 인지심리학자이자 언어학자인 마누엘라 마케도니아Manuela Macedonia는 계획된 제스처가 기억력에 도움을 줄 수 있다고 말한다.[112] 현재 마케도니아는 오스트리아에 있는 요하네스케플러대학교의 수석 과학자로서 제2언어 습득을 연구하고 있다. 그러나 그녀는 경력 초기에 독일어권 대학생들에게 이탈리아어를 가르치는 언어 강사였다. 당시 마케도니아는 주로 앉아서 듣고 쓰는 전통적인 외국어 수업 방식에 점점 더 좌절감을 느끼고 있었다. 그녀는 어느 누구도 모국어를 그런 식으로 배우지 않는다고 지적한다.[113] 어린아이들은 감각 운동을 활발히 하는 상황에서 새로운 단어를 접하게 된다. 그들은 '사과'라는 말을 들으면서 반짝거리는 빨간색 과일을 보고 만지고, 심지어 입에 갖다 대고 달콤한 과육을 맛보며 상큼한 향기를 맡을 수도 있다. 이 모든 기억의 고리를 제2외국어 교실에서는 찾아볼 수 없다.

마케도니아는 적어도 한 가지 고리는 되찾고 싶었다. 그 고리는 다름 아닌 신체 동작이었다. 그녀는 각각의 어휘를 그에 상응하는 제스처와 짝을 짓기 시작했다. 그녀는 학생들에게 제스처를 보여 준 다음, 자신이 단어를 불러 주는 동안 학생들이 직접 그 제스처를 취하도록 했다. 그녀는 학생들이 이런 식으로 새로운 단어를 더 쉽게 배울 뿐 아니라 시간이 지나도 그 단어를 더 잘 기억한다는 사실을 발견했다. 결국 마케도니아는 다시 학생이 됐고 외국어 학습 과정 중 언어 기억을 향상시키기 위한 제스처 사용을 주제로 박사 논문을 썼다.[114] 그 후로 여러 해 동안 그녀는 단어를 배우면서 제스처를 취하는 행동이 그 단어를 기억하는 데 도움이 된다는 증거를 계속 확보하는 데 기여해 왔다. 근거에 따르면, 단어를 배우면서 제스처를 취하면 더 광범위

한 뇌 영역의 네트워크를 자극해 그 단어에 대한 기억이 더 강화된다고 한다.[115]

한 예로 2020년 발표한 한 연구에서 마케도니아와 공동 저자 여섯 명은 '새로 배운 외국어 단어와 제스처를 짝 지은 연구 참가자들'과 '새로 배운 외국어 단어와 그에 해당하는 사진을 짝 지은 연구 참가자들'을 비교했다. 연구원들은 참가자들이 새로 배운 단어를 다시 접했을 때 제스처를 취한 그룹에서 신체 동작을 조절하는 뇌 영역인 운동 피질motor cortex이 활성화됐다는 증거를 발견했다.[116] 사진을 보고 짝 지은 그룹의 경우, 운동 피질이 휴면 상태로 남아 있었다. 마케도니아와 그녀의 공동 저자들은 제스처 사용으로 인한 '감각 운동 강화sensorimotor enrichment'가 관련 단어를 더 잘 기억할 수 있도록 도와준다고 말한다.

마케도니아는 또 그녀의 이전 작업과 자연스럽게 맞물린 듯이 보이는 확장된 기술 형태, 즉 어휘 설명을 해 주는 가상의 행위자인 '아바타avatar'를 특징으로 하는 온라인 언어 학습 플랫폼을 실험하기 시작했다. 화면 속 아바타는 마케도니아가 강사였을 때 했던 것처럼 행동한다. 아바타는 사용자가 새로운 단어를 반복할 때 따라할 제스처를 보여 준다. 플랫폼에 대한 평가는 단순히 단어를 청취하는 사용자보다 아바타를 따라 제스처를 취하는 사용자가 더 꾸준히 학습해 나간다는 사실을 보여 준다.[117] 또 제스처를 사용하는 학생들은 제스처를 관찰하기는 하지만 따라하지 않는 학생들보다 더 많은 것을 배운다.[118] 다른 연구자들이 수행한 연구에서는 제스처를 취하지 않는 아바타가 아닌 제스처를 취하는 아바타를 통해 배운 수학과 학생들이 문제를 더 빨리 풀고 새로운 지식을 더 효과적으로 일반화한다는 것이 밝혀졌다.[119] 듀오링고Duolingo와 로제타스톤Rosetta Stone 같은 언어 학습 플랫폼을 포함한 온라인 교육 플랫폼에 사용자가 제스처를 취하도록 유도하는 애니메이션 행위자를 추가하면 훨씬 더 효과적일 수 있다.

기억력을 강화하는 일 외에도 계획된 제스처는 우리의 정신적 부담을 덜어 주는 역할을 할 수 있다. 제스처는 목록을 작성하거나 종이에 도표를 그리는 것과 거의 흡사한 방식으로 우리의 인지 부담을 덜어 준다.[120] 우리는 손의 무게를 항상 떠받칠 준비만 돼 있으면 된다. (실제로 연구에 따르면, 해결해야 할 어려운 문제가 주어진 상황에서 연필과 종이를 사용할 수 없을 경우 사람들은 더 많은 제스처를 취한다고 한다.[121]) 인지 부담을 덜어 주는 사례 중 우리에게 익숙한 예가 바로 어린아이들이 계산 문제를 풀 때 자기 손가락으로 계산하는 모습이다. 어린아이들의 손가락은 그들이 머릿속으로 계산한 답을 구하기 위해 수행해야 하는 수학적 연산(더하기와 빼기)을 자유롭게 할 수 있도록 한다. 더 복잡하거나 관념적인 제스처가 청소년과 성인들에게 비슷한 용도로 사용되기도 한다. 손은 머리가 정보를 충분히 수용할 수 있게 도와주므로 우리는 전체적으로 더 많은 정보를 관리할 수 있고, 그 정보를 더 다양한 방식으로 조절하고 변형할 수 있다.

정보 수용력을 늘리기 위해 일부 교사는 학생들에게 정보를 그들 손으로 표현하는 방법을 손수 보여 주기도 한다. 워싱턴주에서 수학 교사로 재직하고 있는 브렌던 제프리스Brendan Jeffreys는 학생들이 갖고 있는 정신적 부담을 덜어 주는 방법 중 하나로 제스처를 취하기로 했다. 정신적 부담을 느끼는 학생 중 다수가 저소득 가정 출신이거나 영어를 제2외국어로 사용하거나, 아니면 두 경우 모두에 해당했다.

시애틀 남부의 작은 도시 오번Auburn의 학군에서 교사로 일하는 제프리스는 "'적절한congruent', '동등한equivalent', '몫equivalent'과 같은 학술적인 어휘는 학생들이 집에서 주로 듣는 어휘가 아닙니다"라고 말하면서 이렇게 덧붙인다. "저는 제 아이들이 계속 숫자를 따지고 수학적 연산을 하려고 애쓰는 와중에도 그러한 단어들과 씨름하고 있다는 것을 알 수 있었습니다."[122] 그래서 제프리스는 그의 학생들의 암산 능력에 부담을 주는 익숙하지 않은 용어들과 함께 사용하거나 그 용어들을 대체할 간단한 손동작을 고안해 냈다.

제프리스는 각도가 예각이라는 것을 나타내기 위해 학생들에게 "여러분의 팔로 팩맨Pac-Man(비디오 게임이자 주인 캐릭터를 말한다-옮긴이)을 만들어 보세요"라고 가르쳤다. 둔각을 나타내기 위해서는 "누군가를 껴안을 것처럼 팔을 벌려 보세요", 직각을 나타내기 위해서는 "여러분의 근육을 자랑하는 것처럼 팔을 구부려 보세요"라고 했다. 또 덧셈은 두 손을 한데 모으고, 나눗셈은 손으로 내리치는 동작을 하고, 면적 구하기는 손을 빵에 버터를 바르기 위한 칼처럼 사용하도록 했다.

제프리스의 학생들은 그 제스처들을 적극적으로 사용했고, 이제는 그들이 수업 중에 이야기하고 숙제를 하고 심지어 시험을 보는 동안에도 그 제스처들을 사용한다고 그는 말한다. 수학적 연산을 하는 데 더 익숙해지면 학생들은 처음에 자신을 혼란스럽게 한 학술적 언어를 다시 사용하게 된다. 이는 부담을 덜어 주는 제스처의 효과로 가능해진 정신적 여유의 이점 중 하나다. 제프리스가 사용한 교육 방식은 그의 학생들이 수학을 배우는 데 큰 도움이 됐고, 그는 자신이 소속된 학군에 있는 22개의 모든 학교에서 이 방식을 확대 실시해 달라는 요청을 받았다. 현재 그는 학생들의 읽기와 쓰기를 지원하는 제스처, 즉 '캐릭터', '배경', '개요', '요점'과 같은 용어를 나타내는 제스처를 개발하는 작업에 매진하고 있다.

브렌던 제프리스의 학생들이 발견한 것처럼, 우리의 손은 놀라울 정도로 유연한 도구가 될 수 있다. 우리의 손은 자사 제품에 대한 기업가의 비전, 구어를 배우고자 하는 유아들의 도약, 학생이 배울 준비가 돼 있음을 보여 주는 교사의 단서 등을 포함한 정말 많은 것들을 나타낼 수 있다. 손은 프롬프트prompt, 창, 중간역이 될 수 있다. 우리는 손을 절대로 가만히 둬서는 안 된다.

The

Extended

PART 2
—
주변 환경

Mind

자연 공간을 통해
생각하기

1945년 여름이 끝나갈 무렵, 예술가 잭슨 폴록Jackson Pollock은 한계점에 다다르고 있었다.[1] 그가 사는 시내 아파트가 있던 뉴욕시는 점점 더 분주하고 혼란스럽게 느껴졌다. 술과 우울증에 계속 시달려 온 그의 상태가 점점 심해지는 듯했다. 폴록의 아내이자 화가인 리 크래스너Lee Krasner는 남편의 정신 건강을 걱정했다.

같은 해 8월 폴록과 크래스너는 당시 농부와 어부들뿐 아니라 예술가와 작가들의 조용한 거주지였던 롱아일랜드의 이스트엔드East End of Long Island 지역에 사는 친구들을 방문했다. 폴록은 그 지역의 불빛, 녹지, 그리고 롱아일랜드 사운드Long Island Sound에서 불어오는 시원한 바람에 위안과 자극을 동시에 받았다. 여행에서 돌아온 폴록은 8번가에 있는 자신의 아파트 소파에 앉아 3일 동안 생각에 잠겼다.

그가 몸을 일으켜 세웠을 때 그에게는 새로운 계획이 있었다. 그 계획은 바로 아내 크래스너와 이스트엔드로 이사를 가는 것이었다.

얼마 지나지 않아 폴록과 크래스너는 롱아일랜드의 스프링스Springs라는 작고 한적한 마을의 낡은 농가로 이사했다. 폴록은 집 뒤 베란다에서 몇 시간씩 시간을 보내며 나무와 보낙크릭Bonac Creek으로 이어지는 습지대를 바라봤다. 스프링스로의 이사는 이 불안정한 화가에게 상대적으로 평화로운 시대를 열어 줬다. 롱아일랜드에서 폴록 커플과 함께 시간을 보낸 동료 예술가 오드리 플랙Audrey Flack은 이렇게 말했다. "그곳은 몸과 마음을 치유하는 곳이었고, 그들에게는 그런 치유가 정말 절실했어요."[2]

자연은 폴록의 생각뿐 아니라 그의 예술도 변화시켰다. 자연은 지나치게 예민했던 그를 진정시켜 줬다. 뉴욕에서 폴록은 이젤을 놓고 작업하면서 복잡한 디자인의 그림을 그렸다. 스프링스에서 그는 자연 빛과 풍경으로 가득 차 있는 개조된 헛간에서 작업했고, 바닥에 캔버스를 눕혀 놓고 그 위에서 그림물감을 뿌리거나 퍼붓기 시작했다. 미술 비평가들은 폴록의 인생에서 이 시기를 그의 절정기로 본다. 그는 이 시기에 〈아른아른 빛나는 물질Shimmering Substance〉(1946)과 〈가을의 리듬Autumn Rhythm〉(1950)과 같은 '드립 페인팅drip painting'의 걸작들을 만들어 냈다. 이러한 인생의 전환점을 맞이하게 해 준 지렛대는 폴록이 뉴욕 아파트에서 고독에 잠겨 보냈던 시간이었다. 폴록은 실내 공간에서도 자신은 늘 집 없는 사람이나 다름없다는 사실을 깨달은 것이 바로 그때였다고 말했다.[3] 그는 실외에서 자신의 집을 찾아냈다.

잭슨 폴록과 같은 예술가들만 주변 환경에 영향을 받아 정신 활동을 하는 것이 아니다. 우리 모두 우리가 어디에 있느냐에 따라 생각을 달리 하게 된다. 인지과학 분야에서는 일반적으로 인간의 뇌를 컴퓨터와 비교하지만, 장소가 미치는 영향을 알면 이러한 비유가 지닌 주요한 한계가 드러난다. 랩톱은 우리가 사무실에서 사용하든 공원에 앉아 사용하든 같은 방식으로 작동하지만, 뇌는 뇌가 작동하는 환경에 큰 영향을 받는다. 그리고 자연은 특히 우리가 생각하기에 좋은 환경을 제공해 준다. 우리의 몸과 뇌는 실내가 아닌 실외에서 잘 기능하도록 진화했기 때문이다. 우리의 고대 조상들은 생태학자들의 표현대로 '평생 계속되는 캠핑 여행'⁴ 같은 생활 방식을 따랐다.

수십만 년 이상을 바깥에 거주하면서 인체는 신록의 파릇파릇한 환경적 특성에 길들여졌고, 오늘날에도 우리의 감각과 인지는 자연 환경에 존재하는 특징들을 쉽고 능숙하게 처리할 수 있다. 우리의 정신은 유기적인 세계의 주파수에 맞춰져 있다. 이렇게 진화하고 적응해 온 정신은 현재 우리가 대부분 시간을 보내고 있는 세계, 즉 예리한 선과 완벽한 질감과 거침없는 움직임으로 만들어진 환경의 새로운 출현에 대비하지 못했다. 우리는 현대적인 고층 건물과 고속도로로 둘러싸인 곳에 캠프를 차렸지만, 이 서식지에서는 우리의 마음이 편치 않다. 우리가 처리할 수 있는 자극과 우리의 감각에 맞서는 광경과 소리 사이에서 발생하는 부조화는 한정된 정신적 자원을 고갈시키고 만다. 생물학적으로 잘 맞지 않는 환경에서 시간을 보내는 것만으로도 우리는 기진맥진하고 피곤하며 산만한 상태가 될 수 있다.

우리 삶의 얼마나 많은 부분이 건물과 차량 안에서 펼쳐지고 있는지는 시간 사용에 대한 과학자들의 연구를 살펴보면 알 수 있다. 우리가 야외에서 보내는 시간은 일평생 우리에게 주어진 시간의 약 7퍼센트에 불과하다. 7퍼센트라는 수치[5]는 자연 속에서 살았던 우리 조상들과 비교하면 턱없이 낮지만, 20년 전 미국인들의 삶과 비교해도 꽤 낮다고 할 수 있다.[6] 미국 성인 중 60퍼센트 이상이 매주 자연 속에서 5시간 이하를 보낸다고 한다.[7] 어린이들 역시 이전 세대보다 야외 오락 활동에 훨씬 더 적게 참여한다. 아이들이 매일 밖에서 오락 활동을 한다고 말한 엄마는 해당 인구의 26퍼센트에 불과하다.[8] 이 같은 추세는 계속 이어질 것으로 보인다. 현재 전 세계 인구의 절반 이상이 도시에 살고 있으며, 2050년에는 그 수치가 약 70퍼센트에 달할 것으로 예측하고 있다.[9]

그런데 삶에 이러한 큰 변화가 생겼음에도 불구하고, 우리의 생명 작용은 우리 조상들의 그것과 다를 게 없다. 지금도 몸과 뇌는 야외에서 진화해 온 우리의 깊은 역사를 드러내는 방식으로 자연에 반응한다. 사실 오늘날 우리가 좋아하는 풍경에서부터 우리 종(種)이 진화해 온 환경까지는 일관된 직선으로 연결해 볼 수 있다. 그 직선의 시작점이 될 한 장소는 바로 수많은 사람이 몰려드는 맨해튼섬 중앙의 폭 0.5마일(약 800미터)의 좁고 기다란 땅이다. 매년 4200만 명에 달하는 사람들이 드넓은 쉽 메도 Sheep Meadow 잔디밭을 산책하고, 향기로운 정원을 둘러보고, 반짝이는 저수지 주위를 돌기 위해 뉴욕 센트럴 파크를 방문한다.[10] 왜 이렇게 많은 사람이 이 840에이커(약 3.4제곱킬로미터)에 끌리는 것일까? 센트럴파크를 만든 이는 그 이유를 알고 있었다. 조경 건축가인 프레데릭 로 옴스테드 Frederick Law Olmsted는 이렇게 썼다. "자연 풍경은 정신을 피로하게 만들지 않으면서도 생기를 불어넣는다. 따라서 자연은 정신이 신체에 미치는 영향을 통해 원기를 되살려 주는 휴식과 활력을 전신에 깃들게 한다."[11]

주민과 관광객들 모두 센트럴파크의 완만하게 경사진 언덕, 나무 울타리, 일렁이는 호수를 좋아한다. 센트럴파크가 지닌 이러한 특징 들이 자연스러워 보일 수 있지만, 사실 그 특징은 모두 사람이 만들 었다고 해도 과언이 아니다. 1858년 옴스테드가 센트럴파크 건설에 착수했을 때 그가 씨름하고 있던 드넓은 땅은 습지와 돌출된 바위로 이뤄졌고, 부동산 개발업자들이 그 위에 건물을 지을 수 없었기 때문 에 공원 부지로 사용 가능한 곳이었다.[12] 그 이후로 15년 동안 옴스 테드의 비전을 따라 3000명 넘는 노동자가 수레 천만 대 분량의 바 위와 흙을 옮기고, 나무와 관목 약 500만 그루를 심었다. 옴스테드의 비전이란 그가 18세기 후반과 19세기 초 조경사들이 인공적으로 조 성한 버컨헤드 공원Birkenhead Park이나 트렌트햄 정원Trentham Gardens 같은 영국에서 아주 유명한 공원과 정원들을 방문했을 때 생긴 생각 이었다.[13]

사실 옴스테드가 조성하고자 한 센트럴파크의 모습은 그보다 더 오래된 아프리카 사바나에서의 인류 초기 시대로 거슬러 올라간다. 우리 종이 진화해 온 특수한 환경 덕분에 우리는 오늘날까지 특정 환 경을 특히 더 선호하는 경향이 있다. 우리가 모든 형태의 자연에 매 력을 느끼는 것은 아니다. 포식자, 폭풍, 사막, 늪 등 자연계의 많은 부분이 불편하거나 위협적일 수 있다. 인간은 살아남기 위해서 안전 하고 자원이 풍부해 보이는 특정 종류의 자연 공간을 공통적으로 강 하게 선호하는 쪽으로 진화했다.[14] 우리는 가지를 뻗은 나무들이 자 연스럽게 모여 있고 근처에 수원이 있는 드넓은 초원을 좋아한다. 우 리는 지리학자 제이 애플턴Jay Appleton이 기억하기 쉽게 이름 붙인 '조망prospect'이나 '쉼터 refuge' **15**의 한 측면으로 안전한 위치에서 여러 방향으로 먼 거리를 내다보는 것을 좋아한다. 또 우리는 모퉁이를 돌면 더 많은 것들이 나타날 것만 같은 신비스러운 장소를 좋아한다.**16**

세계 최고의 조경 디자이너들은 인간이 선호하는 것들을 직감적으로 포착해 그들이 만드는 공간에 포함시켰다.**17** 18세기 중반부터 '케이퍼빌리티 Capability'라는 별명으로 더 잘 알려진 랜슬럿 브라운 Lancelot Brown은 이상적인 시골에 대한 자기 비전을 실현하기 위해 250개가 넘는 영국의 사유지를 개조하고 언덕을 옮겨 나무를 심었다. 브라운은 잠재 고객을 위해 '전'과 '후' 스케치를 그렸던 영국의 조경 건축가 험프리 렙톤 Humphry Repton의 뒤를 이었다. 그의 조경 '후' 스케치는 그늘진 나무숲을 탁 트인 초원과 반짝이는 연못이 있는 풍경으로 바꿔 줄 것을 약속했다.

다른 조경 건축가들 그리고 렙톤과 브라운의 디자인이 프레데릭로 옴스테드에게 영감을 줬지만, 옴스테드는 단지 그들의 디자인 방식에만 자극을 받은 게 아니었다. 그들이 선호하는 것은 시간, 문화, 국적을 초월한다. 호주부터 아르헨티나, 나이지리아에서 한국에 이르기까지 전 세계 사람들이 그 선호를 공유한다. 그중에는 원형에 가깝게 모방하기 위해 큰 노력을 기울여야 하는 (자연에서 멀어진) 사람들도 있다. 미국 남서부 메마른 땅의 주인들은 풀이 무성한 대초원을 떠올릴 수 있도록 그들의 사유지에 물을 댄다. 일본의 정원사들은 동아프리카 나무의 가로퍼진 나뭇가지와 비슷한 모양으로 나무를 다듬는다. 그러한 선택은 우리 뇌의 매우 특별한 진화 역사를 반영한다. 생물학자 고든 오리언스 Gordon Orians는 이러한 뇌의 진화 역사를 가리켜 '지나간 환경의 유령들 ghosts of environments past'이라고 표현하기도

했다.[18]

우리가 미적으로 선호하는 것들을 상상하는 일은 수천 년 동안 갈고닦은 생존 본능이고, 그러한 본능은 우리가 먹거리를 찾고 휴식을 취하기 좋은 장소를 찾을 수 있도록 도왔다. 오늘날 우리가 스트레스를 받고 지쳐서 숲속을 걷거나 출렁이는 바다의 파도를 바라보며 자연에 의지할 때, 우리는 한 연구자가 말하는 '환경적 자기 관리environmental self-regulation'[19]를 하고 있는 중이며, 이는 우리 뇌가 스스로 해낼 수 없는 심리 회복 과정이다.

우리가 그냥 이러한 환경을 선호하는 것은 아니다. 우리가 선호하는 자연환경은 어느 정도 스트레스를 해소하고 마음의 평정을 되찾게 하여 실제로 우리가 더 잘 생각할 수 있도록 해 준다.[20] 예를 들어, 가로수 길을 따라 이동하는 운전자들은 광고판, 건물, 주차장으로 복잡한 도로를 달리는 운전자들보다 스트레스를 더 빨리 회복하고, 새로 생긴 스트레스를 더 침착하게 관리한다.[21] 어려운 수학 시험을 보거나 심사위원들에게 날카로운 질문을 받아야 하는 사람들에 대한 실험 연구에 따르면, 자연과의 접촉이 그들의 신경계를 진정시키고 어려운 경험으로 균형이 깨진 심리 상태를 회복시켜 준다고 한다.[22] 스트레스를 많이 받는 사람일수록 자연을 접하면서 더 많은 혜택을 얻을 수 있다.[23]

자연의 광경이나 소리는 우리를 스트레스에서 회복할 수 있도록 도와줄 뿐 아니라 틀에 박힌 삶에서 벗어날 수 있도록 돕는다. '반추Rumination'는 부정적인 생각을 반복적으로 곱씹는 일을 말하는 심리학 용어다. 반복적인 생각에서 스스로 벗어나기란 쉽지 않다. 그러나 자연에 노출되면 보다 더 생산적인 사고 패턴을 취할 수 있는 우리의 능력을 확장할 수 있다. 워싱턴대학교의 그레고리 브랫맨Gregory Bratman 조교수는 연구 참가자들에게 뇌 스캔을 받고 90분 정도 산책을 하기 전 반추적 사고를 하도록 했다.[24] 참가자 중 절반은 한적한 녹지를 산책했고, 나머지 절반은 혼잡한 도로를 따라 걸었다. 모든 참가자는 실험실로 돌아오자마자 반추적 사고를 했고 두 번째 뇌 스캔을 받았다.

자연 속에서 한 시간 반을 보낸 사람들은 그들 삶의 부정적인 측면에 덜 몰두하게 됐다. 또 반추와 관련 있는 뇌 영역인 슬하 전전두엽 피질subgenual prefrontal cortex이 녹지 산책 전보다 덜 활동적이었다. 반면 혼잡한 도로를 따라 걸었던 사람들은 부정적인 생각이 줄어드는 효과를 얻지 못했다. 반추는 우울한 사람들에게 흔히 나타나며, 자연 속에서의 산책은 우울증을 앓고 있는 사람들의 기분을 좋게 만든다는 연구 결과가 있다.[25] 산책은 또 기억력을 향상시키기도 한다. 우울증을 앓는 많은 사람이 부정적인 생각에 사로잡혀 정신적 자원을 상당 부분 소모하고, 이는 중요한 정보를 기억하는 데 부정적인 영향을 미친다. 이러한 정신적 결핍은 자연 속에서 보내는 시간을 통해 개선될 수 있다.

한편 자연은 주어진 일에 집중하는 능력을 향상시켜서 우리가 더 잘 생각할 수 있게 해 준다.[26] 예를 들어, 최근에 야외 녹지에서 시간을 보낸 사람들은 도시환경에서 막 산책을 마친 사람들보다 교정을 보는 과제를 하면서 더 많은 오류를 찾아내고, 빠른 속도로 진행되는 인지 능력 테스트에서 더 정확하고 신속하게 답한다.[27] 현재 해결 중인 문제와 관련된 정보를 머릿속에 잡아 두는 능력인 작업 기억 역시 자연환경에서 보내는 시간에서 여러 혜택을 얻게 된다. 시카고대학교 심리학자 마크 버만Marc Berman이 주도한 한 연구에서 수목원을 한 시간 남짓 산책한 참가자들은 같은 시간 동안 혼잡한 도시 거리를 돌아다닌 참가자들에 비해 작업 기억 테스트에서 20퍼센트 더 높은 점수를 받았다.[28]

자연에서 보내는 시간은 주의력결핍과잉행동장애(이하 ADHD)의 증상도 완화할 수 있다. 일리노이대학교에서 연구 중인 안드레아 파버 테일러Andrea Faber Taylor와 밍 궈Ming Kuo는 ADHD를 앓고 있는 아이들이 자연에 노출된 후 더 나아진 것 같다는 부모들의 보고에 큰 흥미를 느꼈다. 그들은 이러한 가능성을 실증 연구에 포함하여 7~12세 사이의 아이들을 세 그룹으로 나눠 각각 공원, 주택가, 시카고 시내의 번화한 지역에서 성인의 지도하에 산책하도록 했다. 산책 후에 공원에서 시간을 보낸 아이들은 다른 두 그룹의 아이들보다 더 잘 집중하는 모습을 보였다.[29] 실제로 그 아이들은 집중력 테스트에서 ADHD를 앓지 않는 아이들과 비슷한 점수를 받을 정도로 집중을 잘했다. 실제로 테일러와 궈는 공원에서 20분 동안 산책하면 아이들의 집중력과 충동 조절이 ADHD 증후군 치료에 쓰이는 리탈린Ritalin을 투여한 것만큼 향상된다고 강조한다. 테일러와 궈는 '자연 투여량'[30]이 ADHD 증상을 관리하기 위한 안전하고 저렴하며 쉽게 접할 수 있는 새로운 도구 역할을 할 수 있다는 결론을 내렸다.

우리 정신 기능에 영향을 미치는 이 모든 유익한 효과는 회복의 한 과정으로 이해될 수 있다. 야외에서 보낸 시간은 인공적으로 만들어진 환경에서 가차 없이 빠져나가 고갈되는 힘을 우리에게 되돌려 준다. 한 세기도 더 전에 심리학자 윌리엄 제임스는 자연의 회복력에 관한 우리의 이해와 밀접한 관련이 있는 한 가지 차이에 대해 논했다. 제임스는 1890년 출간한《심리학의 원리The Principles of Psychology》에서 주의attention에는 '자발적' 주의와 '비자발적' 주의가 있다고 썼다.[31] 자발적 주의는 노력을 필요로 한다. 우리는 자극의 맹공격을 받거나 일에 몰두할 때 계속 의식의 초점을 맞추고 재조정해야 한다. 딱딱한 지면, 갑작스러운 움직임, 요란하고 날카로운 소음으로 가득한 도시환경을 처리하려면 자발적인 주의가 필요하다. 반면에 비자발적 주의는 노력을 필요로 하지 않는다. 즉 여기저기 목적이 불분명한 상태로 한 대상에서 다른 대상으로, 또는 한 주제에서 다른 주제로 흘러간다. 비자발적 주의는 조용하게 속삭이는 듯한 소리와 부드러운 움직임을 지닌 자연을 통해 유발되는 주의의 한 종류다. 제임스의 계보를 잇는 심리학자들은 이러한 정신 상태를 '부드럽게 매료됨soft fascination'[32]이라고 표현한다.

끊임없이 이어지는 인지 부담에서 벗어나 자연에서 취하는 휴식은 우리의 정신적 자원의 공급을 재생할 수 있는 기회를 준다. 앞서 살펴본 바와 같이, 우리의 정신적 자원은 한정돼 있어 쉽게 고갈된다. 정신적 자원은 도시 생활의 소란뿐 아니라 학업이나 직업의 엄격한 요구 사항에 소모된다. 우리 뇌는 과속으로 달리는 자동차와 요란한 사이렌 소리에 침착하게 반응하도록 진화하지 않았다. 또한 우리가 매일 스스로에게 요구하는 것처럼 책을 읽거나 어려운 계산을 하거나 고도로 추상적이고 복잡한 작업을 수행하도록 진화하지도 않았다. 비록 우리가 이러한 요구를 어떻게든 충족해 나가고 있기는 하지만, (동기 부여와 참여는 말할 것도 없고) 주의 집중에 대한 전방위적 투쟁은 우리가 주의력을 공급하는 측면에 더 주의를 기울여야 한다는 점을 시사한다. 다시 말해, 단순히 우리의 정신적 자원을 소모하는 것을 넘어 정기적으로 그 자원을 보충할 수 있어야 한다.

우리는 밖에 나가는 것만으로도 그렇게 할 수 있다. 완벽한 날씨를 기다릴 필요도 없고, 훼손되지 않은 아름다움을 지닌 황무지로 가는 길을 찾을 필요도 없다. 환경이나 형태와 상관없이 어떤 자연 상태에 서든 가능하다. 그러나 우리가 취할 수 있는 최적의 태도가 있기는 하다. 그 태도는 바로 연구자들이 말하는 '개방형 모니터링 open monitoring',33 즉 우리가 접하는 모든 것에 호기심을 갖고 기꺼이 받아들이며 판단하지 않는 태도다. 캘리포니아대학교 버클리의 교육학 교수 도르 아브라함슨 Dor Abrahamson은 태극권 tai chi이라고 알려진 중국의 전통적인 명상 운동에서 가져온 '부드러운 시선'34이라는 기술을 제안한다. 아브라함슨은 마음챙김 명상법을 지도하기 위해 마련한 워크숍에서 부드러운 시선을 소개했을 때 한 참가자가 자신이 평소 취하던 태도에서 벗어나는 방법을 바로 알아차렸다고 말했다. 그 참가자는 "딱딱한 시선이 있고, 또 이미지를 부드럽게 받아들이는 시선이 있습니다"라고 언급했다. 자연에서 우리가 지향하는 방향은 그렇게 격식에 얽매이지 않는 이상적인 태도다. (연구에 따르면, 좀 더 격식을 갖춘 명상 수련을 실천하고자 하는 사람들의 경우 자연에서 명상을 실시할 때 그 습관을 유지하기가 더 쉽다고 한다.35)

야외에서 심리적인 회복을 추구할 때, 우리가 사용하는 전자 기기들은 들고 나가지 않는 게 가장 좋다. 연구에 따르면, 야외에서 스마트폰을 사용하는 것은 자연에 머물며 얻을 수 있는 주의력 향상 효과를 크게 떨어뜨린다고 한다.36 예외가 될 수 있는 한 경우를 들자면, 시카고대학교의 심리학자 마크 버만과 박사과정 학생인 캐스린 셰르츠Kathryn Schertz가 개발한 확장 기술의 한 예인 리튠ReTUNE과 같은 앱을 사용하는 것이 될 수 있다. (이 앱의 이름인 ReTUNE은 '도시 자연 체험을 통한 회복Restoring Through Urban Nature Experience'의 약어다.[37])

시카고를 방문한 어떤 한 사람이 그 도시의 하이드파크Hyde Park 근처에 있는 시카고대학교 캠퍼스에서 미시간호Lake Michigan로 돌출돼 있는 반도인 프로몬토리 포인트Promontory Point까지 산책하길 원한다고 가정하자.[38] 만약 그 방문객이 구글이 소유하고 있는 인기 지도 앱인 웨이즈Waze를 사용할 경우, 추천 경로는 빠른 걸음으로 약 28분 정도 소요될 것이다. 사우스블랙스톤 에비뉴South Blackstone Avenue에서 북쪽으로 세 블록 간 다음, 이스트 56번가East 56th Street에서 우회전하고, 사우스쇼어 드라이브South Shore Drive 쪽으로 좌회전하면 된다. 이 경로로 가면 목적지로 곧장 갈 수 있지만, 그 여정에서 유리와 벽돌, 콘크리트 보도와 아스팔트 도로, 경적을 울리는 자동차와 서둘러 통근하는 사람들을 만나게 될 것이다.

동일한 좌표를 리튠에 입력하면 추천 경로가 크게 달라진다. 도시의 푸르른 오아시스인 미드웨이 플레장스Midway Plaisance에서 산책을 시작해 나무가 우거진 정원과 반짝이는 석호가 있는 잭슨파크Jackson Park를 걸어 나와서 미시간호를 따라 나 있는 구불구불한 길을 걸어 프로몬토리 포인트를 향해 나아가면 된다. 이 경로를 따라 목적지에 도착하려면 상대적으로 효율성이 떨어지는 34분이라는 시간이 걸리겠지만, 방문객은 더 맑은 정신과 여유 있는 마음으로 자신의 목적지에 도착할 수 있을 것이다.

우리가 사용하는 기술에는 여러 가치가 내재돼 있고, 우리는 화면을 스크롤하고 두드리면서 추천 경로와 같은 우선 사항을 별 생각 없이 선택하는 경우가 많다. 리튠은 사고력을 강화해 주는 자연의 특성을 살린 기술을 확장하여, 우리가 정신 건강을 포함한 다른 모든 가치보다 우선하는 효율성에 의문을 제기하도록 만든다. 리튠은 그 목적을 분명히 드러낸다. 그것은 바로 이동 속도가 아닌 여정의 중간에서 여러분이 바라보는 풍경에 있다.

리튠은 '자연스러움'을 함축하고 있는 시청각 특징 유무를 기반으로 각 가능 경로에 '회복 점수Restoration Score'**39**를 매긴다. 리튠의 공동 개발자인 마크 버만은 '무엇이 자연을 자연스럽게 만드는가?'라는 질문에 답하기 위해 노력하는 많은 연구자 중 한 명이다. 이 질문에 대한 조사 결과는 혼란스러울 정도로 순환적인 것으로 보인다. 그런데 만약 과학을 통해 자연의 어떤 특징이 우리 몸과 뇌에 영향을 미치는지 정확히 밝혀낼 수 있다면, 그러한 정보는 사용자의 기분, 인지 기능, 건강을 크게 향상시킬 수 있는 건물과 경관의 디자인을 알려 주는 데 사용될 수 있다. 버만과 다른 연구자들은 자연과 인간이 만든 경관을 면밀하게 분석해서 '자연스러움'에 대한 일종의 분류 체계를 정리하기 시작했다.

그들은 자연 경관이 도시환경보다 색상의 변화가 적고(초록색, 노란색, 갈색, 녹색 등), 색 포화color saturation나 순수한 원색을 더 많이 갖고 있다는 것을 발견했다. 자연환경에서는 또 도시환경보다 직선이 덜 보이고, 곡선 모양이 더 많이 보였다. 마지막으로, 가장자리가 떨어져 있는 인공적인 디자인(사무실 건물 표면에 일렬로 나 있는 창문을 떠올려 보자)과 달리 자연 풍경에서는 가장자리가 빽빽하게 채워져 있는 경향이 있다(나무의 무성한 잎들이 겹쳐 보이는 가장자리를 상상해 보자). 버만과

자연이 만든 마인드

그의 팀은 이러한 특징을 필터로 사용해 해당 이미지에 인간이 매우 자연스러운 모습이라고 평가한 광경이 담겨 있는지를 81퍼센트의 정확도로 예측할 수 있는 컴퓨터 모델을 설계했다.[40] 다른 연구자들은 자연스러운 광경과 인위적인 광경을 구별하는 특징들을 추가로 찾아냈다. 자연환경은 역동적이고 분산된 빛, 부드럽고 리드미컬한 움직임, 바다의 파도나 새소리 같이 증감이 반복되는 잔잔한 소리를 담고 있다.[41]

자연이 인공적인 환경보다 더 단순하거나 더 기초적인 것은 아니다. 실제로 자연 광경은 만들어진 것들보다 더 많은 시각적 정보를 담는 경향이 있고, 우리 인간은 이렇게 풍부한 시각적 자극을 갈망한다. 뇌 피질에 있는 뉴런의 약 3분의 1은 시각 정보 처리를 담당하고 있는데, 우리 눈이 가진 식탐을 만족시키려면 시각적으로 상당히 참신해야 한다.[42] 이렇듯 탐색하고자 하는 욕구의 반대편에서 균형을 이루는 것이 있으니, 바로 이해하고자 하는 욕구다. 즉 우리는 질서정연한 느낌과 다양한 느낌을 같이 추구한다. 자연은 이 두 가지 욕구를 모두 충족시키는 반면, 인공적인 환경은 한쪽이나 다른 쪽에서 오류를 일으키는 경우가 많다. 인위적으로 만들어진 환경은 단조롭고 활기차지 못한 느낌을 줄 수 있다. 현대 건물들의 획일적인 유리와 금속 외관, 그리고 사무실 대부분을 줄지어 채우고 있는 베이지색 칸막이를 상상해 보면 알 수 있다. 인공적인 환경은 또 반대로 빛, 소리, 움직임으로 가득해 압도적인 느낌을 주거나 지나치게 자극적일 수도 있다. 그 예로 뉴욕의 타임스스퀘어나 도쿄의 시부야 교차로를 떠올릴 수 있다.

자연은 복잡한 게 사실이지만, 자연의 복잡함은 우리 뇌가 쉽게 처리할 수 있는 유형의 복잡함이다. 리투아니아에 있는 ISM경영경제 대학교ISM University of Management and Economics의 선임 연구원인 야닉 조이Yannick Joye는 우리가 자연에 둘러싸여 있을 때 높은 수준의 '지각적 유창성perceptual fluency'[43]을 경험한다고 말한다. 조이는 자연 속에서 편안하게 햇볕을 쬐면 뇌가 쉴 수 있고 기분이 좋아진다고 설명한다.[44] 우리는 환경에서 얻을 수 있는 정보를 힘들이지 않고 흡수할 수 있을 때 긍정적인 감정으로 반응하게 된다.

자연에 대해 경험하는 지각적 유창성은 자연 경관의 다양한 요소가 상호 작용하는 방식에서 나온다. 자연 광경은 인위적인 환경에서 흔히 찾아볼 수 있는 혼란스러운 부조화(수수한 현대 조각품 근처 요란한 광고판 옆에 있는 우아한 로코코rococo 건물)가 적고 더 일관적이다. 자연 광경은 또 중복된 정보를 더 많이 담고 있다.[45] 나뭇잎이나 산비탈의 모양과 색깔은 계속해서 반복되고, 이러한 특징은 예측하는 뇌의 습관을 촉진한다. 자연에 있을 때 우리는 다음에 무슨 일이 일어날지 모르는 도시환경과 달리 방금 봤던 모습을 통해 이어서 무엇을 보게 될지 잘 예측하게 된다. 조이는 "자연 풍경은 지각적인 예측 가능성과 중복을 특징으로 하는 반면, 도시 광경은 지각적으로 상이한 물체들로 구성되는 경향이 있다. 서로 다른 도시의 모습은 우리의 시각적 관심을 얻기 위해 경쟁하고, 우리가 도시의 모습을 파악하고 처리하는 일을 더 어렵게 만든다"고 지적했다.[46]

프랙털fractal은 과학자들의 큰 관심을 끌었던 중복의 한 형태다. 프랙털 패턴은 동일한 무늬가 다른 크기로 반복된다. 예컨대, 양치식물의 앞면을 상상해 보자. 식물의 맨 아래 부분의 가장 큰 곳부터 맨 끝 부분의 가장 작은 곳까지 각 부분이 기본적으로 같은 모양을 하고 있다. 이러한 '자기 유사적^{self-similar}' 구조는 식물뿐 아니라 구름, 불꽃, 모래 언덕, 산맥, 바다의 파도, 암반층, 해안선의 윤곽, 우거진 나무 사이의 틈에서도 발견된다. 이 모든 현상은 작은 형태 안에 더 작은 형태가 계속 반복되는 패턴으로 구성되고, 겉으로 보기에 무질서해 보이는 자연의 근본적인 질서다.

프랙털 패턴은 인공적인 환경보다 자연에서 훨씬 더 흔하게 볼 수 있다. 게다가 자연의 프랙털은 독특한 종류에 속한다. 수학자들은 프랙털 패턴을 그 복잡성에 따라 0~3의 척도로 등급을 매긴다. 자연에서 발견되는 프랙털은 1.3에서 1.5 사이의 값으로 중간 범위에 속하는 경향을 보인다. 연구에 따르면, 컴퓨터로 생성한 프랙털 패턴을 제시하면 사람들은 낮거나 높은 범위의 프랙털보다 중간 범위에 속하는 프랙털을 선호한다고 한다.[47] 또 여러 연구에 따르면, 이러한 패턴을 보고 있으면 인간의 신경계가 진정되는 효과가 나타난다.[48] 피부 전도도를 측정해 보면, 연구 대상자에게 중간 범위의 프랙털을 보여줄 때 생리적 각성이 저하되는 것을 알 수 있다. 또 뇌 활동을 기록하는 뇌전도 검사를 받고 있는 사람들의 경우에는 연구자들이 '깨어 있는 이완 상태'라고 말하는 상태로 진입한다.[49] 자연에서 발견되는 것과 같은 프랙털을 보면 정신이 맑아지는 동시에 마음이 편안해진다.

이렇게 자연과 유사한 프랙털을 접할 경우, 명료하게 사고하고 문제를 해결하는 우리의 능력이 향상된다는 증거도 있다. 컴퓨터화된 '프랙털 풍경'[50] 안에서 정보 검색, 지도 읽기, 위치 판단 작업을 요청받은 연구 참가자들은 프랙털의 복잡성이 중간 범위 내에 있을 때 가장 효율적이고 효과적으로 주어진 작업을 수행해 냈다. 야닉 조이가 주도한 또 다른 실험에서는 실험 참가자들에게 다양한 복잡성을 가진 프랙털 패턴에 노출되는 동안 그리고 노출된 후에 어려운 퍼즐을 완성하도록 했다.[51] 실험 참가자들은 자연에서 발견된 것과 유사한 구조를 가진 프랙털을 봤을 때 가장 쉽고 정확하고 빠르게 퍼즐을 맞췄다. 우리 뇌는 자연에서 발견되는 프랙털의 특징을 처리하는 데 최적화돼 있는 것으로 보인다. 수십만 년에 걸쳐 이뤄진 진화를 통해 우리의 지각 능력은 자연환경에서 시각적 정보가 구조화되는 방식으로 맞춰져 왔다.[52] 우리는 프랙털 패턴을 의식하지 않을 수도 있지만, 의식보다 더 깊은 수준에서 이 패턴은 반향을 일으킨다.

프랙털이 인간의 정신에 미치는 영향에 대한 연구는 오리건대학교에서 물리학, 심리학, 미술을 가르치고 있는 리처드 테일러Richard Taylor 교수에 의해 개척됐다. 테일러가 대학에서 가르치고 있는 과목을 보면 알 수 있듯이 그는 어지러울 정도로 폭넓은 관심사를 갖고 있다. 여러 해 전 그는 전기 흐름에 나타나는 프랙털 패턴을 연구하고 있었고, 그가 본 프랙털 모양은 잭슨 폴록의 그림을 떠올리게 했다. 예상치 못한 두 대상 사이의 연관성을 조사하기 위해 테일러는 폴록의 후기 작품들을 분석했고, 그 작품들 역시 프랙털 패턴을 보여 준다는 사실을 알아냈으며 그 값은 1.3~1.5 사이였다.[53] 놀랍게도 폴록이 뉴욕시에서 롱아일랜드의 스프링스로 이사한 후 작업한 드립 페인팅 작품들은 자연의 시각적 특징을 갖고 있는 것으로 밝혀졌다. 동아프리카 사바나 특유의 특징을 무의식적으로 재현해 낸 케이퍼빌러티 브라운이나 험프리 렙톤 같은 조경 건축가들처럼 폴록은 자연 세계에 대한 인류의 아주 오랜 친밀감을 이용했던 것으로 보인다.

예를 들어, 〈제14번Number 14: Gray〉이라고만 알려진 작품으로 폴록이 1948년에 완성한 드립 페인팅을 한번 살펴보자. 극명한 검은색,

흰색, 회색으로 표현된 이 작품은 폴록이 스프링스에 리 크래스너와 함께 살던 집을 둘러싸고 있던 푸르른 초목과 즉각적인 유사성을 갖고 있지는 않다. 그러나 그 그림을 더 자세히 살펴보면, 보는 이로 하여금 얇고 굵어지는 선들로 만들어진 복잡한 둥지 나선형의 소용돌이 속으로 빠져들게 한다. 리처드 테일러는 감탄하며 이렇게 말했다. "누군가가 '자연을 캔버스 한 장에 담아낼 수 있을까?'라고 묻는다면, 그 질문에 대한 답으로 가장 좋은 예가 바로 1948년 작인 〈제14번〉이죠."[54]

자연에서 보내는 시간은 스트레스를 해소하고, 정신적 평정을 회복하고, 집중력과 주의력을 유지하는 능력을 향상시킨다. 그러나 우리는 대부분의 시간을 실내에서 보낸다. 그렇다면 실내를 좀 더 실외처럼 만들 수 있는 방법을 찾을 수 있을까? 환경심리학자인 로저 울리치Roger Ulrich는 병원이나 기타 의료 시설과 같은 특정 유형의 건축 환경에 대해 이 같은 질문을 던지고 긍정적으로 답했다. 현재 스웨덴 찰머스대학교의 건축학 교수인 울리치는 우리의 오래된 생물학적 배선은 '자연을 약처럼 이용'할 수 있게 해 준다고 말한다.[55] 그는 진심으로 그렇게 생각한다. 수십 년 전, 울리치는 자연에 노출되면 통증이 완화되고 수술 후 회복 중인 환자들의 치유가 빨라진다는 점을 입증했다.[56]

필라델피아 교외의 한 병원에서 수행한 울리치의 연구에서 나무가 보이는 방을 사용하는 환자들이 벽돌 벽이 내다보이는 방을 사용하는 환자들보다 진통제를 덜 필요로 하고, 합병증을 덜 겪으며, 입원 기간이 짧다는 것이 밝혀졌다. 또 간호사들 역시 녹색 풍경을 바라보는 환자들의 심리 상태를 기록하면서 '속상해하며 운다', '많은 격려가 필요하다'와 같은 부정적인 의견을 훨씬 적게 적었다. (울리치는 해당 연구에 대한 영감이 자신의 오랜 경험에서 나왔다고 말한다. "십 대였을 때 저는 몇 가지 심각한 질병을 앓게 돼 집 침대에서 시간을 보내야 했어요. 창문은 제게 안정을 찾아주는 나침반이었습니다. 매일 저는 바람에 흔들리는 나무들을 바라봤죠. 바라볼 때마다 뭔가 차분한 분위기를 느낄 수 있었어요."[57])

울리치와 다른 과학자들이 추가로 수행한 연구에서는 자연적 요소 노출이 환자의 고통을 줄이고 회복을 앞당기는 데 도움이 된다는 사실을 확인했다.[58] 이러한 연구는 의료 시설 설계에 혁명을 일으키는 데 도움을 줬고, 환자와 직원들에게 자연광과 푸르른 전망을 제공하는 건물로 개조되거나 새 건물이 지어지는 결과로 이어졌다. 또 야외가 우리 몸에 미치는 영향을 더 정확하게 규명하기 위한 여러 후속 연구가 뒤따랐다. 울리치의 연구는 자연은 수천 년에 걸친 진화를 통해 생물공학적으로 만들어진 매우 신뢰할 수 있고 효과적인 '약'이 될 수 있다는 점을 입증했다. 자연이라는 약은 우리 모두에게 동일한 방식으로 영향을 미치는 것으로 보인다. 자연에 노출되면 20~60초 사이에 우리의 심장 박동 수가 느려지고, 혈압은 떨어지고,[59] 호흡은 더 규칙적으로 자리 잡고, 뇌 활동은 더 편안해진다.[60] 심지어 눈의 움직임도 변한다.[61] 우리는 인공적인 광경보다 자연 광경을 볼 때 더 오래 바라본다. 눈의 초점도 자주 바뀌지 않는다. 우리는 도시를 볼 때보다 자연을 볼 때 눈을 덜 깜빡이게 되고, 이는 자연이 우리에게 가하는 인지 부담이 크지 않다는 사실을 의미한다. 또한 자연 광경의 세부적인 사항을 더 정확하게 기억한다.[62] 뇌 스캔 결과는 우리가 자연을 바라볼 때 더 많은 기쁨 수용체pleasure receptor와 더 넓은 시각 피

172

질 영역이 활성화된다는 사실을 보여 준다.[63]

물론 병원에 입원해 있는 환자들만 이 자연이라는 '약'을 정기적으로 복용해 이익을 얻을 수 있는 것은 아니다. 우리의 가정, 학교, 직장 모두 바이오필릭 디자인biophilic design('생명애'라는 바이오필리아biophilia와 디자인의 합성어로 친환경적 혹은 생물 친화적인 디자인을 말한다 – 옮긴이)이라고 알려진 요소들을 공간에 적용한다면 인지적으로 더 적합한 공간이 될 수 있다. 하버드대학교 소속 생물학자인 E. O. 윌슨E. O. Wilson은 1984년에 '바이오필리아 가설biophilia hypothesis'이라는 개념을 제기했다.[64] 바이오필리아 가설은 인간이 생명이나 생명이 느껴지는 과정에 집중하는 본능 그리고 다른 형태의 생명과 연결되고자 하는 욕구를 지니고 있다고 가정한다. 윌슨은 이 같은 인간의 욕구는 강력하며, 우리의 건강과 행복뿐 아니라 생각 또한 그 욕구가 억압될 때 고통을 받는다고 주장한다. 마치 우리가 비유기적 형태와 물질에 둘러싸여 많은 시간을 보낼 때 느끼는 것처럼 말이다. 다행히 그는 우리에게 대안이 될 만한 길이 이미 마련돼 있다고 말하면서 다름 아닌 자연 그 자체가 우리의 몸과 마음이 가장 잘 기능할 수 있는 조건에 대해 포괄적인 지침을 제공해 줄 것이라고 덧붙인다.

예를 들어, 우리는 뇌가 식물에 내재된 일관된 구조와 중복된 정보를 좋아한다는 것을 알고 있다. 그렇다면 그 녹색 식물을 실내로 들여오면 어떨까? 유럽의 공동작업공간 네트워크인 세컨드홈Second Home의 매니저들은 실제로 식물을 실내로 들여왔다. 런던에 있는 세컨드홈 본사에는 1000개가 넘는 식물로 가득하다. 2014년 이 공간이 문을 열었을 당시 E. O. 윌슨은 세컨드홈 직원과 이야기하기 위해 그 공간에 있었다. 세컨드홈의 공동 창업자 중 한 명인 로한 실바Rohan

Silva는 "우리가 세컨드홈에서 하는 일들은 모두 자연과 바이오필리아에서 영감을 받았습니다"라고 말한다.[65] 실바는 포르투갈 리스본에 있는 세컨드홈 사무실은 온실을 본떠 만들어졌으며, 온실보다 훨씬 더 많은 식물의 서식지라고 말한다. 그 사무실에는 틸란드시아, 필르덴드론, 몬스테라를 포함한 100여 가지의 다양한 품종에 속하는 식물 2000여 개가 있다. 연구에 따르면, 사무실 내에 식물이 있으면 실제로 직원들의 주의력과 기억력이 향상되고 생산성도 높아진다고 한다.[66] 학생들도 교실에 '녹색 벽', 즉 살아 있는 식물들이 자라고 있으면 집중력이 향상되는 것으로 나타났다.[67]

물론 녹색 식물은 자연이 주는 혜택의 일부일 뿐이지만, 바이오필릭 디자인을 실천하는 사람들은 학교, 사무실, 공장, 심지어 고층 건물을 새로 지으면서 건물에 유기적 요소들을 통합해 나가기 시작했다. 2009년 완공된 55층짜리 뱅크오브아메리카 타워 Bank of America Tower는 미드타운 맨해튼의 브라이언트파크 Bryant Park 모퉁이에 위치해 있다.[68] 뱅크오브아메리카 타워 입구에 도착한 사람들이 문손잡이를 잡았을 때 그들이 느끼는 감촉은 강철이나 플라스틱이 아닌 나무다. 이 공간을 디자인하는 데 일조한 환경전략가 빌 브라우닝 Bill Browning은 "우리는 방문객들이 처음으로 만지는 것에 자연의 결이 느껴지길 바랐습니다"라고 말한다.[69] 건물 로비 안으로 들어서면 자연을 느낄 수 있는 테마가 계속 이어진다. 천장은 대나무로 덮여 있고, 벽은 작은 조개껍질과 바다 생물 화석이 박혀 있는 돌로 지어져 있다. 심지어 건물 모양도 자연에서 영감을 받았다. 뱅크오브아메리카 타워는 석영 결정 quartz crystal의 프랙털 형태를 모방했다.

바이오필릭 디자인이 아직 새로운 분야이기는 하지만, 자연에서 영감을 받아 지어진 건물에서 일하고 배우면, 실제로 야외에 머물며 누릴 수 있는 인지 기능 향상과 같은 혜택을 누릴 수 있다는 연구 결과가 있다. 예를 들어, 2018년 발표된 한 연구에서 하버드 T. H. 챈 보건대학원Harvard's T. H. Chan School of Public Health 소속 연구 팀은 참가자들에게 생물 친화적인 요소(화분에 담긴 식물, 대나무 바닥, 식물과 강이 보이는 창문)가 있는 실내 환경과 그러한 요소가 없는 실내 환경(창문이 없고 카펫이 깔려 있으며 형광등이 켜져 있는 공간)에서 시간을 보내도록 했다.[70] 참가자들은 그들의 혈압과 피부 전도도를 추적 관찰하는 웨어러블 센서를 장착했다. 각각 다른 두 공간을 방문한 후 그들의 기분과 인지 기능을 테스트하는 검사가 시행됐다. 생물 친화적인 바이오필릭 환경에서는 단 5분 만에 참가자들의 긍정적인 감정이 증가했고, 혈압과 피부 전도도가 떨어졌으며, 단기 기억력은 생물 친화적이지 않은 공간을 방문한 이후 측정된 수치보다 14퍼센트 향상됐다.

연구 참가자들이 창문이 있는 공간에서 기분이 더 좋아졌다는 사실은 놀랍지 않을 수도 있다. 어느 누가 태양과 하늘을 내다보는 일보다 그 보기 싫은 형광등을 바라보는 일을 더 좋아하겠는가? 그러나 수십 년 동안 설계업자와 건축업자들은 눈에 무리를 줄 것만 같은 환한 태양 빛과 집중에 방해될 만한 요소들이 모두 차단된, 즉 창문이 없는 공간에서 일정한 빛을 받으며 생각을 하는 게 가장 좋을 것이라고 믿었다. 오늘날 여전히 이러한 믿음을 바탕으로 우리가 배우고 일하는 공간들이 만들어지고 있다. 우리가 야외에서 경험하는 햇빛의 자연적인 변화를 의도적으로 없애기 위해 설계된 공간들이 여전히 많다. 자연 빛과 같은 미묘한 빛의 변화는 우리가 정신을 맑게 하고 생체 시계를 조절하는 데 도움을 준다는 사실을 이제 우리도 알고 있다.[71] 실제로 연구에 따르면, 낮에 자연광을 접한 사람들이 더 잘 자고, 더 활기차고, 더 활동적이라고 한다. 한 연구에서는 사무실 창문을 통해 햇빛에 노출된 직원들이 창문이 없는 공간에서 일하는 직원들보다 밤에 평균 46분 더 오래 잔다는 것이 밝혀졌다.[72] 기술 기업을 대표하는 구글은 창가 근처에 책상을 둔 직원들이 자연광에서 멀리 떨어진 곳에 있는 직원들보다 더 창의적이고 생산적이라는 사실을 알아냈다.[73] 구글은 자사 직원들이 근무 중에 얼마나 많은 햇빛을 받아야 하는지 알려 주는 지침을 발표하기도 했다. 또 일부 직원에게는 그들이 근무하는 공간에 충분한 빛이 드는지 확인하기 위한 광센서를 목에 착용하도록 했다.

오늘날 많은 사람이 사용하는 건물들은 에너지 절약이라는 명목으로 창문을 막아 버리거나 제거하기도 했던 1970년대의 에너지 위기 때 만들어졌다.[74] 오늘날 일부 교육 지도자와 기업가는 학생과 근로자들이 자연광을 쐴 수 없게 만드는 일은 어리석은 행동이라는 사실을 잘 알고 있다. 예를 들어, 플로리다주 탬파에 있는 H. B. 플랜트고등학교H. B. Plant High School에서는 1970년대에 폐쇄됐던 큰 창문들이 최근 복원돼 약 40년 만에 다시 내부로 햇빛이 들어오게 됐다. 새로운 학교와 사무실 건물을 지을 때, 일부 건축가는 건물 사용자들의 자연광에 대한 욕구와 비용을 줄이고 에너지를 절약해야 하는 의무 사이의 균형을 맞추는 관점에서 생각한다. 뉴욕 스태튼아일랜드Staten Island의 캐슬린그림학교Kathleen Grimm School of Leadership and Sustainability로도 잘 알려진 PS 62에서는 학교 건물에 필요한 에너지를 태양 전지판과 풍력 터빈으로 생산하고, 학교의 냉난방 시스템은 지하 지열정underground geothermal well으로 구동한다. 2015년에 완공된 이 건축물은 90퍼센트에 달하는 시간 동안 '일광 자율daylight autonomy'이 가능한 공간이다. 다시 말해, 교실과 복도에서 거의 자연광만 사용하고 있다. 리사 사르니콜라Lisa Sarnicola 교장은 학교 건물의 세심한 디자인은 비용을 절감하고 환경을 보호하는 것 외에도 학생들이 더 생동감 있는 교육을 받을 수 있게 해 준다고 말하면서 이렇게 덧붙였다. "학교 건물의 사려 깊은 디자인은 건물 전체의 분위기를 변화시키고 아이들을 행복하게 해 줍니다."[75]

심지어 자연 풍경이 학업 성취도 향상과 관련이 있다는 증거도 있다. 하버드 T. H. 챈 보건대학원 교수인 존 슈펭글러John Spengler는 지구 상공 약 400마일(약 644킬로미터) 높이에서 나사NASA 우주선에 의해 촬영된 위성 사진을 통해 교정이 얼마나 푸른지 측정하는 기발한 방법을 사용했다.[76] 슈펭글러와 그의 동료들은 매사추세츠주에 있는 공립 학교들의 항공 사진을 분석해 각 학교 교정에 있는 식물의 양을 알아냈고, 그 측정값을 매사추세츠주 정부가 3~10학년 학생들의 학력 수준을 평가하기 위해 시행하는 시험인 MCAS Massachusetts Comprehensive Assessment System(매사추세츠 종합학력평가 시스템) 점수와 비교했다. 연구원들은 인종, 성별, 가구 소득, 제2언어로 영어 사용 등의 요인을 통제한 결과, 주변에 녹지가 더 많을수록 전 학년 학생들의 영어와 수학 학업 성취도 역시 높게 나타난다고 보고했다.

일리노이대학교의 조경학과 교수인 윌리엄 설리번William Sullivan과 그의 동료인 동잉 리Dongying Li는 자연환경이 미치는 영향을 알아보기 위해 좀 더 직접적으로 실험을 했다. 실험에 참가한 고등학생들은 녹지가 보이는 방, 건물이나 주차장이 보이는 방, 창문이 없는 방에 무작위로 배정됐다.[77] 설리번과 리는 교정 과제 완성하기, 연설하기,

암산 문제 풀기를 포함한 일련의 도전적인 활동으로 참가자들에게 정신적인 부담을 줬다. 그런 다음 그들은 각 참가자에게 주의력 테스트를 실시하고, 10분간 쉬는 시간을 주고, 두 번째 주의력 테스트를 실시했다. 모든 과정이 각 참가자가 배정된 방에서 이뤄졌다. 쉬는 시간 동안 창밖으로 녹지를 바라볼 수 있었던 고등학생들은 두 번째 주의력 테스트에서 13퍼센트 더 높은 점수를 받았다. 한편 창밖으로 건물을 내다본 학생들과 창문이 없는 방에 있었던 학생들의 주의력은 조금도 나아지지 않았다.

학생들뿐만 아니라 직장인들 역시 자연 풍경이 보이는 공간이 주는 혜택을 누릴 수 있다. 캘리포니아에너지위원회California Energy Commission의 의뢰로 수행된 연구에서는 창문 접근성이 새크라멘토시 공공사업지구Sacramento Municipal Utility District에 고용된 두 팀의 업무 성과에 미치는 영향을 조사했다.[78] 해당 공공사업지구의 콜센터 직원들은 밖을 내다볼 창문이 없는 경우보다 (근처에 녹지를 바라볼 수 있는 창문이 있는) 가능한 한 전망이 좋은 경우에 6~12퍼센트 더 빠르게 통화 업무를 처리하는 것으로 나타났다. 그리고 지역 본청의 근로자들은 밖을 내다볼 수 없는 경우보다 가능한 한 전망이 좋은 경우에 사고 기능과 기억력 테스트에서 10~25퍼센트 더 높은 점수를 받은 것으로 밝혀졌다.

심지어 잠깐 창밖을 내다보는 것만으로도 우리의 정신적 능력에 변화를 줄 수 있다. 호주 멜버른대학교 소속 연구원들은 연구 참가자들이 콘크리트로 덮인 맨바닥을 바라본 경우보다 꽃이 피는 목초지 식물로 덮인 지붕을 바라보며 42초간의 '짧은 휴식'을 취한 경우 인지 기능 테스트에서 더 높은 점수를 받는다는 사실을 알아냈다.[79] 식물로 덮인 녹색 지붕을 바라본 참가자들은 더 기민하고, 실수를 적게 하고, 주의력을 더 잘 통제했다. 우리는 창밖을 내다볼 때마다 정신적 자원을 보충하면서 하루 종일 짧은 휴식을 통한 '미시적 회복 기회 microrestorative opportunity'[80]를 찾을 수 있다.

미시적 회복 경험은 바쁜 일과와 학업 일정 속에서 일어난다. 하지만 자연에서 보내는 시간은 우리가 더 사려 깊고 현명한 방식으로 생각할 수 있도록 도와주고 우리가 시간을 보내는 방법과 미래를 생각하는 방식을 바꿀 수 있다. 박물학자이자 작가인 존 뮤어John Muir는 미국 서부의 시에라 산맥을 하이킹하며 보낸 시간에 대해 "오, 산에서 보낸 광막하고도 고요한 날들이여"라고 외쳤다.[81] 1903년 5월 뮤어는 캘리포니아 요세미티 계곡에서 3일간 캠핑하는 여정으로 당시 미국 대통령이었던 시어도어 루스벨트Theodore Roosevelt의 가이드 역할을 했다. 이후 루스벨트는 그 시간을 이렇게 회상했다. "첫날 밤 우리는 거대한 세쿼이아 숲속에서 캠핑을 했습니다. 날씨는 맑았고 우리는 바깥에 누워 있었어요. 시나몬 색을 한 거대한 나무 몸통들이 그어떤 건축가도 상상해 내지 못할 정도로 어마어마하고 아름다운 성당의 기둥들처럼 우리 주위에 솟아 있었죠."[82]

두 사람이 요세미티의 아름다운 모습을 둘러보는 동안 뮤어는 루스벨트 대통령에게 미국의 자연이 지닌 아름다움을 공식 지정해 보존하지 않으면 훼손될 위험에 처해 있다고 경고했다. 뮤어가 전달한 긴급 메시지는 받아들여졌다. 그 후 몇 해 동안 루스벨트는 자연림을 위한 면적을 세 배로 늘리고, 국립공원 수를 두 배로 늘렸으며, 그랜드캐니언Grand Canyon을 포함한 국립 기념물national monument 17개를 지정했다. 뮤어와 헤어지고 얼마 지나지 않아 새크라멘토에서 열린 청중과의 대화에서 루스벨트는 자신이 누워 올려다봤던 세쿼이아 숲이 벌목되지 않고 보호돼야 하는 이유를 이렇게 설명했다. "거대한 나무 숲들이 사라지도록 내버려 둔다면 우리 문명에 불명예스러운 일이 되므로 저는 그 숲들이 보존되기를 바랍니다. 거대한 숲 그 자체가 기념물입니다. 그러한 나무숲과 다른 천연자원들을 훼손하지 않은 상태로 후대에 물려 줘야 합니다. 우리는 오늘 하루만을 위해 이 나라를 만들어 가고 있는 게 아닙니다. 이 나라는 대대로 이어져 나갈 것입니다."[83]

루스벨트는 청중과의 대화에서 '후대'를 언급했다. 연구에 따르면, 보다 더 장기적인 이익을 얻기 위해 당장의 만족을 지연시키는 능력 역시 자연에서 시간을 보낼 때 더 강화된다고 한다.[84] 플로리다대학교 소속 심리학자인 메레디스 베리Meredith Berry는 연구 참가자들에게 자연(산과 숲)과 도시(건물과 도로) 광경이 담긴 이미지를 보여 준 다음, 그들에게 '미래 할인future discounting', 즉 나중에 더 큰 보상을 받기보다 지금 당장 작은 보상을 선호하는 성향을 얼마나 갖고 있는지 알아보는 질문을 던졌다. 자연환경이 담긴 사진을 본 사람들은 도시환경이 담긴 사진을 본 사람들보다 충동을 더 잘 억제하고 자제력을 더 잘 발휘해 만족을 유예하는 성향이 더 크게 나타났다.

네덜란드의 라이덴대학교Leiden University 소속 심리학자인 아리안느 반 데어 발Arianne van der Wal은 자신의 연구에 참여한 사람들에게 암스테르담의 녹지 지역과 번잡한 도시 지역을 산책하도록 했다. 연구 참가자들이 산책을 마친 후, 자연을 막 접하고 난 사람들이 당장의 욕구를 만족시키고자 하는 충동을 억제할 가능성이 10~16퍼센트 더 높다고 밝혀졌다.[85] 어린아이들을 대상으로 한 연구에서도 그와 비슷한 결과가 나왔다. 8~11세 아이들의 경우, 도시에 관한 비디오를 시청한 후보다 자연에 관한 비디오를 시청한 후에 만족을 유예할 수 있는 능력이 더 높게 나타났다.[86] 도시환경을 바라보거나 접할 때 우리는 경쟁심을 느끼고 기회를 적극적으로 잡아야 한다고 믿는 경향이 있다. 반면에 자연은 풍요로움과 우리 마음을 안심시키는 영속성을 느끼게 해 준다.

자연이 불러일으키는 미래 지향적인 성향은 자연이 시간에 대한 우리의 감각을 변화시키는 방식과도 관련이 있을 수 있다. 베리의 또 다른 연구에서 그녀는 참가자들에게 일정 시간을 준 다음 몇 초 혹은 몇 분이 지났는지 예측하도록 했다.[87] 해당 연구 결과에 따르면, 자연 광경을 본 사람들은 시간이 더 느리게 흐르는 것으로 인식했다. 그와 비슷한 한 연구 결과를 보면, 자연환경에서 산책한 사람들은 자신이 산책한 시간을 더 길게 인식하는 반면, 도시환경에서 산책한 사람들은 얼마간 산책을 했는지 정확하게 추정한다는 점을 알 수 있다.[88] 시간에 대한 우리의 인식은 상황적 신호의 영향을 받아 변하기 쉽다. 즉 자연환경은 우리의 각성을 줄이고 주의력을 높여 우리가 시간과 미래에 대해 더 관대한 태도를 지니게 해 준다.

자연은 또 우리가 더 창의적으로 사고할 수 있도록 이끌어 줄 수도 있다. 아이들이 하는 놀이는 그들이 실내에 있을 때보다 야외에 있을 때 더 창의적이라는 연구 결과가 나왔다.[89] 즉 자연스러운 놀이 공간은 덜 조직화돼 있어 더 다양하며, 아이들이 접할 수 있는 놀이용품(나뭇잎, 조약돌, 솔방울)은 교사나 부모들이 미리 정해 놓은 목표와 상관이 없다. 마찬가지로 성인들도 자연에서 시간을 보내면 혁신적인 사고를 촉진할 수 있다. 과학자들은 자연 풍경이 유발하는 '부드러운 매혹soft fascination'이 뇌의 '기본 모드 네트워크default mode network'로 알려진 상태와 관련이 있다는 이론을 제시하고 있다. 이 네트워크가 활성화되면 우리는 특정 작업에 집중하지 않고 뜻밖의 연결 고리나 통찰을 발견하게 되는 뇌의 휴식 상태에 진입하게 된다. 자연 속에서는 우리가 결정을 내리고 선택해야 할 일이 거의 없고, 우리 마음이 이끄는 대로 자유롭게 생각할 수 있다. 동시에 자연은 우리의 정신력을 독차지하지 않은 상태에서 우리의 기분을 고양시키고 생각을 전환해 준다.[90] 그러한 긍정적인 감정 상태가 되면 우리는 더 폭넓고 열린 마음가짐으로 사고하게 된다. 정신적 여유 공간이 생기면 활발하게 일어나는 생각들이 이미 뇌에 깊이 저장돼 있던 기억, 감정, 생각들과 뒤섞이면서 영감을 주는 생각이 번뜩일 수 있다.

창의적 사고에 자연이 도움이 된다는 사실은 점심시간에 공원을 산책하면서도 느낄 수 있다. 그러나 자연을 더 만끽할 수 있는 지역으로 가면 더 특별한 결실을 얻게 될 수도 있다. 데이비드 스트레이어David Strayer는 이 같은 효과를 '3일 효과'[91]라고 부른다. 유타대학교 소속 심리학자인 스트레이어는 그의 가장 독창적인 아이디어가 유타 지역의 험준한 오지로 하룻밤 여행을 떠났을 때 떠올랐다는 사실을 오랫동안 주시해 오던 터였다. 2012년 발표된 한 연구를 수행하기 위해 그는 알래스카, 콜로라도, 메인Maine, 워싱턴주에서 도보 여행을 하는 사람들의 창의적 사고를 평가했다.[92] 일부는 여행을 떠나기 전에 평가를 받았고, 또 다른 일부는 광야에서 3일을 보낸 뒤 평가를 받았다. 창의적 사고를 평가한 결과는 스트레이어의 경험을 재확인해 줬다. 도보 여행자들의 답변은 자연에 노출된 시간이 길어졌을 때

50퍼센트 더 창의적이라는 결과를 받았다. 디지털 미디어의 집중 방해에 대해서도 연구 중인 스트레이어는 휴대 전화나 컴퓨터와 분리될 수밖에 없는 상황이 도보 여행자들의 창의적 사고 능력을 향상시키는 데 적지 않은 역할을 했다고 믿는다. 우리가 사용하는 전자 제품은 의도적으로 우리의 관심을 사로잡도록 설계돼 있어 그 제품에 대한 관심을 끄기가 쉽지 않다. 전자 기기들은 창의성을 발휘할 수 있게 해 주는 분산된 의식 과정을 방해한다. 자연으로 들어가는 것이 그 기기들과 분리될 수 있는 거의 유일한 방법이다.

자연에서 디지털 기기 사용을 멈춤으로써 우리의 창의성을 향상시킬 수 있는 방법이 또 있다. 우리가 디지털 기기의 작은 화면을 자세히 들여다보는 데 쏟는 시간은 우리의 자의식이 확대되고 과장되게끔 만들어 사고의 폭을 좁게 만든다. 바다, 산, 밤하늘과 같은 자연의 헤아릴 수 없는 광대함은 우리에게 정반대의 영향을 미친다. 자연의 광대함은 가능성에 대한 우리의 감각을 활짝 열어 줄 때조차 우리가 얼마나 작은지 느낄 수 있게 한다.[93] 이 모든 것은 우리가 자연에서 가장 흔히 마주하는 경외감이라는 감정을 통해 이뤄진다. 캘리포니아대학교 버클리의 심리학과 교수인 다처 켈트너 Dacher Keltner는 최근 경외감에 대한 많은 연구를 주도해 왔다. 그는 경외감을 "기쁨 위에 있고 두려움의 경계선에 있는 감정"이라고 말한다.[94]

경외감과 관련해 기쁘고도 두려운 것 중 하나는 그 감정을 통해 접할 수 있는 완전히 새로운 관점이다. 일상적인 경험은 우리에게 그랜드캐니언의 거대함이나 나이아가라폭포의 두려울 정도의 웅장함을 완전히 이해할 수 있는 바탕을 마련해 주지 못한다. 우리는 그것들을 보고 준비된 반응을 할 수 없다. 낯선 환경은 우리가 참조할 수 있는 틀에서 벗어나 있기 때문에 이때 우리는 새로운 정보를 받아들이기 위해 노력한다.[95] 경외심을 동반한 물리적 행동을 생각해 보자.[96] 우리는 멈추고, 잠시 머뭇거리고, 눈을 크게 뜨고 바라보며, 우리를 놀라게 한 장면들을 더 받아들이기라도 하려는 듯 이목구비를 축 늘어뜨리게 된다. 켈트너와 다른 연구자들이 발견했듯 경외감을 마주하는 경험은 예측 가능한 일련의 심리적 변화를 일으킨다. 즉, 우리는 선입견과 고정관념에 덜 의존하게 된다. 더 큰 호기심과 더 활짝 열린 마음을 갖게 된다.[97] 또 자신과 세상을 이해하기 위해 사용하는 본보기라 할 수 있는 정신적 '도식schemas'을 기꺼이 수정하고 업데이트하게 된다.[98] 경외심을 느끼는 경험은 인간의 뇌를 위한 '리셋 버튼'[99]이라고 여겨져 왔다. 그런데 우리는 스스로 경외감이나 그와 관련된 과정을 만들어 낼 수 없다. 우리는 이러한 내적 변화를 경험하기 위해 모험의 세계로 나아가야 하고 자신보다 더 큰 무언가를 발견할 수 있어야 한다.

경외심을 연구하는 과학자들은 경외심이 다른 사람들을 바라보는 관점을 변화시킨다는 것도 발견했다. 경외심을 느끼고 있는 사람들의 뇌 스캔 결과는 우리 자신과 우리의 위치를 파악하는 감각을 관장하는 뇌 영역이 덜 활동적인 상태로 변한다는 사실을 보여 준다. 이렇게 감소한 뇌 활동은 자신과 다른 사람들 사이의 경계가 옅어지고, 우리가 더 크게 연결된 전체의 일부라는 것에 놀랐을 때 느끼는 감정의 기초가 되는 것으로 보인다. 행동적인 측면에서 사람들은 경외감을 느끼고 나면 더 친화적이고[100] 이타적인[101] 자세로 행동한다. 실험 결과에 따르면, 사람들은 숭고한 장면이 담긴 영상을 본 후 게임을 할 때 더 공유하고 더 적극적으로 협력한다. 오래된 나무가 우거진 숲을 올려다본 사람들은 낯선 사람(연구원의 동료)이 바닥에 떨어뜨린 펜을 직접 몸을 굽혀 집어 줄 가능성이 더 높았다.

우리가 이러한 감정을 느끼는 이유를 설명하려는 생물학자와 심리학자들이 있다. 그들이 제시하는 경외심에 대한 '기능적' 설명[102]을 보면, 경외심은 인간이 공동 작업을 수행하면서 개인적인 이익을 제쳐 두게 하는 자극제가 된다고 말한다.[103] 경외심을 느끼는 성향을 지닌 종의 구성원들은 중요한 임무를 수행하기 위해 더 잘 협력할 수 있었다고 한다. 자연의 광활함에 경외심을 갖고 평범한 사고를 확장함으로써 인류는 스스로 생존할 수 있었는지도 모른다. 이러한 가능성은 오늘날 인간과 지구를 위협할 만큼 우리가 충분히 오래 사용하는 전자 기기의 작은 화면에서 눈을 뗄 수 있어야 한다는 사실을 상기시키고 있는지도 모른다.

우리 조상들이 경외심을 느꼈던 대상들은 오늘날 우리 마음을 움직이는 것들과 다르지 않다. 그것은 바로 산, 바다, 나무, 하늘과 같은 것들이다. 지금까지 소수의 현대인만이 모든 것을 아우르는 자연 세계와 만날 수 있었다. 그들은 바로 우주에서 지구를 바라보는 우주비행사들이었다. 이 광경을 보면 감정적으로 압도될 수밖에 없고, 그 광경을 본 소수는 매우 일관적인 심리적 상태를 보였다. 과학자들은 우주비행사들이 우주에서 지구를 바라보면서 느끼는 이러한 심리적 상태를 '조망 효과overview effect'[104]라고 한다. 1971년 달 표면을 걸었던 미국인 우주비행사 앨런 셰퍼드Alan Shepard는 이렇게 회상했다. "누군가가 비행 전에 '달에서 지구를 바라보면 가슴이 뭉클할까요?'라고 물어봤다면, 저는 '아니요, 말도 안 되는 소리하지 마세요'라고 답했을 겁니다. 그런데 달 표면에 서서 지구를 처음 돌아봤을 때 저는 울고 말았어요."[105]

아름답고 섬세한 지구의 모습을 바라본 경험에 관한 이러한 감정적인 반응은 존스홉킨스대학교 소속 연구원인 데이비드 야덴David Yaden이 주목한 반복적인 주제 중 하나다. 그는 우주비행사들의 비행에 대한 경험담을 연구했는데, 두 번째로 반복 등장하는 주제는 바로 이 땅에서 우리를 갈라놓는 경계와 장벽의 해체다. 우주비행사 러스티 슈바이카트Rusty Schweickart는 우주에서의 경험에 대해 이렇게 말했다. "우리는 휴스턴에 동질감을 느끼고 로스앤젤레스, 피닉스, 뉴올리언스에 동질감을 느끼죠. (…) 그리고 그렇게 우리가 동질감을 느낀 것들이 지구를 돌면서 바뀌기 시작해요. (…) 아래를 내려다보면 지금껏 우리가 살아온 지구 표면을 볼 수 있고, 우리는 그 아래에 있는 모든 사람을 알고 있어요. 그들이 우리 같고, 그들이 곧 우리죠. (…) 우리가 이 세상의 일부라는 것을 알게 돼요."[106] 한편 우주비행사 에드거 미첼Edgar Mitchell은 우주에서 지구를 바라보며 느꼈던 '의식의 폭발'[107]을 돌이켜 생각하면서 자신에게 '엄청난 일체감과 유대감'[108]을 느끼게 해 준 그 경험을 회상했다.

역설적이게도 우주비행사들이 느끼는 강렬한 유대감은 그에 맞먹는 강력한 혼란함과 소외감에 관통당하는 경우가 많다. 우주비행사들이 지구를 바라보면서 경외감을 느끼지 않고 있을 때는 많은 사람이 묘사하듯 사람을 멍청하게 만들고, 좁고 사방이 막혀 있으며, 고도로 기술적인 기구로 가득 차 있지만 인간의 마음을 편안하게 하거나 즐겁게 하는 그 어떤 특징도 갖고 있지 않은 환경과 싸워야 한다. 그 결과는 지루함, 따분함, 불안함, 심지어 다른 승무원들을 향한 공격이 될 수도 있다. 장기 우주 여행이 곧 가능해지리라고 보이면서 우주비행사들의 심리적 건강을 어떻게 유지할 것인가라는 물음이 설득력 있는 문제로 떠올랐다.[109] 한 가지 가능한 대답은 이미 그 가능성을 어느 정도 보여 줬다. 답은 바로 녹색 식물을 기르도록 하는 것이다.

1997년 미 · 러 공동 우주 정거장 미르Mir에 도착한 나사 우주비행사 마이클 포울Michael Foale이 맡은 임무 중 하나는 우주 정거장의 온실을 돌보는 일이었다. 포울은 우주에서 식물이 어떻게 자라는지 조사하기 위해 다양한 실험을 수행했다. 우주비행사들이 몇 달에서 몇 년을 우주선에서 보내게 된다면 신선한 음식을 공급받아야 할 것이다. 실제로 포울은 우주비행사들이 '우주 브로콜리'[110]라고 부르는 작물을 재배하고 맛보는 데 성공했다. 우주 브로콜리를 재배하기 위해서는 브로콜리 묘목을 올바른 방향으로 성장시키기 위해 빛을 사용하는 방법을 알아내야 했다. 브로콜리 묘목은 중력이 없으면 '위로' 자라지 못하기 때문이다. 미즈나mizuna(샐러드용 야채)를 수분할 벌이 없어 포울은 이쑤시개로 꽃가루를 한 식물에서 다른 식물로 조심스럽게 옮겨 줘야 했다.

포울은 자신이 키우는 식물들을 정성을 다해 돌봤고, 나사의 지상 팀은 그런 그에게 '농부 포울Farmer Foale'[111]이라는 별명을 붙여 줬다. 그런데 그 우주 정원은 실용적 가치 그 이상이었다. 미르에서 돌아온 포울은 기자 회견에서 "저는 온실 실험을 즐겼습니다"라고 말하면서 이렇게 덧붙였다. "화성 여행과 같은 장거리 우주 비행에서 온실을 유지하는 게 중요할 겁니다. 행성 사이를 오가는 긴 시간 동안 할 일이 거의 없을 테니까요. 또 식물을 기르고 돌보는 일은 확실히 큰 위안이 됩니다." 그가 돌보고 있는 식물들을 이야기하며 말했다. "저는 매일 아침 10~15분 정도 그것들을 즐겁게 바라보며 시간을 보냈습니다. 조용한 시간이었어요."[112]

우주비행사들의 심리를 연구하는 심리학자들(이미 많은 심리학자가 지구 궤도를 도는 우주 정거장에서 수개월씩 머물며 연구하고 있다)은 많은 우주비행사가 겪는 불안을 말할 때 '향수병'이라는 단어를 사용한다.[113] 창문을 통해서만 볼 수 있는 지구에 굶주린 이 우주 여행자들과 우리의 자연 서식지인 푸르른 초목, 신선한 공기, 끊임없이 변화하는 햇빛에서 분리된 가정, 자동차, 사무실이라는 캡슐에 갇혀 있는 우리들 사이에 어떤 불안한 유사성이 있다는 것을 알 수 있다. 건축가 해리 프랜시스 몰그레이브 Harry Francis Mallgrave는 "우리 조상들의 피가 여전히 우리 안에 흐르고 있기 때문에 우리는 야외에 있을 때 '집에 있다'고 느낀다"고 썼다.[114] 그 과거는 우리가 문을 열고 밖으로 나간 우리의 사고방식 안에 여전히 존재한다.

만들어진 공간을 통해
생각하기

조너스 소크Jonas Salk는 무엇을 해야 할지 몰랐다. 수년 동안 이 젊은 의학 연구자는 소아마비 백신을 개발하기 위해 피츠버그의 작은 지하 실험실에서 일주일에 7일, 하루에 16시간을 일해 오고 있던 참이었다. 1954년 봄, 아이디어가 고갈돼 기진맥진한 상태가 된 소크는 정신을 새로 가다듬으려면 연구실 밖으로 나가야 한다는 것을 깨달았다.[1] 그는 이탈리아 중부에 있는 13세기 수도원인 아시시의 성 프란치스코 대성당Basilica of Saint Francis of Assisi에서 그가 찾던 고독과 평온을 발견했다.

몇 주 동안 소크는 읽고, 사색하고, 수도원의 하얗게 칠한 기둥과 아치들, 조용한 안뜰, 드높은 창문으로 쏟아져 들어오는 빛으로 가득한 예배당 사이를 거닐었다. 이 기간에 그는 건물 덕분에 지적인 돌파구를 경험하게 됐다고 말했다. 이후 소크는 그 경험에 대해 이렇게 썼다. "그곳에서 접한 건축 양식의 영성은 매우 고무적이어서 나는 과거에 했던 그 어떤 사고보다 훨씬 더 직관적인 사고를 할 수 있었다. 그 역사적 장소의 영향으로 소아마비 백신 개발을 가능하게 할 연구를 직관적으로 설계할 수 있었다. 나는 내 개념들을 검증하기 위해 피츠버그에 있는 실험실로 돌아갔고 그 개념들이 옳다는 것을 발견했다."[2]

그런데 소크의 이야기는 여기서 끝나지 않는다. 아시시를 방문한 지 10년이 채 되지 않아 소크는 지적 공동체, 즉 그와 같은 과학자들이 사유할 수 있는 공간을 만들 기회를 얻게 됐다.[3] 그는 건축가 루이스 칸과 함께 성찰하고 발견하는 데 이상적인 공간을 디자인하기 시작했다. 그들은 수도원을 본뜬 새로운 연구소를 만들었다. 소크는 칸과의 대화에서 아시시의 성 프란치스코 대성당을 특별히 언급했다. 칸은 그곳을 잘 알고 있었고, 몇 해 전에 이미 그곳을 방문해 스케치한 경험이 있었다. 칸은 그의 디자인을 수도원의 미묘하면서도 선명한 모습들로 가득 채웠다.

1965년 완공된 캘리포니아주 라호야La Jolla에 위치한 소크연구소Salk Institute는 현대 건축의 걸작으로 인정받고 있다. 소크연구소의 건축물들은 기념비적이고 심지어 금욕적이기까지 하다. 그러나 그 건축물들은 그 내부에서 일하는 사람들의 요구에 맞게 세심하게 설계됐다. 낮은 중정과 채광정light well 덕분에 자연광이 지하층을 포함한 건물 곳곳에 잘 들어온다. 연구실은 탁 트인 넓은 공간을 특징으로 한다. 칸은 독창적인 건축 기술을 통해 전 층에 내부 기둥이 없는 공간을 만들 수 있었다. 배관과 환기 시설 같은 기계적인 것들은 연구실이 있는 층과 다른 층에 설치돼 있어 과학자들이 일하는 동안 방해하지 않고도 수리하고 업데이트할 수 있었다. 또 연구실마다 태평양을 바라볼 수 있는 별도의 공간이 있다. 여러 노벨상 수상자들을 포함한 소크연구소 과학자들은 그곳이 생각을 하기에 최적의 장소라고 말한다.[4] 소크연구소에 만족한 소크는 이렇게 공언했다. "저는 그 건물이 거의 완벽에 가깝다고 생각합니다."[5]

수 세기 동안 루이스 칸과 같은 건축가들은 특정한 정신 상태를 환기하는 공간을 만드는 방법에 대해 생각해 왔다. 그런데 일반인들이 선대로부터 물려받은 형태를 수리하면서 자신을 위해 만들어 온 건축물에 내재된 민간 건축의 전통은 그보다 훨씬 더 오래됐다.[6] '신경건축학neuroarchitecture'[7]이라는 새로운 분야는 우리 뇌가 건물과 건물 내부에 어떻게 반응하는지의 경험을 바탕으로 연구하고, 이러한 반응이 우리의 진화 역사와 몸의 생물학적 사실에 의해 만들어질 수 있다는 이론을 제시하기 시작했다.

이러한 지점을 감안하면 많은 사람이 배우고, 일하고, 효과적으로 사고하는 데 도움이 되지 않는 공간에 살고 있다는 사실을 이해하기가 어렵다. 우리가 그런 공간에 사는 이유 중 하나는 우리 사회가 '만들어진 공간'에 별 관심이 없다는 데 있다. 개인이든 단체든 대부분 큰 관심이 없고 우리가 어떤 환경에 있든지 간에 생산적인 정신노동을 할 수 있어야 한다고 여기는 듯하다. 두 번째 이유는 사려 깊은 설계를 하려면 시간과 자본이 필요하지만, 신속하게 짓고 비용을 절감해야 한다는 부담이 늘 존재한다는 데 있다. 세 번째 이유는 건축가, 디자이너, 그리고 그들이 제시하는 대담한 아이디어의 횡포에 있다. 이 장에서 살펴보겠지만, 그들이 대담한 실험과 전위적 모험을 통해 만들어 낸 공간은 종종 그곳에서 매일 살아야 하는 사람들에게 어려움을 안겼다.

심지어 루이스 칸도 이 함정에 빠질 수 있다. 소크연구소를 설계하기 몇 년 전 그는 펜실베이니아대학교에 리처드의학연구소Richards Medical Research Laboratories를 지어 달라는 의뢰를 받았다. 칸의 디자인은 건축평론가들의 찬사를 받았고, 그 디자인 덕분에 그는 뉴욕의 현대미술관Museum of Modern Art에서 전시할 기회를 얻기도 했다. 그러나 그 건물에서 일하는 사람들의 관점에서 볼 때 그 디자인은 완전히 실패작이었다.[8] 그곳은 좁고, 어둡고, 복잡해 유레카를 외칠 수 있는 발견의 순간을 기대하기 어려운 공간이었다. 칸은 자신이 그다음으로 맡은 프로젝트의 방향을 수정했고, 건물 사용자들의 요구를 소크연구소 설계의 핵심에 두기로 했다.

칸이 직업적으로 한창 바빴던 이 시기에 캔자스주 오스칼루사Oskaloosa에서도 강력한 지적 프로젝트가 전개되고 있었다. 심리학자 로저 바커Roger Barker는 사람들이 일상생활을 하면서 취하는 행동의 이유를 밝혀내기 위해 그들의 활동을 아주 상세하게 기록하기 시작했다.[9] 바커는 동료 허버트 라이트Herbert Wright와 함께 오스칼루사(인구 750명)에 중서부 심리현장기지Midwest Psychological Field Station를 설치하고, 아침에 일어나는 순간부터 밤에 잠자리에 드는 순간까지 한 그룹의 아이들을 따라다녔다.[10]

바커와 라이트의 철저한 관찰 속에서 뚜렷한 패턴이 나타나기 시작했다. 한 학자는 "바커와 그의 동료들은 아이들의 행동에 질서, 일관성, 예측 가능성이 상당 부분 관찰된다는 것을 발견했다"고 언급했다.[11] 하지만 그들이 발견한 질서는 아이들의 성격, 지능, 그 외에 다른 내적 특성에서 나온 결과물이 아니었다. 그보다 아이들의 행동 방식을 결정짓는 강력한 요인은 아이들이 관찰되는 장소였다. 바커 자신도 이렇게 보고했다. "한 아이가 한 장소에서 다른 장소로 이동하면, 예컨대 교실에서 복도, 놀이터로 이동하고, 약국에서 거리로 이동하고, 야구 게임을 하다가 샤워실로 이동하면 그 아이의 행동 특성이 극적으로 바뀌었다."

결국 25년 넘게 진행된 바커의 '중서부 연구Midwest Study'는 우리가 시간을 보내는 공간이 생각하고 행동하는 방식이 형성되는 데 큰 영향을 미친다는 많은 증거를 제시했다. 환경과 상관없이 어디에서든 우리의 능력을 최대한 발휘할 수 있는 게 아니다. 이는 건축가들이 오랫동안 인정해 온 사실이지만, 우리 사회에서는 그 사실을 무시해 왔다. 건축 분야의 고전인 《패턴 랭귀지A Pattern Language》의 저자이자 전통 건축에 내재된 지혜를 기리는 건축가 크리스토퍼 알렉산더Christopher Alexander는 개인이 자급자족하며 주변 환경에 어떤 방식으로도 의존하지 않는다는 믿음의 오만함을 한탄한다. 알렉산더는 그러한 믿음에 대한 반박으로 "사람은 주변 환경에 의해 만들어지기 때문에 어떤 한 사람의 상태는 전적으로 그 사람의 주변 환경과의 조화에 달려 있다"고 적으며 이렇게 덧붙였다. "어떤 경우에는 특정한 신체적, 사회적 환경이 한 사람을 살리기도 한다. 또 어떤 환경은 사람을 살기 힘들게 만들기도 한다."[12]

오늘날 우리는 인간의 본성과 조화를 이루지 못하는 공간에서 배우고 일하는 경우가 상당히 많고, 실제로 그러한 환경에서는 지적이며 효과적인 사고를 하기 매우 어렵다. 그러나 잘 만들어진 환경은 정반대의 효과를 낼 수 있다. 즉 우리의 집중력을 높이고, 우리에게 계속 동기 부여를 해 줄 수도 있다. 또 우리의 창의성을 높이고 일상생활에서 풍부한 경험을 얻게 할 수도 있다. 심리학과 신경과학 분야의 최근 연구와 인간이 오랫동안 만들어 온 다양한 유형의 장소를 살펴봄으로써 우리는 공간을 통해 사고를 확장하는 방법을 확인할 수 있다.

건축으로 만든 실내의 가장 중요한 역할은 비바람을 막아 줄 주거지를 제공하는 것뿐만 아니라 우리가 조용히 생각할 수 있는 장소를 제공하는 것이다. 현대 사회가 우리에게 기대하는 유형의 사고는 저절로 이뤄지지 않기 때문에 우리 인간에게는 그러한 안전한 공간이 필요하다. 우리 종의 긴 역사 동안 우리는 실외에서 주로 뛰어다니면서 순간순간 생각했고, 깊은 성찰이나 면밀한 분석이 아닌 본능과 기억에 더 크게 의존했다. 추상적인 개념에 계속 집중할 수밖에 없는 상황에 있다는 것을 알게 됐을 때 비로소 우리는 생각을 하려면 자신을 격리해야 한다는 사실을 알게 됐다. 이야기, 숫자, 그 외 다른 상징적인 내용에 몇 시간씩 집중하는 일은 우리 뇌에 부담을 줄 수 있는 어려운 일이다. 이렇게 고도의 집중 상태를 유지하는 것은 상당히 부자연스러운 활동이 될 수 있고, 우리의 정신이 그러한 활동을 잘 소화해 내려면 외부 구조가 필요하다.

역사적으로 볼 때, 추상적 사고에 대한 사회적 요구는 인간의 거주지가 증가하는 밀도와 결합해 벽이라는 구조물을 만들어 냈다. 벽은 낯선 사람들이 빽빽하게 모여 형성된 인구와 함께 나타난 정신적 긴장을 해소하기 위한 방편으로 생겨났다. 결국 인류 역사를 통틀어 대부분의 시간 동안 사람들은 원룸 주택에서 가족과 함께 살았다. 지인들은 모두 집 현관에서 멀지 않은 곳에 살았고, 사람들이 오고 가는 것을 파악하기도 어렵지 않았다. 심지어 중세 시대의 왕과 여왕들도 그들이 택한 수행원과 자문관들로 가득 찬 하나의 큰 홀 안에서 살았다. 그러나 도시와 함께 낯선 도시에서 온 사람들이 생겨나면서 도시 주민들은 혼자 글을 읽고 사유하고 글을 쓸 수 있는 공간을 찾기 시작했다.

캐나다 워털루대학교 소속 환경심리학자이자 신경과학자인 콜린 엘러드Colin Ellard는 이렇게 말한다. "벽은 낯선 사람들의 활동을 추적해야 하는 인지적 부담에서 우리를 지키기 위해 만들어졌다. 이는 우리가 작은 농경지 마을에서 더 큰 마을을 거쳐 도시로 이동하면서 점점 더 중요해졌다. 더 큰 마을이나 도시로 이동하면서 누가 어디에서 무엇을 어떻게 했는지를 추적하기가 매우 어려웠기 때문이다."[13] 뉴욕시립대학교 리먼칼리지의 언어학 교수인 존 로크는 벽이 제공하는 사생활은 정말 혁명적인 사고의 확장을 상징했다고 주장하면서 이렇게 말했다. "우리의 먼 조상들은 항상 서로를 지켜볼 수 있었고, 이 점이 그들을 안전하게 지켜줬지만 동시에 엄청난 인지 부담을 부과했다. 주거용 벽이 세워지면서 그들은 다른 사람들이 무엇을 하고 있는지 확인하기 위해 몇 초마다 한 번씩 주의를 둘러볼 필요가 없어졌다. 그 결과, 인간과 유인원의 공통 조상이 살던 시절부터 존재했던 밤을 새야 하는 부담은 하루 중 방해받지 않는 시간이 많아지면서 감당할 수 있는 수준으로 줄어들었다."[14]

벽이 등장한 초창기를 보여 주는 예는 오늘날의 떠들썩한 맨해튼 한가운데에 있는 메트로폴리탄미술관Metropolitan Museum of Art 안에서 찾아볼 수 있다. 고대 그리스풍의 항아리들과 식민지 시대의 은으로 채워져 있는 그 공간은 15세기 페루자에 있는 우르비노 공작Duke of Urbino인 페데리코 다 몬테펠트로Federico da Montefeltro의 개인 서재, 즉 스투디올로studiolo를 재현해 놓은 작은 방이다.[15] 귀족, 정치인, 전사 등 여러 직함으로 불린 페데리코는 오늘날 이탈리아 중부에 위치한 구비오Gubbio에 살았다. 서재의 벽은 문학, 건축, 수학을 좋아하는 공작인 페데리코가 자신이 다스리는 마을 사람들과 떨어져 조용히 공부하고 사색할 수 있게 해 줬다. 또 그의 개인 서재는 르네상스 시대의 이탈리아에서 지어졌기 때문에 그 공간의 벽들이 평범하지 않았다. 시에나, 피렌체, 나폴리 출신의 장인들이 인타르시아intarsia라는 기술을 사용해 무늬를 새겨 넣은 나무로 만든 정교한 트롱프뢰유 trompe l'oeil(실물로 착각할 정도로 정교하게 묘사한 그림이나 디자인을 말한다-옮긴이) 벽화를 제작했다.

자단rosewood, 오크oak, 너도밤나무 조각에 새겨진 무늬들은 공작이 가장 찬탄하고 갈망하는 가치를 상징하는 소중한 물건으로 가득 찬 모조 캐비닛을 (당시 새로 개발된 기술로) 정밀하게 묘사하고 있다. 류트lute(초기 현악기 중 하나다-옮긴이)와 하프는 그가 교양 있는 사람이라는 것을 보여 줬다. 전곤mace(옛 무기 중 하나다-옮긴이)과 산언덕의 돌출부는 그의 전투 기술을 상징했다. 버질Virgil의 《아이네이스Aeneid》 장정본은 그의 박학다식함을 나타냈다. 그 공간 구석구석에는 공작의 개인적·가족적·지역적 정체성을 나타내는 모토와 모티프가 포함돼 있었다.

페데리코 버전의 개인 서재는 보기 드문 특별한 공간이었지만, 이후 수 세기 동안 사람들이 시골에서 도시로 계속 몰려들면서 그러한 '사유의 방'[16]의 필요성이 점점 더 보편화돼 갔다. 스투디올로의 유행은 자산가들이 그들의 집에 그 공간을 추가하면서 유럽 전역으로 퍼져나갔다. 페데리코의 서재처럼 이 공간들은 서적, 과학 기구, 악기, 종교 유물 수집품이나 소장품 등 의미 있거나 신성한 물건들을 보여 주는 것을 특징으로 한다. 그리고 그 공간들은 깊고 새로운 사유를 할 수 있는 조용한 공간이었다. 16세기의 가장 독창적인 사상가 중 한 명인 미셸 드 몽테뉴에게 서재는 그가 소중히 여겼던 자유로운 사고를 상징하는 가장 중요한 메타포였다. (눈여겨봐야 할 점은 몽테뉴는 작가일 뿐 아니라 보르도의 시장이기도 했다.) 몽테뉴는 자신의 에세이 〈고독에 관하여Of Solitude〉에 이렇게 썼다. "사회적이고 상업적인 삶의 분주함 속에서 우리는 우리의 진정한 자유, 고독, 묵상이 자리할 수 있는 완전히 자유로운 자기만의 밀실을 따로 남겨 둬야 한다."[17] 몽테뉴가 말한 '밀실'은 바쁜 일과 조용한 침잠 사이의 밀접한 관계를 표현한다. 몽테뉴는 "이 방에서 우리는 우리 스스로를 즐겁게 해야 한다"고 덧붙였다.

이제는 우리 중 많은 사람이 그러한 공간을 갖고 있지 않다. 수백 년 전에 개인을 위해 세워졌던 벽들은 20세기 중반부터 서서히 무너져 내리기 시작했다. 집, 학교, 사무실을 포함한 모든 유형의 건물에서 별도 공간 또는 전용 공간의 수호자로 환영받던 벽은 이제 사람들이 원하는 '개방감'을 방해하는 장애물로 전락했다. 잠재적으로 비정형화된 공간이 개념상 닫힌 공간보다 더 환영받게 됐다. 이 같은 변화는 우리가 일하는 곳에서 특히 더 두드러져 나타났다. 금세기가 시작될 무렵에는 미국 직장인 중 약 70~80퍼센트가 탁 트인 오픈 플랜open-plan(건물 내부가 벽으로 나뉘지 않은 것을 말한다-옮긴이) 방식의 사무실에서 일했다.[18]

벽 없는 작업 공간이 개인 사무실을 밀어낼 수 있었던 이유는 뭘까? 우선 돈이 더 적게 든다. 개방형 사무실 공간은 차지하는 공간이 더 작고 내부 건축 비용이 더 적게 들기 때문에 전통 방식으로 사무실을 배치할 때보다 직원 1인당 비용이 50퍼센트까지 절감될 수 있다. 개방형 사무실에 열광하는 그 이면에는 이론적 근거도 있었다. 말하자면, 일종의 대담한 발상이었다. 대담한 발상이라 함은 벽을 허물고 모든 사람을 하나의 큰 공간에 모아 두면 소통이 원활해지면서 효과적으로 협력하고 창의성이 증가할 것이라는 생각이었다.

공유 공간이 충돌을 촉진한다는 개념은 흥미로운 역사적·지적 내력과 함께 나온다. 작가 스티븐 존슨Steven Johnson이《좋은 생각은 어디에서 오는가》에서 설득력 있는 글로 우리에게 말한 것처럼 커피하우스coffeehouse(18세기 영국에서 유행하던, 커피를 파는 가게를 말한다−옮긴이)는 현대 사회가 탄생한 무대다. 존슨은 이렇게 활기 넘치는 모임 장소는 "계몽주의 시대의 수많은 혁신, 즉 전기과학에서부터 보험 산업, 민주주의에 이르는 모든 혁신이 꽃을 피울 수 있게 했다"고 썼다. 그는 "서로 다른 분야의 전문가들이 어떤 물리적 공유 공간이나 지적 공간에 모일 때 일어나는 충돌을 통해 새로운 아이디어들이 생겨난다"고 주장한다.[19]

예를 들어, 벤저민 프랭클린Benjamin Franklin은 1764년부터 1775년까지 런던에 살면서 세인트 폴 대성당St. Paul's Cathedral 근처에 있는 커피하우스에서 많은 시간을 보냈다.[20] 존슨은 그의 책《공기의 발명》에서 프랭클린이 어떻게 그곳에서 과학자, 수학자, 철학자를 포함한 '자유사상가들'과 어울렸는지 이야기한다. 그들은 커피하우스에서 폭넓은 대화를 통해 서로를 자극하고 서로에게 영감을 줬다. 존슨은

"그 커피하우스를 기념하는 명판이 있어야 한다. 그곳은 그야말로 엄청난 것들이 생성되는 곳이었다"고 말했다.[21] 오늘날의 리더와 매니저들은 이러한 개념, 즉 사람들을 다른 사람들과 부딪치게 만들면 아이디어가 나오고 마법이 일어날 것이라는 생각을 붙잡고 있다. 어떻게 해야 충돌을 방지하는 물리적 장벽을 제거하지 않고도 충돌을 촉진할 수 있을까?

실제로는 서로 가까운 자리에서 일하는 사람들이 더 잘 소통하고 협력할 가능성이 높은 게 사실이다. 이러한 사실은 40여 년 전 '알렌 곡선Allen curve'[22]을 그린 MIT의 토머스 알렌Thomas Allen 교수에 의해 처음으로 입증됐다. 알렌 곡선은 물리적 거리와 의사소통의 빈도 사이의 일관된 관계를 설명한다. 즉 사람들이 상호 작용하는 비율은 그들이 일하고 있는 공간에서 물리적 거리가 증가함에 따라 기하급수적으로 감소한다는 것을 나타내는 그래프다. 예를 들어, 6피트(약 1.8미터) 간격으로 앉아 있는 사람들이 65피트(약 20미터) 간격으로 앉아 있는 사람들보다 규칙적으로 대화할 가능성이 4배 더 높다고 볼 수 있다. 알렌은 50미터 간격이 정기적인 정보 교환을 할 수 있는 한계 지점이라는 점을 발견했다. 간격이 50미터 이상 되면 일상적인 의사소통은 사실상 중단됐다. 서로 가까운 거리에 있는 사람들은 마주칠 가능성이 더 높고 이러한 만남은 비공식적인 교류, 학제 간 아이디어 교환, 생산적인 협력을 증진한다.

또 알렌은 조직 내 모든 구성원이 적어도 하루에 한 번은 통과해 지나가는 공유 공간이 특히 더 만남을 장려하는 유용한 촉매제 역할을 한다고 말했다. 그는 825피트(약 251미터) 길이의 복도로 캠퍼스의 한쪽에서 다른 쪽으로 쭉 뻗어 있어 여러 건물을 관통하는 MIT의 '무한 복도Infinite Corridor'를 그 예로 들었다. (MIT 학생들은 다른 것에 비해 축구에 큰 관심이 없겠지만, 무한 복도의 길이가 축구장 두 개를 합친 것보다 더 길다. MIT의 학부생들은 매년 복도가 태양의 위치와 세로로 일직선이 돼 햇빛이 복도 전체를 채우는 순간을 기념한다. 그들은 그 순간을 가리켜 엠아이티헨지MIThenge라고 부른다.[23]) 더 최근에 발표된 연구에서도 알렌의 독창적인 연구 결과들이 다시 입증됐다. 문자, 이메일, 슬랙Slack의 시대에도 여전히 알렌 곡선은 유효하다.[24] 온라인상에서 이뤄지는 소통은 직접 마주 보며 일상적으로 나누는 즉흥적인 대화를 대체할 수 없는 것으로 보인다.

하지만 유익한 근접성과 무방비 상태의 개방된 공간에서 반복적으로 나타나는 산만함은 구분돼야 한다. 현대적 감성에 호소할 수 있을지 모르겠지만, 커피하우스는 복잡하고 인지 부담이 큰 작업을 수행해야 하는 곳에서는 항상 끔찍한 모델이었다. 이는 오픈 플랜식 작업 공간이 만들어 내는 환경들이 인간의 생명 작용이라는 바꿀 수 없는 현실과 정면으로 충돌하기 때문이다. 우리 뇌는 주변 환경을 계속 관찰하도록 진화했다. 사실상 피해야 할 위험이나 잡아야 할 기회를 알려주는 주변의 소리나 움직임을 놓칠까 봐 신경을 쓰느라 주의가 산만해질 수 있다. 그리고 조직 환경은 다음처럼 우리를 매우 산만하게 만드는 자극들로 가득 차 있다.

첫째, 인간은 특히 새로운 존재, 즉 색다른 모든 것에 주목한다. 우리가 새로운 것에 주목하는 것은 효율적으로 발달한 전략 중 하나다. 변하지 않고 매일 똑같은 모습을 하고 있는 물체를 계속 주목한다면 시간과 에너지 낭비가 될 것이다. 그런데 끊임없는 활동과 변화가 중심이 되는 환경에서 일할 경우에는 신선하고 새로운 사물에 대한 우리의 선택적 끌림이 문제가 될 수도 있다. 음향 소음의 영향을 연구하는 심리학자 파브리스 파르멍티에Fabrice Parmentier는 예상치 못한 소리는 그 소리가 지닌 정보의 가치와 무관하게 '어쩔 수 없이 주의력 필터를 뚫고' 결국 그 소리를 듣는 사람들의 주의를 산만하게 만든다고 보고했다.[25] 또 그는 우리가 갑작스럽고 놀라운 소음에 '자기도 모르게 집중하게 된다'고 지적했다.[26]

둘째, 우리는 말의 의미를 충분히 이해할 수 있을 정도로 소리가 명확하게 들릴 때 특히 그 말소리에 집중하게 된다. 주변의 모든 소음이 우리의 관심을 끌 수 있지만, 어떤 말이 지닌 의미론적 의미는 특히 주의를 산만하게 한다.[27] 우리가 듣기를 원하든 원하지 않든 간에 우리 뇌가 그 말을 처리하기 때문이다.[28] 게다가 어쩔 수 없이 들을 수밖에 없는 말소리는 우리가 사무실에서 하는 자료 분석이나 보고서 작성과 같은 지식 작업을 수행하기 위해 사용할 때 쓰이는 뇌 영역에서 처리된다. 무의식적으로 음성을 들으면서 글이나 기호와 관련된 작업을 완료하려는 행동은 제한된 자원을 이중으로 사용하는 것을 의미하며, 그 결과 우리 뇌가 각 활동에 집중하는 데 한계가 생기고 만다.[29] 2014년 스웨덴 예블레대학교University of Gävle 소속 연구원들이 수행한 한 연구에서 참가자들은 다섯 가지 다른 음향 조건에서 짧은 글을 써 달라는 요청을 받았다.[30] 다섯 가지 음향 조건의 배경 소음은 음성 전달 지수Speech Transmission Index라 불리는 척도로 측정했을 때 0.08에서 0.71까지 다양한 값이 나왔다. 다시 말해, 측정된 배경 소음은 전혀 이해할 수 없는 말에서부터 어느 정도 이해할 수 있는 말, 아주 분명하게 이해할 수 있는 말까지 다양했다. 연구원들은 음성 전달 지수 값이 0.23을 넘어가면 참가자들의 글쓰기 능력이 급격하게 떨어졌다고 보고했다. 그들은 오픈 플랜식의 사무실에서는 0.23 수준의 음성 전달 지수 값이 측정되는 경우가 심심치 않게 발견된다고 지적했다.

셋째, 우리는 특히 사회적 상호 작용의 미묘한 차이에 집중하고, 사람들이 서로 나누는 대화와 그들이 무슨 말을 할지 생각하는 데 주의를 기울인다. 우리는 대인 관계를 잘 유지하기 위한 노력으로 주변에서 일어나는 사교적 대화에서 어떤 말들이 나올지 끊임없이 예측한다. 앞으로 일어날 일을 예측하려는 우리의 습성은 특히 우리 주변의 다른 사람이 전화 통화를 하고 있을 때 그 사람의 일방적인 대화에 관심을 끊기 어렵게 만든다.[31] 프린스턴대학교 심리학과 조교수인 로렌 엠버슨Lauren Emberson이 수행한 연구에 따르면, 우리가 직접 대화하고 있는 두 사람의 말을 듣고 있을 때보다 그녀가 말하는 '하프얼로그halfalogue',[32] 즉 반쪽 대화를 우연히 듣게 됐을 때 더 산만해지고 인지 능력이 더욱 손상된다고 한다. 우리가 반쪽 대화만 듣고 있을 때는 말하는 사람이 언제 말을 멈추고 재개할지, 또 그 사람이 우리에게는 들리지 않는 대화 상대에게 무슨 말을 할지 예측하기가 더 어렵다. 2010년 발표된 엠버슨의 한 연구에서 언어와 운동 과제 완수를 요청받은 참가자들은 반쪽 대화를 듣기 시작한 직후부터 실수를 하기 시작했다.

헤드폰을 쓰면 어떨까? 헤드폰을 쓰면 문제를 우리 귀에 직접 집어넣는 셈이 된다. 우연히 듣게 된 대화와 마찬가지로 가사가 있는 음악은 읽기와 쓰기 같은 언어를 수반하는 활동과 경쟁해 정신적 자원을 차지하려고 한다.[33] 음악은 어렵거나 복잡한 작업을 수행하는 능력에 해를 입히는 것으로 밝혀졌다.[34] 창의성을 필요로 하는 작업

에도 마찬가지다.[35] 단지 노래 가사 때문만이 아니다. 반복되는 리듬
과 악절을 가진 음악은 우리의 관심을 계속 붙들고 놓아주지 않도록
만들어졌다. 연구에 따르면, 높은 강도, 빠른 템포,[36] 잦은 변주[37]가
특징인 음악은 느긋하고 절제된 음악보다 더 우리의 집중을 방해한
다. (한 연구자는 힙합과 같은 고강도 음악을 들으면서 공부하는 학생들은 집중력
이 떨어질 수밖에 없다는 사실을 밝혀 '주의력 배수 효과'라고 불렀다.[38]) 음악은
성인들의 인지 기능을 방해하는 것만큼이나 아이들의 인지 기능을
방해한다.[39] 아마도 가장 안타까운 사실 중 하나는 사람들이 좋아하
는 음악을 들으면서 지적 작업을 수행했을 때의 성과가 싫어하는 음
악을 들으면서 그 작업을 수행했을 때의 성과보다 '훨씬 더 형편없었
다'는 점일 것이다.[40]

　청각에 적용되는 사항들은 시각에도 똑같이 적용된다. 우리는 우
리 시야에 들어오는 것들을 무시할 수 없다. 우리의 시선이 새로운
모습이나 움직이는 모습을 보이는 시각적 자극을 향하는 것을 막기
란 거의 불가능하다. 또 사람들이 하는 말소리에 우리가 귀를 쫑긋
세우고 듣는 것처럼 우리의 시선이 사람의 얼굴로 쏠리고 만다. 뇌는
우리가 책장이나 화면에 집중하기 위해 노력을 기울이고 있을 때조
차 사람의 얼굴을 처리하는 작업에 우선순위를 자동적으로 부여한
다.[41] 우리의 관심은 다른 사람들의 시선에 특히 더 강하게 쏠린다.[42]
우리는 자신이 누군가의 관찰 대상이 되고 있다는 느낌에 이상할 정
도로 민감하다. 일단 다른 사람의 시선이 우리에게 포착되면 우리 뇌
가 어떤 작업을 하고 있든 간에 시선 처리가 다른 무엇보다 우선시된
다.[43] 시선을 받고 있다는 사실에 대한 인식은 피부 전도도가 급상승
하는 점에서 확인할 수 있듯이 우리의 생리적 각성을 증가시킨다.[44]

(신경계가 각성될 때 우리는 거의 인지하지 못하는 방식으로 땀이 나기 시작한다는 것을 기억하자. 약간의 땀이 배출되면서 생긴 옅은 광택은 순간적으로 우리 피부를 더 나은 전기 전도체로 바꿔 준다.) 눈을 감고 있거나 다른 곳을 바라보는 얼굴을 우리가 흘깃 쳐다볼 때는 피부 전도도에 그 어떤 변화도 나타나지 않지만, 우리 쪽을 바라보는 시선을 바라볼 때면 피부 전도도가 크게 증가한다.

이 모든 시각적 관찰과 처리는 상당한 정신적 자원을 필요로 하고, 그만큼 일에 할애할 수 있는 지적 능력은 크게 줄어든다. 눈을 감으면 생각을 더 잘할 수 있다는 사실을 우리는 이미 잘 알고 있다.[45] 한 연구 팀은 "눈을 감으면 사람들이 환경적 자극에서 벗어나는 데 도움이 되고, 그 덕분에 인지 처리 능력도 향상된다"고 보고했다.[46] 시각이 받아들이는 자극을 일시적으로 완화하면 사람들이 겪는 인지 부하가 줄어들고,[47] 시각화를 더 잘 할 수 있으며, 하고 싶은 말이 갑자기 잘 떠오르지 않아 답답한 순간에 기억하기 어려웠던 정보를 더 쉽게 떠올릴 수 있다.[48] 그들은 또 시각과 청각의 세부 사항을 훨씬 더 잘 기억한다.[49] 한 연구에 따르면, 연구 참가자들에게 영화를 보여 준 다음 바로 그들에게 그 영화에 대한 질문을 던졌을 때 눈을 감고 답한 참가자들의 정답률이 23퍼센트 증가했다고 한다.[50]

물론 계속 눈을 감은 상태로 일을 하거나 공부를 할 수는 없는 노릇이다. 우리는 산만한 성향에서 벗어나고 불필요한 감각 자극을 줄여 주의력, 기억력, 인지 기능을 최적화하기 위해 물리적 공간의 요소에 의존해야 한다.[51] 시인 로버트 프로스트Robert Frost는 "담장이 튼튼해야 좋은 이웃이 된다"고 썼다.[52] 마찬가지로, 벽이 튼튼해야 좋은 협력자가 될 수 있다.

벽과 벽이 만들어 내는 안전한 공간은 우리를 산만함에서 벗어날 수 있도록 도와준다. 하지만 벽은 그보다 더 많은 역할을 한다. 벽은 또 우리에게 창의성을 발휘할 수 있는 상태, 즉 혼자 있는 상태로 만들어 주기도 한다.

현재 인기를 누리고 있는 오픈 플랜식 커피하우스 모델은 성과 지향적이고 본질적으로 과시적인 것에 가깝다. 벤저민 프랭클린과 그의 동료 토론자들이 세인트 폴 대성당 근처에 있는 커피숍에서 말을 장황하게 늘어놓는 모습을 한번 떠올려 보자. 자기 과시는 우리의 정신적 자원을 소모하고, 그만큼 일 처리에 필요한 우리의 지적 능력은 저하된다.[53] (자기표현은 특정 그룹의 구성원들을 특히 더 지치게 만들 수 있다. 폐쇄형 사무실에서 개방형 사무실로 전환한 영국의 한 정부 기관에서 실시한 최근 연구에 따르면, 개방형 사무실 환경에서는 외모를 특히 중시했던 일부 여성들이 자신을 잘 드러내야 한다는 부담을 크게 느끼는 것으로 밝혀졌다.[54])

신경과학자 모셰 바Moshe Bar는 사람들이 환경이 부과하는 인지 부하에서 벗어나는 즉시 더 창의적일 수 있다는 사실을 발견했다.[55] 이스라엘의 바-일란대학교Bar-Ilan University의 곤다종합뇌연구센터Gonda Multidisciplinary Brain Research Center를 이끌고 있는 바는 창의적 사고 테스트에서 실험 대상자들에게 정신적 부담을 주자 그들이 통계상으로 더 평범한 것들(즉 관습적이고 진부한 것들)을 제시했다고 보고했다.[56] 그의 연구에서 바는 정신적으로 큰 부담이 실험 대상자들의 독창성과 창의성을 지속적으로 감소시킨다는 것을 발견했다. 그는 정신이 딴 데 있을 때 사람들이 떠올리기 쉬운 고정관념, 익숙한 가정assumption, 틀에 박힌 생각과 같은 정신적 지름길에 의지한다고 설명했다. 즉 가장 쉽게 떠오르고 정신적 에너지를 거의 필요로 하지 않는 생각에 의지하는 것이다. 이러한 진부하고 반사적인 생각이 아닌 보다 새롭고 독창적인 아이디어를 얻기 위해서는 풍부한 인지적 자원이 필요하다.

프라이버시는 또 다른 방식으로 창의성을 지원한다. 프라이버시는 우리에게 남의 눈에 띄지 않는 상태로 아이디어를 실험해 볼 수 있는 자유를 준다. 우리가 하는 일이 다른 사람들의 이익과 관련이 있을 때 우리는 실패할 수 있거나 골치 아파 보이는 새로운 접근법을 피할 가능성이 크다.[57] 하버드 경영대학원 부교수인 이선 번스타인Ethan Bernstein은 휴대 전화를 생산하는 중국의 한 공장에서 프라이버시와 혁신의 관계에 대해 조사했다.[58] 2012년 발표된 한 연구에서 그는 노동자들의 활동이 밖으로 잘 드러나지 않도록 프라이버시를 더 존중할 경우, 그들이 더 혁신적이고 생산적인 성과를 낸다는 사실을 발견했다. 그들은 실험 과정이 노출되지 않을 때 그들의 작업을 더 빠르고 효과적으로 수행할 수 있는 방법을 생각해 냈다.

버스타인은 디지털 방식으로 감시를 받을 수 있는 사무직 업무에서도 이와 유사한 역학 관계가 흔히 발견된다고 말한다. 자신이 키보드로 입력하는 모든 정보가 감시당하고 있다는 사실을 아는 전문직 종사자들은 새로운 아이디어나 접근법과 씨름을 할 가능성이 적다. 이는 단순히 그들의 상사가 그들을 게으름을 피우거나 규칙을 어기는 직원으로 여길까 봐 두려워서 그러는 게 아니다. 항상 감시받는 대상이 되면 무력감을 느끼게 되고, 무력감을 느끼게 되면 탐구심이나 창의성을 발휘할 의욕이 꺾이고 만다. 반대로 많은 연구에서 직원들의 프라이버시를 존중하면 그들의 역량이 더 커지고, 이는 창의성이 높아지는 결과로 이어진다는 점이 밝혀졌다.[59]

마지막으로, 프라이버시 보호의 이점은 동료들과의 의사소통으로 확대될 수 있다. 효과적인 협업을 하기 위해서는 어느 정도 재량이 필요한 경우가 많다. 모든 사람의 감시에서 자유롭지 못한 개방형 사무실에서 자기 재량으로 일을 처리하기란 쉽지 않다. 연구에 따르면, 직원들이 벽이 없는 개방형 공간에서 업무 관련 대화를 나누는 횟수는 점점 줄어들고 있으며 대화를 나누더라도 피상적인 대화를 더 많이 나눈다고 한다.[60] 이는 직원들이 공개적인 장소에서 은밀하거나 조심스러운 문제를 논의하기를 주저하기 때문이다. 웨어러블 센서를 통해 직원들의 활동을 추적하는 소프트웨어 기업인 휴머나이즈Humanyze의 대표 벤 웨이버Ben Waber는 회사가 폐쇄형 사무실에서 개방형 사무실로 이동하면 직원 간의 상호 작용이 일과 전반에서 실제로 감소한다는 사실을 발견했다.[61] 웨이버는 "이는 직원들이 헤드폰을 착용하고 있거나, 수십 명이 대화 내용을 다 알아들을 수 있는 거리에 있을 때 대화를 나누기 어렵기 때문일 수 있다"고 말한다. 다른 연구에서도 작업 공간이 더 개방적으로 변하면서 동료들 사이의 신뢰와 협력이 약화됐다는 점이 밝혀졌다.[62] 개방형 사무실이 추구하는 목표와 달리 직원들의 행동은 오히려 더 폐쇄적으로 변하는 것처럼 보인다.[63]

이러한 부정적인 영향은 특히 직원들에게 할당된 공간이 전혀 없는 사무실에서 두드러지게 나타나며, 이는 점점 더 보편적인 사무실 운영 방식이 돼 가고 있다. 이른바 '핫데스킹hot-desking'(자율좌석제라고도 불리며, 사무실 내 고정석을 없애고 자신이 원하는 자리를 고를 수 있는 제도다-옮긴이) 또는 '호텔링hoteling'(사무실 내 공용 책상을 예약해 사용하도록 하는 제도다-옮긴이)[64]의 문제점은 반대로 공간이 우리의 의식을 확장하는 데 사용될 수 있는 다른 방법을 암시한다(오히려 공간이 우리의 의식 확장을 방해할 때가 많다). 우리의 공간처럼 느껴지는 공간 내에서 작업할 때는 많은 심리적·생리적 변화가 뒤따른다. 이러한 효과는 '홈의 이점home advantage'[65]이라고 알려진 현상, 즉 선수들이 자기 팀의 필드, 코트, 경기장에서 경기할 때 더 많은 승리와 더 큰 점수를 거두는 현상에 대한 연구를 통해 처음 관찰됐다. 팀들은 그들의 홈 경기장에서 더 공격적으로 경기를 하고,[66] 선수들(남성과 여성 모두)은 사회적 지배 성향을 표현하는 것과 관련 있는 호르몬인 테스토스테론 수치가 더 높아진다.[67]

하지만 홈의 이점은 스포츠에만 국한돼 있지 않다. 연구자들은 보다 더 일반적인 효과도 발견했다. 사람들은 자기만의 공간처럼 느껴지는 공간을 사용할 때, 더 자신감 있고 능력 있는 자기 자신을 발견하게 된다.[68] 그들은 또 더 능률적이고 생산적이며,[69] 집중력이 높아져 덜 산만한 상태가 된다.[70] 게다가 그들은 자신의 관심사를 더 강력하고 효과적으로 제시하게 된다.[71] 예를 들어, 심리학자 그레이엄 브라운Graham Brown과 마르쿠스 베어Markus Baer가 수행한 한 연구에서는 자기 공간에서 협상을 벌이는 사람들이 그 공간을 방문한 사람들보다 60~160퍼센트 더 높은 가치를 요구한다는 것이 발견됐다.[72]

오하이오주에 있는 케니언칼리지 심리학과 조교수인 벤저민 미거 Benjamin Meagher는 이러한 연구 결과를 설명할 수 있는 흥미로운 이론을 발전시켰다. 우리가 익숙한 공간에 있을 때는 행동하는 방식, 생각하는 방식, 심지어 우리 주변 세상을 인식하는 방식도 달라진다. 우리가 선택한 것들로 만들어진 공간이나 공부하고 일했던 기억으로 가득 차 있는 공간에서 우리는 익숙함을 느낀다. 미거는 우리가 홈 경기장에 있을 때 자제력을 크게 발휘하지 않아도 정신적·지각적 과정이 더 효율적으로 작동한다는 점을 발견했다.[73] 마음에 여유가 생기기 때문에 의식이 더 잘 작동하는 것이다. 우리 정신은 환경에 내재된 구조, 즉 유용한 정보를 수집하고, 효과적인 습관과 일상을 지원하고, 비생산적인 충동을 억제하는 구조의 도움을 받는다. 미거는 우리의 공간이라고 느껴지는 익숙한 공간에서 "우리의 인지는 그 환경 전체에 분포돼 있다"고 말한다.[74] 즉 그 공간 자체가 우리가 생각하는 것을 도와준다.

공간에 대한 주인 의식은 통제력을 느끼게 한다. 공간에 대한 통제력, 즉 그 공간이 어떻게 보이고 기능할지 통제할 수 있는 힘은 사람들이 더 생산적인 성과를 내도록 이끌어 준다. 이는 심리학자 크레이그 나이트Craig Knight와 알렉스 하슬람Alex Haslam이 수행한 실험에서 극적인 방식으로 증명됐다. 나이트와 하슬람이 수행한 연구에 자원해 참가한 사람들은 네 가지 조건 중 한 조건하에서 일련의 작업을 수행해야 했다.[75] 참가자들은 단출한 사무실(여유 있고 깔끔한 공간), 잘 갖춰진 사무실(포스터와 화분으로 꾸민 공간), 자기 권한이 있는 사무실(참가자들이 원하는 방식으로 만들 수 있는 공간), 자기 권한이 없는 사무실(참가자들의 협조나 동의 없이 재배치된 공간)에서 일했다.

나이트와 하슬람은 단출한 사무실에서는 참가자들이 주어진 업무를 수행하는 데 열의를 보이지 않고 무기력하고 안일한 태도로 임한다는 것을 발견했다. 자기 권한이 없는 사무실에서도 마찬가지로 참가자들은 썩 좋지 않은 태도를 보였다. 게다가 그들은 상당히 불만족스러워했다. 한 참가자는 후속 인터뷰에서 "당신을 때리고 싶었어요"라고 털어놓으며 '자신'의 사무실이 연구원 취향에 맞게 재배치된 것에 대한 소감을 밝혔다.**76** 잘 갖춰진 사무실에서는 참가자들이 더 열심히 일하고 더 생산적이었다. 그리고 마지막으로, 자기 권한이 있는 사무실에서 참가자들은 가장 좋은 업무 성과를 냈다. 그들은 단출한 사무실에 있을 때보다 30퍼센트 더 많은 일을 했고, 잘 갖춰진 사무실에서 일할 때보다 약 15퍼센트 더 많은 일을 했다. 이러한 결과는 모든 고용주가 관심을 보일 정도로 충분히 큰 수치다. 자기 권한이 있는 사무실에서 일하는 직원 세 명이 단출한 사무실에서 일하는 직원 네 명 역할을 하는 셈이다.

아마도 자신의 공간을 통제하는 가장 중요한 방식은 누가 들어오고 나갈지를 결정하는 일일 것이다. 바로 이것이 우리의 작업 공간이 북적거리는 커피하우스 같아야 한다고 믿는 사람들이 간과한 점이다. 서로 가까이 있어서 생기는 대화는 실제로 생산적이다. 그러나 그러한 상호 작용의 가치는 필요시 상호 작용을 피할 수 있는 경우에만 얻을 수 있다. 이 관점에서 집에 혼자만의 시간을 보낼 수 있는 개인 서재를 분명히 갖고 있었던 세인트 폴 대성당 근처의 커피하우스 사람들이나 MIT의 무한 복도를 가로질러 조용하고 책이 가득한 사무실로 향하는 교수들을 다시 생각해 보자.

오늘날의 업무 특성상 다른 사람과의 잦은 협의와 협력이 많이 요구되는 게 사실이다. 그런데 업무를 잘 해내려면 그러한 협의나 협력을 자제해야 하는 시간도 필요하다는 사실을 우리는 자각하지 못하는 것 같다. 조직심리학자들은 협업을 자제하는 현상을 '간헐적 협업intermittent collaboration'**77**이라고 부른다. 간헐적 협업에 대한 연구는 복잡한 문제 해결이 두 단계로 진행된다는 이해를 기초로 하며, 그 첫 번째 단계에는 우리가 문제의 본질을 명확히 하고 해결책을 마련

디지털 미니멀리즘

210

하기 위해 필요한 사실들을 수집하는 작업이 포함된다. 이 단계에서는 의사소통과 협업이 필수적이다. 하지만 그에 못지않게 중요한 두 번째 단계가 있다. 두 번째 단계에는 해결책을 제시하고 개발하는 과정, 그리고 여러 해결책 중 어떤 것이 최선책인지 알아내는 과정이 포함된다. 이 단계에서 과도한 협업을 하면 오히려 해로울 수 있다는 연구 결과가 나왔다.

그 이유는 집단 거주하는 종으로서의 우리 인간의 본성에서 찾을 수 있다. 우리는 사회적 압력에 매우 예민하고 합의와 순응에 쉽게 이끌린다. 다른 사람들과 계속해서 대화를 나누게 되면, 나쁘지는 않지만 최선책은 아닌 해결책에 이끌려 따라가게 된다. 연구에 따르면, 늘 대화 창구가 열려 있는 사람들은 이도 저도 아닌 애매한 해결책을 지속적으로 만들어 내는 것으로 나타났다. 한편 해결책을 제시하는 단계에서 스스로를 고립시켜 자기 시간을 보내는 사람들은 다수의 그저 그런 해결책과 몇 가지 놀라운 해결책을 제시하기도 한다. 최고의 해결책은 사교적인 상호 작용과 조용한 집중을 되풀이하는 사람들에게서 나온다. 산만해지기 쉬운 성향을 지닌 우리 자신을 지키기 위해 벽을 필요로 하는 것처럼, 사회적 압력에 민감할 수 있는 우리 자신을 보호하는 데에도 벽이 필요하다.

어떤 공간 배치가 이러한 사고방식과 작업 방식을 지원해 줄 수 있을까? 최적의 모델은 조너스 소크와 루이스 칸이 선택한 수도원에서 찾을 수 있다. 흔히 우리의 상상 속에서 수사들은 고독하고 은둔자 같은 존재들이다. 그러나 역사적으로 그들은 공부와 사색을 하며 혼자 보내는 시간과 다른 사람들과 왕성한 사회적 상호 작용을 하며 보내는 시간이 균형을 이룬 공동체 환경 속에서 살아왔다. 케임브리지 대학교 소속 인류학자인 리처드 어바인Richard Irvine은 수 세기 동안 생활 방식이 거의 변하지 않은 영국 서머싯의 베네딕트회 수도원인 다운사이드수도원Downside Abbey에서 수행한 민족지학적ethnographic 연구를 통해 이러한 균형을 연구 분석했다.

어바인은 수도원의 건축 양식을 묘사하면서, 수도원 건물들은 수도사의 독방뿐만 아니라 도서관, 식당, 작업장, 안뜰과 같은 공용 공간을 수용하면서 그 안에 거주하는 사람들의 적극적인 참여와 고요한 침잠의 일상 주기를 반영한다고 말한다. 어바인은 그 수도원이 나름의 무한 복도, 즉 수도원 건축에서 연결의 핵심 요소 역할을 하는 긴 복도 형태의 회랑도 갖고 있음을 언급한다. "회랑은 사람들 간의 활발한 만남을 용이하게 하는 움직임의 공간이다. 수도사들이 수도원 교회(하루 여섯 번 공동 예배를 보는 곳)와 식당(하루 세 번 다 같이 모여 조용히 식사하는 곳)의 공동 구역으로 가기 위해 정기적으로 그곳을 지나다니기 때문이다."[78]

조직심리학자들은 최근에 와서야 그 가치를 인식했지만, 다운사이드수도원의 수도사들은 400년 이상 간헐적 협업을 실천해 왔다. 어바인은 "수도원은 사람들 간의 만남이 잦은 장소이며, 고독의 중요성 역시 일과를 마치며 들어가는 '대침묵great silence'과 하루 두 번 개인 기도의 실천을 적어 넣은 시간표로 조직화돼 있다"고 설명한다. 완전한 침묵에 들어가는 대침묵은 상호 작용을 제한하고 수도사가 혼자 있을 기회를 준다. (어바인은 수도원의 수도사들이 간헐적 상호 작용을 하기 위해 이용할 수 있는 또 다른 방법을 갖고 있다고 말한다. "그들은 제의에 달린 모자를 쓸 수 있어 그 모자로 귀를 덮고 주변 시야의 일부를 가려 다른 사람들에게 방해를 받지 않을 수 있다.")

　오랜 수도원의 공간 배치는 사회적 상호 작용과 전용 공간에서 누리는 고독에 대한 인간의 욕구를 충족시킨다는 오늘날의 '활동 기반 작업 공간'과 어느 정도 유사한 면이 있다. 활동 기반 작업 공간에는 카페 스타일의 회의실과 방음 장치가 돼 있는 개인 열람 공간 등이 갖춰져 있다. 그러나 그러한 작업 공간에서는 사용자들이 여전히 효과적인 정신적 확장을 경험하지 못하는 경우가 많다. 즉 그들이 가장 효과적인 정신적 확장을 경험하기 위해서는 그들이 주인 의식과 통제력을 갖고 사용할 수 있는 익숙하고 사적인 공간이 필요하다. 그러한 공간은 우리가 앞서 살펴본 것들보다 더 많은 이점을 제공할 수 있다. 인간의 절박한 욕구 두 가지, 즉 자기 정체성을 주장하고 더 큰 집단에 속하고자 하는 욕구를 충족하기 좋은 자리에 있기 때문이다. 물리적 공간을 통해 의식을 확장하는 데 있어서는 스투디올로보다 더 좋은 모델이 없을 것이다.

　우르비노 공작인 페데리코 다 몬테펠트로의 화려하게 장식된 서재 벽들을 한번 떠올려 보자. 예술 애호가, 전사, 학자 등 페데리코가 누구인지 시각적으로 상기시켜 주는 것들로 채워진 벽들이 서재 사용자를 에워쌌을 것이다. 벽에는 류트, 하프, 전곤, 산언덕의 돌출부, 버질의 장정본이 있었다. 또 그가 의미 있는 그룹의 회원임을 나타내는 상징들도 있었다. 복잡하게 무늬를 새긴 벽판에는 부리로 화살을 물고 있는 타조 모습이 특징인 몬테펠트로 가문의 문장이 있었다. 타조 밑에는 페데리코의 할아버지가 처음 선언한 좌우명이 독일어(Ich kann ein großes Eisen essen으로 '나는 커다란 쇳조각도 먹을 수 있다'는 의미)로 화려하게 새겨져 있었다.[79] 벽에는 또 에드워드 4세가 페데리코에게 수여한 영국의 최고 기사단 훈장인 가터 훈장Order of the Garter의 엠블럼이 장식돼 있었다.

자기 지시적인 이미지와 메시지는 공작의 화려한 개인 서재의 벽면에 새겨져 있든 직장인의 칸막이벽에 압정으로 고정돼 있든 단순한 장식이 아니다. 연구에 따르면, 사람들은 정체성과 소속감을 나타내는 신호가 있을 때 더 의욕적이고 생산적이며 더 나은 성과를 낸다.[80] 정체성은 우리가 자아 개념을 뒷받침하기 위해 사용하는 유형적(有形的) 신호다. 예를 들어, 우리는 고양이, 암벽 등반, '파 사이드Far Side' 만화를 좋아하는 사람인 것이다. 우리는 우리가 가진 취미를 알리고, 우리가 받은 상이나 명예를 자랑하고, 기발한 유머 감각을 표현하기 위해 우리의 공간을 사용한다. 이런 식으로 표현하고 보여 주는 것은 우리가 누구인지 (또는 우리가 어떤 사람이 되고 싶은지) 다른 사람들에게 알리기 위함일 때도 있지만, 보통은 그보다 더 가까운 존재, 즉 우리 자신을 위해 하는 것이다. 〈경영아카데미 저널Academy of Management Journal〉에 발표된 한 연구에서 연구원들은 엔지니어, 이벤트 기획자, 광고 제작 감독, 부동산 중개인 등 다양한 직업을 가진 사람들의 작업 공간을 조사했다. 조사원들은 이 전문직 종사자들이 자신의 작업 공간에 둔 사적인 물건 중 약 3분의 1은 자기 자신에게만 보이도록 배치해 뒀다는 사실을 발견했다.[81] 그들의 사적인 물건들은 자신의 목표나 가치를 상기시키는 것들이었고, 그중 70퍼센트는 다른 사람들의 눈에 띄지 않게 배치돼 있었다.

우리에게 왜 그러한 요소가 필요할까? 우리의 자아의식이 안정적이며 견고하다고 느껴질 수 있지만, 사실 자아의식은 꽤 유동적이어서 외부 구조에 따라 그 형태가 바뀔 수 있다.[82, 83] 우리는 해외여행을 할 때 이를 느낄 수 있다. 우리 주변의 모든 것이 이상하고 낯설어 어지러울 정도로 혼란스러운 기분을 느낀다. 이 같은 혼란에 지치더라도 먼 곳에서 휴가를 보내는 동안에는 즐거울 수도 있다. 하지만 일상생활에서 우리가 효과적으로 기능하기 위해서는 안정된 정체성을 구축할 필요가 있다. 이때 우리 주위에 배치하는 물건들은 확고한 자아 개념을 유지할 수 있도록 도와준다. 심리학자 미하이 칙센트미하이Mihaly Csikszentmihalyi가 썼듯이, "우리는 우리가 볼 수 있는 곳에 특정 물건들을 둔다. 우리 자신이 무너지지 않기 위해 들어야 할 메시지를 그 물건들이 전해 주기 때문이다."[84]

게다가 우리는 정체성의 특별한 면을 강조해 보여 주는 프롬프트를 가까이 둘 필요가 있다. 우리는 하나의 정체성만 지니고 있지 않다. 직장인, 학생, 배우자, 부모, 친구 등 여러 정체성을 갖고 있다. 또 환경적 신호를 통해 다른 정체성을 떠올리게 된다. 서던캘리포니아 대학교 소속 심리학자 다프나 오이서만Daphna Oyserman은 환경에서 오는 신호가 실제로 우리의 생각과 행동에 영향을 미치고, 여러 모습 중 하나를 밖으로 끌어내는 기능을 한다고 말한다. 오이서만은 "그 순간에 두드러져 나타나는 어떤 한 사람의 정체성은 그 사람이 무엇을 주목하고 무엇을 하기로 선택할지에 영향을 미친다"고 썼다.[85] 특히 주목할 만한 연구 결과가 있다. 한 연구에서 아시아계 미국인 소녀들이 그들의 민족성을 상기시키는 신호를 접했을 때 수학 시험 성적이 높아진 반면, 그들이 그들의 성별을 상기시키는 신호를 접하자 수학 시험 성적이 떨어졌다는 것이 발견됐다.[86] 이처럼 매일 우리의 눈에 휴식을 주는 물건들은 우리가 그 공간에서 주어진 역할을 잘 해낼 수 있도록 해 준다.

또 학교나 직장에서 삶의 기복을 겪을 때 의미 있는 사물이 주는 안정감은 우리의 기분과 감정을 관리하는 데 도움을 줄 수 있다. 우리가 그러한 '환경적 자기 관리'[87]를 할 때, 우리는 목표를 추구하는 데 필요한 내적 균형을 유지하기 위해 외부 신호에 의존한다. 미시간 대학교 플린트University of Michigan-Flint의 경영학 교수인 그레고리 로렌스Gregory Laurence는 중진급 전문가들을 대상으로 한 연구에서 사적인 물건들을 그들의 작업 공간에 두는 것이 스트레스를 주는 일로 인한 '감정적 피로'[88]를 완화하는 데 도움이 된다는 점을 발견했다. 로렌스와 그의 공저자들은 특히 프라이버시를 충분히 존중해 주지 못하는 사무실 환경에서 근무하는 직원들의 경우 사진, 포스터, 연재만화, 머그잔 등으로 그들의 작업 공간을 개인화할 수 있는 물건이 그들이 자기만의 공간을 만들고, 그 공간에 개인적 의미를 부여하고, 직장 내 안식처를 만드는 데 도움이 됐다고 설명했다.

로렌스 외에도 자신의 공간을 거의 영적인 방식으로 바라보는 사람들을 발견한 연구자가 또 있다. 일본 기술 기업인 히타치Hitachi의 미국 본사에 있는 연구 개발 전문가들을 대상으로 한 민족지학적 연구에서 저자인 이마이 료코Ryoko Imai와 반 마사히데Masahide Ban는 이렇게 말했다. "연구 대상자들이 그들의 편안하고 조용한 칸막이 안에서 집중적인 읽기, 쓰기, 그리고 가장 중요하다고 할 수 있는 생각을 한다. 개인적으로 편안함을 느끼는 물건, 익숙한 참고 자료, 좋아하는 도구들이 구비돼 있는 개인 전용 공간은 활기를 되찾고 마음을 가다듬기 위한 성스러운 공간 역할을 했다."[89] 이러한 현대식 작업대와 칸막이에서 수도원과 스투디올로를 떠올리게 하는 것들을 발견할 수 있다. 이는 자신의 공간을 중요하고 의미 있는 물건들로 채워 넣어야 하는 인간의 집요한 욕구를 보여 주는 증거다.

그런데 많은 조직에서 직원의 작업 공간에 개인 물품을 갖다 두는 것을 자제시키거나 금지하고 있다.[90] 그러한 '잡동사니'는 눈앞에 닥친 업무를 방해하는 불필요한 물건 취급을 받거나 애플 창업자 스티브 잡스와 같이 존경받는 리더들과 어울리는 깨끗한 여백의 미를 살리는 데 방해가 되는 장애물 취급을 받기도 한다. 심리학자 크레이그 나이트와 알렉스 하슬람에게는 그러한 규칙을 접할 때 떠오르는 인물이 있었다. 바로 프레더릭 윈즐로 테일러Frederick Winslow Taylor인데, 그는 20세기 초반 미국 기업에 '과학적 관리법scientific management'을 도입한 엔지니어였다.[91] 테일러는 근로자들이 작업 속도를 최대한 높이고 불필요한 행동을 최소화하기 위해 재설계한 공장에 개인 소지품 반입을 금지했다. 그는 직원들의 개성을 박탈하면 그들이 산업 기계의 완벽하고 효율적인 톱니바퀴 역할을 할 것이라고 주장했다.

앞서 살펴본 단출한 사무실, 잘 갖춰진 사무실, 자기 권한이 있는 사무실, 자기 권한이 없는 사무실 등 네 가지 유형의 작업 환경에 대한 연구를 수행한 나이트와 하슬람은 신테일러주의neo-Taylorism를 수용하는 것은 실수이며, 특히 직원들이 일반적인 톱니바퀴가 아닌 비판적이고 창의적인 사상가로 행동해야 하는 시대에는 더욱 그러하다고 믿는다. 그들의 연구에서 밝혀진 것처럼 사람들은 단출하고 특색 없는 사무실에서 덜 생산적이다. 하슬람은 "사람들이 자신이 있어야 할 장소가 아닌 잘못된 장소에 있다는 느끼게 하는 것은 업무 성과를 떨어뜨리기 아주 좋은 방법이다"라고 말한다.[92] 매니저와 관리자는 사적인 물건들로 인해 조직의 결속력과 충성도가 저하될 수 있다고 우려할지 모르지만 연구 결과는 오히려 그 반대라는 점을 시사한다.

직원들은 조직 내에 반영된 자기 모습을 볼 수 있을 때 그 조직에 더 헌신적이다.[93] 주인 의식은 개인에서 조직으로 확장되며, 그것은 물리적 공간을 통해 흐른다.

공간이 배치되는 방식을 통해 우리의 개성이 존중받을 수 있고, 동기 부여와 업무 성과에도 긍정적인 영향을 줄 수 있다. 또 그 방식에 따라 우리는 조직 내에서 소속감을 느끼거나 느끼지 못할 수도 있다. 역사적으로 배제되고 소외되거나 부정적인 선입견에 시달려 온 집단의 구성원들은 그들이 어딘가에 들어가면서 마주하는 소속감이나 소외감에 대한 신호에 특히 민감하다.[94] 소속감이나 소외감에 대한 신호가 편견에 대한 논의의 초점이 되는 경우는 거의 없지만 사실 쉽게 찾아볼 수 있고 영향력도 크다. 인디애나대학교 블루밍턴에서 심리과학과 뇌과학을 가르치고 있는 메리 머피Mary Murphy 교수는 "우리가 편견을 생각할 때 우리 대부분은 사람들이 문제라고 생각합니다"라고 말한다.[95] 그러나 머피는 경험과 결과의 불평등은 '조직 환경'의 특징에 의해 발생한다고 지적한다. 조직 환경에는 만들어 낸 환경이 중요한 부분을 차지한다. 머피와 그녀의 동료들은 다른 그룹들보다 특정 그룹들에 감정, 생리적 기능, 인지 기능, 성과에 큰 부담을 주는 장소를 말하는 '편견이 있는 장소'[96]에 대한 이론을 제기해 왔다.

편견을 사람들의 속성, 즉 개인의 머릿속에 존재하는 실체로만 생각하면 우리는 제도 내에서 편견이 어떻게 작용하는지에 대한 전체 그림을 보지 못하고 그 편견에 대항할 기회를 놓치게 된다. 머피가 '장소 내 편견 모델prejudice-in-places model'이라고 부르는 이론에 따르면, 구조적 불평등은 인종 차별주의나 성차별적 생각을 지닌 일부를 식별하고 근절한다고 해서 그 뿌리가 사라지지 않을 것이다. 사실 편견은 심지어 어떤 한 장소에 있는 사람들이 평등한 방식으로 행동하려고 노력할 때조차 그 장소에 의해 영구화될 수 있다. 정확히 말해서, 물리적 장소는 그 안에서 일하고 배우는 사람들의 행동에 깊은 영향을 미치기 때문에 그 물리적 공간의 모양이나 상태를 바꾸는 것이 편견을 줄일 수 있는 가장 효과적인 방법일 수 있다. 사람들의 믿음을 너무 직접적으로 바꾸려 들면 저항이나 분노를 유발할 수 있다. 실제로 상투적인 다양성 워크숍과 교육 과정에서도 별 의미 없는 연구 결과가 거듭 발견됐다.[97]

'편견이 있는 곳'은 2001년 여름, 사프나 셰리언 Sapna Cheryan이 마주한 환경에 딱 어울리는 표현이었을 것이다.[98] 대학을 갓 졸업한 셰리언은 캘리포니아 베이 지역 California's Bay Area에 위치한 기술 회사에서 인턴십 면접을 보고 있었다. 셰리언이 방문한 회사 중 한 곳에서 그녀는 컴퓨터밖에 모르는 사람의 지하 은신처처럼 보이는 작업 공간에 불편해하는 자기 자신을 발견했다. 셰리언은 "그곳에는 액션 피겨, 너프 Nerf 총, 금문교 모형을 만들기 위해 가득 쌓아 둔 탄산음료 캔들이 있었다"고 회상했다.[99] 그 회사의 매우 특이한 미적 집착은 회사가 원하는 이상적인 직원의 개념을 보여 주기 위해 만들어진 것 같았다. 그러한 환경에서 젊은 여성이자 유색 인종인 셰리언은 환영받지 못하는 사람이 된 것 같았다. 셰리언이 소프트웨어 기업인 어도비 Adobe에서 입사 인터뷰를 할 때는 매우 다른 환경을 마주했다. 그곳의 작업 공간은 밝고 매력적이었다. 셰리언은 어도비의 제안을 받아들여 5년 동안 그 회사에서 근무했다. 그녀의 다음 행보는 스탠퍼드대학교 심리학 박사과정이었다. 셰리언은 물리적 환경의 신호가 사람들이 생각하는 방식에 어떠한 영향을 미치는지 연구하기를 목표로 박사과정에 등록했다.

셰리언이 대학원생일 때 수행한 실험에서 그녀는 스탠퍼드의 게이츠컴퓨터공학건물 Gates Computer Science Building의 공간을 빌려 '전형적인' 강의실과 '비전형적인' 강의실을 만들었다.[100] 전형적인 강의실은 탄산음료 캔, SF와 판타지 소설, 스타트렉과 스타워즈 포스터들로 가득 채워졌다. 비전형적인 강의실은 자연 포스터, 문학 소설, 물병과 같은 물품을 특징으로 했다. 각 강의실에서 시간을 보낸 후, 학부생들은 그들이 컴퓨터공학에 얼마나 관심이 있는지, 또 그들이 컴퓨터공학을 공부하면서 얼마나 좋은 성적을 거둘 것이라고 생각하는지 묻는 설문 조사에 응했다.

전형적인 강의실에서 몇 분을 보낸 뒤 남학생들은 컴퓨터공학에 높은 수준의 관심을 보였고, 여학생들은 남학생들보다 훨씬 더 낮은 수준의 관심을 보였다. 한편, 비전형적인 강의실에서 시간을 보낸 뒤에는 컴퓨터공학에 대한 여학생들의 관심이 두드러지게 증가해 실제로 남학생들보다 더 큰 관심을 보였다. 셰리언의 후속 연구에 따르면, 여학생의 경우 비전형적인 강의실에 노출된 학생들이 컴퓨터공학 과목에서 좋은 성적을 거둘 것이라고 예측한 반면, 남학생들의 경우 강의실 유형에 상관없이 자신들이 좋은 성적을 거두게 될 것이라고 예측하는 경향을 보였다.[101] 셰리언은 말했다. "이는 매우 중요한 발견이다. 과거의 심리학 연구를 통해 우리는 특정 환경에서 얼마나 잘 해낼 수 있을지에 대한 기대가 실제로 우리의 성과를 결정할 수 있다는 것을 알고 있기 때문이다."[102]

셰리언은 자신의 연구에 기록한 현상을 물리적인 환경에 대한 개인의 적응을 뜻하는 '환경적 소속감ambient belonging'이라 불렸고, 이는 그러한 환경에 있을 법한 사람들에 대한 적응과도 관련이 있다고 언급했다. 그녀는 "환경적 소속감은 물건 몇 개만 대충 훑어봐도 바로 확인이 된다"고 말했다. 이후 후속 연구에서 셰리언은 환경적 소속감이 어떻게 확대되고 확장될 수 있는지, 즉 더 많은 사람이 그들 자신이 속한 환경에 적합한 사람이라는 중요한 감정을 느낄 수 있도록 유도하는 방법에 대해 탐구했다. 핵심은 고정관념을 없애는 것이 아니라 다양화하는 것이라고 그녀는 말한다.[103] 즉 다양한 배경을 가진 사람들에게 그들이 주어진 환경에서 번창할 수 있다는 메시지를 전달할 수 있어야 한다. 현재 셰리언이 교수로 재직 중인 워싱턴대학교에서 그러한 노력이 행해졌다. 워싱턴대학교는 컴퓨터공학 연구실을 개조해 페인트칠을 새로 하고, 새로운 예술 작품을 걸고, 더 활발한 상호 작용을 할 수 있도록 좌석을 배치했다. 5년 후, 워싱턴대학교에서 여성이 받은 컴퓨터공학 학부의 학위 비율이 32퍼센트에 달했고, 이는 미국 내 다른 주요 공립 대학교들보다 더 높은 수치였다.[104]

셰리언과 다른 연구자들은 오프라인 세계의 물리적 공간에서 확장한 기술이라고 할 수 있는 온라인 '공간'에서의 환경적 소속감을 만드는 방법을 연구하고 있다. 연구에 따르면, 역사적으로 낙인찍힌 그룹의 구성원들이 '현실 세계'에서와 마찬가지로 온라인 강좌 같은 디지털 플랫폼에서도 배제와 관련된 신호에 특히 예민하다는 사실이 밝혀졌다.[105] 또 비디지털 영역에서와 같이 이러한 배제의 신호는 컴퓨터공학과 같은 특정 과목에 대한 그들의 관심도나 성공에 대한 기대감에 부정적인 영향을 미칠 수 있고,[106] 그들이 그러한 주제에 얼마나 적극적으로 관여하는지에 영향을 미칠 수 있다.[107]

코넬대학교에서 정보과학을 가르치는 르네 키질세크Renè Kizilcec 조교수는 페이스북에 개설된 온라인 컴퓨터공학 강좌 광고에 '성 포괄적gender-inclusive' **108** 이미지와 문구를 추가한 효과에 대해 조사했다. 광고에 사용된 이미지는 연령과 인종이 다른 여성 여덟 명으로 구성된 그룹을 특징으로 했다. 광고 문구는 "컴퓨터 프로그래밍의 역사는 여성의 역사다. 여러분도 이 서사적 여정에 동참할 수 있다"라고 적혀 있었다. 여성들은 이러한 이미지와 문구가 포함되지 않은 유사한 성격의 광고보다 26퍼센트 더 높은 비율로 해당 광고를 클릭해 더 자세한 정보를 확인했다. 성 포괄적 신호가 이 강좌의 등록 페이지에 포함됐을 때, 여성들이 그 강좌에 등록할 가능성이 18퍼센트 더 높아졌다.

키질세크가 주도한 또 다른 연구에서는 과학, 기술, 공학, 수학(STEM)을 강의하는 온라인 강좌의 웹 페이지에 다양성을 나타내는 문구를 포함했다. STEM 분야에서는 사회경제적 지위가 낮은 가정의 학생들이 두각을 드러내지 못하는 경우가 많다. 그런데 해당 문구를 넣자 사회경제적 지위가 낮은 가정의 학생들의 강좌 등록이 증가했다.**109** 그 문구는 이러했다. "여러분이 함께 배울 수 있는 공간을 제공하는 강좌, 모두에게 기회를 지원하는 강좌입니다. 나이, 성별, 국적에 상관없이 누구나 이 강좌를 성공적으로 이수할 수 있습니다. 여러분과 같은 이들이 전 세계 곳곳에서 합류하고 있으며 우리는 이러한 다양성을 가치 있게 생각합니다." 키질세크가 '심리적 포괄 디자인psychologically inclusive design'이라고 부르는 이러한 디자인 방식은 콘텐츠와 디자인 신호를 환경에 전략적으로 배치하여 참여의 장벽을 낮추기를 목표로 한다.**110** 이러한 노력을 기울이는 것은 현실 세계에서만큼이나 온라인 세계에서도 중요하다.

만들어진 환경에 대한 우리의 경험을 바탕으로 연구를 수행하는 일은 비교적 새로운 현상이라 할 수 있다. 수 세기 동안 건축가와 건축업자들은 전통과 직관을 기반으로 작업해 왔다. 예를 들어, 건축가 루이스 칸은 과거의 형태와 양식에 의식적으로 의지했다. 그는 또 물질세계에 대한 촉각과 현장이나 구조가 필요로 하는 것에 의지했다. 칸 특유의 현명한 발언 중 하나를 살펴보면, 그는 자신의 건물을 짓는 데 사용된 자재와 나눈 상상 속 대화를 이렇게 묘사했다. "당신이 벽돌한테 묻는 거죠. '벽돌, 어떤 걸 원해?' 벽돌이 답합니다. '난 아치가 좋아.' 당신이 다시 묻습니다. '아치는 비싸니까 입구 위에 콘크리트 상인방lintel을 쓸 수 있어. 벽돌, 어떻게 생각해?' 벽돌이 답하죠, '난 아치가 좋다니까.'"[111]

조너스 소크는 건축가 칸이 "예술가의 비전, 철학자의 이해, 형이상학자의 지식"을 갖고 있었다고 말했다.[112] 언젠가 건축가들은 무기고에 '신경과학자의 전문 지식'을 추가해야 할지도 모른다. 급성장하고 있는 신경건축학이라는 분야에서는 우리가 마주하는 인공적인 환경에 우리 뇌가 반응하는 방식을 탐구하기 시작했다.[113] 예를 들어, 천장이 높은 공간은 우리가 더 광범위하고 추상적인 사고를 할 수 있도록 해 준다는 연구 결과가 있다.[114] 파리 국립 도서관에 있는 열람실의 돔형 천장이나 뉴욕에 있는 뉴욕 공립 도서관의 로즈중앙열람실Rose Main Reading Room의 구름이 가득한 천상이 그려진 천장을 상상해 보면 믿기 어렵지만은 않다.[115] 한편, 대칭을 이루는 모습은 우리에게 권력과 강인함을 느끼게 해 준다. 17세기 무굴 황제 샤 자한Shah

Jahan이 인도의 아그라에 하얀 대리석으로 지은 타지마할을 떠올려 보자. 양쪽으로 늘어선 미너렛minaret부터 바닥의 무늬가 새겨진 타일까지 완벽한 대칭을 이루고 있다. (소크연구소 역시 대칭적이며 실제로 타지마할과 비교돼 왔다는 사실도 주목할 만하다.)

매우 사회적인 동물인 우리는 건축가 안드레아 팔라디오Andrea Palladio가 설계한 이탈리아 르네상스 양식 빌라인 빌라 로톤다Villa Rotonda와 같이 얼굴을 닮은 건축 디자인에 긍정적으로 반응한다.[116] 곡선 형태는 우리에게 편안함과 안락함을 가져다준다고 밝혀졌다.[117] 생후 일주일 정도 지난 아기들은 날카로운 물체보다 구부러진 물체를 보는 것을 더 좋아한다.[118] 곡선의 매력은 워낙 그 뿌리가 깊어 세대, 문화, 심지어 종species 전반에 걸쳐 발견된다.[119] 영국의 예술가 헨리무어Henry Moore가 1971~1972년에 만든 곡선의 양 조각Sheep Piece을 생각해 보자. 붉은털원숭이rhesus monkey의 뇌를 스캔한 연구에서 원숭이들이 그 양 조각을 볼 때 보상과 쾌락의 경험과 관련된 뇌 영역이 활성화된다는 사실을 발견했다.[120] 인간이라는 동물도 스페인에 있는 빌바오 구겐하임 미술관을 수용하기 위해 프랭크 게리Frank Gehry가 설계한 건물의 특징인 완만한 곡선을 보면 비슷한 기쁨을 느낀다. 저명한 건축가 필립 존슨Philip Johnson은 처음 빌바오 구겐하임 미술관을 봤을 때 너무 감동한 나머지 눈물을 흘리기까지 했다.[121]

신경건축학이 제시하는 통찰은 자극적이기는 하지만 성숙한 지식 분야라 하기에는 아직 갈 길이 멀다. 현재로서는 건축과 설계를 할 때 여전히 전통적인 방식을 신뢰할 필요가 있다. 또 그 전통적인 방식을 신중하게 선택해야 하며, 환경이 우리가 생각하고 행동하는 방식에 얼마나 큰 영향을 미칠 수 있는지 알아야 한다. 예를 들어, 우리는 어떻게 해서 커피하우스 모델이 작업 공간 배치 방식에 대한 우리의 개념을 지배하게 됐는지를 살펴봤다. 경계가 있는 공간이나 폐쇄된 사회 집단을 거부하고 투명성과 개방성을 포용한다는 점에서 철저히 현대적이지만, 커피하우스 모델은 장점과 단점을 모두 갖고 있다. 오늘날 우리의 감성과 매우 잘 어울리는 개방된 공간의 매력은 다른 모델, 즉 커피하우스가 등장하기 전에 이미 그 공간의 거주자들에게 여러 혜택을 제공했던 수도원과 스투디올로와 같은 근대 이전의 모델이 지닌 장점을 볼 수 없게 만들기도 한다.

그러나 잘못된 방식으로 우리의 사고에 영향을 미치는 공간보다 더 우려되는 것은 어쩌면 우리에게 아무런 영향도 미치지 않는 공간일 것이다. 스코틀랜드의 에든버러대학교에서 건축컴퓨팅architectural computing을 가르치고 있는 리처드 코인Richard Coyne 교수는 현대 사회에 만연한 비장소non-places, 즉 '신호나 관계성이 부재한 공간에 대한 인지 부족'122을 매우 안타깝게 생각해 왔다. 로저 바커의 '중서부 연구'를 통해 우리가 알게 된 결과를 다시 한번 떠올려 보자. 바커는 물리적 장소가 성격을 포함한 다른 요인들보다 우리의 사고와 행동에 훨씬 더 큰 영향을 미친다고 결론을 내렸다. 이는 장소가 우리 정신이 처리해야 할 많은 것, 즉 코인의 말을 빌리면 '겹겹이 쌓인 관습, 역사, 의미'를 제공하기 때문이다. 코인은 또 이렇게 말한다. "대성당이나 사원의 현관에 '여기서 기다리세요'라는 팻말을 굳이 둘 필요가 없을 것이다. 그곳의 건축과 의식 절차에 이미 적절한 행동이나 행위가 새겨져 있기 때문이다. 그러한 장소에서는 '하나님을 생각하라' 또는 '자신의 유한함을 생각하라' 등의 글귀도 필요가 없을 것이다. 우리가 그런 신성한 장소에 머물 때는 이미 그러한 생각에 빠져 있을 것이다."[123] 그러나 비장소에서는 풍부한 의미를 찾아볼 수 없다. 특색 없는 체인점, 일반 호텔 로비, 수많은 고층 빌딩에 둘러싸여 있는 황량한 도시 '광장plaza'에는 어떤 의미와 메시지가 담겨 있을까? 베이지색 칸막이가 죽 늘어서 있는 사무실이나 창문 없는 트레일러하우스 안에 있는 강의실에서 어떤 영감을 받고, 어떤 감정을 느낄까? 우리는 소외감을 느끼게 하고 아무 목적도 없는 그런 공간에서 방황하고 있다. 이는 단순히 심미적인 것에 대한 질문이 아니다. 우리가 어떻게 생각하는지, 우리가 어떻게 행동하는지, 우리가 누구인지를 묻는 질문이다.

놀랄 만한 일도 아니지만, 루이스 칸은 장소가 인간의 정신에 미칠 수 있는 변형 효과를 이해한 사람이었다. 건축사에 조예가 깊은 칸은 고대 로마 공중목욕탕의 원대한 디자인이 주는 강력한 분위기에 대한 생각을 밝힌 적이 있다. 칸은 이렇게 말했다. "카라칼라의 목욕탕을 보면 150피트(약 46미터) 천장 아래에서 목욕할 때와 마찬가지로 8피트(약 2.5미터) 천장 아래에서도 목욕을 하는 데 아무런 문제가 없다는 것을 알게 된다. 그러나 150피트짜리 천장에는 우리 인간을 남다른 존재로 만들어 주는 무언가가 있다."[124]

아이디어 공간을 통해
생각하기

벤 프리드모어Ben Pridmore는 깜짝 놀랄 만큼 정확한 기억력으로 유명하다. 세계 기억력 대회World Memory Championship에서 세 번이나 우승한 프리드모어는 역사적인 날짜 백여 개를 5분 만에 암기한 뒤 실수없이 암송하고, 무작위로 섞인 카드 약 1400장의 순서를 정확히 기억하며, 파이의 소수점 아래 수천 자리까지 기억해 내는 위업을 달성했다. 그는 저널리스트 조슈아 포어Joshua Foer가 기억력 고수들의 업적을 상세히 담아 2011년 출간한 베스트셀러 《1년 만에 기억력 천재가 된 남자》에 등장해 큰 관심을 받았다.[1]

그러나 영국 레디치Redditch 마을의 주민인 프리드모어는 기억력 대회에서 우승을 가져다 준 검은 중절모, 즉 자신의 '행운의 모자'를 기차에 두고 내릴 때까지 그것을 기억하지 못했다.[2] 프리드모어는 회계사로 일하고 있는 직장에 서류 가방이나 중요한 서류를 가져오는 일을 잊어버리기도 하고, 친구들의 생일조차 잘 기억하지 못한다고 시인한다. 그는 "저는 사람들의 이름과 얼굴을 잘 기억하지 못하는 것으로 유명합니다"라고 말한다.[3] 그랬던 프리드모어는 '장소법 method of loci'[4]이라 알려진 기억술을 통해 유명한 기억력 챔피언이 됐다. 장소법은 특정 항목을 우리 인간이 공유하는 장소와 연결해 효과적으로 기억하는 사고 전략 중 하나다.

장소법은 고대 그리스인들이 발명하고 수 세기에 걸쳐 교육자와 연사들이 사용한 유명한 기법이다.[5] 이 기억술은 기억하고자 하는 각 항목을 어린 시절의 집이나 현재의 이웃집과 같은 친숙한 특정 공간과 연결시켜 작동한다. 벤 프리드모어에게 그 장소는 어린 시절 영국 혼캐슬Horncastle에서 다녔던 엘리자베스여왕 문법학교Queen Elizabeth's Grammar School이다. 예를 들어, 무작위로 섞은 트럼프 카드의 순서를 암기할 준비를 하고 있다고 가정하자. 프리드모어는 옛 모교를 거닐며 지나치던 물리적 장소에 각 카드를 순서대로 놓는다고 상상한다. 정문을 지나 복도를 따라가다가 6학년 휴게실을 지나서 수학 수업을 받는 교실로 들어간다. '기억의 궁전memory palace' 전략이라고 불리기도 하는 이 장소법은 매우 효과적이다. 프리드모어는 이 기억술을 '여행 기술journey technique'이라고 표현하기도 한다. 트럼프 카드에 표시된 숫자나 무늬 같은 정보는 빨리 잊히지만, 우리가 잘 알고 있는 물리적 장소와 연결하면 동일한 정보가 오랫동안 기억에 통합될 수 있다.

프리드모어는 장소법을 사용해 기억력 챔피언이 된 유일한 사람이 아니다. 실제로 다른 기억력 대회 우승자들을 대상으로 수행한 연구에서, 새로운 정보를 기억 속 물리적 공간에 연결하는 전략이 기억을 잘하는 사람들의 놀라운 성과를 내는 비결이라는 결론이 나왔다. 유니버시티칼리지 런던University College London의 인지신경과학과 교수인 엘리노어 맥과이어Eleanor Maguire 역시 비슷한 연구를 수행했다. 맥과이어와 그녀의 동료들은 이렇게 보고했다. "신경심리학적 방법과 구조적·기능적 뇌 영상을 사용해 우리는 우수한 기억력이 뛰어난 지적 능력이나 뇌 구조의 차이 때문에 생기는 게 아니라는 사실을 발견했다. 오히려 우리는 뛰어난 기억력을 가진 사람들이 기억, 특히 공간 기억을 관장하는 뇌 영역(해마)과 관련 있는 공간 학습 전략을 사용한다는 것을 발견했다."[6] 맥과이어는 뛰어난 기억력을 가진 사람들과 일반 사람들의 차이는 두 그룹이 무언가를 기억하려고 할 때 활성화된 뇌 영역에 있다는 점을 알아냈다. 기억력 챔피언들의 뇌에서는 공간 기억과 공간 탐색과 관련 있는 뇌 영역이 크게 활성화된 반면, 보통 사람들의 뇌의 경우 같은 영역에 큰 변화가 없었다.

그렇다면 기억력 챔피언들의 특별한 점은 우리 모두가 자연스럽게 얻을 수 있는 능력, 즉 길을 찾고 갔던 곳을 기억하는 능력을 그들은 의식적으로 사용한다는 데 있다. 연구에 따르면, 우리 모두 정신적 지도, 즉 물리적 장소뿐 아니라 개념이나 정보의 보다 추상적인 풍경인 '아이디어의 공간'을 구성하기 위해 뇌에 내장된 내비게이션 시스템을 사용하는 것으로 보인다.[7] 순전히 정신적 구조를 탐색하기 위해 용도를 변경한 기존의 물리적 장소에 관한 감각은 우리가 매일 사용하는 언어에 반영된다.[8] 우리는 미래가 우리 '앞up ahead'에 있고, 과거는 우리 '뒤behind'에 있다고 말한다. 우리는 '상황을 주시하려고on top of things' 하지만 우리의 '심연에서는 빠져나오지out of our depth' 않으려고 한다. 우리는 원대한 목표에 '도달하고자reach' 애쓰거나 나쁜 행동을 하기 위해 몸을 낮게 '굽힌다stoop'. 이 문장들은 단순히 비유적 표현이 아니라 우리가 주변 세계를 보통 어떤 식으로 이해하고 그 세계와 어떻게 상호 작용하는지에 대한 증거를 드러낸다. 뉴욕 컬럼비아 교육대학원Teachers College에서 심리학과 교육학을 가르치고 있는 교수 바바라 트버스키는 이렇게 말한다. "우리는 추상적 사고보다 공간적 사고를 훨씬 더 잘하고 많이 경험한다. 추상적 사고는 그 자체로 어려울 수 있지만, 다행히도 공간적 사고와 어떻게든 연결시키는 게 가능하다. 그러한 상태로 공간적 사고는 추상적 사고를 대체하거나 지원한다."[9]

과학자들은 해마가 물리적 공간을 탐색하는 우리의 능력에 크게 관여한다는 사실을 오랫동안 알고 있었다. 최근 연구자들은 해마가 우리의 생각과 기억을 보다 일반적으로 체계화하는 데 관여하고 있다는 것을 밝혀냈다. 해마는 실제 공간뿐 아니라 추상적 공간도 처리한다.[10] 2016년 발표한 연구에서 네덜란드 돈더스 뇌·인지·행동연구소Donders Institute for Brain, Cognition and Behaviour의 신경과학자 브랭카 밀리보예비치Branka Milivojevic는 연구에 자발적으로 참가한 사람들에게 1998년 영화 〈슬라이딩 도어즈〉를 보여 주면서 그들의 뇌를 스캔했다.[11] 이 로맨틱 코미디 영화에서 기네스 펠트로가 연기한 주인공 헬렌은 두 가지 다른 운명에 처하게 된다. 첫 번째 줄거리에서 헬렌은 지하철에 탑승해 제시간에 집으로 돌아와 다른 여자와 침대에 누워 있는 남자친구를 발견한다. 두 번째 줄거리에서 그녀는 지하철을 놓치고 남자친구의 부정을 알지 못한다. 밀리보예비치와 그녀의 동료들은 연구 참가자들이 영화를 보는 동안 그들의 해마에서 물리적 공간에 나 있는 길을 탐색하는 경우와 같은 활동을 발견했다. 밀리보 예비치는 참가자들이 〈슬라이딩 도어즈〉를 보면서 영화 속 사건들을 효과적으로 탐색하고, 두 갈래로 나뉘진 줄거리를 따라 길을 찾고, 두 이야기가 진행됨에 따라 영화 속 공간에 대한 지도를 만들고 있었다고 말한다. 그녀는 우리가 실제 경험도 그와 동일한 방식으로 처리한다고 말한다.

심지어 일부 연구자는 공간 감각이 정신적 내용을 구성하는 데 도움을 주는 방식으로 '유아기 기억 상실infantile amnesia' [12]이라는 이해하기 어려운 현상, 즉 아주 어린 시절에 대해 잘 기억하지 못하는 현상을 설명할 수 있다고 제안하기도 했다. 그들이 제시한 이론에 의하면 아주 어린아이들은 자신의 보행 능력으로 공간을 이동할 수 없기 때문에 기억을 저장해 놓을 수 있는 정신적 발판이 부족할 수 있다. 아이들은 자신의 자유 의지로 움직일 수 있을 때만 경험에 대한 상상화가 기억에 남을 만한 그림으로 탄탄하게 구조화될 수 있다. 성인의 경우, 특정 기억에 그 경험이 발생한 물리적 공간에 관한 감각이 꼬리표처럼 계속 붙어 있다.[13] 예를 들어, 팟캐스트나 오디오북이라는 단어를 듣게 될 때 우리는 그 단어를 처음 들었던 장소를 자연스럽게 떠올린다는 사실을 발견할 수 있다. 우리 뇌에 의해 자동적으로 유지되는 장소 기록은 명확한 그 가치 덕분에 진화를 통해 보존돼 왔다.[14] 어디서 음식이나 안전한 은신처를 찾았는지, 또 어디서 포식 동물이나 다른 위험에 맞닥뜨렸는지 기억하는 일은 우리 선조들에게 매우 중요했다. 그러한 것들이 위치한 '장소'는 기억에 부착된 정신적인 꼬리표가 부정적이거나 긍정적인 감정으로 채워져 있는 경우가 많다는 사실을 의미하고, 바로 이런 감정이 장소에 대한 정보를 더 기억에

231

남을 만한 것으로 만든다는 점이 근본적으로 중요하다.

인간이라면 누구나 이 강력한 장소 기반 기억 시스템을 갖고 있지만 벤 프리드모어나 다른 기억력 챔피언들과 같은 이들은 그 시스템을 훨씬 더 잘 활용한다. 네덜란드의 라드바우드대학교 소속 신경과학자인 마틴 드레슬러Martin Dresler가 주도한 연구에서 입증된 바와 같이, 우리도 그들처럼 뛰어난 기억력을 발휘하는 법을 배울 수 있다. 드레슬러와 그의 공동 연구자들(훈장을 받은 기억력 챔피언 보리스 니콜라이 콘래드Boris Nikolai Konrad도 그중 한 명이었다)은 세계 최고의 기억력 고수 24명에게 단어 암기 테스트를 하고, 그 테스트 결과를 일반 시민들로 구성된 그룹의 테스트 결과와 비교했다.[15] 놀랄 것도 없이 기억력 챔피언들은 그들에게 주어진 단어 72개 중 평균 71개를 정확히 기억했고, 그들 중 다수가 만점을 받았다. 한편 일반 시민들은 평균 29개의 단어를 기억해 냈다. 그러나 장소법을 사용해 6주 동안 훈련을 받은 일반 시민들은 이전보다 두 배가 넘는 평균 점수를 기록하며 인상적인 결과를 보여 줬다.

학습할 정보를 물리적 공간에 대한 감각과 연결시키는 방법은 실제 상황에서 사람들이 필요한 정보를 기억하는 데에도 도움을 줄 수 있다. 동사 변화를 외우는 고등학생, 여러 질병과 증상을 배우는 전공의, 결혼식 전날의 만찬에서 할 축사를 연습하는 들러리 모두에게 도움이 될 수 있다. 노스조지아대학교에서 정치학을 가르치는 찰스 윌슨Charles Wilson 교수의 시민 자유 강의를 듣는 학생들도 다수의 새로운 사실과 아이디어를 공부해야 한다.[16] 윌슨은 학생들이 잘 알고 있는 '차우 홀Chow Hall'이라는 학교 구내식당 안의 특정 공간과 연결하는 방법을 그들에게 알려 주어 학생들이 새로운 지식을 배울 수 있도록 돕는다.

예를 들어, 권리 장전Bill of Rights에 명시된 조항을 떠올리기 위해 애를 쓰는 학생들을 위해 윌슨은 차우 홀의 수프 그릇을 향해 움직이는 장면을 상상하도록 한다. 식사를 할 때 가장 먼저 나오는 수프 코스를 수정 헌법 제1조에 연결하는 것이다. 그다음으로 빵이 썰려 있는 곳으로 가도록 한다. 여기서 윌슨은 학생들에게 회색곰의 절단된 팔다리가 수북이 쌓여 있는 모습을 그려보도록 한다. 이는 '무기를 소지할'(bear arms라는 구절이 '무기를 소장하다'라는 뜻이 아닌 '곰의 팔'이라는 의미를 떠올리게 한다-옮긴이) 권리를 보장하는 수정 헌법 제2조를 떠올리게 하기 위한 시나리오다.

상상 속 이미지가 약간 섬뜩하기는 하지만, 윌슨과 그의 학생들은 화려하거나 특이한 이미지가 기억을 더 쉽게 불러일으킨다는 점을 발견했다. 그러한 원칙에 따라 윌슨의 학생들은 역사적인 법정 사건인 맥도널드 대 시카고 사건McDonald v. City of Chicago을 두고 패스트푸드의 마스코트 광대인 로널드 맥도널드가 시카고 불스 저지jersey를 입고 샐러드 바에서 접시를 가득 채우는 모습과 연결하는 법을 배운다. 학생들은 권리 장전의 나머지 8개 조항도 차우 홀에서 제공되는 상상 속의 음식과 각각 연결해 기억한다. 윌슨의 학생들은 이러한 훈련을 즐기고 있으며 강의 내용을 기억하는 데 큰 도움이 된다고 말한다. 많은 학생이 다른 과목을 공부할 때도 장소법을 사용하기 시작했다는 소식을 윌슨에게 알려 왔다.

인간의 뇌는 많은 양의 추상적인 정보를 기억할 준비가 잘 돼 있지 않다. 하지만 뇌가 이미 알고 있는 장소와 관련된 세부 사항을 기억해 낼 준비는 완벽하게 돼 있다. 자연스럽게 알게 된 물리적 공간에 의지하면 (마틴 드레슬러가 보여 준 것처럼) 우리 뇌의 기억 용량을 두 배이상 늘릴 수 있다. 그런데 물리적 공간을 통해 우리의 의식을 확장하면 기억력을 향상하는 그 이상의 일을 할 수 있다. 공간을 인식할수 있는 힘은 우리가 효과적으로 생각하고, 추론하고, 통찰력을 얻고, 문제를 해결하고, 창의적인 아이디어를 내는 데 도움이 될 수 있다. 그러한 힘은 장소법을 사용할 때와 같은 상상 속의 공간이 아니라 실제 공간, 즉 우리의 몸과 마음이 늘 탐색하는 3차원의 실제 공간에서 특히 더 효과적으로 나타난다.

우리 문화에서는 머리로 무언가를 해내면 가치 있게 여기는 경향이 있다. 우리는 정확한 암산을 할 수 있는 수학자들, 마음의 눈으로 앞으로 이어질 수들을 그려 볼 수 있는 체스 고수들, 외부의 프롬프트를 참고하지 않고도 많은 것을 기억할 수 있는 기억력 챔피언들을 보면서 경외심을 느낀다. 하지만 인간의 진정한 천재성은 우리가 물질적 공간을 사용해 우리 머릿속에 있는 사실과 개념을 확장하고, 구조화하고, 새롭게 볼 수 있다는 데 있다. 우리가 아이디어를 내는 데도움을 줄 수 있는 공간은 길게 늘어선 컴퓨터 화면들, 야전 수첩의속지, 작업장 테이블의 표면, 심지어 유명한 저자가 입증한 바와 같이널찍한 사무실 벽 등 여러 형태로 존재할 수 있다.

'멋진 Brilliant', '원숙한 masterful', '기념비적인 monumental'과 같은 단어들은 역사가인 로버트 카로 Robert Caro의 저서를 말할 때 자주 등장한다.[17] 그는 도시계획가 로버트 모세 Robert Moses의 일대기를 다룬 《파워 브로커 The Power Broker》로 퓰리처상을 수상했다. 대학 교재로 자주사용된 이 책은 40만 부 이상 판매됐고 1974년 출간된 이후 절판된

적이 없다. 카로는 지난 40년 동안 20세기 중엽의 정치 거물 린든 B. 존슨Lyndon B. Johnson에 대한 글을 써 왔고, 퓰리처상 수상작인《상원의 달인Master of the Senate》과《상승 수단Means of Ascent》을 포함해 전4권으로 출간했다. 작가로서 호평을 받아 온 카로는 사실을 바탕으로 한 내용을 풍부하게 잘 담아내 총 4000페이지가 넘는 산문을 써 왔다.

그러나 처음에 카로는 자신이 다룰 주제를 이해하는 것조차 힘들어했다. 그는《파워 브로커》를 쓰기 위해 조사하고 기록하면서 자신이 수집한 정보량에 압도됐다. 카로는 "정보량이 정말 어마어마했습니다. 그 엄청난 자료로 무엇을 해야 할지 알 수 없었어요"라고 말했다.[18] 카로의 책은 의식에 온전히 담아 두기에 너무나 방대했다. 저자인 카로조차 그 모든 것을 담아 둘 수 없었다. 카로가 타자한 원고 페이지의 공간도 그의 이야기 전체를 담기에 충분하지 않았다(카로는 컴퓨터를 사용하지 않는다). 그 거대한 프로젝트를 완성하려면 카로는 그의 생각을 물리적 공간으로 확장해야 했다. 맨해튼 어퍼웨스트사이드Upper West Side에 있는 그의 사무실 한쪽 벽 전체는 높이 1.3미터에 폭 3미터인 코르크 보드로 덮여 있다. 그 보드는 카로가 현재 진행 중인 작업에 대한 상세한 개요가 담겨 있고 그가 이야기할 내용을 처음부터 끝까지 보여 준다. (워낙 철저한 카로는 책의 첫 문장을 쓰기 전에 책의 마지막 문장을 알고 있어야 하는 사람이다.)

카로가 글을 쓸 때, 코르크 보드가 달린 벽은 그가 생각을 펼칠 수 있는 또 다른 공간이 된다. 그는 자신의 사무실을 찾아온 한 방문객에게 이렇게 말했다. "저는 책에 대해 깊이 생각하고 그 내용이 모두 머릿속에서 보일 때까지 책 쓰기를 시작할 수 없어요. 그래서 저는 글을 쓰기 전에 책 내용을 세 단락, 두 단락, 한 단락으로 요약합니다.

그러면 그때 내용이 보이기 시작하죠. 그 과정은 몇 주가 걸릴지 모릅니다. 과정을 다 거치고 난 다음에 저는 단락들을 책 전체의 개요로 바꿉니다. 바로 지금 제 벽에 보이는 게 그겁니다."[19] 또 다른 인터뷰에서 카로는 어떻게 벽이 그를 몰입 상태에 머물게 해 주는지 설명했다. "저는 글을 쓰다가 멈추고 싶지 않아요. 그래서 모든 게 어디에 있는지 알고 있어야 해요. 파일을 계속 검색해야 한다면 제가 쓰고 있는 장의 흐름을 잘 이어 나가기가 어려울 겁니다."[20]

카로는 방대한 소재 전체를 그의 머릿속에 담아 뒀다면 불가능했을 방식으로 생각하고 작업하는 방법을 찾아냈다. 심리학자 바바라 트버스키는 "생각이 우리 정신을 압도할 때, 정신은 세상을 이용한다"고 말했다.[21] 일단 이 가능성을 인식하면 우리가 배우고 일하는 물질세계를 우리 의도에 맞는 형태로 만들어 정신적 확장을 용이하게 할 수 있다. 즉 캘리포니아대학교 샌디에이고의 데이비드 커쉬David Kirsh 교수의 말을 빌리면, '공간에 대한 인지적 적응력'[22]을 강화할 수 있다.

이것이 어떻게 가능한지 이해하기 위해 카로의 벽이 그의 정신에 어떤 작용을 하는지 자세히 살펴보도록 하자. 가장 기본적인 수준에서 저자 카로는 사실적인 내용과 아이디어를 내려놓을 물리적 공간을 사용하고 있다.[23] 그는 그러한 정보성 내용이나 그 정보가 담긴 복잡한 구조를 마음속으로 계속 생각할 필요가 없다. 코르크 벽에 붙어 있는 개요를 언제든 볼 수 있고, 같은 소재에 대해 생각할 수 있는 더 많은 정신적 자원을 얻게 된다. 어떤 한 생각을 마음속에 계속 품고 있는 것은 인지적으로 부담스러운 일이다. 그 생각을 하는 동안이나 그 생각을 바탕으로 다른 생각을 할 때도 마찬가지다. 우리는 정보의 표현을 물리적 공간에 맡기면서 정신적 부담을 내려놓는다. 예를 들어, 기억해야 할 전화번호를 마음속으로 계속 읊조리면서 외우는 대신 그 번호를 메모장에 적어 둘 수 있다.

카로의 벽은 책에 대한 그의 정신적 '지도'를 외부의 안정적인 인공물로 바꿔 준다. 카로의 사무실 벽에 달린 코르크 보드는 그의 사고력을 확장해 주는 두 번째 방법이다. 보드를 훑어보면 그는 이제 어떻게 생각들이 다른 생각과 연결되고, 어떻게 그의 이야기가 전환되고 나뉘었다가 다시 만나는지 볼 수 있다. 다시 말해 그 지도가 머릿속에 남아 있을 때보다 훨씬 더 명확하고 구체적으로 볼 수 있게 된다. 카로는 그의 오랜 방법을 그만의 작업 방식에 맞춰 찾아냈지만, 그가 제시한 전략은 심리학에서 말하는 개념 지도concept mapping와 유사하다. 실제로 개념 지도라는 접근법을 뒷받침해 줄 만한 심리학 분야의 실증적 증거는 상당히 많다. 개념 지도는 사실과 생각, 그리고 그것들 사이의 관계를 시각적으로 표현한 것이다. 로버트 카로의 경우처럼 상세한 개요를 서술해 개념 지도를 나타낼 수도 있지만, 보통은 그래픽이나 도식으로 표현한 형태를 띠는 경우가 더 많다.

연구에 따르면, 개념 지도를 만드는 행위 자체가 여러 인지적 이점을 만들어 낸다고 한다. 개념 지도를 만들면서 우리는 우리가 알고 있는 것을 성찰하고, 그것을 논리 정연한 방식으로 구조화하게 된다. 개념 지도를 만드는 과정에서 우리는 전에는 미처 알지 못했던 이해의 충돌을 스스로 발견하게 될 수도 있다. 또 개념 지도를 만드는 과정을 거치면서 우리는 그 안에 담길 내용을 더 잘 기억하게 된다. 개념 지도를 만들면서 그 내용이 의미하는 바를 더 깊이 생각해 보기 때문이다. 개념 지도가 완성되면 보통은 머릿속에 담겨 있는 지식이 눈에 보이게 된다. 개념 지도를 자세히 살펴봄으로써 우리는 큰 그림을 더 잘 이해할 수 있고, 각 세부 사항을 생각하느라 정신이 분산되는 것을 막을 수 있다. 또 우리는 복잡한 전체 내용의 각 부분이 서로 어떻게 연결돼 있는지 더 쉽게 파악할 수 있다.

코넬대학교의 생물학과와 과학교육학과의 명예교수인 조셉 노박Joseph Novak은 1970년대에 개념 지도 방법을 처음 제시했을 때 아이들이 과학을 배우는 방식을 연구하고 있었다.[24] 노박은 개념 지도라는 기법이 교육에서 비롯되기는 했지만 직장 업무에 점점 더 많이 적용되고 있다고 말한다. 또 그는 직장에서 문제를 이해하고 해결하는 데 필요한 지식 구조는 교육 환경에서 요구하는 것보다 훨씬 더 복잡할 수 있다고 지적한다.[25] 개념 지도는 간단한 도표에서부터 수백 개의 서로 연결된 요소가 포함된 정교한 계획에 이르기까지 그 크기나 복잡성이 매우 다양할 수 있다.

예를 들어, 로버트 카로의 지도는 매우 크다. 지도 앞에 서고, 지도 앞을 따라 걷고, 지도에 기대고, 뒤로 물러설 수 있을 만큼 그 크기가 크다. 카로가 지도를 통해 볼 수 있는 내용의 방대함은 그가 추론과 분석이라는 인지 능력뿐 아니라 탐색하고 방향을 모색할 수 있는 보다 본능적인 능력도 발휘할 수 있게 해 준다. 오늘날 연구자들은 아주 오래전부터 진화해 온 이러한 능력이 우리가 추상적 개념을 더 잘 이해할 수 있도록 돕는다는 증거를 제시하고 있다.

2002년 개봉한 영화 〈마이너리티 리포트〉에는 톰 크루즈가 연기한 범죄예방수사국 소속 수사반장인 존 앤더튼이 거대한 컴퓨터 화면들 앞에 서 있는 아주 멋진 장면이 나온다. 앤더튼은 아직 저지르지 않은 범죄의 증거를 검토하고 있지만, 이는 지루한 지적 활동이 아니다. 앤더튼이 그의 눈앞에 펼쳐진 정보와 상호 작용하는 방식은 능동적일 뿐만 아니라 심지어 촉각을 동원해 그 정보를 처리한다. 그는 이미지에 손을 뻗어 물체를 움켜쥐듯 잡고 움직인다. 또 그는 자기 시야의 주변부에서 펼쳐지는 장면을 확인하기 위해 고개를 돌리고, 사진을 더 자세히 살펴보기 위해 한 걸음 앞으로 나아간다. 앤더튼 역할을 맡은 크루즈는 자신이 3차원 공간에 직접 들어가 살펴보는 것처럼 수사 파일을 탐색한다.

필립 K. 딕Philip K. Dick의 단편 소설을 바탕으로 한 〈마이너리티 리포트〉는 2054년을 배경으로 하고 있어 아직 현실 세계에 존재하지 않는 기술을 선보였다. 그러나 존 앤더튼의 인터페이스 사용은 매우 그럴듯하고 심지어 (앤더튼에게는) 평범한 일상처럼 보인다. 캘리포니아 폴리테크닉주립대학교의 과학기술사회학 교수인 데이비드 커비David Kirby는 바로 이러한 장면이 영화 팬들의 불신을 종식하는 열쇠라고 주장한다. 커비는 이렇게 말했다. "영화에서 성공적으로 재현해 낸 기술들을 영화 속 등장인물들이 당연하게 여기는 모습을 보여 주어 관객들에게 그 기술이 특별할 게 없는 일상적인 것이라는 이미지를 전달한다."[26]

〈마이너리티 리포트〉의 감독인 스티븐 스필버그가 그러한 장면을 연출할 때 중요하게 생각하는 요소가 있었다. 주인공이 사용하는 기술은 더없이 일상적이고 자연스러운 태도로 받아들이는 인간의 능력, 즉 공간을 통해 우리 자신을 움직이는 능력 덕분에 재현할 수 있던 것이다. MIT 소속 연구원 중 한 명인 존 언더코플러John Underkoffler에 따르면, 스필버그는 영화에 신빙성을 더하기 위해 MIT의 컴퓨터 과학자들에게 영화 제작에 함께해 달라고 정식으로 청했고, 연구개발(R&D) 노력을 하듯 그들이 디자인 작업에 참여하도록 했다.[27] 〈마이너리티 리포트〉가 개봉되자 언더코플러는 영화 속에 등장하는 기술에 관심을 보이는 셀 수 없이 많은 투자자와 CEO들에게 연락을 받았다. 그들은 이렇게 물었다. "그 기술이 실제 기술인가요? 실제 기술이 아니라면 그 기술을 당신이 개발하는 데 우리가 투자해도 되겠습니까?"[28]

그 이후로 과학자들은 톰 크루즈가 그렇게 멋진 효과를 발휘하며 선보였던 기술과 꽤 비슷한 것을 만드는 데 성공했다. (존 언더코플러는 현재 공간운영환경Spatial Operating Environment이라 불리는 〈마이너리티 리포트〉와 유사한 사용자 인터페이스를 개발한 오블롱인더스트리즈Oblong Industries의 CEO다.) 게다가 연구자들은 이 기술의 인지 효과를 연구하기 시작했고, 그들은 이 기술이 SF가 제시하는 가능성을 현실로 만들어 준다는 점을 발견했다. 즉 기술은 사람들이 더 지능적으로 사고할 수 있게 해 준다.

경험적 연구 대상이 된 특별 도구는 바로 대형 고해상도 디스플레이, 즉 사용자가 실제 환경에 적용할 수 있는 탐색 능력을 실현할 수 있는 대형 컴퓨터 화면이다. 가로 약 1미터에 세로 약 2.7미터의 컴퓨터 화면이 약 3150만 화소로 보인다고 상상해 보자(보통 일반적인 컴퓨터 화면은 80만 화소 이내다). 유타주에 있는 위버주립대학교의 컴퓨터공학과 부교수인 로버트 볼Robert Ball은 이러한 디스플레이와 상호 작용할 때 사람들이 내는 성과와, 기존의 화면을 참고할 때 사람들이 내는 성과를 비교하는 여러 연구를 활발하게 수행해 왔다.

초대형 디스플레이 사용으로 나타난 성과 개선은 주목할 만하다. 볼과 그의 공동 연구자들은 대형 고해상도 디스플레이가 기본적인 시각화 작업의 평균 속도를 10배 이상 증가시킨다고 보고했다.[29] 패턴 찾기와 같이 좀 더 어려운 작업에서는 대형 디스플레이스를 사용할 때 연구 참가자들의 성과가 200~300퍼센트 향상됐다. 작은 화면으로 작업할 때, 사용자들은 효율성이 떨어지는 단순한 전략에 의지해 연구자들이 제기하는 문제에 적은 수의 제한된 해결책을 내놓았다. 대형 디스플레이를 사용할 때, 사용자들은 더 고차원적인 사고를 하고, 더 많은 것들을 발견하고, 더 폭넓고 통합적인 통찰을 얻었다.[30] 볼은 이러한 이점들이 개인차나 선호의 문제가 아니라고 강조한다. 더 큰 디스플레이를 사용하는 모든 사람이 그들의 사고력이 향상된다는 사실을 인지한다.[31]

왜 그럴까? 볼은 대형 고해상도 디스플레이는 사용자가 '체현된 자원'[32]을 효율적으로 활용할 수 있게 하는 반면, 작은 디스플레이를 쓸 때는 내장된 기능 대부분이 제대로 사용되지 못한다고 말한다. 이러한 신체 자원에는 많은 것들이 다양하게 포함돼 있다. 예를 들어 주변시, 즉 시야의 주변부에 있는 물체나 시야 밖에서 일어나는 움직임을 볼 수 있는 능력도 신체 자원 중 하나다. 볼과 다른 연구자들이 수행한 연구는 우리의 주변시를 통해 정보에 접근할 수 있는 능력이 더 많은 지식과 통찰을 얻을 수 있게 해 주고, 우리에게 더 풍부한 자료를 제공한다고 알려 준다.[33] 또 우리 시야의 주변부를 볼 수 있는 힘은 우리가 필요로 하는 정보를 더 효율적으로 찾을 수 있게 해 주고, 우리가 당면한 어려운 과제에 대해 생각할 때 그 정보를 더 잘 떠올릴 수 있도록 도와준다.[34] 한편, 소형 디스플레이는 시야를 좁게 해서 결과적으로 더 제한된 사고를 하게 만든다.[35] 볼이 말했듯이, 더 많은 화면 화소의 사용은 우리가 문제를 이해하고 해결하는 데 우리의 '뇌 화소'를 더 많이 사용할 수 있게 해 준다.

우리 안의 '체현된 자원'에는 공간 기억, 즉 어디에 무엇이 있는지를 기억하는 우리의 강력한 능력이 포함된다.[36] 장소법도 이 공간 기억을 이용한다. 볼이 말한 것처럼 이 공간 기억 능력은 기존의 컴퓨터 기술에 의해 낭비되기 쉽다. 소형 디스플레이에서는 정보가 어쩔 수 없이 다른 창 위에 겹쳐져 있는 창이나 화면상에서 이리저리 이동하는 창 안에 들어 있고, 해당 정보가 어디에 있는지 연결하는 우리의 능력이 방해를 받는다. 그와 반대로 대형 디스플레이나 다중 디스플레이는 모든 정보를 시간 순서대로 보기 쉽게 펼쳐 놓을 수 있는 충분한 공간을 제공하고, 우리가 해당 정보를 탐색할 때 우리의 공간 기억을 활용할 수 있도록 해 준다.

버지니아대학교와 카네기멜런대학교 소속 연구원들은 연구 참가자들이 한 화면이 아닌 여러 화면으로 정보를 제공받았을 때 56퍼센트 더 많은 정보를 기억해 낼 수 있었다고 밝혔다.[37] 다중 화면 장치의 경우, 참가자들이 그들의 자세를 바꾸고 머리를 돌려가며 원하는 정보에 자신의 몸을 맞췄고, 그렇게 함으로써 정보의 공간적 위치에 대한 기억을 강화해 주는 정신적 꼬리표를 생성해 냈다. 중요한 점은 이러한 신호들이 적극적인 노력 없이 생성됐다고 연구원들은 강조했다. 장소 정보를 자동으로 기록하는 것은 우리 인간이 자연스럽게 하는 일이고, 그 일은 소중한 정신적 자원을 고갈하지 않고 우리의 기억을 강화해 준다.

대형 디스플레이와 관련 있는 다른 체현된 자원으로는 특정 순간에 신체가 어디에서 어떻게 움직이는지에 관한 감각인 자기 수용 감각과 우리가 실제 환경에서 움직일 때 눈이 받아들이는 정보의 연속적인 흐름, 즉 광 흐름optical flow에 대한 경험 등이 있다.[38] 작은 화면

앞에 움직이지 않고 앉아 있을 때는 바쁘게 정보를 입력하는 이러한 감각이나 경험이 활성화되지 않고, 기억을 강화하며 통찰을 더 심화시킬 수 있는 다양한 차원의 정보도 얻지 못하게 된다.

실제로 소형 디스플레이를 사용하면 사고 능력이 쉽게 고갈된다. 화면 크기가 작다는 것은 우리의 개념을 구성하는 지도가 그 화면 자체에 완전히 배치되지 않고 우리 머릿속에 계속 남아 있어야 한다는 것을 의미한다. 우리는 제한된 인지 대역폭 중 일부를 그 지도를 생각하는 데 할애해야 한다. 게다가 우리 머릿속에 있는 지도는 시간이 지남에 따라 부정확해지거나 왜곡돼 정보에 충실하지 못할 수도 있다.[39] 마지막으로, 작은 화면에서는 우리 몸이 별 노력 없이 직관적으로 수행할 수 있는 물리적 탐색이 아닌 정보를 스크롤하고, 확대하고, 축소하고, 클릭해야 하는 가상 탐색을 하게 된다.[40] 로버트 볼은 디스플레이 크기가 증가할수록 가상 탐색 활동이 감소하고, 그 결과 작업을 수행하는 데 필요한 시간 역시 감소한다고 보고했다.[41] 또 그는 소형 디스플레이가 대형 디스플레이보다 90퍼센트 더 많은 '컴퓨터 창 관리'를 필요로 한다는 사실을 알게 됐다.[42]

물론, 우리 중 집이나 사무실에 30제곱피트(약 2.8제곱미터) 크기의 화면을 설치하려는 사람은 거의 없을 것이다(산업계, 학계, 기업계에서 상호 작용이 가능한 대형 디스플레이가 점점 더 보편화되고 있기는 하다). 그러나 볼은 우리가 일하고 배우는 장소에서 그렇게 극적인 변화를 마주하지 않더라도, 우리가 아이디어 공간을 물리적으로 탐색하는 것의 이점을 얻을 수 있다고 강조한다. 핵심은 단순히 빠르고 강력한 기술을 선택하기에서 벗어나 기존의 기술을 잘 활용하지 못한 우리 인간의 능력을 더 잘 활용하는 도구를 선택하는 데 있다고 그는 말한다. 볼은 번개처럼 빠른 프로세서에 투자하기보다는 큰 화면이나 여러 화면을 나란히 설치해 동시에 사용할 수 있도록 돈을 투자해야 한다고 제안한다. 그는 이렇게 말한다. "이러한 선택을 하는 컴퓨터 사용자는 컴퓨터 시스템과 관련된 인간적인 요소에 투자했기 때문에 보다 더 생산적인 사람이 될 가능성이 높다. 그 사용자는 화면에 표시된 더 많은 정보를 한 번에 확인할 수 있고, 이는 사용자의 능력을 효과적으로 발휘할 수 있게 해 준다."[43]

우리가 아이디어 공간을 탐색할 수 있게 해 주는 '기술'이 꼭 디지털 기술일 필요는 없다. 연필, 노트, 관찰의 시선과 같이 가장 간단한 것들이 가장 생산적인 도구가 될 수 있다. 그러한 평범한 장비가 젊은 찰스 다윈에게도 세상을 바꿀 이론을 발전시키는 데 필요한 열쇠를 제공했다. 1831년 다윈은 스물두 살의 나이로 케임브리지대학교의 크라이스츠칼리지 Christ's College를 졸업했다. 같은 해 8월 다윈은 케임브리지대학교 재학 중 그를 가르쳤던 강사에게 편지를 받았다. 그 강사는 다윈에게 박물학자 역할로 왕립 해군 군함 비글호 HMS Beagle를 타고 2년간 탐험하는 데 관심이 있는지 물었다.[44] 다윈은 그 제의를 수락했고, 그해 12월 로버트 피츠로이 Robert FitzRoy 선장의 해상 도제 생활을 시작했다.

다윈은 경험이 풍부한 선장의 행동을 주의 깊게 관찰하고 모방했다. 예를 들어, 다윈은 비글호에 탑승하기 전에는 일기를 쓴 적이 없었지만 피츠로이의 영향을 받아 일기를 쓰기 시작했다. 피츠로이는 해군 훈련을 바탕으로 다윈을 가르치면서 배에서 발생한 모든 사건과 원양 항해 환경의 모든 세부 사항을 정확하게 기록하도록 했다.

다윈과 피츠로이는 매일 점심을 함께 먹었다. 점심 식사 후, 피츠로이는 공식 항해 일지와 자신의 일기를 기록하기 위해 자리를 잡고 앉았다. 다윈은 피츠로이를 따라서 자신의 논문 속 정보를 계속 최신 정보로 바꿔 넣었다. 그는 수첩에 그림이나 스케치를 그려 그때그때 관찰한 내용을 바로 기록했다. 과학 저널에는 그의 수첩에 담긴 관찰 내용과 보다 더 통합적이고 이론적인 생각들을 함께 적어 넣었다. 또 다윈은 개인 일기도 썼다. 심지어 다윈은 남아메리카를 육로로 여행하기 위해 배에서 잠시 내렸을 때도 그가 마주한 모든 사건과 놀라운 광경을 기록하면서 해상에서의 습관을 유지하려고 노력했다.

과학사학자이자 하버드대학교 교수인 재닛 브라운Janet Browne은 다윈의 그러한 활동의 중요성에 대해 이렇게 언급했다. "그렇게 방대한 기록을 남기면서 다윈은 자연과 자기 자신에 대해 쉽게 쓰는 법을 배웠다. 피츠로이처럼 그는 자신의 주변을 자세히 살피고 메모하고 측정하는 법을 배웠고, 기록해야 할 사항들을 머릿속으로 점검하면서 기억에만 의존하지 않고 사건이 발생한 직후에 항상 보고서를 작성했다. 해군 업무에서는 이 같은 관행이 평범한 일이었지만, 다윈에게는 자신의 생각을 명확하게 정리하는 데 꼭 필요한 가르침이 됐고, 이후 여러 해 동안 그에게 도움이 될 논리적이고 과학적인 주장을 구성하기 위한 훌륭한 준비 과정이 됐다."[45] 그러나 다윈의 세심한 기록은 그가 생각을 명확하게 정리하고 논리적이고 과학적인 주장을 구성하는 법을 배우는 데에만 도움이 된 게 아니었다. 다윈의 머릿속에서 일어난 내적 활동이 그의 일기라는 물리적 공간에 반영되면서 진화론까지 이어질 수 있는 개념 지도가 탄생하게 된 것이다. 다윈의 획기적인 책《종의 기원》이 출간되기 약 25년 전, 그가 탐험 기간에 기록한 일기의 내용은 자신의 생각을 차근차근 발전시켜 나갈 수 있게 해 줬다.

예를 들어, 1833년 10월 다윈은 아르헨티나 북동부에 있는 파라나 강Rio Paraná 제방에서 화석이 된 말의 이빨을 발견했다. 말의 이빨과 함께 그는 거대한 땅늘보giant ground sloth의 한 속인 메가테리움Megatherium의 화석화된 뼈를 발견했다. 다윈은 이 화석화된 뼈들이 같은 시대의 것처럼 보임에도 불구하고 메가테리움은 오래전에 멸종된 반면, 여전히 많은 수의 말이 지구에 살고 있다는 사실을 이해하기 어렵다는 내용을 일기에 적었다. 그로부터 18개월 후인 1835년 4월 1일, 다윈은 안데스산맥 고지대에서 '화석 숲fossil forest'을 우연히 발견했다. 다윈은 케임브리지에 있는 그의 강사에게 보낸 편지에 '석화된 나무로 이뤄진 작은 숲'이라고 이를 묘사했다. 이번에도 그는 일기에 화석 숲이 생겨난 이유가 될 수 있는 설명 중 하나는 오래전 땅의 침하subsidence, 즉 바닷속에 땅이 가라앉아 나무들이 해양 퇴적물에 의해 석회화됐을 것이라고 적으면서 이 발견이 함축하고 있는 의미를 곰곰이 생각했다. 다윈은 그렇게 침하와 융기를 반복하는 극적인 지각 변동이 당시 상식과 맞지 않는다는 것을 알고 있었다. 그 당시 사람들은 지구가 탄생한 이래 지반이 변하지 않고 안정적이라고 상정했다. 다윈은 일기에 자신의 심정을 이렇게 털어놨다. "그러나 나는 분명 엄청난 변동을 필요로 했을 침하에 대한 생각을 떨쳐 낼 수 없다는 것을 고백할 수밖에 없다."46

그렇게 엄밀하면서도 열린 태도로 관찰을 지속했던 다윈은 오늘날에는 당연해 보이지만 그 당시에는 생각하기 어려웠던 결론을 향해 꾸준히 나아갈 수 있었다. 비글호 항해를 마치고 《종의 기원》이 아직 출간되기 전인 1849년, 마흔이 된 다윈은 자신의 뒤를 따를 사람들에게 "출판물을 발행하기 위해서가 아니라 스스로를 위한 지침으로 삼을 수 있는 많은 것들을 메모하는 습관을 가지라"고 조언했다. 또 그는 이렇게 말했다. "박물학자가 광범위한 영역과 거의 무한에 가까운 시간을 다룰 때 요동치기 쉬운 상상 속에서 정확성을 얻으려면 대비책을 마련해 둬야 한다."[47]

생각이 정신을 압도할 때, 정신은 세상을 이용한다. 그리고 연구자들은 이러한 (물리적 또는 공간적) 세상을 이용하는 것이 우리의 사고에 유익한 이유와 관련해 몇 가지 흥미로운 점을 발견했다. 개념 지도를 만드는 것과 마찬가지로 그곳이 영업소든 회의실이든 고등학교 화학 실험실이든 현장에서 메모를 하는 과정 자체가 인지적 혜택을 제공한다. 단순히 보고 들을 때 우리는 눈과 귀를 스쳐 지나가는 자극을 거의 구분하지 않고 모두 다 받아들인다. 그러나 메모를 작성하기 시작하는 순간 우리는 구별하고 판단하고 선택하게 된다. 이런 식으로 정신 활동에 더 몰입하면 우리가 관찰하고 있는 대상을 더 깊이 이해할 수 있다. 또 새로운 생각을 할 수 있게 해 주기도 한다. 작성한 메모는 우리가 더 높은 단계로 나아가 새로운 지평을 열 수 있게 해준다.

몬태나대학교에서 생태학과 진화생물학을 가르치는 에릭 그린Erick Greene 교수는 오랫동안 그가 현장에서 사용해 온 노트에 의지해 왔다.[48] 스프링으로 제본된 그의 노트 더미에는 해 질 녘에 페루의 야자수 습지에서 보금자리를 찾기 위해 날아다니는 금강앵무macaws와 앵무새들에 대한 설명이 들어 있다. 그의 노트에는 보츠와나의 오카방고 삼각주Okavango Delta에 있는 올리브개코원숭이olive baboon들이 포식자인 사자들이 서로에게 다가오고 있음을 경고하기 위해 울부짖는 '와후wahoo'라는 경고음에 대한 묘사도 들어 있다. 또 뉴질랜드의 깊은 해구에서 대왕오징어를 잡기 위해 한 시간 동안 잠수를 시작하면서 꼬리를 치켜세우는 수컷 향유고래에 대한 이야기도 적혀 있다. 그러나 그린의 노트는 그가 관찰하고 경험한 대상에 대한 기록일 뿐만 아니라 그의 연구를 새로운 방향으로 이끌어 주는 아이디어의 중요한 원천이었다.

그린은 상위 과정의 생태학 강의를 듣는 자신의 학생들에게 기록의 장점을 이해시키기 위해 현장에서 직접 노트를 작성하도록 했다. 그린은 학생들이 한 가지 대상을 골라 학기 내내 그 대상을 깊이 관찰하도록 했다. 연구 대상에는 나무 한 그루, 새 모이 주는 곳, 비버 댐beaver dam, 학생 자신의 정원 등이 포함될 수 있었다. 그는 학생들에게 노트 작성하기는 기록한 내용을 암기하기 위한 훈련이 아니라 과학적 발견의 출발점이 될 수 있는 매우 생산적인 활동이라는 점을 강조해 말했다. 그린은 이렇게 말했다. "제가 학생들에게 전달하고자 한 요점은 과학의 가장 어려운 부분 중 하나가 바로 새로운 질문을 생각해 내는 일이라는 겁니다. 신선하고 새로운 아이디어는 어디에서 올까요? 자연에 대한 주의 깊은 관찰이야말로 아주 좋은 출발점이 될 수 있습니다." 선택한 현장을 학기 내내 관찰하는 것 외에도 학생들은 그들이 관찰한 것에서 영감을 받아 떠오른 연구 질문을 열 개 이상 제시할 수 있어야 했다.

그린의 학생들이 발견한 것처럼, 종이에 적을 흥미로운 점들을 발견하고 선택하는 바로 그 행위를 통해 더 심오한 수준의 정신 작용이 시작된다. 하지만 우리가 잠시 멈춰 우리가 적어 둔 내용을 다시 살

퍼볼 때 실제로 더 흥미로운 상황이 펼쳐진다. 머릿속에 떠오른 표현과 종이 위에 적어 둔 표현은 언뜻 똑같아 보일 수 있지만, 사실 심리학자들이 말하는 '행동유도성affordance'[49]이라는 측면에서 보면 두 표현은 상당히 다를 수 있다. 다시 말해 두 표현을 바탕으로 우리가 할 수 있는 일이 상당히 달라질 수 있다. 예를 들어, 외적 표현은 내적 표현보다 더 명확하다. 철학자 다니엘 데닛Daniel Dennett은 전형적인 사고 실험으로 호랑이를 상상해 보라고 제안한다.[50] 호랑이의 눈, 코, 발, 꼬리를 자세히 상상하면 된다. 몇 번 상상을 하고 나서 우리는 꽤 완벽한 이미지를 머릿속에 떠올렸다고 느낄지도 모른다. 데닛은 이제 다음과 같은 질문을 던진다. 호랑이는 얼마나 많은 줄무늬를 갖고 있나요? 그 질문을 듣고 나면, 완벽하게 느껴졌던 머릿속의 그림이 갑자기 알 수 없는 그림처럼 느껴진다.[51] 만약 우리가 그 호랑이를 종이에 그렸다면, 호랑이의 줄무늬를 세는 것은 아주 쉬운 일이었을 것이다.

외적 표현의 독특한 행동유도성 중 하나가 바로 우리는 신체 감각 중 하나 이상을 외적 표현에 적용할 수 있다는 것이다. 호랑이의 예가 보여 주듯이, 마음의 눈으로 호랑이 이미지를 '보는' 것은 종이에 그려진 호랑이 이미지를 보는 것과 다르다. 오리건주 리드칼리지의 심리학과 명예교수인 다니엘 라이즈버그Daniel Reisberg는 이러한 관점의 변화를 '분리 혜택detachment gain', 즉 우리 자신과 우리 머릿속에 있는 내용 사이에 약간의 거리를 둠으로써 얻는 인지적 혜택이라고 말한다.[52] 우리가 그런 식으로 거리를 둘 때, 우리는 그 내용이 무엇으로 구성돼 있는지, 즉 호랑이가 얼마나 많은 무늬를 갖고 있는지 더 명확하게 알 수 있다. 이렇듯 약간의 거리 역시 인식 능력을 활성화할 수 있게 해 준다. 우리는 단어 철자를 적을 때마다 이 능력을 활용해 두 가지 이상의 방식으로 '정확해 보이는' 철자를 찾아낸다. 이 일반적인 습관에서 발견할 수 있는 흥미로운 점은 우리는 어떤 철자가 정확한지 바로 알아차리는 경향이 있다는 것이다. 이는 우리가 머리로는 이미 알고 있는 지식이어도 밖으로 표면화될 때까지는 접근할 수 없는 지식이라는 점을 알려 준다.

비슷한 현상이 과학 학습을 연구 조사하는 연구자들에 의해 보고되기도 했다. 2016년 발표된 연구에서 연구 실험자들은 8학년 학생들이 기계 시스템(자전거 펌프)과 화학 시스템(분자를 형성하기 위한 원자의 결합)의 작동을 그림으로 그려 설명하도록 했다.[53] 시스템이 작동하는 방식에 대한 시각적 설명을 만듦으로써 학생들은 더 깊은 수준의 이해를 할 수 있었다. 어떤 추가적인 설명 없이 참가자들은 자신의 그림을 "추론을 하기 위한 플랫폼뿐 아니라 완전성과 일관성을 확인하는 수단"으로 사용할 수 있었다고 연구원들은 강조한다.[54] 정신적 표현을 종이 위에 형태와 선으로 표현해 내는 활동은 학생들의 이해를 높이는 데 도움이 됐고, 그들이 과학적 시스템에 대해 이미 알고 있는 사항을 더 자세히 설명할 수 있도록 해 줬다. 동시에 학생들이 그린 그림의 명료성은 그들이 아직 알지 못하거나 이해하지 못하는 바를 적나라하게 보여 줬고, 그림을 통해 드러난 부족한 부분을 채울 수 있게 했다.

이렇듯 외적 표현은 내적 표현보다 더 명확하다. 하지만 또 어떤 의미에서 보면 외적 표현 역시 애매해질 수 있다. 어떤 한 표현이 우리 머릿속에 남아 있을 때(내적 표현), 그 표현이 무엇을 의미하는지 모를 리가 없다. 다니엘 라이즈버그는 "그것은 우리의 생각이며, 따라

익스텐드 마인드

서 그것이 무엇을 의미하는지 의심하거나 애매하게 느낄 수 없다"고 말한다.[55] 하지만 일단 그 생각을 종이에 옮겨 놓으면 우리가 그것을 반복해 읽고 만지작거리면서 그 생각을 새로운 방향으로 발전시킬 수도 있다. 그렇게 되면 마치 그 생각이 더 이상 우리의 생각이 아닌 것처럼 보이기도 한다. 실제로 창작 활동을 하는 예술가, 건축가, 디자이너들을 관찰해 온 연구자들에 따르면, 창작하는 사람들이 의도하지 않은 요소가 그들의 작품에 들어가 있는 것을 발견하는 경우가 잦다고 한다.[56]

테크니온-이스라엘공과대학Technion-Israel Institute of Technology의 건축학과 명예교수인 가브리엘라 골드슈미트Gabriela Goldschmidt는 그런 일이 어떻게 일어나는지 다음과 같이 설명한다. "사람들은 우리가 스케치에 담고자 한 내용보다 더 많은 정보를 읽어 냅니다. 우리가 종이에 점, 선, 그 외에 다른 여러 기호를 그려 넣으면 우리가 예측하거나 계획하지 못했던 그 요소들 사이의 새로운 조합이나 관계가 형성되기 때문에 가능한 일입니다. 그러한 것들이 형성되면 스케치를 통해 확인하게 되는 거죠."[57] 건축가, 예술가, 디자이너들은 눈과 손 사이에서 이뤄지는 '대화'에 대해 종종 이야기한다.[58] 골드슈미트는 이러한 '자연 발생적인 스케치의 말대답'[59]을 언급할 때, 그 대화가 쌍방향으로 이뤄진다는 점을 분명히 한다.

골드슈미트와 다른 이들의 연구에 따르면, 그림을 잘 그리는 사람은 이러한 생생한 대화를 매우 잘 해내는 것으로 나타났다. 예를 들어, 연구에 의하면 숙련된 건축가들은 그들의 스케치에 담겨 있는 주목할 만한 가능성을 초보 건축가들보다 훨씬 더 능숙하게 알아본다.[60] 연구자들은 경험이 풍부한 한 건축가의 작업 방식을 심층적으로 분석한 결과, 그의 새로운 아이디어 중 80퍼센트가 그의 오래된 그림을 재해석한 데서 나왔다는 결론을 내렸다. 또 숙련된 건축가들은 초보 건축가들보다 비생산적인 한 가지 개념에만 계속 매달릴 가능성이 적다. 그들은 스케치에서 발견되는 이질적인 요소들을 새롭고 발전적인 형태로 재구성하는 데 능숙하다.

건물의 도안을 그리는 전문가들을 관찰하여 몇 가지 긍정적인 방안을 도출할 수 있다.[61] 바로 새로운 아이디어를 찾기 시작할 때 가장 일반적인 계획이나 목표에서부터 출발해야 한다는 것이다. 이 과정의 초기 단계에서 애매모호함은 명료함이나 명확함보다 더 생산적이다. A에서 B로 바로 직행하는 선형적인 방식이 아닌 순환적인 방식, 즉 생각하고, 생각한 것을 그리고, 확인하고, 다시 생각하고, 다시 그리면서 생각하는 쪽이 좋다. 또 연필로 무엇을 할지 마음속으로 상상하지 않고 그 대신에 눈과 손 사이에서 일어나는 대화가 계속 이어지도록 해 서로 정보를 주고받을 수 있도록 하는 것이다. 마지막으로, 우리는 선입견이나 비판적인 자기 회의self-doubt에서 벗어나 인식과 행동 사이에서 벌어지는 주고받기식 대화가 잘 이뤄질 수 있도록 섣부른 판단을 가능한 한 보류할 수 있어야 한다.

전반적으로 모든 분야의 전문가들은 외적 표현을 능숙하게 사용하는 특징을 보인다.[62] 인지과학자 데이비드 커쉬는 비디오 게임 고수들을 이야기하면서 "게임을 더 잘하는 플레이어들은 세상을 더 잘 이용한다"라고 썼다.[63] 숙련된 예술가, 과학자, 디자이너, 건축가들은 종이라는 2차원 공간에 스스로를 가두지 않는다. 그들은 추가적인 이점을 제공하는 3차원 모델을 자주 이용하려고 한다. 3차원 모델을 이용하는 사용자는 모델의 다양한 요소를 조작하고, 다양한 관점에서 모델을 살펴보고, 자신의 신체를 모델에 맞게 배치하고, 작업과 그 작업이 제시하는 과제에 대한 '체현된 자원'을 완벽히 보완할 수 있다.

데이비드 커쉬는 건축가들이 설계하고 있는 건물의 실제 모형을 사용하는 방법을 면밀하게 관찰했다. 커쉬는 건축가들이 모형과 상호 작용할 때 '말 그대로 모형을 바탕으로 생각한다'고 주장한다.[64] 그는 3차원에서 이뤄지는 상호 작용은 "다른 상황에서는 불가능할 수 있는 사고를 가능하게 해 준다"고 말한다.[65] 커쉬는 물리적 공간을 통해 실제 물체를 이동시키는 법을 '인지 기능 추가cognitive extra'라고 부른다. 이러한 인지 기능 추가는 해결할 수 없을 것만 같았던 문제를 안고 씨름하던 한 과학자에게 큰 변화를 불러왔다.

1953년 2월의 어느 음울한 날, 제임스 왓슨James Watson은 의기소침해 있었다.[66] 젊은 과학자 왓슨과 그의 공동 연구자 프랜시스 크릭Francis Crick은 영국 캐번디시연구소Cavendish Laboratory에서 생물의 유전자 코드를 담고 있는 분자인 DNA 구조를 밝혀내기 위해 수개월째 연구 중이었다. 왓슨이 나중에 출간한 그의 자서전을 통해 밝혔듯이, 그날 아침 한 동료는 '무모한 계획에 더 이상 시간 낭비하지 말라'는 충고를 왓슨에게 전했다.[67] 왓슨은 DNA를 구성하는 네 가지 염기인 아데닌adenine, 구아닌guanine, 사이토신cytosine, 티민thymine이 자신이 생각한 서열대로 존재한다는 것을 증명하기 위해 캐번디시연구소 작업장의 기계제작 기술자들에게 염기 모형들을 제작해 달라고 요청하기도 했다. 그러나 그 모형들을 완성하는 데 너무 오랜 시간이 걸렸고, 왓슨은 벽에 부딪힌 기분이 들었다.[68] 결국 그는 절박한 마음으로 직접 모형을 제작하기로 하고 뻣뻣한 판지로 모형을 만드는 데 오후 시간을 보냈다.

왓슨은 이렇게 이야기를 이어 나간다. "다음 날 아침, 아직 아무도 나오지 않은 사무실에 도착한 나는 서둘러 책상 위 서류들을 모두 치웠다. 그렇게 하자 수소 결합으로 연결된 염기쌍을 만들기 위한 크고 평평한 작업대가 생겼다."[69] 처음에 그는 DNA 요소들의 배열 방식에 대한 그의 생각대로 판지로 만든 염기들을 끼워 맞추려고 했다. 그러나 왓슨은 그렇게 하다가는 아무것도 안 되겠다는 생각이 들었고, 짝을 이룰 수 있을 만한 다양한 방식으로 염기들을 이리저리 움직여 보기 시작했다.

그러다가 그는 깨닫게 됐다. "불현듯 나는 두 개의 수소 결합으로 연결된 아데닌-티민 염기쌍이 두 개 이상의 수소 결합으로 연결된 구아닌-사이토신 염기쌍과 모양이 같다는 사실을 알게 됐다." 왓슨은 판지로 만든 모형 조각들을 이리저리 움직이면서 이중 나선 구조에 구성하는 화학적 염기를 상상하기 시작했다. 그는 "모든 수소 결합은 자연스럽게 일어나는 것으로 보였고, 두 종류의 염기쌍을 같은 모양으로 만들기 위해 변조할 필요도 없었다"고 말했다. 그는 자기 눈앞에서 그 염기들이 결합하는 모습을 보면서 의욕이 치솟았다고 회상했다. 그리고 바로 그 순간 그의 연구 파트너인 크릭이 나타났고, 왓슨은 기다릴 틈도 없이 자신이 발견해 낸 돌파구를 크릭에게 알렸다. "프랜시스가 사무실에 도착해 문을 다 열고 들어오기도 전에 나는 모든 것에 대한 답이 우리 손에 있다며 냅다 소리를 지르고 말았다."

왓슨과 크릭의 긴 연구 과정의 마지막 단계는 심리학자들이 말하는 상호 작용성interactivity, 즉 추상적인 문제를 해결하는 데 도움이 되는 '물체를 물리적으로 조작하는 행위'의 가치를 보여 준다. 왓슨이 직접 그 모형을 만들어야 했다는 사실이 이를 말해 주고 있다. 건축가의 스튜디오나 유치원 교실을 제외한 다른 곳에서는 상호 작용성이 잘 발현되지 않는다. 우리 뇌가 컴퓨터처럼 작동한다는 가정은 우리가 올바른 해결책을 만들어 내기 위해서 필요한 정보만 입력하면 된다는 믿음을 갖게 만들었다. 그러나 영국 킹스턴대학교의 심리학과 교수인 프레데릭 발리-투랑조Frédéric Vallée-Tourangeau는 인간의 정신은 그런 식으로 작동하지 않는다고 말한다. 그는 이렇게 적었다. "우리 뇌를 컴퓨터에 비유하는 것은 여러분이 머릿속으로 어떤 한 상황을 시뮬레이션하는 일과 여러분이 실제로 그 상황을 경험하고 있다는 현실이 동일하다고 여기는 것과 같다. 우리의 연구는 이 같은 가정에 강력한 이의를 제기한다. 우리는 사람들의 생각, 선택, 통찰이 사물과의 물리적 상호 작용에 의해 바뀔 수 있다는 점을 보여 줄 것이다. 다시 말해서, 컴퓨터가 하듯 우리 뇌로만 생각하는 것은 여러분의 뇌, 눈, 손으로 함께 생각하는 것과 같지 않다."[70]

발리-투랑조와 그의 동료들이 수행한 일련의 연구는 모두 비슷한 패턴을 따르고 있다.[71] 실험 연구원이 문제를 제기하면, 그 문제를 푸는 첫 번째 그룹은 그 문제의 속성과 물리적으로 상호 작용할 수 있다. 두 번째 그룹은 그들의 머릿속에서 그 문제를 곰곰이 따져 봐야한다. 발리-투랑조는 예상대로 "상호 작용성이 참가자들의 성과에 도움을 준다"고 말한다.[72] 이러한 연구 결과는 기본적인 연산[73]에서부터 복잡한 추론,[74] 예정된 일에 대한 계획,[75] 창의력을 필요로 하는 문제에 이르기까지 다양한 유형의 문제에 똑같이 적용된다.[76] 해결해야 할 문제의 요소를 나타내는 구체적인 신호를 조작할 수 있는

아이디어 공간을 통해 생각하기

사람들은 인지 부담을 덜 느끼고 작업 기억이 향상된다.[77] 그들은 더 많은 것을 배울 수 있고,[78] 그들이 배운 내용을 새로운 상황에 더 잘 적용할 수 있게 된다.[79] 이해를 하지 못한 상태로 숫자나 단어들을 이리저리 옮겨야 할 가능성도 적다.[80] 그들은 더 큰 동기를 얻게 되고 몰입하게 되며[81] 불안감도 덜 느낀다.[82] 심지어 그들은 정답도 더 빨리 찾는다. (발리-투랑조의 연구 논문 중 한 논문의 제목도 〈세상 속에서 움직이는 것이 머릿속에서 움직이는 것보다 더 빠르다Moves in the World Are Faster Than Moves in the Head〉이다.[83])

상호 작용성의 여러 이점이 입증된 상황에서 왜 그렇게 많은 사람이 머리만으로 문제를 계속 해결하려고 하는 것일까? 그 이유는 중요한 활동은 오직 정신 활동뿐이라고 간주하며 뇌에 갇힌 사고를 선호하는 우리의 뿌리 깊은 문화적 편향 때문이라고 할 수 있다. 지적인 문제를 해결하기 위해 현실 세계의 물체를 조작하는 일은 유치하거나 투박한 것으로 간주한다. 그런데 실제로 천재들은 머릿속에서 그 유치하고 투박한 행위를 한다.

끊임없이 반복되는 이러한 실수는 외적 표현과 상호 작용성의 가치를 인식하는 사람들의 짜증 섞인 성급함의 원인이 되기도 했다. 한 예로 《파인만 씨 농담도 잘하시네》와 같은 인기 있는 책의 저자일 뿐 아니라 노벨상 수상자(그의 두 동료와 함께 1965년에 수상했다)인 이론 물리학자 리처드 파인만Richard Feynman에 관한 고전적인 이야기를 들 수 있다. 노벨상 수상 이후 역사학자 찰스 와이너Charles Weiner와의 인터뷰에서 와이너는 파인만의 독창적인 메모와 스케치에 주목했고, 그 자료들이 물리학자가 하는 일에 대한 일상적인 기록을 보여 준다고 말했다.[84] 파인만은 와이너의 발언에 간단히 동의하는 대신 의외의 날카로운 반응을 보였다.

"실제로 저는 종이 위에서 일했습니다."

와이너가 답했다. "그렇죠. 일은 머리로 하고 그에 대한 기록은 여기에 남아 있는 거죠."

파인만은 그 말에 동의하지 않았다.

"아뇨. 이건 기록이 아닌 일이라고요. 종이 위에서 열심히 일해야 하고 이게 바로 그 종이라고요. 아시겠어요?"

파인만은 (괜히) 짜증을 내고 있는 게 아니었다. 그는 40년 후 앤디 클라크의 확장된 마음에 대한 이론에서 성문화될 창의적 행위에 대한 관점을 옹호하고 있었다. 바로 이 이야기에 대한 글을 쓰면서 클라크는 이렇게 주장한다. "파인만은 정말로 종이 위에서 생각하고 있었다. 펜과 종이를 통해 이뤄지는 순환은 우리가 특별하게 여기는 리처드 파인만의 생각과 아이디어의 흐름에 대한 형태를 책임지는 물리적 기계의 일부다."[85] 우리는 이러한 순환을 무시하거나 묵살하면서 뇌에서 일어나는 일에 집중하기를 선호한다. 하지만 그런 불완전한 관점은 우리 자신의 마음을 이해할 수 없게 만든다. 또 클라크는 이렇게 적고 있다. "우리는 정신적인 활동이 전부 또는 거의 내면에서 이뤄진다고 생각하는 경향이 있기 때문에 본질적인 의미에서 정신에 관한 부적절한 과학과 인상을 발전시켜 왔다."[86] 그는 우리가 생각에 영향을 미치는 물리적인 요소의 역할을 인식할 때, 즉 뇌에 얽매인 관점의 오류와 한계를 바로잡고 "뇌, 신체, 세상을 다시 하나로 통합할 수 있을 때 비로소 우리 자신을 바르게 이해하기 시작할 것"이라고 말한다.[87]

아이디어 공간을 통해 생각하기

257

The

Extended

PART 3
—
관계

Mind

전문가를 통해
생각하기

독일은 오랫동안 유럽의 경제 대국이었다. 관심을 갖고 독일을 지켜보는 사람들은 그 나라의 많은 장점 중 하나로 독특한 도제 제도를 꼽는다. 매년 독일 청년의 약 50만 명이 고등학교를 졸업하자마자 회사 내부에서 체계적으로 운영하는 도제 프로그램에 참여해 용접, 기계 가공, 전기공학과 같은 전문적인 기술을 배운다.[1] 견고하게 자리잡은 이 제도는 수십 년 동안 독일의 제조업 분야가 번창할 수 있게 했다. 그러나 다른 서구 국가들과 마찬가지로 독일 산업에서 정보 중심의 경제가 점점 더 우위를 차지하게 되면서 컴퓨터 프로그래밍과 같은 기술의 수요도 증가하고 있다. 이러한 변화는 새로운 도전을 불러왔으며, 학생과 강사들은 그 변화에 적응하기 위해 애썼다.

기술 분야에서 일하고자 하는 포츠담대학교 학생들을 위한 핵심 강좌 중 하나가 바로 이론컴퓨터공학이다.[2] 그런데 매년 학생들이 이 과목에서 낙제하는 비율은 60퍼센트에 달한다. 문제는 그 과목의 추상적인 내용과 관련이 있는 듯했다. 강의에서 수동적인 태도로 앉아 있는 학생들은 '파싱 알고리즘parsing algorithm', '폐포 성질closure properties', '선형 유계 오토마톤linear-bounded automaton'과 같은 개념들의 의미를 제대로 이해하지 못했다. 컴퓨터공학과 교수들은 독일의 역사적 강점을 떠올리게 하는 해결책을 생각해 냈다. 포츠담대학교의 크리스토프 크라이츠Christoph Kreitz를 필두로 한 교수진은 특별한 경우에 해당하기는 하지만 그 수업을 도제 프로그램으로 운영하는 방안에 대해 생각해 보기로 했다. 그 강좌는 컴퓨터과학자들의 내적 사고 과정을 학생들에게 보여 주는 것을 목표로 재구성됐다. 즉 이음새를 맞추는 목수나 옷감 한 필을 자르는 재단사를 볼 때처럼 뚜렷하게 그 과정을 보고 이해할 수 있게 하는 것이었다.

이러한 학습 방식을 인지적 도제cognitive apprenticeship라고 부르며, 이 용어는 현재 노스웨스턴대학교의 교육학과 명예교수인 앨런 콜린스Allan Collins가 만들었다.[3] 1991년 콜린스는 존 실리 브라운John Seely Brown과 앤 홀룸Ann Holum 등과 함께 쓴 논문에서 전통적인 도제 제도와 현대 학교 교육의 결정적인 차이에 대해 언급했다. 그는 전자의 경우 학생들이 작업 과정을 지켜볼 수 있는 반면, 후자는 교사와 학생들 모두 사고하는 과정을 볼 수 없는 경우가 많다고 지적했다. 콜린스와 두 공동 저자는 지식 작업의 요구에 부합할 수 있는 도제 제도의 네 가지 특징을 찾아냈다. 첫째, 과제를 소리 내어 설명한다. 둘째, 학습자가 직접 그 과제를 시도해 볼 수 있는 기회를 마련한다. 셋째, 학습자의 과제 해결 능력이 향상되면 서서히 학습 지도를 줄여 나간다. 넷째, 학습자가 배워 나가는 과정에서 겪는 어려움을 극복할 수 있도록 돕는다.

크리스토프 크라이츠와 그의 동료들은 전통적인 도제 제도의 특징을 그들의 교육 과정을 재설계하는 데 접목해 학생들이 강의를 듣는 시간을 줄이고 강사가 주도하는 소규모 수업의 시간과 빈도를 늘렸다. 이러한 소규모 수업에서 학생들은 컴퓨터공학 개념에 대한 설명을 듣거나 컴퓨터과학자들의 작업에 관한 토론에 참여하지 않았다. 그들은 강사들의 철저한 감독하에 그 작업을 직접 수행했다. 이 변화로 얻게 된 결과는 인상적이었다. 해당 과목에서 낙제하는 학생들의 비율이 60퍼센트 이상에서 10퍼센트 미만으로 크게 줄었다.

앞으로 몇 년 동안 많은 사람이 크라이츠와 그의 동료 교수들이 포츠담에 도입한 교육 방식을 고려하게 될 것이다. 전 세계 모든 분야와 전문 분야의 교육 및 직업 현장에서 구체적인 일을 수행하기보다는 내적 사고 과정에 참여하는 일이 점점 더 큰 비중을 차지하고 있다. 앨런 콜린스가 관찰한 바와 같이, 초보자와 전문가 모두 이러한 과정에 접근하는 데 큰 어려움을 겪는다. 초보자는 아직 내용을 충분히 잘 알지 못하고, 전문가는 그 내용을 너무 잘 알고 있기 때문에 습관처럼 행하기 때문이다. 이 현실은 우리가 다른 이들의 전문 지식을 활용해 사고를 확장하려면 한 사람이 다른 사람에게 지식을 정확하게 전달할 방법을 찾아야 한다는 것을 의미한다. 인지적 도제가 그러한 방법 중 하나다. 이 장에서는 유서 깊은 오랜 역사와 갈수록 더 탄탄한 과학적 연구 기반을 자랑하는 접근 방법에서 출발해 몇 가지 다양한 방식을 살펴볼 것이다. 그전에, 우리가 인지적 도제에 다소 불편함을 느낄 수 있다면 어떻게 해야 할까?

파리의 피티에-살페트리에르 대학병원 Hôpital Universitaire Pitié-Salpêtrière 안에서 한 젊은 남자가 멍하니 허공을 응시하고 있다.[4] 경련이 일어나 입은 뒤틀리고, 몸은 전기 충격을 받은 것처럼 떨리고 있다. 가까운 곳에는 또 다른 젊은 남자가 도움을 받아 의자에서 일어나고 있다. 그의 오른팔은 어색한 각도로 구부러져 있고, 오른 다리는 뻣뻣하게 움직이고 있다. 방 건너편에서는 젊은 여성이 그녀의 집게 손가락으로 코를 만질 수 있느냐는 질문을 받고 있다. 그녀는 코를 만지기 위해 노력해 보지만 손은 표적을 놓치고 뺨 위에 착지한다.

이날은 신경 질환의 특이한 증상들을 생생하게 볼 수 있는 날이다. 앞에서 이야기한 사람들은 환자가 아닌 학생들, 즉 교육을 받고 있는 의사들이다. 교수들의 지도를 받으며 그들은 앞으로 치료하게 될 질병의 증상을 흉내 내는 법을 배우고 있다. 강사는 학생에게 얼굴 생김새, 손을 움직이는 방식, 앉고 서고 걷는 방식 등을 보여 준다. 또 교수진은 흰색 실험실 가운을 입고 의사 역할을 맡을 또 다른 그룹의 학생들에게 대응하는 법을 지도한다. 광범위한 실습이 끝나면 '환자'와 '의사'를 맡았던 학생들이 병원의 계단식 강당 무대에 올라 학생들 앞에서 임상 실습에 관한 짤막한 글을 발표하게 된다.

신경학의 아버지로 알려진 19세기 의사 장-마르탱 샤르코Jean-Martin Charcot가 바로 이 피티에-살페트리에르 대학병원에서 실습하고 가르쳤다. 샤르코는 강의하는 동안 그의 환자들을 무대 위로 데려왔고, 그의 학생들이 신경 질환이 나타낼 수 있는 여러 형태의 증상을 직접 볼 수 있게 했다. 2015년 피티에-살페트리에르 대학병원에서 학생들에게 자신의 '마임 기반 역할극 실습 프로그램'[5]을 소개한 에마뉘엘 로제Emmanuel Roze는 자신의 얼굴과 몸으로 증상의 형태를 모방하는 것이 효과적인 학습 수단이 될 수 있다고 주장한다.[6] 피티에-살페트리에르 대학병원에서 신경과 전문의로 일하고 소르본대학교에서 신경학을 가르치는 로제는 전통적인 교육 방식이 학생들의 지식 습득을 방해하고, 신경 질환을 마주하면서 학생들이 느끼는 불안감을 해소해 주지 못한다고 염려했다. 그는 파킨슨병의 떨림, 무도병chorea의 불수의적 움직임, 소뇌 증후군cerebellar syndrome의 어눌한 말투 등 관련 질환들이 나타내는 특징적인 증상을 적극적으로 모방하는 실습 방식이 학생들이 불안감을 해소하는 동시에 학습하는 데 도움을 줄 수 있다고 판단했다.

실제로 로제와 그의 동료들이 수행한 연구에 따르면, 신경학과 실습을 마친 지 2년 6개월 후에 마임 기반 역할극 실습 프로그램에 참여했던 의대생들은 강의와 교과서 중심의 기존 교육만 받았던 학생들보다 신경학적 징후와 증상들을 훨씬 더 잘 기억했다.[7] 또 환자의 증상을 모방했던 의대생들은 그러한 경험이 신경 질환에 대한 이해를 더 깊게 만들고 학습 동기도 높여 줬다고 보고했다.[8]

앞서 감각에 대해 살펴본 장에서 우리는 다른 사람들에 대한 우리의 자동적이고 무의식적인 모방이 그들을 더 잘 이해할 수 있도록 도와준다는 사실을 확인했다. 예컨대, 모방은 우리가 그들의 감정을 감지할 수 있게 한다. 우리가 의도적으로 모방을 해도 같은 효과가 나타난다. 예를 들어, 연구자들은 우리가 의도적으로 누군가의 억양을 따라 하면 그 사람이 하는 말을 더 쉽게 이해하게 된다는 사실을 밝혀냈다(제2외국어 학습에 쉽게 적용할 수 있는 연구 결과다).[9] 우리가 대화 상대의 억양을 따라 할 때, 즉 우리가 상대방이 내는 말소리를 입으로 따라 할 때 우리는 상대방이 말하는 바를 더 잘 예측할 수 있게 되고,

따라서 상대방의 말도 더 잘 이해한다. 피티에-살페트리에르 의대생들이 했던 것과 마찬가지로 그것은 내면을 통한 이해이자 다른 사람의 모습을 내면화하는 일이다.

또 우리는 상대방이 하는 말을 모방할 때 그 사람에 대해 더 긍정적으로 느끼게 된다.[10] 이는 모방을 통해 얻는 더 일반적인 효과 중 하나다. 에마뉘엘 로제는 그가 가르치는 젊은 의사들이 환자를 모방하는 경험으로 환자에게 더 공감하고 환자의 이상 징후를 더 편안하게 마주하게 된다는 것을 알게 됐다. 모방은 수동적인 관찰자 역할이 아닌 세상에서 역동적인 행위자로 살면서 통찰을 얻게 할 뿐 아니라 우리 스스로에 대한 관심을 다른 사람에게 확장할 수 있도록 한다. 모방은 교육, 직장, 스스로 하는 학습 등 어디에든 적용할 수 있는 범용 전략이 될 수 있다.

그런데 딱 한 가지 문제가 있다. 우리 사회는 모방에 대해 회의적이고, 모방이 유치하고, 훌륭하지 못하고, 도덕적으로 잘못됐다고 간주한다. 로제는 이 같은 반응을 잘 알고 있다. 이미 입증된 마임 기반 역할극의 여러 이점에도 불구하고, 그의 동료 교수 중 다수가 이러한 역할극을 수행하는 데 우려를 표했다. 또 그의 학생 중 일부도 처음에는 환자의 증상을 흉내 내는 일이 불편하다는 의사를 밝혔다. 로제는 역할극에 참여하는 학생들은 결코 그들이 돌봐야 하는 환자들을 비웃거나 희화화하지 않는다는 사실을 강조한다. 모방 행위에는 환자를 존중하는 마음이 가득 담겨 있으며, 환자가 겪는 증상이 어떤 것인지 이해하고자 하는 전문가로서 환자를 최고 권위자로 대우하는 행위라고 그는 말한다.

인지에 대한 전통적인 접근법은 우리가 더 지능적인 사고를 하기 위한 유일한 길이 우리 뇌를 개발하는 데 있다고 주장해 왔다. 다른 사람들의 생각을 모방하는 것은 새로울 게 없다고 말하거나 심지어 표절하는 사람이라는 비난을 제기하기도 한다. 표절은 한 작가의 경력이나 한 학생의 학교생활을 끝낼 수도 있는 중대한 혐의에 해당한다. 그러나 역사적으로 모방에 대한 비난만 있었던 것은 아니다. 그리스와 로마 사상가들은 모방을 적극 추구해 나가야 할 예술 그 자체라며 추앙했다. 고전 교육에서 모방은 중요한 역할을 차지했고, 게으른 부정행위가 아닌, 거장들을 모방함으로써 실력을 갖추기 위한 엄격한 연습 행위라 여겼다.[11]

로마의 매우 구조화된 교육 시스템 안에서 학생들은 본보기가 될 만한 글을 소리 내 읽고 분석하는 일로 시작했을 것이다.[12] 학생들의 교육 초기에 그 본보기는 이솝의 간단한 우화였을 수도 있다. 또 나중에는 키케로Cicero나 데모스테네스Demosthenes의 복잡한 연설문이었을지도 모른다. 학생들은 그 글을 외우고 암송했을 것이다. 그런 다음 이해가 잘 안 되는 글에 더 익숙해질 수 있도록 연습을 계속해 나갔을 것이다. 그들은 모범이 되는 글들을 자신의 말로 바꿔 표현하고, 그 글을 그리스어에서 라틴어로 또는 라틴어에서 그리스어로 변역했을 것이다. 라틴어로 된 산문을 라틴어로 된 운문, 또는 라틴어로 된 산문에서 그리스어로 된 운문으로 바꾸기도 했을 것이다. 그들은 그들에게 본보기가 되는 글을 짧게 압축해 표현하거나 더 길고 정교하게 표현해 냈을 것이다. 담백한 어조에서 화려한 어조로, 혹은 그 반대로 바꿔 보기도 했을 것이다. 그리고 마침내 그들은 자신의 작품을 썼을 것이다. 그들이 존경하는 작가의 스타일을 모방한 자기만의 작품을 썼을 것이다. 모든 각도에서 모범이 될 작품을 모방해 본 학생들은 연습 순서를 새롭게 바꿔 보면서 보다 더 어려운 글로 옮겨 갔을 것이다.

우리는 '로마의 위대한 스승' 쿠인틸리아누스의 글을 통해 고대 로마의 시스템에 대해 꽤 알 수 있다. 35년경에 태어난 마르쿠스 파비우스 쿠인틸리아누스Marcus Fabius Quintilianus는 로마 황제 도미티아누스Domitian의 두 후계자를 포함한 로마에서 가장 저명한 가문 출신의 학생들이 다니는 수사학rhetoric 학교를 이끌었다. 쿠인틸리아누스의 걸작인 《웅변교수론Institutio Oratoria》(부제: 12권으로 엮은 웅변교수론Education of an Orator in Twelve Books)에서 그는 모방 행위의 가치를 주장했다. 그는 우리가 연구할 가치가 있는 작가들을 통해 우리의 이야기, 다양한 모습, 구성 방법을 이끌어 낼 수 있어야 한다고 적으면서 이렇게 덧붙였다. "예술에서는 독창성이 다른 무엇보다 중요하지만 성공적인 모든 창작물을 모방하는 것은 합당하고 다른 사람들의 좋은 점을 모방하려는 것은 보편적인 삶의 원칙이다. 따라서 우리의 작업 중 적지 않은 부분이 모방과 관련돼 있다는 점은 의심할 여지가 없다."[13]

위대한 작가들을 모방하는 일을 기반으로 한 이러한 교수법은 놀랄 만큼 강력해서 수 세기 동안 지속됐고 유럽과 전 세계로 퍼져 나갔다. 쿠인틸리아누스의 교수법이 나온 지 1500년이 지난 영국 튜더 왕조 시대의 아이들은 여전히 그 방식으로 교육을 받고 있었다. 그 당시 학자이자 교사였던 후안 루이스 비베스Juan Luis Vives는 모방이 필요한 이유를 설명했다. 비베스는 모국어를 사용하는 것과 같은 일부 기본적인 능력은 인간에게 자연스럽게 주어지는 듯 보인다고 했다. 또 자연은 인간의 많은 부분을 만들어 냈지만, 이상하게도 예술에는 적대적이라고 말하며 이렇게 덧붙였다. "자연적으로 우리가 모든 예술에 대해 무지하고 미숙한 상태로 태어나기 때문에 우리는 모방을 필요로 한다."[14] 비베스는 후에 인지과학이 경험적으로 입증해 낼 사실을 직관적으로 알고 있었다. 그 사실은 인류 문화의 많은 업적이 저절로 생겨나는 게 아니고 공들여 습득해야 한다는 사실이었다. 그리고 비베스와 그 시대 사람들은 그러한 업적을 이루기 위해 필요한 기술을 습득하는 가장 효과적인 방법이 바로 모방이라고 믿었다.

그러고 나서 18세기가 끝나갈 무렵 낭만주의자들이 등장했다.[15] 시인, 화가, 음악가들로 구성된 이 무리는 독창성과 진정성을 숭배했다. 그들은 독창적이고 창의적이며 진정성이 느껴지는 것을 지지한다는 명목으로 오래되고 진부한 모든 것을 거부했다. 독창성을 추구하는 그들의 고집은 그 시대에 새로 전개된 두 가지 주요 사건에 대한 반응에서 비롯됐다. 그 첫 번째는 산업화였다. 공장들이 하나둘 늘어남에 따라 기계가 동일한 복제품을 찍어 낼 수 있다는 사실에 대한 미학적 반작용이 동시에 일어났다. 그들에게는 오직 인간만이 유일무이한 아이디어를 낼 수 있는 존재였다. 두 번째 새로운 사건은 특별한 기계 하나가 등장하면서 생겨났다. 인쇄기가 새로 등장해 보편화되면서 텍스트의 홍수를 마주하게 된 것이다. 그 이전의 어느 세대보다 낭만주의 시대의 사상가들은 문학비평가 월터 잭슨 베이트Walter Jackson Bate가 '과거의 짐burden of the past'[16]이라고 부르는 것을 떠안게 됐고, 이는 앞서 나온 걸작들을 처음으로 쉽게 구할 수 있었기 때문이다. 이전 작가들이 쓴 글들로 넘치는 바다에 빠진 그들은 새롭고 신선하며 전에는 들어 본 적 없는 이야기를 창작해야 한다는 절박함을 느꼈다.

1757년에 태어난 영국의 시인이자 예술가인 윌리엄 블레이크William Blake는 가장 초창기의 열정적이고 독창적인 낭만주의자 중 한 명이었다. 블레이크는 《순수와 경험의 노래Songs of Innocence and of Experience》와 《앨비언의 딸들의 환상Visions of the Daughters of Albion》과 같은 작품을 창작하면서 자신이 직접 발명한 기법인 릴리프 에칭relief etching을 사용했다.[17] 블레이크는 동판을 표시하기 위해 내산성 화학 물질을 사용한 다음, 화학 처리되지 않은 부분을 식각하기 위해 산을 사용했다. (신비주의적인 성향을 지닌 블레이크는 고인이 된 형 로버트가 환영 속에서 그 기술을 자신에게 보여 줬다고 주장했다.) 또 두 작품은 블레이크가 새로 고안한 형태로 만들어졌다. 그는 직접 식각하고 인쇄하고 채색한 삽화와 글이 담긴 책을 펴냈다. 어떤 책도 똑같지 않았다. 그리고 그 안에 담긴 것은 우리젠Urizen(이성을 상징한다)과 로스Los(상상력을 상징한다)와 같은 우화적 인물을 특징으로 하는 정교한 우주론 등 독창적인 내용 그 자체였다. 블레이크가 직접 채색한 책 《예루살렘》에서 블레이크의 또 다른 자아인 로스는 낭만주의자들의 모토가 됐을지 모르는 감정을 표했다. 로스는 이렇게 선언했다. "내가 시스템을 만들어야 한다. 그렇게 하지 않으면 다른 사람의 노예가 되고 말 것이다."[18]

낭만주의자들의 영향 아래 사람들은 그 어느 때보다 모방을 무시하며 폄하했고, 그러한 태도는 그 후로 수십 년 동안 지속됐다. 19세기 후반의 박물학자들은 모방을 아이, 여성, '야만인'들의 습관으로 묘사했고, 독창적인 표현을 유럽 남성들의 전유물로 내세웠다. 혁신은 문화적 가치 체계에서 가장 높은 위치를 차지한 반면, 모방은 생소할 정도로 낮은 위치로 추락했다.[19]

그 어느 때보다 우리는 독창성을 지지하고 숭배한다. 우리 사회는 개척자와 선구자들을 찬양한다. 예를 들어, 우리는 자사 신제품을 무대 위에서 훌륭하게 소개한 것으로 유명한 애플 창업자 스티브 잡스를 찬양했다. 애플의 광고는 틀에 맞춰진 사람들이 아닌 틀을 깨는 사람들을 미화했다. 1997년 방영된 애플 광고에서는 다음과 같은 말이 흘러나왔다. "미친 이들을 위하여. 부적응자, 반항아, 문제아, 부적격자, 사물을 다르게 보는 사람들. 그들은 원칙을 좋아하지 않는다. 또 그들은 현상을 존중하지 않는다."[20]

그러고는 '새롭게 생각하라Think different'라는 광고 슬로건이 나왔다. 그럼에도 어떤 면에서 같은 것을 생각하기, 즉 모방하기가 오늘날 다시 조명을 받고 있는 경우가 있다.

케빈 랠런드Kevin Laland는 잔디를 깎고 있는 자기 모습이 담긴 사진이 권위 있는 과학 학술지 〈사이언스Science〉에 게재됐을 때가 자신의 직업 경력 중 '가장 자랑스러운 순간'이었다고 말한다.[21]

그 사진 속에서 랠런드의 세 살짜리 아들은 그의 뒤를 바짝 쫓아가면서 자신의 장난감 잔디깎이를 열심히 밀고 있다. 그 사진에는 인류 문화에서 모방이 차지하는 중요성에 관한 럴랜드의 연구에 대해 적힌 논평이 함께 딸려 있었다. 영국 세인트앤드루스대학교 생물학과 교수인 럴랜드는 해당 논문에서 그와 공동 연구자들이 만든 전산화된 대회의 결과를 소개했다. 그 대회는 상금을 두고 경쟁자들, 즉 특정 방식으로 동작하도록 프로그램화된 로봇들과 여러 회에 걸쳐 겨루는 토너먼트 대회였다. 전 세계에서 모인 참가자 100명이 대회에 참가했고, 각 참가자는 세 가지 전략 중 한 가지나 두 가지 이상을 혼합해서 행동하도록 설계됐다. 그 세 가지 전략은 독창적인 아이디어 적용하기, 시행착오 겪기, 다른 사람 모방하기였다.

어떤 전략이 가장 효과가 있었는지는 굳이 따져 볼 필요도 없었다. 다른 사람을 모방하는 전략이 단연코 가장 성공적이었다. 우승자는 다른 사람들을 적극적으로 모방해 전혀 혁신적이지 않았다. 반면 혁신에 거의 전적으로 의존하는 전략을 구사한 로봇은 참가자 100명 중 95위를 차지했다. 그와 같은 결과는 랠런드와 그의 공동 연구자 중 한 명인 루크 렌델Luke Rendell에게 놀라움을 안겨 줬다. 렌델은 이렇게 말했다. "우리는 누군가가 '이런 상황에서는 모방하고, 또 이런 상황에서는 스스로 무언가를 배워야 한다'고 말할 수 있는 매우 영리한 방법을 생각해 내기를 기대하고 있었다. 그런데 승자는 매 순간 그저 모방하기만 했다."[22]

케빈 랠런드는 모방에 대한 평판이 좋지 못하다는 사실을 인정한다. 그러나 랠런드는 자신을 포함한 생물학, 경제학, 심리학, 정치학을 연구하는 연구자들은 새로운 기술을 배우고 지능적인 결정을 내리는 방법으로서의 모방의 가치가 얼마나 큰지 발견하고 있다고 말한다.[23] 이러한 다양한 분야의 연구자들은 모형과 시뮬레이션뿐 아니라 역사 분석과 실제 사례 연구를 통해 모방이 성공적인 성과를 내는 데 가장 효율적이고 효과적인 경로가 될 수 있다는 것을 보여 주고 있다.[24] 또 그들은 비즈니스 세계에서 찾아볼 수 있는 생생한 사례를 바탕으로 그 이유를 자세히 설명하고 있다.

첫 번째 이유는 다른 사람을 모방하는 사람은 다른 사람이 필터 역할을 함으로써 자신이 사용 가능한 옵션들을 효율적으로 분류해 낼 수 있기 때문이다. 금융학을 가르치는 교수 제럴드 마틴Gerald Martin과 존 푸텐푸라칼John Puthenpurackal은 한 투자자가 유명한 투자자인 워런 버핏Warren Buffett의 움직임을 따라 하는 일 외에 아무것도 하지 않을 경우 어떤 일이 벌어질지 조사했다.[25] (버핏의 투자 동향은 그의 회사가 증권 거래 위원회에 보고서를 제출할 때 정기적으로 공개된다.) 마틴과 프렌푸라 칼은 버핏이 사는 종목을 따라 사기만 하는 사람이 평균 10퍼센트 이상의 시장 수익을 얻게 될 것이라고 밝혔다.

물론 투자자들은 이미 버핏과 같이 영향력이 큰 투자자들의 활동에 주목하고 있다. 그러나 그렇다고 하더라도 그들은 버핏의 선택을 더 적극적으로 모방하여 얻을 수 있는 이점들을 놓치고 있다. 마틴은 투자자들이 혁신적인 전략이나 숨겨진 보석이 있다고 믿기 때문에 돈을 잃는다고 말한다. 그는 우리만의 행동 방침을 세우는 게 기분은 더 좋을지 모르지만, 우리보다 더 많은 경험과 더 많은 지식을 갖춘 누군가를 모방할 때 보통 더 나은 성과를 낼 수 있다고 말한다.

두 번째 이유는 모방하는 사람들은 한 가지 해결책에 얽매이지 않고 다양한 해결책 중 하나를 선택할 수 있기 때문이다. 그들은 변화하는 상황에 빠르게 적응하면서 현재 상황에 가장 효과적인 전략을 정확하게 선택할 수 있다. 이 두 번째 이유는 스페인의 산업 도시 아르테이소Arteixo에 본거지를 둔 세계적인 의류업체 자라Zara의 비즈니스 모델을 압축해 보여 준다.

자라의 모회사인 인디텍스Inditex 본사에서 자라의 디자이너들은 패션 잡지와 카탈로그에서 오려낸 페이지, 거리나 공항에서 멋진 스타일을 뽐내는 사람들의 사진, 패션쇼 무대에서 막 공개된 다른 디자이너들의 옷을 해체한 것들로 뒤덮인 테이블 주변에 모여 있다. 자라에 대한 이야기를 광범위하게 다뤄 온 스페인 기자 엔리케 바디아En-rique Badía는 "자라는 모든 곳과 모든 사람에게 끊임없이 영감을 받는 일에 몰두한다"고 말한다.[26] 자라는 심지어 자사 고객들까지 모방한다.**27** 수많은 매장의 매니저들은 유행에 민감한 자라 고객들에게서 발견한 새로운 모습을 디자이너들에게 전달하며 그들과 자주 소통하고 있다.

조지타운대학교에서 기업 운영과 정보 관리를 가르치고 있는 카스라 퍼도스Kasra Ferdows 교수는 자라의 노련한 모방은 인디텍스를 세계에서 가장 큰 패션 의류업체로 만드는 데 도움이 됐다고 말한다. 퍼도스와 두 명의 공동 저자는 〈하버드비즈니스리뷰〉에 기고한 기업 프로필에서 이렇게 결론을 내렸다. "이 기업의 성공은 자라의 공급망 전반에서 이뤄지고 있는 지속적인 정보 교환, 즉 고객에서 매장 매니저, 매장 매니저에서 시장 전문가와 디자이너, 디자이너에서 생산 직원에게 계속 정보를 전달할 수 있다는 데 달려 있다."**28** 결정적으로, 자라 내부에서 자유롭게 흘러 전달되고 있는 '정보'는 새로운 아이디어라기보다는 모방할 만큼 좋은 아이디어와 관련된 것들이다.

모방의 세 번째 장점은 선구자들이 저지른 실수를 비켜 가며 실수를 피할 수 있다는 것이다. 반면 혁신을 추구하는 사람들에게는 잠재적 위험에 대한 지침 같은 게 없다. 적절한 예로 기저귀를 들 수 있다. 일회용 기저귀에 의지하는 부모라면 누구나 아는 이름이 바로 팸퍼스Pampers다. 그보다 덜 친숙한 기저귀 브랜드로 척스Chux가 있다. 사실 척스는 1935년 시장에 처음 등장한 최초의 일회용 기저귀다.

척스의 문제는 부모들이 천 기저귀 한 개당 1.5센트의 비용으로 세탁할 수 있을 때, 기저귀 한 개당 약 8.5센트의 비싼 가격에 판매했다는 데 있다. 결과적으로 부모들은 여행을 갈 때만 척스 제품을 사용하는 경향이 있었고, 척스의 점유율은 전체 기저귀 시장의 1퍼센트에 불과했다. 프록터앤드갬블Procter & Gamble(이하 P&G)은 기회를 살폈다.

P&G는 부모들이 일회용 기저귀를 사용하지 못하는 주된 요인, 즉 높은 가격을 해결함과 동시에 척스의 기본 아이디어를 모방했다. 1966년 팸퍼스가 기저귀 한 개당 3센트의 가격으로 미국 전역에 출시됐을 때, P&G 제품은 부모들에게 열광적인 환영을 받았다.

대학에서 마케팅을 가르치고 있는 제러드 텔리스Gerard Tellis와 피터 골더Peter Golder는 기저귀를 포함한 50개의 소비재 범주에 대한 역사 분석을 수행했다.[29] 분석 결과에 따르면, 시장을 개척한 기업들이 실패할 확률은 놀랄 만큼 높은 수치인 47퍼센트인 반면, 그들이 확보한 평균 시장 점유율은 10퍼센트에 불과했다. 텔리스와 골더는 1등 기업이 되는 것보다 '재빠른 2등fast second'이라 불리는 민첩한 모방 기업이 되는 것이 훨씬 낫다는 결론을 내렸다. 또 그들은 타사의 혁신을 활용한 기업들이 아주 적은 실패율과 시장을 개척한 기업들의 약 3배에 달하는 평균 시장 점유율을 차지한다는 사실을 발견했다. 이 범주에는 타이멕스Timex, 질레트Gillette, 포드가 포함되며, 이 기업들은 종종 그 분야를 개척한 1등 기업으로 잘못 소환되곤 한다.

넷째, 모방하는 사람은 속임수나 비밀을 유지해야 하는 일에 연루되는 것을 피할 수 있다. 모방하는 사람은 다른 사람들이 하는 것을 직접 따라 하여 다른 이들이 할 수 있는 것들 중 가장 좋은 전략에 접근할 수 있다. 경쟁자들은 자신의 최고 관심사를 바탕으로 결정을 내리기 때문에 사회과학자들이 말하는 '정직한 신호honest signal'[30]를 내보일 수밖에 없다. 이는 세계에서 가장 큰 요트 대회 중 하나인 아메리카컵America's Cup과 같은 스포츠 경기를 포함한 모든 종류의 대회에서도 마찬가지다.

임페리얼칼리지 런던의 경영학과 교수인 얀-마이클 로스Jan-Michael

Ross와 드미트리 샤라포프Dmitry Sharapov는 아메리카컵 월드 시리즈에서 정면 승부를 벌이는 요트들 간의 경쟁적 상호 작용competitive interaction을 연구했다.[31] 로스와 샤라포프에 따르면, 요트 선수들은 특히 그들이 선두에 있을 때 다른 선수들의 움직임을 따라 하는 경우가 많다고 한다.[32] 선두에 선 선수가 자신을 뒤쫓고 있는 선수들을 모방한다는 사실이 놀랍게 보일 수도 있지만, 로스는 그렇게 모방하는 행위가 일리 있다고 말한다. 선두에 있는 선수들이 그들을 뒤따라오는 경쟁 선수가 하는 것처럼만 경기를 진행하면 그 선두 자리는 유지될 수밖에 없기 때문이다. 로스는 "우리의 연구는 게으른 낙오자만이 모방을 한다는 일반적 견해에 도전한다"고 말한다.

마지막으로, 가장 중요할 수 있는 모방의 장점을 꼽자면 모방하는 사람은 해결책을 직접 마련해 내는 데 필요한 시간, 노력, 자원을 절약할 수 있다는 것이다. 연구에 따르면, 모방하는 사람들이 부담하는 비용은 보통 혁신하는 사람들이 부담하는 비용의 60~75퍼센트 정도라고 한다. 그럼에도 불구하고 가장 큰 재정적 수익을 계속 내는 쪽은 모방하는 이들이다.[33]

다방면에서 나온 여러 연구 결과는 (우리가 모방에 대한 혐오를 극복할 수만 있다면) 모방이 우리 머릿속에 있는 것 이상의 가능성을 열어 준다는 결론에 수렴한다. 효과적인 모방을 한다는 것은 다른 사람들의 뇌로 생각할 수 있는 것과도 같다. 즉 다른 사람들의 지식과 경험을 직접 다운로드 한다고 해도 무방하다. 그러나 태만한 행위라는 오명과 달리 잘 모방하기란 쉽지 않다. 아무 생각 없이 무의식적으로 복제하는 경우는 거의 없다. 오히려 정교한 암호를 풀 수 있어야 한다. 사회과학자들이 '대응 문제correspondence problem'[34]라고 부르는 것, 즉 새로운 상황의 세부 사항에 맞게 모방한 해결책을 잘 조정하며 어려운 과제를 해결할 수 있어야 한다. 대응 문제 해결은 관찰해서 얻은 해결책을 구성 요소별로 해체한 다음 다른 방식으로 그 요소들을 재조립하는 일을 수반한다. 또 대응 문제 해결은 그 해결책이 성공할 수 있었던 피상적인 특징을 넘어 보다 더 근원적인 이유를 찾아보려는 의지와 그 근본 원리를 새로운 환경에 적용할 수 있는 능력을 필요로 한다. 역설적이기는 하지만 모두 사실이다. 잘 모방하려면 높은 수준의 창의성이 필요하다.

해결책을 문제에 적용하는 일은 1999년 당시 간호학과 대학원생이었던 테스 파페Tess Pape에게 어려운 과제였다. 파페는 문제를 명확하게 알고 있었다. 병원에 있는 환자들은 의사와 간호사들이 저지른 투약 오류로 피해를 입고 있었다. 같은 해 미국 의학연구소Institute of Medicine는 〈인간은 실수하기 마련이다To Err Is Human〉라는 환자 안전에 대한 획기적인 보고서를 발표했다.[35] 당시 그 보고서에 따르면, 병원에서 발생하는 예방 가능한 의료 과실로 매년 미국인 9만 8000명이 사망하고 있었다. 자동차 사고, 산업 재해, 유방암으로 사망하는 사람들보다 더 많은 사람이 예방 가능한 의료 과실로 사망했다. 그리고 의료 과실로 인한 사망 중 상당 부분이 약을 조제하는 과정에서 발생한 실수와 관련이 있었다.

그러나 파페는 투약 오류라는 중대한 문제를 해결할 방법을 조사하면서 혁신적인 해결책을 찾기 위해 그녀의 뇌를 혹사시키지 않았다. 대신 그녀는 다른 산업에서 성공적으로 적용됐던 해결책을 모방하려고 했다. 그 산업은 바로 항공 산업이었다. 항공 산업은 의료 산

276

업과 마찬가지로 사람들의 생명이 전문가의 신중함과 정확함에 좌우될 수 있는 산업이다. 파페는 항공 안전에 관한 많은 글을 읽으면서 항공기가 고도 1만 피트 이하로 비행하는 이착륙 도중에 가장 위험한 순간이 발생한다는 사실을 알게 됐다.[36] 파페는 여기서 자기 분야와 유사한 점이 있다는 점을 발견했다. 약물을 투여받은 병원 환자들에게 가장 위험한 순간은 약물 투여량을 조제하거나 조제한 약물을 환자에게 투여하는 과정에서 발생한다.[37]

파페는 더 깊이 연구하면서 다른 승무원이 조종사의 집중을 방해하는 것이 항공사에서 발생하는 사건 대부분의 원인이라는 사실을 발견했다.[38] 여기에서도 유사한 점이 보였다. 그녀는 의료진의 집중을 방해하는 것이 투약 오류의 원인이라는 점을 알고 있었다.[39] (병원에서 실제 상황을 관찰하는 연구 팀은 간호사 한 명이 환자 한 명에게 투약할 약 1회분을 조제하면서 열일곱 번이나 방해를 받았다는 충격적인 사실을 보고했다.[40]) 또 파페는 항공 전문가들이 조종사가 방해받지 않을 수 있도록 조치를 취했다는 것을 알게 됐다. 그 해결책은 바로 '조종실 무소음 규칙sterile cockpit rule'이었다.[41] 1981년 미국 연방 항공청이 도입한 이 규정은 조종사가 1만 피트 미만의 고도에서 비행 중일 때, 비행과 직접적인 관련이 없는 대화를 나누는 것을 금지하고 있다.

파페는 2002년 발표한 학위 논문과 의학 저널에 게재된 일련의 논문에서 이 규칙을 모방하는 것에 대한 의견을 진술했다.[42] 2003년 파페는 저널 〈메드서지 너싱MEDSURG Nursing〉에 기고한 글에 이렇게 적었다. "투약 오류를 예방하는 열쇠는 안전을 중시하는 다른 산업의 프로토콜을 도입하는 데 있다. 예를 들어, 항공 산업의 경우 조종사들의 집중력을 향상하고 인간의 생명이 위태로울 때 안전한 환경을 제공할 수 있는 방안들이 마련돼 있다."[43] 파페는 약을 조제하는 구역 주변에 '방해 금지 구역'을 만들고, 약물을 투여하고 있는 간호사들이 방해받지 않도록 방해를 삼가 달라는 신호를 보내는 특수 조끼를 입거나 몸에 띠를 착용함으로써 그러한 방안들을 병원 환경에도 적용할 수 있다고 주장했다. 또 그녀는 "환자들이 그들의 생명을 의료진의 손에 맡기고 있는 만큼 약물 투여는 항공기 조종만큼이나 중요하게 다뤄져야 한다"고 지적했다.

파페는 의료계에 종사하고 있는 동료들이 이 아이디어에 귀를 기울여 줄지 알 수 없었다. 그런데 그들은 그녀의 의견에 주목했다. 병원들은 항공사의 선례를 따르기 시작했고, 변화는 극적인 차이를 만들어 냈다. 예를 들어 미국 정부의 의료 연구와 품질관리청Agency for Healthcare Research and Quality에 따르면, 2006년 카이저퍼머넌트 사우스 샌프란시스코 메디컬센터Kaiser Permanente South San Francisco Medical Center에서 방해 금지 신호를 도입하면서 조끼를 입은 간호사들을 방해하는 경우가 사실상 사라졌다고 한다.[44] 6개월 간 이 병원에서 발생한 투약 오류는 47퍼센트 감소했다. 파페의 연구가 발표된 지 거의 20년이 지난 지금, 생명을 구하기 위한 그녀의 모방 행위는 미국 전역과 전 세계로 확산됐다.

테스 파페는 스스로 대응 문제를 파악해 냈다. 그런데 그녀가 모방하는 법을 배웠다면 어땠을까? 오데드 센카Oded Shenkar는 제대로 잘 모방하는 것은 기술이며, 그 기술은 체계적으로 갈고닦아야 한다고 믿는다. 오하이오주립대학교에서 경영과 인적자원 관리를 가르치는 센카 교수는 회사들이 어떻게 모방을 활용해 시장에서 전략적 우위를 차지하는지 연구한다. 그는 다른 사람들이 우리와 비슷한 문제를 어떻게 해결하고 있는지에 대한 정보에 접근하여 효과적인 해결책을 그 어느 때보다 더 쉽게 따라 할 수 있는 '모방의 황금기'에 살고 있다고 주장한다.[45] 센카는 경영대학원이나 다른 분야의 대학원 과정에서 학생들이 효과적인 모방에 대한 수업을 듣는 모습을 보고 싶어 한다.[46] 그는 모방과 관련해 전도유망한 기회를 찾아내는 업무를 수행하는 '모방 담당 부서'가 생기는 것을 상상한다. 또 그는 성공적으로 모방한 사람들이 오늘날 혁신을 이룬 사람들만큼 칭찬받고 존경받는 날이 오기를 기대한다.

센카는 적어도 한 직종은 그가 추진하는 방향으로 조치를 취해 왔다고 강조해 말한다. 그 직종은 바로 의료다. 테스 파페와 다른 많은 사람이 인지하고 있는 의료 과실 예방의 절박함은 병원들이 군사, 철도, 화학 제조업, 원자력, 항공을 포함한 다른 많은 산업의 관행을 모방하도록 이끌었다.[47] 파페가 적용한 조종실 무소음 개념 외에도 의료 전문가들은 완료해야 할 작업을 표준화해 보여 주는 기내 '체크리스트'를 조종사들에게서 빌려 왔다.[48] 이번에도 모방은 놀라운 효과를 발휘했다. 2009년 하버드 보건대학원과 세계보건기구WHO 소속 연구원들은 그들이 연구한 수술 팀들이 19개 항목의 체크리스트를 사용하기 시작한 후 평균 환자 사망률은 40퍼센트 이상 감소했고, 합병증 발생률은 약 3분의 1로 감소했다고 보고했다.[49]

의료 분야에서는 또 원자력 산업의 일반적 관행 중 하나인 '동료 평가 기법peer-to-peer assessment technique'을 도입하기도 했다.[50] 주최 기관의 의료 서비스 안전과 품질에 대해 조직적이고 신뢰할 수 있으며 처벌을 목적으로 하지 않는 평가를 수행하기 위해서 한 병원의 대표단이 다른 병원을 방문하고 있다. 규제 기관이 가하는 처벌 위협만 없다면 이러한 동료 평가는 문제를 드러내 보여 주고 해결책을 제시하며 조직 간의 건설적인 모방을 가능하게 하는 수단이 될 수 있다.

그러나 의료 분야 내에서도 모방과 관련된 관행은 여전히 개선돼야 할 부분이 있다. 체크리스트 개념이 항공 분야에서 의료 분야로 옮겨 가는 데 70년이 걸렸고, 조종실 무소음 개념이 도약하기까지는 20년이 걸렸다. 모방에 대한 보다 체계적이고 계획적인 접근은 그 과정에 박차를 가할 수 있다. 센카는 모방의 사회적 가치를 높이기 위해 우리는 새로운 모방 행위를 장려해야 할 뿐 아니라 우리가 찬양하는 혁신가 스티브 잡스를 포함한 많은 개인과 기관들의 성공 뒤에 모방이 자리하고 있다는 것을 인식할 필요가 있다고 말한다.

1979년 신생 기업 애플 컴퓨터의 잡스와 그의 동료들은 대충 만든 것처럼 보이는 투박한 컴퓨터를 사용하기 쉽고 재미있고 세련된 개인 가전제품으로 만들 수 있는 방법을 찾기 위해 고심하고 있었다. 그해 12월, 잡스는 캘리포니아 팔로알토에 있는 복사기 제조 대기업의 연구소인 제록스 팔로알토연구소Xerox Palo Alto Research Center, Xerox PARC를 방문하던 중 그 해결책을 엿봤다.[51] 잡스는 컴퓨터가 서로 연결돼 정보를 전달할 수 있는 네트워킹 플랫폼, 시각적으로 매력적이고 사용하기 쉬운 화면 그래픽 세트, 사용자가 화면을 가리키고 클릭할 수 있게 하는 마우스 등 그의 프로젝트에 사용할 수 있을 것으로 보이는 일련의 기술 혁신을 마주했다. "바로 이거야!" 잡스는 팔로알토연구소를 다급하게 빠져나오면서 애플 동료에게 소리쳤다. "우리는 그걸 해야 해!"

오데드 센카는 학생들에게 모방에 대해 강의하면서 애플을 사례 연구로 활용할 가능성이 크다. 그리고 그는 잡스가 아주 중요한 대응 문제를 해결하기 위해 필요한 세 가지 단계[52] 중 첫 번째 단계를 이미 밟았다고 그의 학생들에게 알려 줄 수도 있다. 센카에 따르면, 그 첫 번째 단계는 자신의 문제를 구체적으로 명시하고 성공적으로 해결된 유사한 문제를 찾아내는 것이다.

두 번째 단계에서는 그 해결책이 성공적인 이유를 철저하게 분석한다. 잡스와 캘리포니아 쿠퍼티노에 있는 애플 본사의 엔지니어들은 제록스 팔로알토연구소에서 봤던 경이로운 것들을 분석하는 작업에 바로 착수했다. 곧이어 그들은 세 번째이자 가장 어려운 단계로 나아갔다. 세 번째 단계에서는 자신이 처한 상황이 어떻게 다른지 확인한 다음, 원래의 해결책을 새로운 환경에 맞게 조정하는 방법을 알아내야 한다. 제록스는 이미 자사 컴퓨터를 시장에 출시했지만, 그 컴퓨터는 사용하기가 불편하고 어려웠다. 제록스 컴퓨터는 개인용 컴퓨터라기보다는 기업용 컴퓨터에 맞게 설계됐다. 게다가 1만 6000달러가 넘는 가격으로 엄청나게 비쌌다.

제록스는 애플의 과학자들을 따돌릴 만한 기술적 해결책을 찾아냈지만, 개인용 기기의 잠재적 시장에 맞게 그 해결책을 적용한 사람은 잡스였다. 예를 들어, 그가 팔로알토연구소에서 본 마우스는 버튼이 세 개였고, 잡스는 그것이 지나치게 복잡하다고 생각했다. 부드러운 표면 위에서도 잘 움직이지 않은 데다가 그 가격이 300달러에 달했다. 잡스는 지역의 한 회사와 협력해 어떤 표면에서든 조작이 가능하고 (잡스는 심지어 그의 청바지 위에서도 조작이 가능하길 바랐다) 버튼이 하나인 마우스를 제작했고, 그 제품의 가격은 15달러밖에 하지 않았다.

그 나머지는 굳이 설명하지 않아도 모두가 아는 역사, 즉 ('사물을 다르게 바라보는') 고독한 천재들의 이야기가 이어진다. 이 사례 연구가 주는 교훈은 우리가 찬양하는 성공 뒤에는 눈부신 혁신뿐 아니라 노련한 모방이 있다는 것이다.

심지어 하나의 종으로서 우리가 이룬 성공에도 모방이 자리하고 있는 것처럼 보인다.[53] 발달심리학자들은 유아와 아동이 모방을 잘하는 그들의 특징 덕분에 많은 것들을 빠르게 흡수할 수 있다고 점점 더 확신하고 있다. 사실 모방은 로봇공학자들이 어떻게 아기들이 어른을 관찰하고 또 그들을 그대로 따라 할 수 있는지 이해하기 위해 연구하고 있을 정도로 매우 효율적인 학습 방법 중 하나다. 회로 기판에 실리콘 칩 장착하기나 우주 캡슐 수리하기와 같이 인간이 하는 행동을 보고 로봇 스스로 그 행동을 그대로 따라 할 수 있다고 상상해 보자. 테슬라와 스페이스X의 설립자인 일론 머스크는 그러한 '원샷 모방 학습one-shot imitation learning'[54] 연구에 투자했다. 그러나 캘리포니아대학교 버클리 소속 심리학자인 앨리슨 고프닉Alison Gopnik 이 지적한 바와 같이, 가장 정교한 형태의 인공 지능은 "여전히 네 살짜리 아이가 쉽게 풀 수 있는 문제조차 풀지 못하는 수준에 머물러 있다."[55]

연구원들은 한때 그저 낮은 수준의 '원초적' 본능이라 생각했던 모방을 이제는 복잡하고 정교한 능력으로 인식하고 있다. 아주 어린아이를 포함한 인간들은 모방하는 법을 연습한다. 인간이 아닌 동물들도 모방 행위를 하기는 하지만, 그들의 모방은 인간의 모방과 여러 중요한 면에서 다르다.[56] 예를 들어, 어린아이들의 모방은 그들이 누구를 모방할지 상당히 까다롭게 선택한다는 점에서 특별하다.[57] 미취학 아동들조차 지식이 풍부하고 유능해 보이는 사람들을 모방하기를 선호한다. 연구에 따르면, 유아들은 갓 만난 사람보다 자기 엄마를 따라 하는 반면, 아이들이 더 성장하게 되면 낯선 사람일지라도 그 사람이 특별한 전문 지식을 갖춘 사람처럼 보일 경우 그 사람을 점점 더 잘 따라 하게 된다고 한다.[58] 아이가 일곱 살이 되면 엄마만큼 잘 아는 사람이 없다는 말도 옛말이 되고 만다.

동시에 아이들은 그들이 모방하는 대상을 온전히 따라 하는 뚜렷한 특징을 보이기도 한다.[59] 이는 우리의 모방 방식이 동물의 모방 방식과 다르다는 것을 보여 준다. 인간은 '고성능' 복사기다.[60] 어린 아이들은 어른들을 있는 그대로 모방하는 반면, 다른 동물들은 되는 대로 비슷하게 모방하는 데 그칠 것이다. 이러한 차이 때문에 오히려 유인원, 원숭이, 개들이 더 똑똑한 종처럼 보일 수도 있다. 상자를 열어 안에 들어 있는 간식을 찾기 전에 이마를 상자에 갖다 대는 등의 불필요한 단계를 추가하면, 침팬지나 개는 간식을 바로 얻기 위해 불필요한 행동을 생략할 것이다. 그러나 아이들은 모든 단계를 충실히 따라 한다.[61]

비합리적으로 보이는 이 행동에는 다 그만한 이유가 있다. 다른 사람의 행동 중에서 불필요한 요소까지 모방하는 인간의 '과잉 모방' 성향은 일단 지금 모방하고 나중에 그 이유를 이해하려는 데서 생겨난다.[62] 결국 초보자가 아직 제대로 이해하지 못한 어떤 단계에도 다 그럴 만한 이유가 있을 수 있다. 다른 무엇보다 인간의 많은 도구와 관행은 인지적으로 이해하기 어렵다.[63] 겉모습으로만 설명되지 않기 때문이다. 비록 우리가 마주한 행동을 취한 기능적 이유가 없는 것으로 밝혀지더라도 한 사람이 속한 문화의 관습을 모방하는 일은 우리 같이 매우 사회적인 종에게는 현명한 행동이 될 수 있다.[64] 실제로 연구자들은 네 살짜리 아이가 두 살짜리 아이보다 과잉 모방할 가능성이 높다는 사실을 입증했고,[65] 이는 사회적 신호에 대한 민감도가 증가하고 있음을 보여 준다. 과잉 모방을 하는 우리의 성향은 발달 전반에 걸쳐 성인이 될 때까지 계속 증가한다.[66] 인간 문화의 많은 부분이 형식적인 면에서 임의적이기 때문에 그 문화를 지속하기 위해 모방에 의존할 수밖에 없다. 우리는 왜 공연이 끝날 때 박수를 치고, 생일 파티 때 케이크를 먹고, 왼손 네 번째 손가락에 결혼반지를 끼는 것일까? 모방은 우리의 사회 문화적 삶의 근원이다. 모방은 실제로 우리를 인간답게 만드는 것이기 때문이다.

우리가 모방하는 성향을 지니고 태어난다는 증거가 있다. 수십 년 전, 워싱턴대학교 소속 심리학자인 앤드류 멜조프Andrew Meltzoff는 생후 며칠 혹은 몇 시간밖에 되지 않은 아기들에게 입을 벌리거나 혀를 내미는 모습을 보여 주면 그 아기들이 같은 얼굴 표정을 짓는다는 사실을 증명했다.[67] 관찰을 통해 모방하고 또 학습하는 능력은 동시에 길러질 수 있다. 오늘날 일부 문화권에서는 이러한 능력이 꽤 계획적으로 개발되고 있으며, 그 결과 역시 인상적이다. 유럽계 미국인 어린이들과 과테말라 출신의 마야인 어린이들을 비교한 연구에서 심리학자 마리셀라 코레아-차베스Maricela Correa-Chávez와 바바라 로고프Barbara Rogoff는 각 문화권 출신의 어린이들에게 한 어른이 곁에 있는 다른 어린이에게 종이접기 시범을 보이는 동안 기다려 줄 것을 요청했다.[68] 마야인 어린이들은 산만하고 부주의한 모습을 자주 보인 미국인 어린이들보다 종이접기 시범에 더 지속적인 관심을 보였고, 따라서 더 많은 것을 배웠다. 코레아-차베스와 로고프는 마야인 가정에서는 아이들이 나이 많은 가족 구성원들을 주의 깊게 관찰하도록 이끌어서 어린아이들이 아주 어린 나이에도 집안일을 해 나가는 법을 배울 수 있다고 말한다.

미국 문화에서는 모방하는 행동을 말리기 때문에 미국인 어린이들은 자신이 얼마나 유능할 수 있는지 보여 줄 수 있는 기회를 얻지 못한다.[69] 또 그들은 또래 아이들이 만들어 낼 수 있는 것에 영감을 주는 예나 '모형'을 충분히 접하지 못한다. 수십 년 동안 교육학자 론 버거Ron Berger는 아이들의 스케치, 시, 수필 등 모형 수백 개로 채운 여행 가방을 끌고 다녔고, 그는 그 모형들을 전국에 있는 학교 선생님과 학생들에게 선보였다.[70] 버거가 가장 좋아하는 모형 중 하나는 아이다호주 보이시의 한 1학년 학생이 그린 〈오스틴의 나비Austin's Butterfly〉라는 그림이다.[71] 그가 호랑나비를 아주 자세히 잘 표현한 이 그림을 보여 주면 보통 학생들은 감탄하며 중얼거린다. 버거의 목표는 또래 친구들이 만든 훌륭한 작품으로 학생들에게 영감을 주고 그 작품이 어떻게 만들어지는지 그들에게 보여 주는 데 있다. 버거는 오스틴이 그 그림을 완성하기 전에 그린 초안 여섯 장을 학생들에게 한 장씩 보여 주고, 각 단계마다 그의 반 친구들이 그에게 전한 건설적인 비평을 그들에게 들려준다.

버거의 여행 가방에 들어 있는 모형들은 현재 온라인 기록 보관소에서 찾아볼 수 있다. 그러나 그는 많은 선생님과 부모가 모형을 보여 주면 학생들의 창의성과 독창성에 방해가 될 수 있다는 이유로 모형 사용에 반대한다는 사실을 알게 됐다. 비영리 기관인 이엘에듀케이션EL Education의 최고연구관리자chief academic officer가 되기 전 학생들을 가르치는 교사로 28년을 보낸 버거는 사실 그 반대라고 말한다. 뛰어난 작품의 예를 보여 줌으로써 학생들에게 가능성에 대한 비전과 동기를 부여할 수 있기 때문이다. 그는 일류 작품이 어떤 것인지 전혀 알지 못하는 상태에서 어떻게 학생들이 일류 작품을 만들어 내기를 기대할 수 있느냐고 묻는다.

한때 미국 교과 과정의 중심을 차지했던 작문과 수사학을 가르쳤던 교사들은 학생들의 창의력을 방해하기보다는 증진시키는 모형의 역할에 대해 오랫동안 잘 알고 있었다.[72] 문학 분야를 대표하는 교과서 중 하나를 쓴 문학자 에드워드 코벳Edward P. J. Corbett은 거장들의 작품을 모방하는 일이 자기만의 독특한 스타일을 발전시키기 위한 첫 단계라는 생각을 늘 고수했다.[73] 코벳은 "여러분이 달라질 수 있도록 모방하라!"고 외쳤다.[74] 영문학 교육에서 모형을 더 이상 안 쓰는 일이 비일비재해졌지만, 특정 장르 안에서 학생들이 글쓰기 연습을 하도록 훈련하는 활동이 교육자들 사이에서 부활하고 있다.[75] 이는 '교과 글쓰기disciplinary writing'[76]라고 불린다. 이와 관련해서 본보기 글에 대한 모방은 인지 부하를 줄여 주는 역할을 하는 것으로 평가받고 있다. 인지 부하를 줄여 주는 일은 학생들이 새로운 개념과 어휘를 다루는 동시에 글쓰기에서 일관된 주제를 구성하고자 할 때 특히 중요하다. 교사가 제공한 모형의 윤곽을 따라 학습함으로써 학생들은 그들이 학습해야 할 자료를 더 깊이 있게 처리할 수 있게 된다.

노던애리조나대학교의 화학과 교수인 마린 로빈슨Marin Robinson은 학생들에게 '화학자처럼 글 쓰는 법' 가르치기를 목표로 한 학부 과정을 이끌고 있다. 그 과정에 등록한 학생들은 그 분야의 핵심인 네 가지 유형, 즉 학술지 논문, 학회 초록conference abstract, 포스터 발표poster presentation, 연구 제안서를 위한 글쓰기 연습을 한다. 각 유형을 연습하면서 학생들은 그들에게 주어진 '본문', 즉 실제 기사, 초록, 포스터,

제안서에 적혀 있는 과학적이고 언어학적인 관습을 따라 연습한다.[77] 로빈슨은 이러한 모방 행위는 학생들의 정신적인 부담을 줄여 주고, 학생들의 인지 대역폭을 과제 내용에 집중할 수 있도록 해 준다고 강조한다. 로빈슨과 그녀의 공동 연구자인 영문학 교수 프레드리카 스톨러Fredricka Stoller는《화학자처럼 글쓰기Write Like a Chemist》라는 교과서를 집필했고, 이 책은 전국에 있는 대학교 교재로 사용되고 있다.

학생들이 낯선 형식으로 글 쓰는 법을 배우는 동시에 많은 양의 새로운 용어와 개념을 이해해야 하는 법률 관련 글쓰기를 가르치는 수업에서도 비슷한 움직임이 나타나고 있다.[78] 오하이오주립대학교 로스쿨 교수이자 학장인 몬테 스미스Monte Smith는 법학을 전공하는 1학년 학생 수백 명을 가르치는 과정에서 총명하고 근면한 학생들이 법률 사고의 기본 원리를 흡수하고 그 원리를 글쓰기에 적용하지 못하는 모습을 지켜보면서 영문을 알 수 없었다. 스미스는 그가 가르치는 방식이 학생들의 정신적 대역폭이 허용하는 범위보다 더 많은 것을 요구하고 있다는 생각에 이르게 됐다. 학생들은 완전히 새로운 어휘와 개념들을 사용해야 했고, 그들에게 익숙하지 않은 문체와 형식으로 글을 쓰기 위해 노력하고 있었다. 그들이 감당하기에는 너무 큰 과제였고, 학습에 할애할 수 있는 남은 정신적 자원이 너무 부족했다.[79]

그는 학부 과정을 시작하는 학생들에게 현재 활동 중인 변호사들이 쓴 법률 보고서 샘플을 제공하는 해결책을 생각해 냈다. 일련의 설명과 표적 질문의 도움을 받아 학생들은 보고서의 다양한 측면에 대한 자신들의 의견을 상세히 기술할 수 있을 것이다. 그렇게 해서 학생들은 보고서 형식과 내용에 대해 배우는 동시에 자신이 직접 보고서를 써야 하는 부담을 줄일 수 있다. 스미스는 학생들이 그런 식으로 법률 문서의 구조를 여러 번 접한 후에 그들 자신의 보고서를 직접 작성하도록 했다.

스미스가 지적한 바와 같이, 본보기 글에 대한 모방은 한때 법률과 관련된 글쓰기 교육의 일반적인 특징이었다. 그러한 관행이 독립적인 사고를 위한 능력을 함양하는 데 방해가 될 것이라는 우려 때문에 더 이상 큰 지지를 받지 못했다. 인지 부하의 역할에 관한 연구로 밝혀낸 학생들의 실제 학습 방법을 주의 깊게 관찰하면 그 관행을 다시 부활시킬 수 있을 것이다.

물론 가장 풍부하면서 깊고 잠재적으로 유용할 수 있는 본보기를 꼽자면 단연 사람만 한 게 없을 것이다. 그러나 정말 전문적인 사람들은 그들의 전문 지식을 잘 공유하지 못한다. 수년간 전문 지식을 배우고 익히면서 그들의 지식과 기술은 '자동화'가 됐다.[80] 즉 너무 잘 갈고닦아 더 이상 그 지식과 기술에 대해 생각할 필요가 없는 것이다. 자동화는 전문가들이 효율적이고 효과적으로 일할 수 있게 해주지만, 동시에 그들이 일하는 방법을 다른 사람들에게 제대로 잘 설명하는 데 방해가 되기도 한다. 카네기멜런대학교 교수이자 피츠버그과학학습센터Pittsburgh Science of Learning Center 책임자인 케네스 쾨딩거Kenneth Koedinger는 전문가들이 그들이 알고 있는 지식의 약 30퍼센트만 분명하게 설명할 수 있을 것으로 추정한다. 쾨딩거의 결론은 다음과 같은 연구에 기초하고 있다. 외상외과 전문의들에게 넙다리동맥femoral artery(위쪽 다리의 큰 혈관)에 션트shunt를 삽입하는 방법을 설명해 줄 것을 요청한 연구에서, 의사들은 수술 중에 그들이 수행한 행동 중 약 70퍼센트를 제대로 설명하지 않았다.[81] 실험심리학자들에 대한 연구에서는 그들이 실험을 설계하고 데이터를 분석할 때 취하는 조치 중 평균 75퍼센트를 생략하거나 부정확하게 설명하는 것으로 드러났다.[82] 또 컴퓨터 프로그래머들을 대상으로 한 연구에서는 그들이 컴퓨터 프로그램을 디버깅debugging(프로그램이 정확하게 만들어졌는지 검사하는 과정을 말한다-옮긴이)할 때 실제로 수행한 작업의 절반 이하만 열거했다는 결과가 밝혀졌다.[83]

우리의 학교 교육이나 업무 교육 시스템은 초보자를 가르치는 전문가에 의존하지만, '전문가'라는 장점에 가려져 있는 전문가의 취약점은 거의 고려하지 않는다. 지식 작업의 시대에는 학습자와 초보자들이 더 부지런한 모방자가 돼야 하고, 강사와 전문가들은 더 이해하기 쉬운 본보기가 돼야 한다. 이는 철학자 카르스텐 스튜버Karsten Stueber가 '재현적 공감reenactive empathy'[84]이라 부르는 감정을 통해 달성할 수 있다. 재현적 공감이란 자신이 초보자였을 때 어땠는지 다시 기억해 내어 초보자가 직면한 어려움에 공감하는 것을 말한다.

하버드 경영대학원의 경영학 조교수인 팅 장Ting Zhang은 전문 음악가들 사이에서 그러한 재현을 무대에서 확인할 수 있는 영리한 방법을 발견했다.[85] 장은 실험을 수행하기 위해 경험이 풍부한 기타리스트들에게 기타 연주를 부탁했다. 그들 중 절반은 평상시처럼 연주하도록 했고, 나머지 절반은 악기의 위치를 거꾸로 바꿔 평소 잘 사용하지 않는 쪽의 손으로 연주하도록 했다. 그런 다음 기타로 기본 화음을 만들기 위해 노력하는 초보 학생의 비디오를 그들에게 보여준 뒤 그 학생에게 조언을 해 달라고 요청했고, 익숙하지 않은 역방향 방식으로 어렵게 기타를 연주했던 기타리스트들의 조언이 특히 더 도움이 된다는 평가를 받았다.

그러나 초보자가 되는 경험을 재현하는 일을 꼭 그렇게 직접적으로 할 필요는 없다. 전문가들은 상상을 통해 초보자에게 공감할 수 있고, 그러한 공감을 바탕으로 정보를 전달하는 방식을 바꿀 수 있다. 예컨대, 전문가들은 습관적으로 여러 작업을 하나의 정신적 단위로 묶거나 압축하는 경향이 있다.[86] 그렇게 하여 전문가는 자신의 작업 기억에 공간을 확보할 수 있지만, 각 단계가 낯설고 아직 제대로 다 이해하지 못한 초보자 입장에서 보면 이러한 전문가의 모습이 종종 당황스럽게 느껴질 수 있다. 어떤 수학 교사는 지금은 너무나도 명확해 보이는 계산 과정이 한때는 잘 이해되지 않았다는 사실을 기억하거나 인식하지도 못한 채 긴 나눗셈을 순식간에 설명할지도 모른다. 수학교육 전문가인 존 마이튼John Mighton은 과정을 단계별로 나눈 다음, 필요하다면 더 작은 단계로 나눠 계산해야 한다고 말한다.[87]

마이튼은 현재 수학 박사 학위를 소지하고 있지만, 어린 시절에는 수학을 어려워했다. 그는 한 번에 조금씩 나아가는 방법을 스스로 터득해 그 어려움을 극복할 수 있었다. 그러한 방법은 비영리 교육 기관인 점프 수학JUMP Math(점프는 '발견되지 않은 수학 영재들Junior Undiscovered Math Prodigies'의 약자다)의 설립자인 마이튼이 현재 지지하는 방법이다. 교사들이 이러한 방식으로 자신의 전문 지식을 전달할 수 있게 되면, 배우는 이들은 작은 단계 하나를 완전히 익힌 다음, 그다음 단계로 차근차근 나아가면서 계산 과정을 더 확실하게 이해하고 자신감을 얻을 수 있다. 이러한 접근 방식은 학교에서 가장 기본적인 수학 개념을 이해하는 데 어려움을 겪었던 일부 학생을 포함한 많은 점프 수학 참가자들이 수학에 자신감을 갖게 해 줬다. 2019년 토론토대학교와 토론토어린이병원Toronto's Hospital for Sick Children 소속 연구원들이 수행하고 발표한 점프 프로그램에 대한 평가는 마이톤의 그러한 교육 방식을 뒷받침한다.[88] 연구가 시작된 지 2년째 되던 해, 3학년 점프 학생들은 문제 해결을 하는 데 큰 진전을 보였고, 6학년 점프 학생들은 전통적인 교육을 받은 학생들보다 계산, 수학 유창성math fluency, 응용문제 등 광범위한 수학 영역에서 훨씬 더 큰 진전을 보였다.

전문가들은 또 다른 면에서 초보자들보다 우위를 차지하고 있다. 전문가는 무엇에 주의를 기울이고 무엇을 무시해야 하는지를 잘 안다. 직업과 관련된 시나리오를 제시하면, 전문가들은 그 즉시 가장 중요한 점에 집중할 것이고, 초보자들은 중요하지 않은 특징에 집중하느라 시간을 허비하게 될 것이다. 한 연구에 따르면, 경험이 풍부한 실무자들의 전문 지식은 일부러 과장하고 심지어 왜곡하면 더 쉽게 전달된다고 한다.

수년 전 미국 공군은 현재 유니버시티칼리지 런던의 수석 연구원인 심리학자 이티엘 드로Itiel Dror에게 자문을 구했다. 공군 지도자들은 자국 항공기를 향한 아군의 총격을 막기 위해 다양한 항공기 모양을 보는 즉시 식별할 수 있게 하는 훈련에서 조종사들의 능력을 향상할 방법을 찾고 있었다. 드로는 훈련병들이 여러 항공기의 세부 사항을 식별해 내야 한다는 사실에 압도돼 부담을 느끼고 있다는 것을 알게 됐다. 그는 조종사들이 공부해야 할 항공기 도표의 개요를 디지털 방식으로 변형morphing하는 새로운 방침을 취했다.[89] 넓은 날개폭을 가진 항공기들은 훨씬 더 넓어졌고, 날카롭게 생긴 항공기들은 더 날카롭게 만들었으며, 둥근 코를 가진 항공기는 더 둥글게 보이도록 했다. 전에는 식별하기 어려웠던 항공기 간의 차이가 이제 조종사들의

전문가를 통해 생각하기

와 토론토어린이병원Toronto's Hospital for Sick Children 소속 연구원들이 수행하고 발표한 점프 프로그램에 대한 평가는 마이톤의 그러한 교육 방식을 뒷받침한다.[88]

눈에 잘 보였다. 또 조종사들이 정상적인 크기로 항공기를 봤을 때도 각 항공기의 특징들을 계속 알아볼 수 있었다.

드로의 방법은 심리학자들이 '캐리커처 어드밴티지 caricature advan-tage'[90]라고 부르는 현상과 관련이 있다. 캐리커처 어드밴티지는 우리가 사실적인 묘사보다 특징을 과장해 표현한 캐리커처 얼굴을 더 쉽게 인식하는 현상을 말한다. 캐리커처는 피사체의 실제 모습을 왜곡하기는 하지만, 그 대상이 지닌 독특한 특징을 과장하는 체계적인 방식으로 표현하며 그렇게 함으로써 그 대상을 더 즉각적으로 식별할 수 있게 한다. (조지 W. 부시의 눈에 띄는 귀, 빌 클린턴의 둥글납작한 코, 루스 베이더 긴즈버그 Ruth Bader Ginsburg의 커다란 안경을 떠올려 보자.) 전문가들은 초보자가 보기에 혼란스러울 정도로 비슷해 보이는 예시들을 구별해 주는 독특한 특징들을 보여 주면서 캐리커처 어드밴티지를 활용할 수 있다.

전문가와 초보자의 세 번째 차이점은 그들이 보는 것을 분류하는 방식에 있다. 초보자들은 그들이 접하는 실체를 표면상의 특징에 따라 분류하는 반면, 전문가들은 내부 기능에 따라 분류한다. 애리조나 주립대학교의 미쉘린 치 Michelene Chi 교수가 수행한 실험에서 전문가(대학교 물리학과의 고급 박사과정 학생) 여덟 명과 초보자(물리학을 한 학기 동안 수강한 학부생) 여덟 명에게 색인 카드에 적힌 물리학 문제 24개를 각자 자신이 선택한 범주로 분류하도록 했다.[91] 두 그룹이 고안해 낸 분류 방식은 상당히 달랐다. 학부생들은 스프링, 도르래, 경사면 등 각 문제의 표면적인 특징에 따라 문제를 분류한 한편, 대학원생들은 에너지 보존, 일-에너지 정리 work-energy theorem, 운동량 보존 등 각 문제가 나타내는 물리학의 기본 원리에 근거해 문제를 분류했다.

전문가들이 분류한 범주에는 훨씬 더 유용한 정보가 담겨 있었다. 그렇다면 왜 이미 기능별로 정리된 정보가 초보자들에게는 전달되지 않는 것일까? 그와 비슷한 개념이 전문 소믈리에이자 베스트셀러즈 Best Cellars 라는 새로운 유형의 와인 체인 사업을 하는 기업가인 조슈아 웨슨Joshua Wesson의 와인 매장 뒤에 숨어 있다. "저는 항상 똑같은 질문들을 받았고, 그 질문들을 요약해 보면 이렇습니다. '모든 사항을 다 알지 못해도 와인 세계를 이해할 수 있을까요?'나 '피자와 잘 어울리는 와인을 고르고 싶은 것뿐인데, 이 많은 와인 중 어떤 걸 선택하면 될까요?'와 같은 질문들이죠."92 웨슨은 와인을 판매하는 매장 대부분이 와인을 포도 품종별(샤르도네, 카베르네 소비뇽)이나 지역별(캘리포니아, 프랑스)로 나눠 진열한다고 말한다. 그러한 분류법에 담긴 정보는 와인에 대해 잘 모르는 소비자들에게 거의 전달되지 않는다.

한편 와인 전문가들은 포도 품종이나 지역과 같은 표면적 특성에 대해 알고 이미 잘 알고 있다. 그들은 매콤한 음식과 잘 어울리는 감미롭고 과일 향이 강한 와인, 푸짐한 식사에 걸맞은 크고 넉넉한 와인, 거품이 풍부해 축하하는 분위기를 내기에 알맞은 와인 등 와인의 기능적인 면에 대해 생각한다. 실제로 '감미롭고', '크고', '거품이 풍부한' 와인은 웨슨이 그의 와인 매장을 위해 생각해 낸 여덟 가지 카테고리 중 세 가지다(나머지 다섯 가지 카테고리는 '가벼운', '신선한', '과즙이 느껴지는', '부드러운', '달콤한' 와인이다). 이렇게 와인의 특징이나 기능에 따라 분류하는 일은 고객이 소믈리에가 생각하는 방식으로 생각할 수 있도록 유도하는 지름길을 제시하는 것과 같다. 웨슨의 선례를 따라 전문가들은 정보를 체계화하기 위한 범주, 즉 전문가들의 사고방식이 반영된 범주를 전달하여 그들 자신을 모방하기 쉬운 모델로 만들 수 있다.

단계를 세분화하고, 핵심적인 특징을 과장하고, 기능에 근거한 범주를 제시하는 전략들은 전문가의 자동화된 지식과 기술의 블랙박스를 여는 데 도움이 된다. 확장된 기술은 전문가들의 생각을 훨씬 더 직접적으로 살펴볼 수 있게 해 준다. 예를 들어, 전문가의 시선이 언제, 어디에, 얼마나 오랫동안 머무르는지 자동으로 추적 관찰하는 시선 추적 기술을 통한 전문 지식의 본질에 대한 연구가 현재 진행 중에 있다. 연구에 따르면, 전 분야에 걸친 전문가들은 초보자와 다른 방식으로 바라본다.[93] 그들은 당면한 상황의 가장 중요한 측면에 집중하면서 더 빠르고 완벽하게 큰 그림을 파악한다. 그들은 시각적 '소음'에 방해를 덜 받고, 시야에 갇히지 않고 더 쉽게 움직인다. 외과 의사, 조종사, 프로그래머, 건축가, 고등학교 교사를 포함한 어느 직종에서나 전문가의 시선 패턴은 매우 비슷한 반면, 초보자의 시선 패턴은 상당히 다양하고 독특하다.[94]

하지만 전문가들은 자신이 어떤 식으로 바라보고 있는지 알지 못한다.[95] 시선 패턴은 의식적으로 파악할 수 없기 때문이다. 시선 추적 기술은 전문가들의 시선 패턴을 포착해 초보자들이 자신의 시선을 어디에 둬야 할지 알려 주는 역할을 할 수 있다.[96] 한 연구자가 말한 것처럼 이는 '부정행위', 즉 몇 시간만 관찰하고 연습하면 훨씬 더 효율적이고 효과적으로 학습할 수 있는 지름길을 경험하게 해 주는 방법이다.[97]

연구자들은 또 '햅틱 haptic'(진동이나 힘을 통해 사용자가 촉각을 느끼게 하는 기술을 말한다—옮긴이) 신호, 즉 초보자의 행동 패턴을 전문가의 행동 패턴처럼 만드는 데 도움이 되는, 특수 장갑이나 도구를 통해 전달되는 물리적 자극에 대한 연구 실험을 하고 있다. 두뇌에 얽매인 방식으로 교육이나 훈련에 접근하는 방식은 거의 전적으로 시각과 청각 채널을 통해 정보를 전달하지만, 햅틱 기술은 신체의 움직임을 유도하고 직접적인 피드백을 제공한다. 예비 결과에 따르면, 햅틱 기술의 사용으로 바이올린을 배우는 학생부터 복강경 수술법을 배우는 수련의까지 다양한 학습자의 인지 부하가 감소하고 성과가 향상되는 것으로 밝혀졌다.[98]

어떤 의미에서 이러한 혁신은 수 세기 동안 도제 제도 안에서 이어져 온 교육이 기술적으로 강화된 버전, 즉 요점을 가리키는 장인의 손가락이나 안내하는 손의 21세기 버전을 나타낸다. 오래전 도제들의 고용 계약서는 보통 기술과 관련된 '직업, 예술, 비결'에 대한 교육을 대가로 도제들의 노동을 요구했다.[99] 지식 노동의 시대에 전문 지식이라는 '비결'은 자동화라는 커튼에 가려져 더 잘 보이지 않는다. 이 커튼을 걷어 젖히려면 전문가들이 두뇌에 갇힌 가르침이라는 익숙한 관습에서 벗어나 그들의 인지 기능을 바라볼 수 있는 두뇌 밖에서 생각하는 것이 필요하다.

동료와 함께
생각하기

칼 위먼Carl Wieman은 복잡한 문제를 어떻게 다뤄야 하는지 잘 안다.
2001년 스탠퍼드대학교 물리학과 교수인 위먼은 보스-아인슈타인
응축Bose-Einstein condensate이라고 알려진 물질의 극한 상태를 연구실에
서 실현해 내는 방법을 알아낸 공로로 그의 동료 에릭 코넬Eric Cornell
과 함께 노벨 물리학상을 수상했다. 그러나 그가 먼저 인정한 것처럼,
연구실에서 발현되는 그의 지식과 기술은 강의실까지 확장되지 않았
다.[1] 몇 년 동안 위먼은 간단한 것처럼 보이는 일과 씨름했다. 그것은
바로 그가 물리학을 이해하는 방식으로 학부생이 물리학을 이해하게
하는 방법을 찾는 일이었다. 학부생들에게 물리학의 핵심 개념을 묘
사하고, 설명하고, 심지어 실례를 들어가며 보여 줘도 소용은 없었다.
그가 그 핵심 개념들을 학생들에게 얼마나 명확하게 설명하고 얼마

나 효과적으로 전달했든지 간에 위먼이 제시한 문제를 해결하는 학생들의 능력은 가장 기초적인 수준에 머물러 있었다.

물리학자처럼 생각하지 못하는 것은 이례적이라기보다는 법칙에 가깝다.[2] 수십 년에 걸쳐 수행된 연구에 따르면, 강의와 교과서를 통한 기존 방식으로 물리학을 배우는 고등학생과 대학생들은 보통 물리학을 깊이 있게 배우지 못한다. 위먼과 그의 학생들도 예외가 아니었다. 위먼은 강력한 레이저 빛을 이용해 원자를 냉각하고 가두는 방법을 알고 있었다. 그의 실험실에서 수행한 연구를 통해 그는 원자들이 영하 400도에 달하는 초저온에서 어떻게 상호 작용하는지 알아냈다.[3] 위먼은 왕립 스웨덴 과학한림원Royal Swedish Academy of Sciences이 그의 노벨상 수상을 발표하면서 묘사한 대로, 같은 주파수에서 원자들을 진동시키거나 '합창sing in unison'[4]하도록 만드는 방법을 발견했다. 그러나 그는 생각이 중간에 계속 끊기는 사람이 생각을 능수능란하게 잘할 수 있는 사람으로 변해 가는 과정은 정확히 밝혀낼 수 없을 것만 같았다.

위먼은 결국 예상치 못한 곳에서 난제를 해결할 열쇠를 찾았다. 대학생들을 가르치는 그의 강의에서가 아니라 그의 연구실로 작업하러 온 대학원생들 사이에서 그 열쇠를 찾았던 것이다. 박사과정 지원자들이 처음 연구실에 도착했을 때, 위먼은 그들이 학부생과 별반 다를 게 없다는 것을 알 수 있었다. 그들은 물리학에 대해 많이 알고 있었지만, 그들의 사고방식은 좁고 경직돼 있었다. 그러나 불과 1~2년 사이에 그 대학원생들은 위먼이 열심히 노력했어도 만들어 내는 데 실패했던 유연하고 융통성 있는 사고방식을 가진 모델로 성장했다. 위먼은 이렇게 회고한다. "전통적인 교육 과정에는 크게 결여돼 있는 일종의 지적 과정이 연구 실험실에 존재하는 게 분명했다."[5]

그는 대학원생들을 변화시킨 주요 요인은 그들이 지식 집단 내에서 서로에게 조언하고, 함께 토론하고, 서로 이야기를 나누는 시간을 보내면서 경험한 활발한 사회적 참여라는 결론을 내렸다. 2019년 〈미국 국립과학원 회보Proceedings of the National Academy of Sciences〉에 발표된 연구는 위먼의 이러한 결론을 뒷받침한다.[6] 해당 연구의 저자들은 4년 동안 과학 분야를 연구하는 대학원생 수백 명의 지적 발전을 추적했다. 그러자 가설 생성, 실험 설계, 자료 분석과 같은 중요한 기술의 개발은 학생들이 그들의 지도 교수에게 받는 가르침이 아니라 연구실에서 그들의 동료들과 함께 하는 활동과 밀접한 관련이 있다는 사실을 발견했다.

사회적 상호 작용은 지적 사고를 하는 데 없어서는 안 될 촉진제인 듯했지만, 위먼은 그러한 사회적 교류를 전통적인 학부 과정에서 거의 찾아볼 수 없다는 사실을 깨달았다. 그가 가르쳐 왔던 방식대로 학생들은 앉아서 그가 하는 말을 듣고 있었고, 학생들끼리는 거의 한 마디도 나누지 않았다. 위먼은 그의 연구실에 있는 대학원생들을 유연한 두뇌 집단으로 만들어 준 바로 그 '지적 과정'이 학부 수업에서도 일어날 수 있도록 하기를 목표로 강의 방식을 바꾸기 시작했다. 학생들은 이제 더 이상 조용히 줄지어 앉아 있기만 하지 않았다. 그들은 그룹을 이뤄 위먼이 제기했던 어려운 물리학 문제에 대한 해결책을 논의했다. 논의가 진행되는 동안 위먼과 그의 조교들은 강의실 안을 돌아다니며 잘못된 견해를 듣게 되면 그에 대한 피드백을 제공했다. 위먼이 '다양하고 간단한 소규모 그룹 토론'[7]이라 부르는 활동에 학생들이 참여해 그들이 서로 다른 견해를 나누고 반론을 제기하도록 함으로써 위먼은 학부생들이 전문 물리학자처럼 사고하는 법을 배울 수 있는 환경을 만들어 나가고 있었다.

점점 더 많은 과학, 기술, 공학, 수학(STEM) 분야의 교수들이 이러한 '능동적인 학습'[8] 방식을 수업에 도입하고 있고, 위먼 역시 그들 중 한 명이다. 연구에 따르면, 능동적인 학습에 참여하는 학생들은 학습 내용을 더 깊이 이해하게 되고, 시험에서 더 높은 점수를 받으며, 낙제하거나 중간에 학업을 포기할 가능성이 적다.[9] 스탠퍼드 교육대학원과 스탠퍼드대학교 물리학과 교수로 재직 중인 위먼은 과학을 더 효과적으로 가르칠 수 있는 방법을 사람들에게 전도하는 데 그의 시간 대부분을 할애하고 있다. 그는 자신이 받은 거액의 노벨상 상금("하늘에서 떨어진 큰 돈 항아리"[10])을 물리학 교육을 개선하는 데 기부하기도 했다. 그의 바람은 과학 교육이 강의 형식에서 벗어나 좀 더 능동적으로 참여할 수 있는 모델로 변화해 나가는 것이다.

위먼은 우리가 자주 간과하는 사실, 즉 지적 사고의 발달은 근본적으로 사회적 과정이라는 것을 더 널리 알리기 위해 노력하고 있다. 물론 우리는 혼자서도 사고할 수 있고, 특정 문제나 프로젝트를 해결하고 수행할 때는 혼자만의 인식 작용이 필요한 경우도 있다. 그러나 그렇다 하더라도 혼자 하는 생각 역시 사회적 상호 작용이라는 평생의 경험에 그 뿌리를 두고 있다. 실제로 언어학자와 인지과학자들은 우리가 머릿속에서 끊임없이 떠올리는 말들이 일종의 내적 대화라는 이론을 제시하고 있다.[11] 우리 뇌는 사람들을 가르치고 사람들과 논쟁하고 사람들과 이야기를 나누기 위해 함께 생각하도록 진화했다. 인간은 주어진 맥락에 아주 민감하게 반응하고, 인간에게 가장 강력한 영향을 미치는 맥락 중 하나가 바로 다른 사람들의 존재다. 그렇기 때문에 우리는 비사회적으로 사고하기보다 사회적으로 사고할 때 더 새롭고 더 나은 방식으로 사고할 수 있다.

한 가지 예를 들자면, 우리 뇌는 사회적인 정보와 비사회적인 정보를 다른 방식으로 저장한다.[12] 사회적인 기억은 뇌의 뚜렷한 영역에 암호화된다. 게다가 우리는 사회적인 정보를 더 정확하게 기억하며,[13] 심리학자들은 이 같은 현상을 '소셜 인코딩 어드밴티지 social encoding advantage'[14]라 부른다. 이러한 연구 결과가 예상 밖이라는 생각이 든다면, 그것은 우리 문화가 지적 영역에서 사회적 상호 작용을 크게 배제하고 있기 때문이다. 다른 사람과의 사회적 교류는 재미있거나 즐거울 수 있지만, 학교나 직장 주변에서 우리가 할 수 있는 사회적 교류는 단지 기분 전환을 위한 활동에 불과하다. 진중한 사고는 다른 사람들과 떨어져 혼자 있을 때 하게 된다.

과학은 종종 이 개념을 강화하는 역할을 해 왔다.[15] 우리 모두 기능적 자기 공명 영상 functional magnetic resonance imaging인 fMRI 기계로 촬영한 이미지를 본 적이 있을 것이다. 뇌를 나타내는 회색 덩어리에 활발하게 사고하는 뇌 영역을 의미하는 색이 표시돼 있어 활기를 띤다. fMRI 같은 기술이 적용되는 방식은 두뇌 지향적인 사고의 산물이라 할 수 있다. 우리는 다른 사람들과 연결되지 않은 상태에서 개개인의 뇌를 검사하는 것이 이상하거나 특이하다고 생각하지 않았다. 또 fMRI에 의해 생성된 일반적인 이미지 표현은 결국 그러한 두뇌 지향적인 사고를 영속화한다. 스캔 결과가 관찰할 만한 가치가 있는 모든 것이 두개골이라는 한 범위 안에서 일어난다는 가정을 생생하게 보여 주기 때문이다. 인지에 대한 사회적 상호 작용의 역할에 대해 조사하고자 했던 과학자들은 최근까지 기술적 제약으로 인한 방해를 받아왔다.[16] fMRI가 도입된 이후 오랫동안 연구자들은 거의 그 MRI 기계의 외딴 원통형 공간 안에 틀어박혀 있는 사람만을 조사해야 했다. 따라서 사람들이 어떻게 사고하는지를 조사하는 신경과학 연구는 수십 년간 혼자 생각하는 사람들에 대한 연구가 될 수밖에 없었다.

인지의 사회적 차원에 대한 높은 관심과 보다 유연하고 적응력이 뛰어난 도구의 시대가 열리면서 이제 그러한 연구 동향도 변화하고 있다. 뇌전도electroencephalography, EEG와 기능적 근적외선 분광법functional near-infrared spectroscopy, fNIRS과 같은 기술은 과학자들이 자연스러운 환경에서 거래하고, 게임하고, 대화를 나누는 등의 상호 작용을 하는 여러 사람의 뇌를 스캔할 수 있게 해 준다. 연구자들은 이러한 도구를 사용해 '상호 작용하는 뇌 가설interactive brain hypothesis'[17]로 알려진 가정을 뒷받침해 줄 설득력 있는 증거를 발견했다. 상호 작용하는 뇌 가설은 사람들이 사회적으로 상호 작용을 할 때 그들의 뇌가 그들이 혼자 생각하거나 행동할 때와는 다른 신경 과정과 인지 과정에 관여한다는 주장이다.

이 연구의 대표적인 예는 뇌가 언어를 이해하고 만들어 내는 방법에 대한 연구에서 나온다. 19세기까지 거슬러 올라가면, 회백질의 브로카의 영역과 베르니케 영역은 뇌에서 언어를 담당하는 영역으로 간주돼 왔다. 두 뇌 영역의 이름은 뇌 손상 환자(사망 후 환자의 부검 포함)에 대한 연구를 하면서 이 영역의 언어 관련 기능을 발견한 과학자 폴 브로카Paul Broca와 칼 베르니케Carl Wernicke의 이름을 따서 지었다. 한 세기 후 두 과학자의 발견이 사실임이 입증됐을 때, 브로카의 영역과 베르니케의 영역은 단어를 듣거나 읽도록 요청받은 연구 참가자들의 fMRI 스캔 결과가 빛을 발하던 바로 그 영역이었다. 그러나 오랫동안 뇌의 기능적 구조를 자세히 설명하는 기준으로 여겨졌던 것들이 오늘날 여러 최신 도구를 통해 수행된 새로운 연구 물결에 힘입어 수정되고 있다.

실험 참가자가 읽거나 수동적으로 듣는 게 아니라 다른 사람들과 실제로 대화하는 동안의 뇌 활동을 추적한 실험에서 지금까지 알려져 있지 않았던 세 번째 언어 관련 신경 회로가 확인됐다.[18] 머리에 두르는 유연한 밴드를 통해 작동하는 뇌 스캔 기술인 기능적 근적외선 분광법, 즉 fNIRS을 사용한 연구에서 하위 중앙 영역subcentral area 이라 불리는 새로 발견된 네트워크가 대화 중에 시시각각 사용되는 언어를 예측하고 대응하는 데 특화돼 있음이 입증됐다. 이러한 발견은 실시간 대화에 참여하는 일이 단순히 별개의 단어들을 인식하는 것보다 훨씬 더 민첩하고 섬세한 인지 과정을 수반한다는 증거를 추가로 보여 준다. 하위 중앙 영역은 대화 상대가 우리에게 어떤 말을 할지 예측하고 우리가 그 말에 즉흥적으로 응답할 수 있도록 한다.

fNIRS를 사용하는 과학자들이 사람을 상대로 포커 게임을 하는 사람들의 뇌 스캔과 컴퓨터를 상대로 포커 게임을 하는 사람들의 뇌 스캔을 비교하자 이번에도 역시 비슷한 연구 결과가 나왔다.[19] 다른 사람의 생각을 추론하는 능력을 의미하는 '마음 이론theory of mind'을 생성하는 데 관여하는 뇌 영역이 사람과 게임을 겨룰 때는 활성화됐지만 기계와 겨룰 때는 활동을 멈췄다. 어떻게 보면 그 게임은 전혀 다른 게임이었다. 사람을 상대로 한 게임은 전혀 다른 뇌 활동 패턴을 만들어 냈다. 더 많은 뇌 영역이 활성화됐고, 활성화된 영역들은 서로 더 높은 수준의 연결성을 나타냈다. 신경학적으로 말해서, 사람을 상대로 한 게임이 컴퓨터를 상대로 한 게임보다 더 풍부한 경험을 만들어 냈다. 다른 여러 연구에서도 계획과 예상, 그리고 공감을 느끼는 것과 관련된 뇌 영역들이 우리가 컴퓨터를 상대로 게임할 때보다 사람을 상대로 게임할 때 더 활성화된다는 사실이 밝혀졌다.[20] 보상과 관련된 뇌 영역도 우리가 사람을 상대로 게임을 하고, 특히 그 게임에서 이겼을 때 더 강한 자극을 받는 것으로 나타났다.[21]

그러한 연구에 사용된 도구는 상당히 간편해서 아기와 유아들에게도 사용될 수 있으며, 아이들이 성장하고 발달함에 따라 어떻게 사회적 상호 작용이 사고를 형성하는지를 과학자들이 탐구할 수 있게 해 준다. 뇌전도EEG는 피험자의 두피에 부착된 전극 캡cap을 통해 뇌파의 패턴을 추적하고 기록하는 기술로, 워싱턴대학교 소속 심리학자인 패트리셔 쿨Patricia Kuhl이 수행한 연구에 사용됐다.[22] 쿨과 그녀의 동료 연구자들은 영어를 사용하는 가정의 생후 9개월 된 아기들이 스페인어를 사용하는 가정교사와 상호 작용하는 모습을 관찰했다. 그들은 가정교사가 스페인어로 장난감 이름을 말하면서 가리킨 장난감과 가정교사 사이에서 아이의 시선이 몇 번이나 옮겨 갔는지 횟수를 세 봤다. 쿨은 그러한 눈의 움직임이 아이가 새로운 언어를 배우는 데 사회적 능력을 어느 수준까지 발휘하고 있는지를 보여 준다고 설명한다.

열두 번에 걸친 개인 지도 후에 연구자들은 아기들의 제2외국어 학습에 대한 신경 척도를 알아냈고, 큰 소리로 말하는 스페인어를 들었을 때 아기들의 뇌가 얼마나 강하게 반응하는지 측정하기 위해 뇌전도를 사용했다. 가정교사와 가정교사가 말하는 장난감 사이에서 시선을 자주 왔다 갔다 하면서 사회적 상호 작용을 아주 많이 한 유아들이 스페인어 학습에 대한 증거 역시 가장 많이 보여 줬고, 이는 스페인어를 듣고 반응하는 그들의 뇌 활동으로 드러났다. 그러한 신경과학적 발견은 심리학과 인지과학을 통해 생성된 더 많은 증거와 결합해 한 가지 놀라운 결론으로 귀결된다. 그 결론은 바로 우리가 사회적으로 사고할 때 가장 잘 사고한다는 것이다.

그러나 사회적 상호 작용과 지적 사고 사이의 연관성에 대한 과학적 증거가 축적돼도 우리 사회는 여전히 두뇌에 갇힌 접근법으로 인지 기능을 이해하려 든다. 학교와 직장에서의 우리 활동을 보면, 여전히 우리의 사고를 개인의 머릿속에 있는 추상적 상징들을 처리하는 과정으로 여긴다. 우리는 가르칠 사람이 없는 상태에서 사실을 제시하고(시험이나 보고서를 통해 제시한다), 토론할 사람도 없이 논거를 제시해야 한다(에세이나 보고서를 쓴다). 우리는 이야기를 주고받을 사람이 없는 상태에서 정보를 제시하거나(지식 관리 시스템의 로그 항목), 정보를 이해해야 한다(설명서와 지침 읽기).

다시 말해, 우리는 우리가 실제로 갖고 있는 강점을 간과한 채 추상적인 청중의 이익을 위한 추상적인 상징에 대해 끊임없이 생각해야 한다. 인간이 개념에 대해 사고하는 능력이 특별이 뛰어난 것은 아니다. 그러나 사람에 대해 생각하는 우리의 능력은 가히 최고라 할 수 있다. 실험심리학에서 널리 사용되는 추론 테스트인 '웨이슨 선택 과제Wason Selection Task'[23]를 생각해 보자. 1966년 심리학자 피터 웨이슨Peter Wason이 소개한 이 과제는 꽤 간단해 보인다. 한 가지 버전을 살펴보면 다음과 같다. "여기에 제시된 카드를 살펴보세요. 각 카드의 한쪽 면에는 모음이나 자음이 있고, 다른 한쪽 면에는 짝수나 홀수가 있습니다. 카드의 한쪽 면에 모음이 있으면 다른 한쪽 면에 짝수가 있다는 게 참인지 판별하기 위해서는 어떤 카드를 뒤집어 확인해야 할까요?"[24] 네 장의 카드가 배치돼 있다. 첫 번째 카드에는 'E', 두 번째 카드에는 'K', 세 번째 카드에는 숫자 3, 그리고 네 번째 카드에는 숫자 6이 표시돼 있다.

이 과제를 푼 사람들의 결과는 형편없었다.[25] 오랫동안 많은 연구자들이 수행한 연구에 따르면, 실험에 참가한 피험자 중 약 10퍼센트만이 이 과제를 올바르게 수행했다.[26] 지하철을 타는 사람이 그 사람의 목적지에 가려면 어떤 열차를 타야 하는지 선택하는 문제와 같이 익숙한 문제를 제시하기 위해 과제의 언어를 바꿔 제시해도 사람들의 테스트 결과는 달라지지 않았다.[27] 그러나 그 과제의 한 측면만 바꿔도 그 과제를 올바르게 해결한 참가자 비율이 75퍼센트까지 치솟는다.[28] 무엇이 변한 것일까? 답은 그 과제를 사회적인 것으로 만들면 된다.[29]

사회적 버전의 과제에서는 다음과 같이 설명한다. "당신은 바에서 서빙을 하고 있고, 맥주를 마시는 사람은 21세 이상이어야 한다는 규칙을 준수해야 합니다. 여기 보이는 네 개의 카드에는 테이블에 앉아 있는 사람들에 대한 정보가 있습니다. 카드의 한쪽 면은 그 사람들이 무엇을 마시고 있는지 알려 주고, 다른 한쪽 면은 그들의 나이를 알려 줍니다. 규칙을 어기고 있는지 확인하기 위해 어떤 카드를 뒤집어 확인해야 할까요?"[30] 한때 헷갈리기만 했던 그 문제가 이제는 쉽게 풀릴 것처럼 보인다.

진화심리학자 중 일부는 자연 선택 natural selection이 우리 뇌에 공동체의 규칙을 어기는 사람들을 찾아내는 일에 전문화된 '사기꾼 탐지 모듈cheater-detection module'을 제공했기 때문에 사람들이 웨이슨 선택

과제의 사회적 버전에서 훨씬 더 좋은 성적을 냈다고 추측했다.[31] 그러나 간단히 생각하면, 사실상 그 문제가 사회적인 맥락을 나타내고 있는데다 우리가 사회적 관계에 대해 생각하는 능력이 뛰어나기 때문에 그러한 형태의 문제를 더 쉽게 풀 가능성이 높다.[32]

실제로 과학자들은 우리 인간은 자신이 속한 사회적 집단의 복잡성을 처리하기 위해 매우 큰 뇌를 갖게 됐다는 이론을 제기해 왔다.[33] 캘리포니아대학교 로스앤젤레스UCLA의 심리학자 매튜 리베르만 Matthew Lieberman은 진화적 압력의 결과, 오늘날 살아 있는 우리 모두는 매우 강력하고 전문화된 '사회적 뇌'를 갖고 있다고 말한다.[34] 리베르만이 말하는 '초능력'을 가진 사회적 뇌는 어린 시절 초기에 발달하기 시작해 청소년기에 최고조에 달한다.[35]

"자, 여기. 이 지도가 노스쇼어고등학교를 알려 줄 거야."

재니스 이안은 이 말과 함께 눈이 휘둥그레진 케이디 헤론의 손에 종이 한 장을 건넨다. 2004년 개봉한 영화 〈퀸카로 살아남는 법〉에서 린제이 로한이 연기한 주인공 케이디는 노스쇼어고등학교로 전학 온 소녀다. 케이디가 전학 간 학교에서 만나게 되는 첫 번째 사람은 바로 리지 캐플란Lizzy Caplan이 배역을 맡은 재치 넘치는 재니스다. 재니스는 학교 구내식당의 형세가 자세히 그려진 지도를 케이디에게 보여 주기로 한다. 재니스는 그 지도를 케이디 손에 잽싸게 쥐어 주며 설명한다. "이제부터 네가 구내식당에서 어디에 앉느냐가 매우 중요해. 거기에 전부 다 있거든." 카메라는 재니스가 다소 정치적으로 올바르지 않을 수 있는 방식으로 분류한 그룹들이 구내식당 테이블 주변에 모여 있는 모습을 보여 준다. "신입생들, 학군단 애들, 정신 나간

미스메드 마인드

애들, 운동부 2군 애들, 냉혈한 흑인 애들, 감정을 먹고 사는 여자애들, 아무것도 안 먹는 여자애들, 따라쟁이들, 무기력한 애들, 성적으로 개방적인 괴짜들…." 그리고 나서 재니스 그녀가 '가식쟁이들the Plastics'이라고 부르는 잘 차려 입은 소녀들을 경멸하는 말투로 언급하며 마무리한다. "조심해야 해. 저 가식쟁이들."

거의 모든 청소년이 재니스가 종이에 적어 놓은 내용과 같은 정신적 흐름을 유지한다. 청소년들은 분수의 제곱근을 찾는 방법이나 주기율표의 모든 원소는 기억하지 못할 수도 있지만, 자기들이 다니는 고등학교에 퍼져 있는 복잡한 사회 계층은 아주 쉽게 설명하고 분석할 수 있다. 사춘기가 시작되면서 청소년들은 또래들과 깊은 유대감을 형성하고 그 사이에서 자기 자리를 확고히 하려는 욕구를 강하게 느끼게 된다.[36] 즉 복잡한 관계를 형성하는 데 거의 강박적인 관심을 보인다. 그들도 어쩔 수 없다. 십 대들의 뇌에서 일어나는 구조적이고 호르몬적인 변화는 그들이 사회적인 영역을 향해 끊임없이 나아가도록 만든다.

청소년기 동안 십 대들의 뇌는 사회적·정서적 신호에 더 민감해진다.[37] 예를 들어, 청소년들의 뇌는 어린아이와 성인들의 뇌보다 얼굴 사진에 더 강하게 반응한다. 또 사춘기가 기분을 좋게 해 주는 도파민과 관련 있는 신경 회로의 활동을 증가시키기 때문에 청소년은 보상에 더 익숙해진다.[38] 그리고 십 대들에게 가장 달콤한 보상은 또래 친구들에게 인정과 관심을 받는 것이다.[39] 새롭고 복잡하고 가치 있는 대인 관계 생태계의 도움으로 청소년기의 사회적 뇌는 거의 항상 '켜져 있는' 것처럼 보인다.[40] UCLA의 매튜 리베르만은 "특히 청소년기의 뇌가 가장 원하는 것은 사교계를 탐색하고 정복하는 것이다"

동료와 함께 생각하기

라고 말한다.[41]

그런데 그러한 발달이 이뤄지는 바로 그 시기에, 우리는 십 대들이 학교에 도착하면 사회적 뇌는 꺼 두고 사회적 의미나 맥락이 전혀 없는 추상적인 정보에 집중하라고 그들에게 말한다. 교사, 부모, 그 외에 다른 성인들은 학생의 사회생활을 눈앞의 현실적인 일과 동떨어진 달갑지 않은 여가 활동이라 치부하면서 그들의 집중과 노력을 이끌어 내기 위해 몸부림친다. 결과는 뻔하다. 학생들은 지루해하고, 산만해지고, 일탈하고, 심지어 반항한다. 물론 청소년들이 하루 종일 사회생활만 하도록 내버려 둘 수는 없다. 하지만 우리는 청소년들이 배워야 할 내용을 보다 더 효과적으로 학습할 수 있도록 그들의 급성장하는 사회성을 활용할 수 있다.[42] 어떻게 활용할 수 있을까? 한 가지 효과적인 방법은 학업과 관련된 내용이 우선시되고 중심이 되는 사회적 관계에 그들을 참여시키는 것이다. 즉 그들이 다른 사람들을 가르치도록 하는 것이다.

매우 잘 알려진 청소년들의 학교에 대한 양가감정을 감안하면, 십 대들이 누군가를 가르치도록 하는 방안이 미심쩍어 보일 수도 있다. 그런데 바로 그 점이 문제다. 우리 종과 그 종의 어린 세대들은 피타고라스의 정리나 1812년 전쟁(1812~1815년에 벌어진 영미 전쟁을 말한다-옮긴이)에 관심을 갖도록 진화하지 않았다.[43] 우리는 우리 부족의 중요한 비밀을 다른 사람들에게 가르치도록 진화했다. (청소년의 사회 규범에 대한 비공식적인 '교육'이 구내식당이나 학생 휴게실에서 얼마나 자주 일어나는지 생각해 보면 알 수 있다.) 인간은 가르치는 역할을 타고난 존재다. 우리는 다른 사람들을 가르치고 다른 사람들에게 배우기 위해 태어난다. 가르치는 행위에 대한 증거는 수십만 년 전으로 거슬러 올라가

소셜 마인드

는 고고학적 기록에서 발견돼 왔고,[44] 가르치는 행위는 우리의 고대 선조들과 비슷한 방식으로 현재 살고 있는 수렵 채집 부족을 포함한 전 세계의 모든 인류 문화에서 관찰돼 왔다.[45]

'가르치려는 본능'[46]은 오늘날의 우리 사이에서도 확실하게 드러난다. 일상의 상호 작용이 일어나는 과정에서 우리는 무의식적으로 다른 사람들을 가르치려는 의도가 담긴 신호를 보낸다.[47] 예를 들면, 다른 사람과 눈을 마주치거나 다른 사람에게 말하는 어조가 바뀔 수 있다. 결국 이러한 신호는 우리와 사회적 관계를 맺는 사람들이 우리가 전달해야 하는 정보를 더 수용적으로 받아들일 수 있게 만든다. 그러한 신호 보내기는 태어날 때부터 시작된다. 갓 태어난 아기의 부모는 아기가 태어나자마자 그들의 아기에게 아기 말투, 즉 아주 높은 고음의 느리고 과장된 말투로 이야기하기 시작한다.[48] 연구에 따르면, 아기 말투로 이야기하는 부모의 말을 들으면 영유아기 아이들이 일반적인 어투의 말을 들을 때보다 새로운 단어를 쉽게 배우는 데 도움이 된다고 한다.[49] 얼마 지나지 않아 아이들은 그들 스스로 가르치는 행동을 한다. 가르치는 행동은 세 살 반의 어린아이들에게서도 찾아볼 수 있는 것으로 나타났다.[50]

일생에 걸쳐 맺게 되는 다른 사람들과의 관계는 우리가 새로운 정보를 받아들이는 데 적응하도록 하지만, 이러한 반사적 적응은 우리가 사람들을 직접 만날 때만 일어날 수 있다. fNIRS 뇌 스캔 기술을 사용한 연구에서, 예일대학교 소속 연구 팀은 성인들이 서로의 눈을 똑바로 바라볼 때 사회적 뇌의 한 영역이 활성화되지만, 비디오로 촬영한 다른 사람들의 눈을 바라볼 때는 활성화되지 않는다는 것을 발견했다.[51] 해당 연구를 이끈 예일대학교 소속 신경과학자 조이 허시 Joy Hirsch는 "상대방과 눈을 마주 보는 아이 콘택트는 두 사람의 지각 체계와 정보 흐름 사이의 문을 열어 준다"고 말한다.[52] 학습 과정의 문을 열어 주거나 그 과정을 시작하게 해 주는 것으로 보이는 또 다른 요소는 바로 즉각 대응하는 의사소통이다.[53] 즉 한 사람의 말이 다른 사람의 말에 직접적으로 반응하는 사회적 교류를 말한다. 호응하는 의사소통이 이뤄지지 않으면 학습이 잘 이뤄지지 않을 수 있다. 이와 관련된 특히 주목할 만한 한 가지 예를 살펴보자. 두 살 반 미만의 유아들은 자신이 관심을 보일 때 호응하는 성인에게는 새로운 단어와 행동을 쉽게 배우지만, 화면을 통해 제공되는 사전 녹화된 설명을 들을 때는 아무것도 배우지 못한다.[54] 연구자들은 이를 '비디오 결함video deficit' 현상이라고 부른다.[55]

인간은 (살아 있는) 다른 인간들에게 가장 잘 배울 수 있다. 더 놀라운 점은 사람들이 다른 사람들을 가르치면서 배운다는 것이다. 가르치는 사람들이 가르침을 받는 사람들보다 더 많은 것을 배우는 경우도 많다. 첫째로 태어난 아이들은 그들의 남동생이나 여동생들보다 평균 2.3점 더 높은 지능 지수를 갖고 있다는 연구 결과를 한번 생각해 보자.[56] 더 나은 영양 섭취나 부모의 차별 대우와 같은 몇 가지 잠재적인 설명이 신빙성이 없다는 것을 확인한 후, 연구자들은 첫째 아이들의 더 높은 아이큐가 가정생활, 즉 가정 내에서 첫째가 동생들을 가르치는 행동을 한다는 단순한 사실에서 비롯된다고 결론지었다. 또 여러 실험실 연구와 현실 세계의 학습 프로그램은 학생이 또래 친구들을 가르칠 때 양쪽 모두에게 도움이 되는 것은 물론이고, 가르치는 역할을 하는 학생들에게 특히 더 도움이 된다는 사실을 일관되게 보여 주고 있다.[57] 왜 가르치는 사람이 그 행위를 통해 배우는 것일까? 가르치는 일은 매우 강력한 사회적 행위로, 그 행위를 통해 가르치는 사람의 사고방식에 변화를 줄 수 있는 일련의 강력한 인지, 주의 집중, 동기 부여 과정이 시작되기 때문이다.

그러한 과정 중 하나는 심지어 튜터링 수업이 시작되기 전에 일어난다.[58] 다른 사람을 가르치기 위한 자료를 준비하는 학생들은 시험을 보기 위해 같은 내용을 공부하는 학생들보다 더 집중적으로 그 내용을 검토하고 그들 머릿속에 더 철저하게 정리해 둔다. 대인 관계를 통해 누군가와 좋은 감정으로든 나쁜 감정으로든 상호 작용을 할 것이라는 예상은 시험에서 단순히 답안을 적어 내는 별 특색 없는 활동보다 우리와 같은 사회적 존재에게 훨씬 더 큰 동기를 부여한다. 마찬가지로 다른 사람들과의 사회적 상호 작용은 학습 효과를 강화하는 방식으로 우리의 생리적 상태를 변화시키며, 집중력과 기억력이 높아지는 활기찬 각성 상태로 만들어 준다. 혼자서 공부하는 학생들은 그런 식으로 생리적 각성이 일어나지 않아 쉽게 지루해지거나 산만해질 수 있다. 그들은 자신이 놓치고 있는 인간의 감정과 사회적 자극을 얻기 위해 음악을 듣거나 인스타그램을 하고 있을 수도 있다.

가르치는 과정에서 튜터는 더 많은 것을 배우게 된다.[59] 학습 내용을 설명할 때, 그 튜터는 자신이 얼버무리고 넘어갔을지 모를 내용을 명확하게 설명해야 한다.[60] 즉 그 튜터가 알고 있는 것과 이해하고 있는 것이 다를 수 있고 그 차이가 설명하면서 드러날 수 있다. 튜터 자신은 가르치는 내용의 가장 중요한 부분을 학생에게 알려 주고 그 부분을 연결해 설명할 때 더 깊은 수준의 정신적 처리를 하게 된다.[61] 학생의 질문에 답하고 학생에게 질문을 던질 때, 튜터는 학생이 알고 있는 것과 자신이 알고 있는 내용을 의식적으로 확인해 가면서 학습 내용에 대해 '메타 인지적metacognitive' 태도를 취해야 한다.[62] 연구자들은 학생들이 어려운 내용을 공부하고 이해하는 데 필요한 정신적 도구를 갖고 있는 경우가 많지만, 그들이 혼자서 공부할 때 그 도구를 잘 사용하지 않는다는 점을 발견했다. 그러나 학생들이 가르치는 사람의 입장에 서게 되면, 그들이 혼자 공부할 때는 활용하지 않은 도구들을 사용할 수밖에 없다.

사실, 가르치는 역할이 지닌 효과는 너무나 강력해서 그로 인해 발생하는 인지 효과 중 일부는 '학생'이 없는 경우에도 생겨날 수 있다. 네덜란드 위트레흐트대학교의 교육학과 조교수인 빈센트 호허헤이데Vincent Hoogerheide는 여러 연구를 수행하면서 연구 참가자들에게 카메라 앞에 서서 상상 속 청중을 상대로 학습 자료를 설명하도록 했다.[63] 연구 참가자들은 학습 자료를 공부한 후 짧은 동영상 강의(확률 계산이나 삼단 논법 관련 강의 등)를 만들었다. 현장에 강의를 듣는 학생은 없고, 학생과 튜터 사이의 상호 작용도 없었다. 그러나 호허헤이데는 동영상 강의를 통해 가르치는 행위가 튜터 자신의 학습 능력과 시험 성적을 높여 주고, 학습한 정보를 새로운 환경에서 '전달'하는 능력을 향상시킨다는 것을 발견했다. 한편, 상상 속의 학생에게 설명할 동일한 학습 내용을 적는 행위는 같은 효과를 내지 못한다.[64] 호허헤이데는 카메라를 통한 강의는 누군가가 보고 듣고 있다는 것을 느끼게 해 주는 '사회적 존재'의 설득력 있는 감정을 만들어 낸다는 이론을 제시했다. 그는 설명하는 모습이 촬영되는 동안 설명하는 사람의 생리적 각성이 상당히 높아져 기억력과 집중력이 향상된다고 말했다.[65]

그러나 튜터와 학생이 마주 보며 상호 작용을 하는 것이 가장 이상적인 학습 방식이며, 그러한 학습 방식은 학습 효과를 뛰어넘는 여러 이점을 낳는다. 가르치는 행위는 학생들의 정체성과 자아상에 긍정적인 영향을 미칠 수 있다.[66] 밸류드 유스 파트너십Valued Youth Partnership[67]이라 불리는 비영리 프로그램을 포함한 많은 '또래 교수peer-tutoring' 프로그램에서 입증됐듯 말이다. 우리는 학업 성취도가 가장 높은 학생들이 튜터가 돼야 한다고 생각할 수 있지만 밸류드 유스는 생각이 다르다.[68] 밸류드 유스는 공부하는 데 어려움을 겪고 있는 학생들을 의도적으로 모집해 그들에게 어린아이들을 가르치도록 한다. 밸류드 유스 프로그램에 대한 평가에 따르면, 튜터링에 참여하는 학생들이 참여하지 않는 비슷한 수준의 학생들보다 더 높은 점수를 받고, 학교에 더 꾸준히 출석하고, 더 높은 비율로 학업을 계속해 나간다는 것을 알 수 있다.[69] 그와 같은 결과는 심리학자들이 '생산적 기관productive agency'[70]이라고 부르는 경험, 즉 자신의 행동이 다른 사람에게 유익한 방식으로 영향을 미치고 있다고 느끼는 것에 어느 정도 기인할 수 있다. 실제로 노력의 성과를 확인하는 일은 특히나 만족스럽다. 연구에 따르면, 튜터들은 그들의 학생들이 수업을 통해 배운 내용에 대한 질문에 답하는 모습을 볼 때 더 많이 배우고 더 많은 동기를 얻는다.[71]

다른 사람들을 가르치는 경험은 또 튜터가 학업이나 직업 공동체에 더 완벽하게 통합되는 데 도움이 될 수 있다. 캘리포니아대학교 어바인의과대학에서 운영하는 서머 프리메드 프로그램Summer Premed Program에서는 소수 집단에 속한 대학생들을 가르칠 아프리카계 미국인과 라틴계 의대생들을 모집한다. 그리고 그 소수 집단에 속한 대학생들은 어바인에 있는 흑인계와 라틴계 공립 고등학교에 다니는 학생들을 가르친다. 2010년에 시작된 이 프로그램은 세 계층에 속한 모든 학생의 자신감과 동기를 향상시키는 것으로 나타났다.

참가자들이 가르치는 동시에 배우는 이 '폭포식 멘토링cascading men-torship' 모델은 직장을 포함한 다양한 환경에 적용 가능하다. 학생들이 반 친구들을 가르침으로써 이익을 얻는 것처럼, 전문직 종사자들은 동료들에게 조언함으로써 이익을 얻을 수 있다. 브루클린칼리지의 경영학과 부교수인 홀리 치우Holly Chiu는 2018년 발표한 연구에서 동료들과 업무 관련 지식을 공유하는 직원들이 자신의 전문성을 더 크게 확장해 나가는 경향을 보인다고 밝혔다.[72] 그 업무 지식을 체계적으로 살펴보고, 검토하고, 이해하고, 통합하고 제시하여 지식의 깊이와 폭을 넓혔고, 그 결과 상사에게 더 높은 평가와 업무 성과를 냈다고 강조했다.

경솔하거나 가벼운 것과는 거리가 먼 사회적 상호 작용은 지적 활동에 필수적인 보완 요소이며, 사회적 상호 작용을 거치지 않으면 활성화되지 않을 적성과 능력을 활성화한다. 그러나 두뇌에 갇힌 방식으로 인지를 이해하는 접근법은 정보를 어떤 식으로 접하든 다 똑같은 정보라고 여기기 때문에 효율과 편의라는 이름으로 사고의 사회적 요소가 희생되는 경우가 많다. 교육과 직장 현장에서의 기술 확산은 이러한 경향을 강화해 왔다. 학생들은 무료 온라인 강의인 칸아카데미Khan Academy 동영상을 통해 수학 연산을 배워야 하고, 직장인들은 온라인 자원을 통해 자기 스스로 학습해야 한다. 한편 우리는 우리의 정신적 능력을 확장하는 데 많은 역할을 하는 직접적인 사회적 교류를 촉진하기 위해 기술을 사용할 수도 있다.

일례로 비영리 교육 단체인 파워마이러닝PowerMyLearning이 개발한 도구인 패밀리 플레이리스트Family Playlists를 들 수 있다.[73] 학교에서 어떤 한 개념을 배우고 나면, 학생들은 집에 돌아가 그들이 새로 배운 지식을 부모님, 친척, 그들을 돌봐 주는 사람들을 가르치도록 교육받는다. 패밀리 플레이리스트는 '가족 파트너'에게 문자 메시지를 통해 링크를 전송해 준다. 이 링크를 통해 가족 구성원들은 그들이 참여하게 될 '공동 학습 활동'을 설명하는 웹 페이지를 확인할 수 있다. 가족 구성원들은 동일한 플랫폼을 사용해 아이가 수업 내용을 얼마나 잘 이해하고 설명했는지에 대한 피드백을 아이의 선생님에게 제공한다. 파워마이러닝은 현재 미국 내 100개가 넘는 학교에서 패밀리 플레이리스트를 운영하고 있다. 이 단체의 CEO인 엘리자베스 스톡Elisabeth Stock은 내부 조사 연구에서 이 도구를 사용하는 학생들이 4개월간의 추가 학습에 상응하는 수학 학습 효과를 얻었다는 결과가 나왔다고 했다. 또 더 주목할 만한 사항으로 교사들이 학생과 가족들의 관계가 개선됐음을 보고한다는 점과 학생들 스스로 학습에 더 열중하는 모습을 보이고 있다는 점을 덧붙여 언급했다.

가르치는 일은 우리가 보다 지적으로 사고하기 위해 효율적으로 활용할 수 있는 사회적 상호 작용의 한 방식이다. 우리가 유리한 방식으로 사용할 수 있는 또 다른 형태의 사회적 교류가 있다. 인간이라는 동물이 자연스럽게 마주하게 되는 것, 바로 논쟁이다.

이어 살펴볼 한 연구는 설계상 확실히 사악한 면이 있었다.[74]

참가자들은 먼저 다음과 같은 일련의 논리 문제를 풀 것을 요청받았다. "한 농산물 가게에서 다양한 과일과 채소를 판매하는데, 일부는 유기농이고 다른 일부는 유기농이 아니다. 이 가게에서 판매하는 사과는 유기농이 아니다. 다음 중 가게의 상품에 대한 설명으로 옳은 것은? 각 답에 대한 이유를 제시해야 한다. 1) 모든 과일은 유기농이다. 2) 모든 과일은 유기농이 아니다. 3) 과일 중 일부는 유기농이다. 4) 과일 중 일부는 유기농이 아니다. 5) 이 가게의 과일이 유기농인지 아닌지 확실히 알 수 없다." 문제를 푼 다음, 연구 참가자들에게 다른 참가자들이 제시한 답변을 평가하도록 했다. 즉 다른 사람이 제시한 이유가 타당해 보이는지 아닌지를 판단하도록 했다.

이 두 번째 과제에는 참가자들이 모르는 속임수가 있었다. 그들에게 주어진 답변 중 하나는 다른 참가자의 답변이 아닌 참가자 본인이 첫 번째 과제를 수행하면서 제출한 답변이었다. 일부 참가자는 자신이 제출한 답변이라는 것을 알아차렸지만, 많은 참가자가 그 사실을 알아차리지 못했다. 그다음에 일어난 일은 대단히 흥미로웠다. 자신이 다른 사람의 답변을 평가하고 있다고 믿었던 사람 중 절반 이상이 자신이 내놓은 답변이 근거가 없다고 평했다! 애초에 논리적으로 근거가 없는 답변을 한 참가자들이 특히 자신의 답변을 틀린 것으로 처리할 가능성이 높았다. 다시 말해 그들은 자신의 주장보다 다른 사람들의 주장(혹은 다른 사람의 주장이라 믿었던 자신의 주장)을 더 비판적으로 분석했고, 그러한 분석 덕분에 더 정확하게 판단할 수 있었다.

이 실험을 설계한 연구자들이 참가자들을 속인 데에는 목적이 있었다. 파리에 있는 프랑스 국립과학연구센터 National Center for Scientific Research(이하 CNRS)의 인지과학자 위고 메르시에 Hugo Mercier와 그의 공저자들은 인간의 이성이 지닌 독특한 본질을 파헤치기로 했다. 우리가 확인한 바와 같이, 사람들은 종종 논리적인 방식으로 생각하라는 요청을 받았을 때 제대로 수행해 내지 못한다. 웨이슨 선택 과제의 기본 (비사회적) 버전에 응한 사람 중 문제를 제대로 푼 사람은 10퍼센트 미만에 불과하다는 사실을 기억하자. 사고 기술 평가Thinking Skills Assessment[75]나 인지 반응 검사Cognitive Reflection Test[76]와 같은 다른 여러 표준화된 논리 측정 결과를 봐도 일반적인 교육을 받은 사람들과 논증 및 수사학 교육을 받은 사람들 사이에 별 차이가 없다.

학계 전체가 이성적 사고를 방해하는 인지 편향과 다른 여러 정신적 왜곡을 분류하는 데 집중하고 있다. 예를 들면, 그와 관련된 증거가 많은 확증 편향confirmation bias이 있다.[77] 확증 편향은 우리가 이미 지닌 생각이나 신념을 뒷받침하는 증거를 선택적으로 찾아내고 믿는 것을 말한다. 확증 편향이라는 이름은 다름 아닌 피터 웨이슨이 지었고, 심리학자 다니엘 카너먼에 의해 그 내용이 더 정교하게 다듬어졌다. 카너먼은 2011년 출간한 《생각에 관한 생각》에서 이렇게 말한다. "가설을 반박하려 함으로써 가설을 검증하라고 조언하는 과학철학자들의 원칙과 달리 사람들은 (그리고 꽤 자주 과학자들 역시) 그들이 현재 지닌 신념과 양립할 수 있는 자료를 찾으려 한다."[78] 그는 인간의 마음은 성급하게 결론을 내리는 기계라며 한탄했다.

그런데 왜 그래야만 할까? 지구상에서 가장 지적인 동물인 우리가 왜 이렇게 내면의 정신적 결함에 방해를 받게 됐을까? 위고 메르시에에 따르면, 카너먼과 인지 편향을 연구하는 다른 사람들은 이 질문에 대한 설득력 있는 답을 갖고 있지 않다. 그들은 인간의 이성을 놀라울 정도로 뛰어난 동시에 이상할 정도로 무너지기 쉬운 '완벽한 초능력'[79]인 것처럼 여긴다. 심리학자인 그들의 견해에 따르면, 이성적인 사고 능력이 지닌 한계는 내재적 결함이므로 피할 수 없다. 그들은 우리가 할 수 있는 최선이 인지 편향의 출현에 대한 경계를 늦추지 않고 그것을 바로잡기 위해 노력하는 것이라고 말한다.

메르시에는 그들의 견해에 동의하지 않는다. 메르시에는 CNRS의 인지과학자이자 그의 공동 연구자인 당 스페르베르Dan Sperber와 함께 도발적인 대안을 제시했다. 그들은 우리가 물속에서 숨을 잘 쉬지 못하는 것보다 까다로운 논리 문제를 해결하는 데 서투르다는 사실에 놀라지 말아야 한다고 지적한다.[80] 우리는 복잡한 문제를 해결하기보다 자신의 의견을 다른 사람에게 설득하고, 다른 사람들에게 속지 않도록 우리 자신을 보호하기 위해 진화했다. 다시 말해서 추론은 사회적 활동이며, 또 그렇게 작동할 수밖에 없다.

메르시에와 스페르베르가 2017년 출간한《이성의 진화》에서 제기한 전제는 너무나 혼란스러워 보였던 인간 사고의 측면을 논리 정연하게 설명하고 있다. 즉, 사람들이 논거의 타당성을 엄격하게 평가할 수 있는 동시에 자기주장의 타당성은 엄격하게 평가할 수 없다는 사실을 '추론에 대한 논쟁적 견해'[81]를 통해 충분히 설명한다. 자신의 이익을 위해 우리를 착취하거나 조종할 수 있는 상대의 주장을 면밀하게 검토할 만한 동기는 우리에게 충분히 주어지지만, 우리 자신이 내세우는 주장을 세심하게 살필 만한 동기는 거의 주어지지 않는다는 것이다.

또 그들의 이론은 이성이 가장 잘 기능할 수 있는 방법에 대해 구체적인 예측을 한다.[82] 예를 들어, 우리가 가진 추론 능력의 결점은 추론이 발달한 맥락 밖에서 우리가 그 능력을 사용할 때 가장 명확하게 드러날 것이다. 그 맥락은 소란스럽고 시끄러울 정도로 사회적인 상호 작용 속에 있다. 머릿속으로 혼자 추론할 때, 우리는 위태로울 정도로 확증 편향에 취약할 것이다. 즉 자신의 관점을 가장 강력하게 뒷받침할 사례를 제시하고 그 과정에서 스스로를 속일 것이다. 두뇌에 얽매인 사고를 하는 문화에서 혼자 생각하는 결과물은 특히 실망스러울 것이다.[83] 메르시에와 스페르베르는 편향을 최대한 없앤 결과물에 도달하는 것을 목표로 함께 논쟁하는 새로운 방법을 취하기를 강력히 제안한다.[84]

브래드 버드Brad Bird와 자주 공동 작업을 하는 존 워커John Walker는 함께 논쟁하기를 예술의 형태로 변모시켰다. 버드는 〈라따뚜이〉와 〈인크레더블〉과 같은 픽사Pixar 영화로 아카데미상을 수상한 감독이고, 워커는 그 두 영화와 다른 영화들의 제작을 도운 프로듀서다. 버드는 "저희 둘은 공개적으로 언쟁을 벌이는 것으로 유명해요. 그는 그것을 끝내야 하고 저는 그것이 끝나기 전에 가능한 한 그것을 훌륭하게 만들어야 하니까요"라고 인정했다.[85] 영화 〈인크레더블〉을 제작하는 동안 그들이 벌인 논쟁 중 일부는 워낙 인상적이어서 영화의 DVD에 포함된 보너스 영상으로도 만들어졌다.

영화 개봉 후 진행된 인터뷰에서 버드는 워커가 자신의 주장을 반박할 것을 확신한다면서 프로듀서인 워커에 대해 이렇게 이야기했다. "그가 저에게 '당신이 원하는 대로 해, 브래드'라고 말하길 바라지 않아요. 전 존과 함께 일하는 게 좋아요. 제 면전에 대고 골치 아픈 소리를 해댈 테니까요. 결국 저희 둘에게 좋은 일이죠. 픽사 안에서 저희는 일 잘한다는 소리를 들어요. 저희 영화에 적잖은 돈이 들어가지만, 갈등을 피하지 않기 때문에 저희 영화가 성공하는 거죠."

스탠퍼드 경영대학원 교수인 로버트 서튼Robert Sutton은 그가 '창의적인 마찰을 적극적으로 실천하는 사람'[86]이라고 표현한 버드와 인터뷰를 진행했다. 서튼은 버드가 창의적인 마찰을 통해 올바른 방향으로 나아가고 있다고 말한다. "많은 연구에서 사람들이 아이디어에 대한 언쟁을 벌이고 그 과정에서 서로를 존중할 때 그들이 더 생산적이고 창의적으로 된다는 사실이 밝혀졌다." 실제로 연구에 따르면, 올바른 방식으로 벌인 논쟁은 우리가 더 깊이 학습하고 더 나은 결정을 내리며 더 혁신적인 해결책을 얻게 해 준다(더 나은 영화를 만들 수 있게 해 주는 것은 말할 것도 없다).

논쟁은 왜 우리가 더 나은 생각을 하도록 할까? 위고 메르시에와 당 스페르베르는 활발한 토론에 참여하는 일이 단순히 우리의 주장을 내세우는 게 아니라 다른 사람들의 주장을 평가하는 입장에 우리를 세우는 것이라는 이론을 제시한다. 이기적인 확증 편향의 영향을 받지 않은 객관적인 분석은 인간의 분별력을 최대한 활용한다. 그러나 갈등이 우리의 인지 기능을 향상시키는 추가적인 이유가 있다. 그 이유 역시 인간의 본성에 깊이 뿌리박혀 있다.

예를 들어, 갈등은 우리의 관심을 끌 수밖에 없고 우리가 더 많이 학습하도록 동기를 부여한다는 간단한 이유를 댈 수 있다. 역경에 맞서 싸우는 한 영웅에 초점을 맞추든, 운명에 의해 헤어진 연인에 초점을 맞추든, 아직 피할 수 있는 눈앞의 재앙에 초점을 맞추든 간에 초반에 갈등을 다루지 않는 소설이나 영화가 있다면 우리는 중간에 읽고 보기를 멈출 것이다. 우리를 계속 읽고 보게 만드는 것은 갈등에 내재한 극적인 사건이다. 그러나 많은 이가 갈등이 배제된 확실한 설명이나 담백하게 제시되는 정보에 주의를 기울이게 될 것이라고 생각한다. 미네소타대학교 소속 심리학자인 데이비드 존슨David John-son에 따르면, 실제로 거의 모든 주제가 서로 대립하는 관점에서 설명될 수 있고 또 설명돼야 한다고 주장한다. 존슨은 말한다. "강사가 수업을 시작하기 몇 분 전에 지적 갈등을 일으키지 않으면 보통은 학생들이 수업에 참여하지 않는다는 것이 교육의 통칙이다."[87] 그는 수십 년 동안 '건설적 논쟁constructive controversy', 즉 다양한 견해와 신념에 대한 열린 사고방식에 대해 조사해 왔다. 그는 연구를 통해 지적 논쟁을 벌이는 학생들이 도서관에서 더 많은 책을 읽고, 교실에서 더 많은 자료를 검토하고, 박식한 사람들에게서 더 많은 정보를 얻어낸다는 점을 발견했다. 갈등은 누가 옳고 그른지에 대한 불확실성, 즉 우리가 더 많은 사실을 찾아내 해결해야 할 것만 같은 애매모호한 상황을 만들어 낸다.

또 지적 갈등은 심리학자들이 말하는 '책임 효과accountability effect'[88]를 만들어 낼 수도 있다. 학생들이 다른 사람들에게 학습 자료를 가르치게 될 것이라는 사실을 알고 있을 때 그 자료를 더 열심히 준비하는 것처럼, 자기변호를 해야 한다는 것을 알고 있는 사람들은 단순히 서면으로 자기 의견을 제시할 생각을 하는 사람들보다 더 강한 논점을 제시하고 양질의 더 많은 증거로 그 논점을 뒷받침한다. 일단 토론이 시작되면, 논쟁하는 행위는 또 다른 방식으로 사고력을 높여 준다.[89] 즉 논쟁을 할 때, 논쟁하는 사람들 사이에 지적 위치를 효과적으로 분배함으로써 인지 부담을 덜어 줄 수 있다. 혼자서 추론하는 사람은 그가 내세울 주장에 대한 세부 사항을 잘 기억해 둬야 하지만, 다른 여러 사람과 논쟁하는 사람은 함께 토론하는 동료들과 그 주제를 나눌 수 있고, 또 각각의 토론자가 특정한 관점을 대신 논하게 할 수도 있다. 또 자기 머릿속에서 계속 토론을 이어 가야 하는 부담에서 벗어나, 다른 사람들이 펼치는 주장을 평가하는 데 집중할 수 있는 더 많은 정신적 자원을 얻게 된다.

논쟁하는 능력은 어릴 때부터 드러난다. 두세 살 정도의 어린아이

동료와 함께 생각하기

321

들은 부모나 형제자매와 대립할 때 정당한 이유를 대고 자기주장을 펼칠 수 있다.[90] 시카고대학교에서 논쟁적 사고의 발달을 연구하는 심리학자 낸시 스타인Nancy Stein은 아이들이 언어, 인지 능력, 규칙과 권리에 대한 사회적 지식을 더 많이 습득함에 따라 자기 관점을 점점 더 효과적으로 변호하게 된다고 말한다. 다른 사람의 주장을 비판적으로 평가하는 능력, 즉 설득력이 있는 주장인지 아닌지를 구별하는 능력 역시 어린 시절에 나타난다.[91]

위고 메르시에의 표현에 따르면, 우리는 '타고난 논쟁자'[92]로 우리의 실수를 바로잡고, 생각을 명확히 하고, 더 나은 결정을 내리기 위해 타고난 재능을 효율적으로 사용할 수 있다. 무슨 일이 있어도 주장을 관철하는 것이 아니라, 주장을 전개하고 반론을 평가하는 건강한 과정을 통해 진실에 도달하기를 목표로 논쟁하는 행위에 접근하는 것이 핵심이다. 우리는 우리에게 가장 유리한 입장을 취하는 동시에 그 주장에 제기된 반론을 인정할 때, 또 상대방의 입장을 적극적으로 비판하는 동시에 그의 입장이 가진 잠재적인 장점에 열린 태도를 유지할 때 논쟁을 가장 효과적으로 활용할 수 있다. 스탠퍼드 경영대학원 교수인 로버트 서튼에 따르면, 우리는 강한 의견을 느슨한 방어 태세로 제시할 수 있어야 한다. 다시 말해서 서튼은 "사람들은 자신이 옳은 것처럼 논쟁을 벌이고, 자신이 틀린 것처럼 상대방의 주장을 경청해야 한다"고 말한다.[93]

이야기를 주고받으면서 듣고 말하는 일 역시 우리의 사고를 향상하기 위해 사회적 상호 작용을 활용할 수 있는 대표적인 방법 중 하나다.

2012년 수행한 교육 방식에 대한 연구에 참가한 7학년과 8학년 학생들은 모두 방사성 원소에 대해 배우고 있었다.[94] 그런데 그들이 그 주제를 접하는 방식은 크게 달랐다. 한 그룹은 졸음이 올 정도로 지루한 스타일의 교과서 내용 그대로의 설명을 들었다. "원소는 서로 결합해서 우리 주변에서 볼 수 있는 모든 것을 만들어 내는 물질의 기본 요소다. 공기와 물과 같이 우리가 세상에서 보고 사용하는 것 대부분은 단 하나의 원소로만 이뤄져 있지 않다. 예를 들어, 나트륨과 염소는 우리가 요리에 사용하는 소금을 구성하는 두 가지 다른 원소다. 우리는 이제 지구라는 자연의 일부인 원소 92개를 알고 있다."

두 번째 그룹은 같은 내용이지만 반전이 있는 설명으로 배웠다. 그들에게 주어진 설명은 다음과 같은 맥락으로 정리돼 있었다. "1800년대 후반에 과학자들은 이미 이러한 원소 대부분을 발견했지만, 일부는 아직 발견되지 않은 상태였다. 이 시기에 프랑스에 살고 있던 두 명의 화학자인 폴란드 출신의 마리 퀴리와 프랑스 출신인 그녀의 남편 피에르Pierre는 지구상에 존재하는 모든 자연 원소를 찾으려고 노력했다. 자연 원소를 찾아내는 일은 매우 어려운 작업이었지만, 마리와 피에르는 원소의 미스터리를 푸는 일을 즐겼다. 어느 날 앙리 베크렐Henri Becquerel이라는 동료 과학자가 마리와 피에르에게 피치블렌드pitchblende라는 특별한 종류의 암석을 보여 줬다. 앙리가 이 피치블렌드 광석을 어두운 방으로 가져갔을 때, 마리는 그 광석이 연한 푸른색 빛을 발한다는 사실을 알 수 있었다."

두 번째 설명에는 다음과 같은 내용이 이어졌다. "앙리는 피치블렌드에 우라늄이라는 원소가 많이 함유돼 있으며 연한 푸른색 빛이 우라늄에서 나오는 것 같다고 설명했다. 분명히 피치블렌드는 마리와 피에르가 본 가장 특이한 암석 중 하나였고, 그들은 그 신비로운 푸른색 빛과 그 빛이 우라늄에서 나오는 것인지 아닌지에 대해 가능한 한 많은 것을 알아내고 싶었다." 두 번째 그룹의 학생들은 마리와 피에르가 어떻게 그 광석을 잘게 부스러뜨렸는지, 그들이 여러 온도에서 그것을 어떻게 태웠는지, 어떤 반응이 일어나는지 확인하기 위해 여러 종류의 산을 어떻게 첨가했는지에 대한 이야기를 계속 들었다. 그들은 이 두 과학자가 그 암석의 우라늄이 '방사능'이라고 이름 붙인 속성의 에너지가 높은 입자를 방출하고 있다는 사실을 어떻게 발견해 냈는지에 대한 내용을 읽었다. 또 학생들은 "완전히 새로운 원소 개발에 대한 흥분과 기대를 갖고 작업하는 동안 피에르와 마리는 그들 자신이 피곤함을 느끼고 아프기 시작했다"는 방사능 중독과 관련된 내용도 들었다.

캘리포니아대학교 산타바라라의 교육학과 조교수이자 연구 저자인 다이애나 아리아Diana Arya는 설명의 차이가 학습의 차이를 만드는지 확인하고자 했다. 그리고 결국 학습의 차이를 발견했다. 학생들은 특히 오늘날 확실하게 정립된 지식의 탄생 뒤에 숨겨진 인간의 동기와 선택을 잘 포착해낸 이야기의 형태로 학습 자료가 주어졌을 때 그 내용을 더 잘 이해하고 정확하게 기억하는 것으로 나타났다. 아리아는 두 번째 버전의 설명은 서사적이고 극적인 요소가 인위적으로 가득 차 있는 게 아니라고 말하면서, 오히려 첫 번째 버전이 새로운 발견에 영감을 준 중요성과 흥미에 대한 감각이 배제된 전통적인 설명이라고 지적했다.

안타깝게도, 그러한 전통적인 설명이 학생들이 학교에서 접하는 정보 대부분을 구성하고 있고, 직장인들이 회사에서 접하는 정보 대부분도 지극히 평범한 스타일의 설명으로 채워져 있다. 교육심리학자들이 말하는 이러한 개성이 없는 접근 방식[95]은 서술적 이야기가 지닌 독특한 힘을 충분히 잘 이용하지 못한다.[96] 인지과학자들은 이 야기가 '정신적인 특권을 행사'한다고 표현하는데,[97] 이는 이야기가 우리 뇌에서 특별대우를 받는다는 것을 의미한다. 우리는 다른 정보의 구성 방식에 비해 이야기에 더 주의를 기울인다. 또 이야기를 더 쉽게 이해하고, 더 정확하게 기억한다. 연구에 따르면, 지루하게 설명하는 글보다 이야기에 담긴 정보가 50퍼센트나 더 많이 기억된다고 한다.[98]

이야기는 우리에게 왜 이러한 영향을 미치는 것일까? 한 가지 이유는 이야기가 정보를 공유하는 인지적으로 적합한 방식이기 때문이다. 인간의 뇌는 '이것은 그것 때문에 일어났다'는 인과 관계의 증거를 찾아내기 위해 진화해 왔다.[99] 본질적으로 이야기는 인과 관계에 관한 것이다. 사건 A는 사건 B로 이어지고, 결국 사건 C 등을 유발한다. 만약 화자가 말하는 이야기의 첫 번째 부분과 두 번째 부분에 관련성이 없다면, 청자들은 그 '이야기'가 말이 안 된다는 정당한 이유를 대며 항의할 것이다. 동시에 이야기는 우리에게 모든 것을 다 자세히 설명해 주지 않는다. 이야기꾼이 이야기 속 모든 사건을 하나하나 힘들게 연결해 설명한다면, 청자들은 이번에도 '네, 알겠어요!'라고 말하며 항의할 것이다. 이야기는 가장 흥미로운 부분들만 담겨 있을 때 잘 전달되며, 청자들이 그 이야기에 완전한 의미를 부여하는 인과적 추론을 채워 넣을 수 있을 때 효과적이다. 그러한 추론은 많은 노력을 필요로 하지는 않지만, 이야기를 즐기려면 약간의 정신적 노력이 필요하다. 따라서 이야기 속 발단, 전개, 결말을 연결하는 사건을 이해하는 과정을 통해 인지적 처리가 필요하지 않은 보통의 정보보다 이야기를 기억할 가능성이 더 높아진다.

이야기가 서사적이지 않은 형태의 정보보다 우리에게 더 깊은 영향을 미치는 또 다른 이유가 있다. 이야기를 들을 때, 우리 뇌는 마치 그 일이 우리에게 실제로 일어나는 것처럼 이야기 속 사건을 경험한다. 뇌 스캔 연구에 따르면 우리가 감정적인 등장인물에 대한 이야기를 들을 때 우리 뇌에서 감정을 자극하는 영역이 활성화된고 한다. 또 힘차게 움직이는 등장인물에 대한 이야기를 들을 때는 뇌의 운동 영역이 활성화된다. 심지어 이야기 속의 등장인물들이 기억하는 내용을 함께 기억하고 그들이 잊어버리는 내용을 함께 잊어버리는 경향도 있다. 그러한 증거를 바탕으로, 연구자들은 우리가 마음속으로 이야기를 시뮬레이션하면서 이야기를 이해한다는 결론을 내렸다.[100] 이야기는 본질적으로 어떤 과정을 겪는 등장인물이 나오기 때문에[101] 우리의 뇌는 이야기 속 사건들을 영상처럼 구성한다. 이 현상은 우리가 사실이나 설명에 대한 글을 읽을 때는 펼쳐지지 않는다.[102] 그러한 시뮬레이션은 일종의 대리 경험을 제공한다. 이야기를 들으면서 접하는 사건이 우리에게 일어나지는 않았지만, 그 이야기를 들으며 행한 정신적 리허설 덕분에 만약 실제로 그러한 사건이 발생하면 우리는 적절한 조치를 할 준비가 돼 있을 것이다.[103]

크리스토퍼 마이어스Christopher Myers는 특이한 형태의 학술 연구를 수행하는 과정에서 이러한 현상을 목격했다. 존스홉킨스 캐리 경영대학원에서 경영과 조직을 가르치는 조교수인 마이어스는 많은 시간 동안 공중에서 비행하면서 의료 수송 팀이 일하는 모습을 지켜봤다.[104] 간호사와 응급구조사들은 사고 현장에서 환자를 태우기 위해 헬리콥터를 타고 이동하거나 소규모 지역 병원에서 고도의 치료를 받기 위해 더 큰 의료 기관으로 옮겨 가는 환자를 이송한다. 환자를 이송하는 도중에 그들은 놀랄 만큼 광범위한 질병과 부상을 치료한다. 하지만 의료 수송 팀원 중 그 누구도 그들이 치료해야 할 모든 사례를 직접 경험해 본 건 아니기 때문에 팀원들의 축적된 전문 지식에 의지할 수밖에 없다. 그리고 마이어스는 이러한 전문 지식이 공유되는 방식이 주로 이야기를 통해 이뤄진다는 사실을 발견했다.

몇 달간의 비행 동안 마이어스는 수송 팀 간호사들이 지닌 지식의 많은 부분이 공식적인 교육, 교본, 설명서가 아닌 임무 수행 사이사이의 휴식 시간에 나누는 비공식적인 이야기를 통해 습득된다는 것을 관찰했다. "독소 충격 증후군Toxic Shock Syndrome에 대한 내용을 책으로 읽고 싶지 않아요"라고 한 간호사가 마이어스에게 말했다.[105] "방금 출동했던 사건에 대해 말해 주세요. 그는 어떤 증상을 보였나요? 그를 위해 무엇을 했나요? 우리에게 프로토콜이 있지만, 프로토콜에 없는 것을 추가했다면 어땠을까요? 이유를 말해 주세요. 효과가 있었나요?" 팀원들은 헬리콥터 장비를 통해 접한 기술적 문제, 다양한 병원의 직원들에게 환자 치료를 인계받으면서 직면했던 대인 관계 문제, 그들이 수행하거나 목격한 의료 절차에 대해 서로 이야기했다.

예를 들어, 결혼식장 발코니에서 떨어져 결혼식 축가를 불러 주는 가수의 마이크 스탠드에 몸을 찔린 환자에 대한 이야기가 있었다. 의료 수송 팀이 어떻게 그녀의 부상을 성공적으로 치료했는지에 대한 이야기는 몇 년 후 자전거의 한쪽 핸들에 몸통이 박힌 사람을 돕기 위해 출동했을 때 수송 팀의 한 간호사 머릿속에 다시 떠올랐다. 그 간호사가 마이어스에게 자전거 부상에 대해 말했다. "저는 그런 사고를 실제로 본 적이 한 번도 없었어요. 하지만 마이크 스탠드 이야기를 들어 본 적이 있었고, 현장에 도착하자 '그래, 그들이 그 상황에서 했던 것이니까 이 현장에서 한번 시도해 보자'는 마음이 들기 시작했어요."[106]

마이어스가 지적하는 것처럼 그러한 대리 학습은 모든 산업에서 그 필요성이 점점 증가하고 있다.[107] 주어진 순간에 발생할 수 있는 예상치 못한 시나리오의 다양성은 한 개인이 모두 직접 경험하기에는 너무 크다. 낯선 상황에 압박을 느낀 작업자는 절차 매뉴얼을 훑어보거나 온라인으로 해결책을 검색할 시간조차 없을 수 있다. 시행착오trial-and-error 접근 방식 역시 시간이 너무 많이 걸리고 너무 위험할 수 있다. 그러나 동료들과 이야기를 주고받는 습관이 있는 전문가는 실생활에 적용 가능한 풍부한 대리 경험을 갖고 있다. 마이어스가 연구한 의료 수송 팀은 일 년에 1600건 이상의 임무를 수행하며, 보통 간호사 한 명이 전체 임무 중 약 200건 정도를 수행한다. 수송 팀 간호사 중 한 명은 이렇게 말했다. "동료들의 이야기를 들으면서 저는 개인적으로 겪지 못한 1400여건의 경험을 매년 접할 수 있었습니다. 다른 환자들에 대해 더 많이 알수록, 다음 환자를 위한 준비가 더 많이 되는 거죠."[108]

이야기는 다른 사람들과의 소통에서 자연스럽게 나타난다. 리더와 매니저의 역할은 사람들이 자연스럽게 이야기를 나누며 소통할 수 있도록 도와주고 장벽을 제거하는 데 있다. 상사가 직원들에게 제공할 수 있는 가장 중요한 자원 두 가지는 시간과 공간이다. 마이어스는 수송 팀 간호사를 대상으로 한 그의 연구를 통해 교대 근무가 많은 시기에는 보통 이야기가 공유되지 않는다는 사실을 알게 됐다. 그가 인터뷰한 한 간호사는 이렇게 말했다. "'이봐, 이 이야기 좀 들어

봐' 또는 '이런 일이 일어났고, 또 이런…'이라고 말하기에는 너무 많은 일이 일어나는 것 같아요. 전쟁 이야기를 나누면서 빈둥거리는 시간을 보내는 것처럼 보일 겁니다."[109]

일부 관리자는 그렇게 둘러앉아 있는 모습을 미심쩍은 눈으로 바라볼 수도 있지만, 연구 결과는 그러한 시간이 효과적으로 소비될 수 있다는 것을 보여 준다. 예를 들어, 한 연구에서는 효율성을 1퍼센트 감소시켜 직원들이 자연스럽게 상호 작용할 수 있는 시간을 허용하면, 장기적으로 그룹 성과가 세 배 증가한다는 것이 발견됐다.[110] 그러한 상호 작용이 이뤄지는 동안, 직원들이 그저 가십Gossip을 주고받는 것처럼 보일 수도 있다. 직장 내 상호 작용의 이점을 입증해 보여 주는 많은 연구를 수행한 컴퓨터과학자이자 MIT 교수인 샌디 펜틀랜드Sandy Pentland는 묻는다. "그런데 가십이라는 게 뭔가요?" 그는 이렇게 답한다. "가십은 무슨 일이 일어났고 무엇을 했는지에 대한 이야기입니다. 건강한 조직이 만들어지기 위해서는 세상이 어떻게 돌아가고 있는지 알아야 합니다. 사람들은 상황이 어떻게 돌아가고 있는지 알아야 해요. 즉 사람들이 그런 이야기들을 들어야 한다는 거죠."[111]

그러한 상호 작용이 이뤄질 수 있는 공간 역시 중요하다. 마이어스가 연구한 의료 수송 팀의 경우, 이야기를 나눌 수 있도록 지정한 공간이 비품 보관실 바로 바깥의 헬기장 문 근처에 있는 10×15피트 크기의 구역이었다.[112] 시간이 흐르면서 이 소박한 공간은 직업과 관련된 일화를 격식 없이 주고받는 장소가 됐다. 그 공간의 소탈함은 그 공간이 지닌 매력과 가치의 일부였다. 마이어스는 수송 팀 간호사들이 격식을 갖춰 이야기를 나눌 수 있는 보다 더 공식적인 자리가 하나 더 마련됐다고 언급했다. 매주 의사의 지휘 아래 열리는 '사례 검토회grand round'라는 회의였다. 마이어스는 이 회의에서 제시된 환자 사례 연구가 비품 보관실 밖에서 언급된 이야기보다 더 집중적이고 간결하고 정확했다고 보고했다.[113] 하지만 간호사들이 그들의 이야기를 다듬게 되면서, 그들의 동료들이 미래의 비슷한 상황에 직면할 경우 가장 유용하게 참고할 수 있는 세부 사항이 생략되는 경우가 많았다.

그러한 핵심적인 세부 사항은 심리학자들이 '암묵적 지식tacit knowl-edge'[114]이라고 부르는 지식, 즉 일이 언제 어떻게 어떤 상황에서 이뤄지는지에 대한 정보 지식을 구성한다. 암묵적 지식은 직원들이 보다 공식적인 회의와 교육 과정에서 접하는 획일화된 정보에서는 찾아볼 수 없는 지식이다. 또 이 암묵적 지식은 수많은 기업이 투자한 '지식 관리 시스템'과 관련해 문제를 겪는 부분이기도 하다. 그러한 시스템을 통해 이용할 수 있는 정보는 문맥이 결여돼 있고 세부 정보가 생략돼 있어 거의 쓸모없는 정보가 되고 만다. 마이어스는 이렇게 말한다. "직원들이 직장에서 배우고 발전하는 데 필요한 지식 대부분은 보통 온라인 저장소나 지식 관리 시스템에 문서화돼 있는 공식적인 정보가 아니다. 그들에게 필요한 정보는 보통 그 조직의 암묵적 지식, 즉 정확히 포착하거나 기록하기 어려운 복잡 미묘한 것들을 설명해 주는 지식이다."[115]

암묵적 지식이 부재한 지식 저장소의 실망스러운 실적은 마이어스가 한 대기업 직원을 만나 진행한 인터뷰를 생각나게 한다. 그 직원의 조직은 회사 수뇌부가 지닌 전문 지식을 문서화하기 위한 정교한 지식 관리 시스템에 수백만 달러를 투자했다. 그는 "저는 항상 지식 관리 시스템을 사용합니다"라고 명확하게 말했다.[116] 그러나 그는 회사 리더들이 의도한 방식으로 그 시스템을 사용하지 않았다. "그 문서를 누가 작성했는지 확인하기 위해 항목 맨 아래까지 스크롤을 한 다음 작성자에게 전화를 겁니다." 그 직원이 찾고 있는 것은 상세하고 미묘한 정보가 가득 담겨 있어 맥락과 관련된 내용을 풍부하게 잘 설명해 주는 정보다. 간단히 말해서, 그가 찾고 있는 것은 이야기였다.

그룹과 함께
생각하기

미국 해군 항공모함인 USS 팔라우^{Palau}는 며칠 동안 캘리포니아 해안에서 군사 훈련을 실시한 후 원위치로 복귀하고 있었다.[1] 헬리콥터 스물다섯 대를 수송할 수 있을 만큼 거대한 이 항공모함은 샌디에이고 항구로 빠르게 들어오는 중이었다. 비행갑판에서 두 층 위쪽에 있는 항해 함교^{navigation bridge}에 위치한 조타실 내부 분위기는 활기찼다. 승무원들은 곧 상륙해 육지에서 즐거운 시간을 보내게 될 것이었다. 그들은 그날 밤 저녁을 먹으러 갈 장소에 대해 대화를 나누고 있었다. 그때 갑자기 선박 기관사의 목소리가 선내 방송을 통해 흘러나왔다.

그는 큰 소리로 말했다. "함교, 중앙 제어실에 알립니다. 지금 증기 드럼 압력이 떨어지고 있습니다. 뚜렷한 원인은 알 수 없습니다. 조절판을 닫겠습니다."[2]

항해사의 지휘 아래 근무하던 한 하급 장교가 재빨리 선내 통신 장치로 이동해 "조절판을 닫겠습니다"라고 말하며 상황을 알렸다.[3] 항해사는 조타실의 좌현에 앉아 있는 함장에게 몸을 돌렸다. "함장님, 기관사 말에 따르면 뚜렷한 이유 없이 보일러에서 증기 드럼 압력이 떨어지고 있습니다"라며 현재 벌어지고 있는 상황을 다시 전했다.[4]

선내에 있는 모든 사람은 그 메시지가 긴급한 내용이라는 것을 알고 있었다. 증기압을 잃는다는 것은 사실상 선박 전체가 동력을 잃는다는 사실을 의미했다. 예기치 못한 사건의 결과는 곧바로 자명하게 나타났다. 기관사의 보고가 있고 나서 불과 40초 만에 증기 드럼이 비워졌고, 모든 증기 작동 시스템이 서서히 멈췄다. 몇 초간 고음의 경보가 울렸고, 레이더와 다른 기기들의 전동기 회전력이 서서히 약해지다가 멈춰 버리자 함교는 무서울 정도로 조용해졌다.

하지만 전력 공급 중단이 비상사태의 전부가 아니었다. 증기가 부족하다는 것은 승무원들이 군함 속도를 줄일 수 없다는 사실을 의미했다. 당시 그 군함은 닻을 내리기에는 너무 빠른 속도로 움직이고 있었다. 추진력을 줄일 수 있는 유일한 방법은 선박의 프로펠러를 역전시키는 것이었다. 물론, 그 작업을 수행하려면 증기가 필요하다. 게다가 증기의 손실은 군함을 조종하는 승무원들의 능력을 저하시켰고, 그 결과는 곧 아주 분명하게 드러났다. 항해사는 뱃머리 너머를 걱정스럽게 바라보면서 조타수에게 키를 오른쪽으로 10도 돌리라고 말했다. 조타수는 타륜을 돌렸지만 소용이 없었다.

"항해사님, 키를 조종할 수 없습니다!"[5] 조타수가 소리쳤다.

조타 장치에는 수동 백업 시스템이 있었다. 선박의 선미 쪽에 있는 객실에서 땀을 흘리는 두 사람은 움직이지 않는 키를 1인치라도 움직이기 위해 안간힘을 쓰고 있었다. 여전히 뱃머리 너머를 살펴보고 있던 항해사가 속삭였다. "서둘러야 해, 빌어먹을. 선회해야 한다고!"[6] 그러나 1만 7000톤짜리 항공모함은 본래의 항로에서 멀리 벗어나 복잡한 샌디에이고 항구로 계속 항해해 나가고 있었다.

이 모든 상황을 실시간으로 지켜본 사람은 바로 에드윈 허친스Edwin Hutchins였다. 허친스는 샌디에이고에 있는 해군 인사연구개발센터Naval Personnel Research and Development Center에 고용된 심리학자였다. 그는 참관인 자격으로 연구를 수행하고 대화를 녹음하기 위해 팔라우 군함에 탑승했다. 이제 그 선박은 승무원들이 말하는 '사상자casualty'[7]가 돼서 당면한 위기에 휘청거렸고 허친스는 그 상황을 주시하기 위해 그들을 따라다녔다.

허친스는 조타실 모퉁이에서 승무원들의 리더인 함장을 바라봤다. 함장은 그 모든 일이 일상인 듯이 침착하게 행동하고 있었다고 허친스는 언급했다. 사실 허친스는 당시 상황이 결코 일상적이지 않았다는 사실을 알고 있었다. "가끔씩 들리는 갈라지는 목소리, 중얼거리듯 나오는 욕설, 시원한 봄 오후에 재킷을 벗자 드러나는 땀에 흠뻑 젖은 셔츠가 현실을 그대로 이야기해 줬다. 팔라우는 제대로 통제되지 않았고, 선원들의 직업은 물론이고 어쩌면 생명까지 위험에 처한 상황이었다."[8]

허친스는 그가 '사회적 분산 인지socially distributed cognition'[9]라고 부르는 현상, 즉 사람들의 마음을 통해 생각하는 방식을 연구하기 위해 팔라우에 올라 시간을 보냈다. 나중에 그는 이렇게 썼다. "내 목표는 분석이라는 인지 단위의 경계를 한 개인 밖으로 옮기고, 항해 팀을 인지 시스템과 계산 시스템으로 간주하는 것이었다."[10] 허친스는 그러한 시스템이 "그만의 흥미로운 인지적 특성을 지닐 수 있다"고 덧붙였다.[11] 어떤 정신으로도 해결할 수 없을 것만 같은 어려움에 직면하면서 팔라우 승무원들의 사회적 분산 인지가 시험대에 오르기 직전이었다.

증기 기관 오작동으로 인한 후속 결과 중 하나는 팔라우 항해 팀이 의지하는 핵심 도구인 자이로컴퍼스gyrocompass 고장이었다. 자이로컴퍼스가 없는 항해 팀은 해안의 주요 지형지물이 알려 주는 방위 간의 관계를 계산하면서 배의 위치를 수동으로 확인해야 했다. 게다가 팔라우의 위치가 이동 표적이었기 때문에 이 계산을 1분에 한 번씩 행해야 했다. 팔라우의 조타장quartermaster chief인 리처드Richards라는 사람은 조타실의 해도대chart table 작업에 차분히 임했다. 그러나 곧바로 그 작업은 한 명의 두뇌로 감당하기에 너무 벅찬 작업이라는 것을 쉽게 알 수 있었다.

처음에 허친스는 리처드가 자신의 몸 전체와 수중에 있는 도구를 통해 업무의 부담을 분산할 방법을 모색했다고 관찰했다. 리처드는 그가 계산하고 있는 숫자들을 거의 "읊조리듯 숨죽여" 반복했다.[12] 작업 기억 능력을 확장시키기 위해 목소리와 청각을 사용하는 것이다. 그는 자신이 담당하고 있는 많은 정보량을 추적하는 데 도움을 주기 위해 손끝으로 추가되는 숫자열을 추적했다. 리처드는 연필로 해도대의 여백에 중간 합계를 적으면서 허친스가 말하는 일종의 '외부 기억 장치external memory'[13]를 그 자리에 고정시켰다. 그리고 계산기를 꺼내 그의 두뇌가 수학적 연산을 수행하는 데 드는 부담을 덜어 줬다. 그럼에도 불구하고 리처드는 혼자 힘으로 작업을 수행하면서 점점 뒤처지기 시작했다. 그는 팀 동료이자 이등 조타수인 실버Silver

의 정신 능력, 다시 말해 정신 자원을 더 늘리기로 했다. 그런데 두뇌가 하나 더 늘면서 새로운 과제가 생겨났다. 빠르게 진행되는 작업을 분배하기 가장 좋은 방법을 즉각적으로 알아내는 것이었다.

그러는 와중에도 배는 계속 움직였고, 이제 또 새로운 비상사태가 발생했다. 팔라우호는 범선 한 척을 향해 다가가고 있었고, 그 배에 탑승해 있던 사람들은 팔라우호의 끔찍한 상황을 인지하지 못하고 있었다.

허친스는 "보통 때였다면 팔라우호가 거대한 경적으로 다섯 번의 굉음을 냈을 것이다"라고 언급했다.[14] 그러나 팔라우호의 경적은 증기 경적이었고, 증기압이 없으면 소리를 낼 수 없었다. 배에는 작은 수동 무적foghorn(안개가 낄 경우 항해 중인 배에 충돌을 조심하라는 의미로 울리는 고동을 말한다-옮긴이)이 있었다. 허친스의 설명에 따르면, 그 무적은 갈대와 종이 달린 자전거 공기 주입기였다.[15] 항해 일지 담당자인 하급 장교 한 명이 무적을 찾기 위해 급히 달려가 그것을 가지고 뱃머리로 가서 소리를 냈다. 한편 함장은 비행갑판의 선내 방송 설비를 이용하기 위해 마이크를 잡고 말했다. "팔라우의 뱃머리를 가로지르는 범선에 알립니다. 제가 할 수 있는 게 없습니다. 위험을 감수하고 건너고 있군요. 제가 할 수 있는 게 없어요."[16]

이때 그 범선이 팔라우호 뱃머리 아래로 사라졌고, 돛의 끝부분만 조타실에서 볼 수 있었다. 승무원들은 곧 일어날지 모르는 충돌에 대비했다. 항해 일지 담당자가 마침내 뱃머리에 도착해 다섯 번의 약한 경적을 울렸지만, 도움이 되기에는 너무 늦게 경적을 울린 것 같았다. 그런데 몇 초 후, 범선이 우현 뱃머리 아래에서 여전히 항해하고 있는 모습이 보였다. 적어도 그 범선은 '사상자'가 되지 않을 수 있었다.

다시 조타실 내부로 들어가자 리처드와 실버는 여전히 해도대 곁에 모여 있었고, 그들에게 주어진 작업을 분배하기 위해 애쓰고 있었다. 허친스의 세심한 관찰에 따르면, 두 사람은 일관된 행동 패턴이 나타나기 전에 서른두 번의 시도를 했고, 그 시도 끝에 두 사람 사이에 효과적인 분업이 이뤄졌다.[17] 허친스는 "서른세 번째 시도만에 그들은 처음으로 안정적인 구성이 될 작업을 수행했다"고 언급했다.[18]

일단 이 구성이 자리를 잡으면서 두 사람은 새로운 방위 데이터를 받아 새로운 위치 계산을 하면서 안정적인 리듬을 유지했다. 두 사람의 조직화된 노력과 나머지 승무원들의 도움으로 그 거대한 군함은 안전한 곳으로 인도됐다. 허친스는 이렇게 기록했다. "문제가 발생한 지 25분 후, 통제에서 벗어난 항해가 시작된 지점에서 2마일 이상 떨어진 곳에서 팔라우호는 주운 수로navigation channel(배가 움직여 이동하는 항로를 말한다 - 옮긴이) 바로 바깥쪽에 물 높이가 충분한 곳에서 닻을 내렸다."[19]

허친스는 이렇게 덧붙였다. "팔라우호가 안전하게 닻을 내린 것은 함교 승무원들의 뛰어난 선박 항해술 덕분이었다. 하지만 함장이든, 항해사든, 항해 팀을 지휘하는 조타장이든 함교 승무원 중 그 누구도 혼자서는 배를 계속 통제하면서 안전하게 정박시킬 수 없었을 것이다."

허친스가 관찰한 팔라우호 사건은 '사회적 분산 인지'를 자세히 살펴보고자 하는 심리학자에게는 더없이 좋은 사례다. 그러나 우리는 그러한 집단적 사고의 사례에 관심을 갖지 않는 경우가 너무 많다. 우리의 문화와 제도는 개인의 고유성, 특수성, 독립성 등 개인에 집착하는 경향이 있다. 사업, 교육, 공적 생활, 사적 생활에서 우리는 협업보다는 개인의 경쟁을 강조한다. 우리는 순응이라고 여기는 것에 저항하고(적어도 명시적이고 조직적인 방식으로), 우리가 '집단 순응 사고groupthink'라고 부르는 것을 의심의 눈초리로 바라본다.

이러한 경계심을 갖는 데에도 나름의 이유는 있을 수 있다. 비판적이지 않은 집단 사고는 어리석거나 형편없는 결정으로 이어질 수 있기 때문이다. 하지만 과도한 '인지적 개인주의cognitive individualism'20의 한계 역시 점점 더 분명해지고 있다. 개인의 인지 능력만으로 매우 복잡한 세상에서 마주할 어려움에 대처하기는 어렵다. 이러한 사회적 환경에서 혼자 애를 쓰는 한 사람의 정신 능력은 문제를 해결하거나 새로운 아이디어를 창출하는 데 분명히 불리한 점이 될 수 있다. 혼자 생각하는 것 그 이상의 무언가가 필요하다. 종으로서 우리 인간에게 정말 자연스러운 상태이지만 그럼에도 불구하고 지극히 이상하고 이국적으로 보일 수 있는 의식 상태, 즉 집단심리group mind가 필요하다.

여러 의식은 어떻게 하나가 되어 생각할까? 그것은 기이해 보일 수 있고 심지어 마법처럼 보일 수도 있다. 사실, 개인주의에 대한 우리 문화의 오랜 이념적 집착과 더불어, 집단심리를 부정적으로 볼 수밖에 없는 역사적 사례로 인해 서양 학계의 집단심리 연구는 미심쩍은 출발을 했다. 문제의 사건은 19세기 후반과 20세기 초반에 시작됐다. 프랑스 출신의 의사 귀스타브 르 봉Gustave Le Bon과 영국 출신의 심리학자 윌리엄 맥두걸William McDougall 등 19세기 후반과 20세기 초반의 지식인들은 군중이 자신들과 같은 생각을 갖고 있는 것처럼 보이는 방식에 매료돼 있었다. 당시 집단심리는 강력할 뿐 아니라 위험하다고 간주됐다. 즉 원시적이고, 비이성적이고, 폭력적이라고 생각했다. 또 집단은 개인보다 지능적이지 못하다고 가정했다. 르 봉은 1895년 처음 출간된 《군중심리The Crowd: A Study of the Popular Mind》에서 복잡한 생각은 아주 단순한 형태를 취할 수 있을 때만 군중이 쉽게 이해할 수 있다고 주장했다. 그는 이렇게 썼다. "특히 우리가 다소 거만한 철학적 또는 과학적 아이디어를 다룰 때, 우리는 군중의 지적 수준에 그 아이디어를 맞추기 위해 얼마나 광범위한 수정이 필요한지 알게 된다."[21] 맥두걸도 1920년에 출간된 《집단심리The Group Mind: A Sketch of the Principles of Collective Psychology》에서 비슷한 내용을 언급했다. 그는 이렇게 주장했다. "군중이나 평범한 사람들뿐 아니라 배심원단, 위원회, 기업 등 부분적으로 조직화된 모든 유형의 단체도 쉽게 판단을 내리고, 결정하고, 규칙이나 법률을 제정하는 것으로 악명이 높다. 그래서 명백한 오류가 있거나, 현명하지 못하거나, 심지어 소속된 집단 내에서 지능이 가장 낮아 결함이 있는 구성원조차 더 나은 결과를 내리라는 기대를 가졌을 것이다."[22]

집단심리에 대한 이러한 생각은 엄청난 영향력이 있었다.[23] 그 개념이 세상에 미친 영향은 오늘날 우리가 흔히 집단 사고를 불신하고 폄하하는 마음에도 여전히 남아 있다. 그러나 그러한 개념을 다루는 분야는 불안정한 경험적 토대 위에 놓여 있었다. 집단심리가 어떻게 작동하는지 설명할 방법도 없이 그 개념을 다루는 이론가들은 모호하고 비과학적이며 심지어 초자연적인 추측에 의지했다. 르 봉은 군중 속에서 작용하는 '자기 영향magnetic influence'[24]에 대해 추측했다. 맥두걸은 '텔레파시를 이용한 의사소통'[25]의 가능성에 대해 깊이 생각했다. 심지어 정신분석학자 칼 융도 한 그룹의 사람들을 하나로 묶

어 주는 '유전 심령체genetic ectoplasm'**26**를 우리가 공유한다는 개념을
발전시키며 한몫을 했다. 결국 이 분야는 개념의 부정확성과 모순에
의해 무너졌다. 한 연구자는 "집단심리의 개념은 사회심리학의 역사
속으로 불명예스러운 퇴장을 했다"고 썼다.**27** 또 다른 관찰자는 "그
개념은 존중받아 마땅한 과학적 담론의 영역에서 추방됐다"고 언급
했다.**28** 사회과학자들은 스스로 생각하고 행동하는 개인에만 거의
독점적으로 초점을 맞췄다.

하지만 집단심리에 대한 심도 깊은 연구는 이제 놀라운 재기를 보
여 주고 있다.**29** 집단심리는 순전히 그 필요성 때문에 부활했다. 현재
의 상황이 그것을 필요로 하기 때문이다. 지식은 더 넘쳐나고, 전문
지식은 더 특화됐으며, 문제는 더 복잡해졌다. 사실을 바탕으로 한 지
식, 숙련된 전문 지식, 정신적 노력이 많은 사람 사이에 분포돼 있는
현대 사회에서의 집단심리 활성화는 새로운 국면에 적절하게 대응할
수 있는 유일한 방법이다. 집단 사고가 더욱 중요해짐에 따라, 집단
사고를 잘할 수 있는 방법에 대한 관심이 커졌다. 동시에 재구성된
이론과 새로운 조사 방법들은 연구자들에게 집단심리가 실제로 어떻
게 작용하는지에 대한 새로운 통찰을 제시했고 그 분야를 과학적 기
반 위에 올려놨다. 무분별하거나 초자연적이지 않은 집단 사고는 몇
가지 근본적인 메커니즘에 기초한 인간의 정교한 능력이다. 먼저 동
시성synchrony부터 살펴보도록 하자.

매일 아침 6시 30분, 그 프로그램은 경쾌한 피아노 소리와 함께 시
작한다.**30**

"노비노비 토 세노비 노 운도우 카라!" 일본에서 수십 년에 걸쳐 매

일 방송되고 있는 삼 분짜리 체조 동작을 라디오 타이소 Radio Taiso('라디오 체조'라는 의미다-옮긴이)의 내레이터가 설명한다. "똑바로 서서 온몸을 쭉 펴세요!"[31] 방송 시간에 맞춰 사무실, 공장, 건설 현장, 커뮤니티 센터, 공원 등에 모인 일본인 수백만 명이 어린 시절부터 익혀온 체조 동작을 하기 시작한다.

"하나, 둘, 등을 굽히고, 등을 펴고, 다음은 팔과 다리입니다!" 동급생, 동료, 젊은 엄마 그룹, 노인 그룹이 일제히 팔을 뻗고, 몸을 풀고, 몸을 구부리고, 깡충깡충 뛴다. "이제, 리듬에 맞춰 몸을 흔들면서 앞으로 구부리세요! 세 번 구부린 다음, 엉덩이에 손을 얹고, 뒤로 구부리세요." 팔을 흔들고 무릎을 굽혔다 펴면서 사람들은 방송의 마무리 멘트가 나올 때까지 마치 한 몸이 된 것처럼 움직인다. "심호흡을 하면서 마무리하겠습니다, 천천히 들이마시고 천천히 내쉽니다. 다섯, 여섯, 그리고 한 번 더!"

아주 어린 학생부터 소니와 도요타의 최고 경영진에 이르기까지 모두가 함께 하는 이 활동의 이점은 그 활동에 참여하는 사람들의 신체 건강과 유연성 그 이상이 될 수 있다. 상당수의 연구에서 신체적 움직임을 포함한 우리의 행동을 다른 사람들의 행동에 맞춰 조정하는 행동 동기화가 우리가 인지 동기화라고 부를 수 있는 것, 즉 여러 사람이 함께 효율적으로 생각하고 효과적으로 생각하는 것에 도움을 준다는 사실이 밝혀졌다.

예를 들어, 워싱턴대학교 소속 심리학자들이 수행한 연구에서는 4세 어린아이들에게 둘씩 짝을 짓게 해 연구실에 설치된 스윙 세트 swing set(그네와 미끄럼틀 등이 딸린 놀이 기구를 말한다-옮긴이) 기구를 갖고 놀도록 했다.[32] 그런 다음 아이들이 똑같이 움직이는지 아니면 각

341

자 따로 움직이는지 조심스럽게 관찰했다. 그네에서 내려온 후 짝과 함께 타이밍을 맞춰 그네를 탔던 미취학 아동들은 짝과 협력할 가능성이 더 높았다. 그리고 컴퓨터 게임에서 동기화된 플레이를 경험한 8세 어린이들 사이에서도 비슷한 연구 결과가 발견됐다.[33] 그 어린이들은 이후 또 게임을 했고 그들은 동기화된 플레이 경험을 공유하지 않는 참가자들보다 그 경험을 공유했던 짝들에게 훨씬 더 강한 동질감과 친밀감을 느꼈다. 성인들을 대상으로 한 연구들도 같은 결과를 보여 준다. 조화를 이루며 함께 움직일 때 우리는 더 효과적으로 협력할 수 있다.[34]

왜 그럴까? 가장 기본적인 관점에서 보면, 동기화는 우리가 협력할 마음이 있을 뿐 아니라 협력할 수 있는 능력이 있다는 가시적인 신호를 사람들에게 보낸다.[35] 동기화된 움직임은 협업을 하면 생산적일 것이라는 확신과 함께 상대에게 같이 작업하기를 제안하는 역할을 한다. 이렇게 신호를 보내는 기능 외에도 동기화는 우리가 우리 자신과 다른 사람을 바라보는 방식에 큰 변화를 일으키는 것으로 보인다. 우리가 다른 사람들과 동시에 같은 방식으로 움직이고 있다는 인식은 한 집단의 일부가 되는 일에 대한 우리의 의식을 높여 주고, 우리가 한 개인으로서의 자신에게만 집중하는 것을 막아 준다.[36] 동기화된 사람들은 서로 비슷한 동작을 하기 때문에, 우리는 그들의 행동을 더 쉽게 이해하고 예측할 수 있다.[37] 연구에 따르면, 우리가 그들의 머릿속에서 무슨 일이 일어나고 있는지 추측하면 그들을 더 잘 이해하고 잘 다룰 수 있게 된다.[38] 동기화는 심지어 인식의 본질을 변화시켜 우리의 시각계가 움직임이 나타나는 것에 더 민감하게 반응하도록 만든다.[39] 그러한 일련의 변화를 통해 우리는 우리와 동기화된 사람들의 외모, 움직임, 말 등 그 사람들에 대한 더 정확한 기억을 형성하게 된다.[40] 우리는 그들에게서 더 쉽게 배우고,[41] 더 유연하게 소통한다.[42] 또 그들과 더 효과적으로 공동의 목표를 추구해 나갈 수 있다.[43]

정서적인 관점에서 보면, 동기화는 다른 사람들, 심지어 낯선 사람들까지도 가족이나 친구처럼 보이게 하는 효과가 있다.[44] 우리는 우리와 동기화된 사람들에게 더 따뜻함을 느낀다.[45] 또 기꺼이 그들을 돕고 그들을 위해 희생할 수 있다.[46] 그리고 자신과 타인의 경계가 허물어지는 경험을 할 수도 있다.[47] 이때 자아가 위축됨을 느끼기보다는 오히려 우리 자신이 확장되고 힘을 얻는다고 느낀다. 운동선수와 무용수들을 대상으로 한 연구에서는 일제히 움직이는 행동이 지구력을 높이고 심지어 신체적 고통에 대한 감각을 완화한다는 사실이 밝혀졌다.[48] 또 동기화는 한 연구자가 '사회적 소용돌이social eddy'[49]라고 부르는 개념으로 우리를 이끈다. 사회적 소용돌이 안에서는 개인의 이익에 대한 압박은 줄어들고 그룹의 성과가 가장 중요해진다. 우리가 사회적 소용돌이에 이끌릴 때, 다른 사람들과 협력하는 게 아무 힘이 안 들 정도로 순조롭게 느껴진다.

공동체 정신과 내부 결속 사회로 유명한 일본의 동기화된 운동은 연구 결과와 인간 본성의 작용에 그 기반을 단단히 두고 있는 것으로 보인다. 모든 문화, 모든 시대, 군대, 교회, 그 외에 다른 여러 기관은 이질적인 개인들을 통일된 전체로 통합하기 위해 동기화된 움직임을 이용해 왔다.[50] 예를 들어, 오른손을 가슴에 얹고 국기에 대한 맹세를 암송하는 한 그룹의 미국 시민들이나 미사 때 무릎을 꿇고 고개를 숙인 채 같은 말을 동시에 소리 내어 말하는 가톨릭 신자들을 떠올려 보자. 신경과학자 월터 프리먼Walter Freeman이 말했듯이, 동기화는 매우 효과적인 '집단 형성의 생명공학'[51]이다. 그런데 왜 우리에게 그런 기술이 필요할까?

조너선 하이트Jonathan Haidt는 "인간의 본성이 90퍼센트는 침팬지와 같고 10퍼센트는 벌과 같아서 그렇다"고 그 이유를 제시한다.[52] 뉴욕 대학교 스턴 경영대학원 소속 심리학자인 하이트는 보통 우리는 우리 자신의 목적을 추구하는 경쟁심이 강하고 이기적인 동물이라고 지적한다. 이러한 속성이 바로 침팬지 쪽에 속한다. 하지만 우리는 또 공동체의 이익을 위해 하나가 되어 생각하고 행동할 수 있는 '초사회적ultrasocial' 생물인 벌처럼 될 수도 있다. 하이트는 그가 '군집 스위치hive switch'라고 부르는 심리적 방아쇠가 우리 안에 내재돼 있다고 주장한다. 군집 스위치가 켜지면 우리의 정신은 개인 중심에서 집단 중심, 즉 '나'에서 '우리' 모드로 바뀐다.[53] 군집 스위치가 켜지면 일을 완수하기 위해 함께 생각하고 개인의 정신을 우리가 속한 집단으로 확장시킬 수 있는 열쇠가 생긴다.

동기화된 움직임은 이 군집 스위치를 켜는 방법 중 하나다. 동기화된 움직임은 역사학자 윌리엄 맥닐William McNeill이 '근육 유대muscular bonding'[54]라고 부르는 연대감을 안정적으로 만들어 내기 때문이다. 맥닐은 유럽군이 다른 전투 부대들보다 우위를 점할 수 있었던 것은 16세기에 네덜란드에서 뿌리를 내려 다른 유럽 국가들로 퍼져 나간 관습 중 하나인 밀집 대형close-order(좁은 간격의 가로와 세로로 줄을 맞춰 이루는 대형을 말한다-옮긴이) 훈련의 심리적 영향 때문이라고 주장했다. 병사들은 대형을 이뤄 여러 시간 동안 행진을 했고, 그들의 움직임은 엄격하게 조정됐다. 그러한 훈련은 전쟁터에서 그들의 성과를 높이는 정신적·정서적 유대감을 만들어 냈다.

저명한 군사학자 맥닐은 그의 학식뿐 아니라 개인적인 경험을 바탕으로 한 전쟁 훈련의 효과에 대해 썼다. 젊은 시절 그는 미국 육군에 징집돼 텍사스에서 기초 훈련을 받았다. 맥닐은 그곳에서 그와 그의 신병 동기들이 시시각각 쩌렁쩌렁 울리는 구령에 맞춰 일제히 움직이고, 뜨거운 태양 아래서 땀을 흘리고, 가끔 하나! 둘! 셋! 넷! 하고 외치며 행진했다고 회상했다. 또 그는 그보다 더 쓸모없는 훈련을 상상하기란 쉽지 않겠지만, 시간이 지남에 따라 자신이 일반화된 감정적 고양 상태에 들어가는 자신을 발견했다고 언급했다.

그는 "훈련에 포함된 움직임을 일제히 반복하면서 느낀 감정을 말로는 다 표현하기 어렵다"고 썼다. "곳곳에 스며드는 듯한 행복감이 내가 기억하는 감정이다. 좀 더 구체적으로 말하면, 뭔가 알 수 없는 개인적 확장감 같은 것이 느껴졌다. 단체 훈련에 참여하면서 나는 내 자신이 삶보다 더 크게 확장되는 것만 같았고, 뭔가 벅차오르는 감정을 느꼈다." 맥닐은 이어서 이렇게 적었다. "분명히 무언가 본능적인 것이 작용하고 있었다. 나중에 나는 언어보다 훨씬 오래되고 인류 역사에서 매우 중요한 무언가가 작용했다고 결론을 내렸다. 그것이 불러일으키는 감정이 육중한 근육을 함께 움직이며 구호를 외치고, 군가를 부르고, 구령을 외치며 계속 단결하는 모든 집단 사이의 사회적 결속력을 무한히 확장시킬 수 있는 기반을 마련해 줬기 때문이다."

텍사스 평원의 먼지투성이 자갈밭에서 맥닐과 그의 전우들에게 일어난 일은 분명히 서로 맞춰 가며 함께 움직이는 행동 동기화의 산물이었다. 그러나 그들에게 영향을 미치는 다른 요인이 또 있었을 것이다. 그들은 단순히 움직임만 공유한 게 아니라, 다 같이 각성 상태에

그들과 함께 생각하기

345

빠져 있었다. 즉 행진을 하는 데 따르는 육체적 노력, 태양의 열기, 상관의 명령 소리에 대한 그들 몸의 공통된 반응이 있었다. 이러한 반응 역시 집단심리의 출현을 뒷받침했다.

함께 느끼는 각성의 중요성은 조슈아 콘래드 잭슨Joshua Conrad Jackson이 설계하고 2018년 학술지 〈사이언티픽 리포트Scientific Reports〉에 발표한 독창적인 실험 연구에서 입증됐다. 잭슨과 그의 동료들은 "실제 행진 의식에서 발견되는 상황을 시뮬레이션하기 위해 연구를 시작했고, 전통적인 심리학 실험실보다 더 큰 장소를 사용해야 했다"고 언급했다.[55] 그들은 연구 장소로 25미터 상공에서 사람의 행동을 촬영할 수 있는 고화질 카메라가 설치된 전문 스포츠 경기장을 선택했다. 실험 참가자 172명을 경기장에 모아 그룹으로 나눈 후, 연구자들은 동기화와 각성에 대한 경험을 실험 계획에 맞게 설정했다. 첫 번째 그룹은 동료 멤버들과 함께 횡렬 종대로 행진하도록 했고, 두 번째 그룹은 하고 싶은 대로 자유로운 방식으로 걷도록 했다. 세 번째 그룹은 경기장을 빠르게 걷도록 해서 그들의 생리적 각성을 자극했고, 네 번째 그룹은 느긋한 속도로 산책하도록 했다. 그러고 나서 잭슨과 그의 공동 연구자들은 각 그룹이 같은 활동에 참여하도록 하고, 무리를 지어 모이게 하고, 경기장을 가로질러 그들이 원하는 대로 흩어지도록 하고, 마지막으로 공동 작업(현장 곳곳에 흩어져 있는 나사받이washer 500개 수거하기)을 하면서 협력하도록 했다.

그 결과, 이전에 다른 사람과 동기화되고 함께 각성을 경험한 그룹이 독특한 방식으로 행동했다. 즉 더 포괄적인 그룹을 형성하고, 서로 더 가까이 서고, 더 효율적으로 협업했다. (경기장 천장에 설치된 카메라로 녹화한 영상을 분석하여 관찰이 가능했다.) 연구진은 이렇게 썼다. "연구 결과, 소규모 집단의 행동 동기화와 함께 느끼는 생리적 각성은 각각 사회적 결속력과 협동심을 증가시킨다. 이러한 연구 결과는 동기화와 각성이 왜 전 세계에서 행하는 의식이나 의례에서 동시에 일어나는지 이해하는 데 도움이 된다."

이 연구에서 입증됐듯이, 신체적 운동은 생리적 각성을 일으키기에 확실한 방법 중 하나다. 하지만 꼭 그 방법만 있는 게 아니다. 고조된 감정을 경험하는 것 역시 생리적 각성을 일으키는 데 효과가 있을 수 있다.[56] 몇 바퀴를 달려서 심장이 뛰든, 아니면 신나는 이야기를 들어서 심장이 뛰든, 함께 느끼는 각성은 한 무리의 개인들을 결속시키는 또 다른 방법이 될 수 있다.[57] 행동적 동기화로 그룹 구성원들은 마치 한 존재인 것처럼 팔과 다리를 움직인다. 또 생리적 동기화로 그들의 심장이 함께 뛰고, 그들의 피부는 마치 한 몸인 것처럼 땀을 흘린다. 행동적·생리적 동기화 모두 더 강한 인지 동기화를 만들어 낸다.[58] 최근 발표된 연구에서는 심지어 '신경 동기화neural synchrony'[59]의 존재를 암시하고 있다. 한 그룹의 사람들이 함께 잘 생각할 때, 그들의 뇌 활동 패턴이 서로 닮아 간다는 흥미로운 연구 결과가 나왔다. 우리 모두가 분리된 존재라고 믿을 수도 있지만, 우리의 몸과 정신은 그 차이를 메울 수 있는 많은 방법을 갖고 있다.

현실에 존재하는 수많은 의식이나 의례들뿐 아니라 많은 실험 결과가 행동 동기화와 생리적 각성을 '해킹'함으로써 군집 스위치를 켜는 것처럼 집단심리를 활성화하는 일이 가능하다고 보여 준다. 핵심은 특정 유형의 집단 경험, 즉 사람들이 물리적으로 가까운 거리에서 함께 행동하고 느끼는 실시간 만남과 같은 경험을 하는 데 있다.[60]

그렇지만 우리는 학교와 회사에서 갈수록 더 정반대의 경험을 하고 있다. 개인의 요구에 맞춘 학습용 '플레이리스트'부터 개인의 학습 진도에 맞는 온라인 교육 모듈에 이르기까지 기술의 도움으로 우리는 동기화되지 않고 세분화된 각자의 경험을 쌓고 있다. 그렇다면 왜 우리의 그룹은 긴밀히 협업하지 않는지, 왜 그룹 작업은 자주 좌절되고 실망스러운 결과를 내는지, 또 왜 그룹과 함께 생각하는 것이 우리의 지능을 확장시키지 않는지 궁금해질 수밖에 없다.

현재 우리가 취하고 있는 접근 방식은 왜 그렇게 잘못된 것일까? 우리의 접근법은 어떻게 접하든 정보는 정보고, 우리가 어떻게 일하든 업무는 업무라고 가정한다. 하지만 실제로 집단심리라는 새로운 학문 분야는 우리가 개인으로서가 아니라 긴밀하게 서로 단결된 그룹의 일부로서 생각할 때 더 새롭고 더 나은 방식으로 생각할 수 있다는 사실을 보여 주고 있다. 주의력과 동기 부여와 관련해서는 특히 더 그렇다. 이 두 상태의 본질은 우리가 단독으로서가 아닌 집단으로서의 상태가 될 때 의미 있는 방식으로 변화한다.

먼저 주의력을 살펴보면, 심리학자들이 '공유된 주의력shared attention'[61]이라고 부르는 현상은 우리가 다른 사람들과 동시에 같은 사물이나 정보에 집중할 때 발생한다. 우리가 다른 사람들과 함께 특정 자극에 집중하고 있다는 인식은 뇌가 특별한 의미를 부여하도록 하고, 특히 더 중요하다는 정신적 꼬리표를 붙인다.[62] 그런 다음 우리는 그 대상에 더 많은 정신적 대역폭을 할당하고 그것을 더 깊이 처리한다. 과학자들의 표현을 빌리면, 우리는 그것에 '인지적 우선순위 지정cognitive prioritization'[63]을 한다. 정보가 넘쳐나는 세상에서 우리는 '함께 나누는 주의력'을 통해 무엇에 집중해야 하는지 알아내는 데 도움을 받고, 정신적 자원을 그 주의력이 비추는 대상에 쏟을 수 있다.[64] (대부분 자동으로이뤄지는) 이러한 과정을 거쳐서, 우리는 다른 사람들과 함께 그 대상에 집중할 때 더 잘 학습한다.[65] 또 다른 사람들과 함께 그 대상에 집중할 때 더 잘 기억한다.[66] 그리고 다른 사람들과 함께 집중한 정보에 따라 행동할 가능성이 높다.[67]

다른 사람과 함께 주의 집중하는 행동은 영유아기에 시작된다.[68] 생후 9개월이 되면 아기는 어른이 고개를 돌리는 쪽을 바라보기 시작한다.[69] 영유아들은 주변에 있는 어른들이 보고 있는 듯한 사물을 더 오래 바라볼 것이고,[70] 그들 혼자서 주의를 기울였던 물체보다 그들을 돌보는 사람과 함께 주의를 기울였던 물체를 더 잘 인식할 가능성이 높다.[71] 보통 이렇게 미묘하고 무의식적인 방법으로 부모들은 자녀들에게 무엇이 중요하고, 무엇이 집중할 만한 가치가 있고, 무엇을 무시해도 되는지 끊임없이 가르치고 있다.[72]

한 살이 되면 아기는 어른이 고개를 돌리지 않아도 어른의 시선이 향하는 쪽을 안정적으로 바라보게 된다.[73] 그러한 시선 추적은 사람들이 눈에 잘 보이는 흰자를 갖고 있어 더 쉽게 이뤄진다.[74] 인간은 이러한 능력을 갖춘 유일한 영장류이며, 이 같은 특징은 과학자들이 '협력적 눈 가설cooperative eye hypothesis'[75]을 제시하도록 이끌었다. 협력적 눈 가설은 우리 눈이 서로 협력하는 사회적 상호 작용을 지원하기 위해 진화했다고 설명하는 이론이다. 과학 작가 커 단Ker Than은 "우리는 눈으로 볼 수 있지만, 그 말은 곧 우리 눈도 보인다는 것을 의미한다"라고 언급했다.[76]

세상을 다른 사람과 함께 보는 능력은 인간이 진화하면서 적응한 결과의 산물로, 우리가 다른 사람들과 생각 및 행동을 맞출 수 있는 월등한 능력을 갖게 한다. 다른 사람과 공유하는 관심, 그리고 함께 주의를 기울일 때 쏟는 인지 자원은 어떤 문제에 관한 '정신 모델'에 그룹 구성원들과의 큰 공통분모를 만들어 낸다. 따라서 그 문제를 해결하는 동안 더 원활하게 협력할 수 있게 된다. 좁은 출입구를 통해 가구를 조심스럽게 움직이는 일에서부터 달에 보낼 로켓을 공동으로 설계하고 발사하는 일까지, 어찌 보면 인간의 모든 성취는 이 능력이 있어 가능한 것이다.[77] 그리고 그 능력은 아기들의 시선이 우리 눈의 방향을 따라가는 것에서 시작된다.

어른과 아이의 상호 작용과는 다르지만, 성인들이 다른 성인과 공유하는 관심 역시 여전히 중요하다.[78] 여기서 그들이 함께 나누는 관심의 기능은 초보자를 위한 전문적인 교육이라기보다는 정보와 느낌을 함께 기억하고 유지하는 것이다. 우리는 동료들이 주목하는 것을 계속 모니터링하면서 우리도 같은 대상에 주의를 기울여야 한다고 느낀다. (길거리에 있는 모든 사람이 하늘을 올려다볼 때, 우리도 그들을 따라 하늘을 올려다보게 된다.) 이러한 방식으로 세상을 향한 우리의 정신 모델은 우리 주변에 있는 사람들의 정신 모델과 동기화된다.[79]

공유된 관심을 통해 얻게 된 공통점은 문제를 해결하기 위해 협력하는 팀에게 특히 중요하다. 공동 작업을 하는 그룹에 대한 연구는 효과적인 성과를 내는 팀 구성원들이 동시에 같은 영역을 바라보며 그들의 시선을 동기화하는 경향이 있다는 점을 보여 준다.[80] 이렇게 그룹 구성원들이 공동으로 관심을 기울이는 순간이 많을수록 더 성공적인 결과를 만들어 낼 수 있다. 연구에 따르면, 그러한 순간을 만들어 내는 능력도 연습을 통해 습득할 수 있다. 시뮬레이터로 수술을 하는 의사 팀에 대한 한 연구에 따르면, 경험이 풍부한 외과 전문의들의 시선은 약 70퍼센트 비율로 겹쳤지만, 신참 의사들의 시선은 수술 시간 중 30퍼센트 정도만 겹쳤다.[81] 그러나 효과적으로 협력하는 의사들이 항상 같은 곳을 바라보는 것은 아니었다. 그들은 혼자 보고 함께 보는 행위를 번갈아가며 행했다.[82]

우리가 그룹과 함께 생각할 때 그 효과가 커지는 것처럼 동기 부여 역시 마찬가지다. 펜실베이니아대학교 소속 심리학자인 안젤라 더크워스에 의해 대중화된 개념으로 '그릿'이 있다.[83] 이처럼 동기 부여의 일반적인 개념은 참여와 끈기는 개인적인 문제에 속하며 개별적인 의지로 이뤄지고 생겨난다는 가정에 기초한다. 이러한 이해가 놓치고 있는 것은 우리가 아끼는 그룹을 대표해 노력을 다할 때 인내하고자 하는 우리의 의지가 강해질 수 있다는 점이다. 만약 우리가 어떤 그룹에 속해 있다는 진심 어린 소속감을 느끼고, 개인의 정체성이 그룹의 성공에 단단히 결속돼 있다면, 멤버십은 강력한 동기 부여의 원천이 될 수 있다.[84] 이러한 조건들이 충족될 때, 그룹 멤버십은 내재적 동기 부여의 한 요인으로 작용한다.[85] 다시 말해서, 우리는 돈이나 대중의 인정과 같은 외적 보상이 아닌 공동의 노력을 기울임으로써 얻게 되는 만족 등의 내적 요인에 영향을 받는다. 또 심리학자들이 충분히 입증한 바와 같이, 내재적 동기는 외재적 동기보다 더 강력하고, 더 지속적이며, 더 쉽게 유지된다. 내재적 동기는 우리가 주어진 일을 더 즐겁게 경험하고 잘 수행할 수 있도록 이끌어 준다.[86]

단독적인 '나'가 아닌 집단적인 '우리'의 일부로서 하는 경험은 우리가 정신적으로 집중하고 에너지를 할당하는 방식을 아주 적절하게 변화시킨다. 그러나 각자 자기가 할 일은 자기가 알아서 해야 한다고 말하는 우리 사회의 많은 요소는 '우리'라는 강력한 의식이 만들어지기를 방해한다. 개인의 성취를 강조하고 집단의 결속을 소홀히 하는 것은 우리가 다른 사람들과 관심과 동기 부여를 공유함으로써 얻을 수 있는 충분한 혜택을 제대로 누리지 못하고 있다는 점을 의미한다. 명목상 그룹이 존재하기는 하지만, 보통 그 존재감이나 결속력이 약한 경우가 많다. 심리학자들은 집단들이 '실체성entitativity'[87] 또는 좀 더 기억하기 쉬운 표현으로 '집단성groupiness'에 대한 의견을 매우 달리한다는 사실을 발견했다. 우리는 개인의 재능을 갈고닦는 데 쏟는 시간과 노력의 일부를 결속력 있는 팀을 형성하는 데 더 생산적으로 사용할 수 있다.

집단성을 기르기 위해 우리가 취할 수 있는 몇 가지 단계가 있다. 첫째, 함께 생각해야 할 필요가 있는 사람들은 직접 만나 함께 배우고 익혀야 한다. 우리가 사용하는 디지털 기기의 편재는 한 교실에 모여 있는 학생들 사이에서조차 공유 학습이 이뤄지는 것을 어렵게 만들 수 있다. 몇 년 전, 고등학교 교사 폴 반웰Paul Barnwell은 그의 학생 중 많은 사람이 수업을 받으면서 몸은 교실에 있지만 정신은 딴데 있다는 것을 깨달았다. 켄터키주 루이빌에 있는 펀크릭전통고등학교Fern Creek Traditional High School에서 영어를 가르치는 반웰은 이렇게 회상한다. "학생들은 책상 밑에서 스마트폰을 만지작거리면서 페이스북 피드와 문자 메시지를 확인하고 있었습니다."[88]

반웰은 학생들을 그룹 과제에 참여하도록 했고, 그는 학생들이 학문적인 토론을 어떻게 해야 하는지 모른다는 사실을 발견했다. 학생들은 동기화되지 않은 문자 메시지를 더듬더듬 교환하는 리듬에 길들여져 있었기 때문에 실제 대화를 실시간으로 나누는 일은 그들에게 익숙하지 않고 어색한 활동이었다. (연구에 따르면, 오늘날 청소년뿐만 아니라 성인 직장인 사이에서도 흔히 볼 수 있는 동기화되지 않은 의사소통은 그룹 과제나 업무의 효율성 및 효과를 감소시킨다고 한다.[89] 반웰은 학생들이 기기를 다른 방식으로 사용하도록 했다. 그는 학생들이 스마트폰으로 서로의 대화를 녹음한 다음 그들 자신과 상대방이 나누는 대화 패턴을 분석하도록 했다. 얼마 지나지 않아 학급 전체가 활발한 대화를 나눴다. 그들은 한 집단처럼 생각하고 행동하면서 집단만이 만들어 낼 수 있는 인지적 혜택을 누렸다.

집단성을 낳기 위한 두 번째 원칙은 바로 함께 생각해야 할 필요가 있는 사람들은 직접 만나 함께 교육 및 훈련을 받아야 한다는 것이다. 연구 결과에 따르면, 그룹으로 교육을 받은 팀은 각자 교육을 받은 사람들로 구성된 팀보다 더 효과적으로 협력하고, 더 적은 실수를 범하고, 더 높은 수준의 성과를 낸다.[90] 함께 교육을 받게 되면 흔히 발생하는 '사일로 효과silo effect',[91] 즉 동료들이 서로 다른 부서와 분야를 넘나들며 소통하거나 협업하지 못하는 현상도 줄일 수 있다. 그럼에도 불구하고, 다 같이 받는 교육은 많은 산업 분야에서 일반적이지 않다.[92] 예를 들어, 의료계에서 외과 전문의, 간호사, 마취 전문의, 약사 등 다양한 전문 분야를 대표하는 의료인들은 환자를 볼 때 서로 긴밀히 협력해야 한다. 하지만 전통적으로 그들은 다른 부서나 심지어 다른 기관에서 각자 교육을 받는다.

일부 의과대학과 병원은 현재 학과를 뛰어넘는 단체 교육을 실험하고 있다.[93] 미네소타대학교는 단체 교육을 실험하는 데 특히 눈길을 끄는 방법을 찾아냈다. 그 방법은 바로 '방 탈출escape room'[94]을 하는 것이다. (어드벤처 게임을 모델로 한) 이 활동에서는 간호학, 약학, 물리 치료학, 사회복지학, 그 외에 다른 학문을 공부하는 미네소타대학교 학생들이 모의 병실에 초대된다. 모의 병실에서 그들은 가상 환자에 대한 사례 연구를 제공받는다. 예를 들면, 다음과 같다. "조울증과 제1형 당뇨병 병력이 있는 55세 남성이 최근 조증 증상으로 유발된 당뇨병성 케톤산증diabetic ketoacidosis으로 응급실에 입원했다."[95] 한 시간이라는 제한 시간 내에 학생들은 병실에 있는 물건과 정보, 그리고 참가자들의 다양한 전문 지식을 활용해 일련의 문제를 풀면서 환자를 위한 퇴원 계획을 세우면서 협력해야 한다. 게임이 끝나면 학생들이 분야 간 협업의 어려움을 일정 지도하에 생각해 보는 임무 수행 보고 시간이 이어진다. 전문 분야 간 협업을 통한 방 탈출 활동은 현재 미네소타대학교에서 보건학을 공부하는 학생들을 위한 정규 교육 과정의 일부다. 펜실베이니아주 필라델피아, 뉴욕주 버펄로, 애리조나주 투손, 텍사스주 러벅에 위치한 병원과 의대에도 비슷한 교육 활동이 도입됐다.

집단성을 만들어 내기 위한 세 번째 원칙은 함께 생각해야 할 필요가 있는 사람들은 직접 만나 함께 느껴야 한다는 것이다. 실험실 연구뿐만 아니라 전쟁의 분쟁과 자연재해에서 살아남은 생존자들과 함께 수행한 연구에서도 감정적으로나 육체적으로 고통스러운 사건들이 그 사건들을 경험한 사람들을 결속시키는 일종의 '사회적 접착제social glue'[96]로 작용할 수 있다는 사실이 밝혀졌다. 그렇지만 한 집단을 하나로 결속시켜 주는 감정이 너무나 끔찍할 필요는 없다. 또 다른 여러 연구에서도 구성원들에게 서로의 생각과 감정을 솔직하게 공유해 달라고 부탁하는 것만으로도 집단의 결속력과 수행 능력이 향상된다는 것이 밝혀졌다.[97]

뉴욕에 본사를 둔 교육·컨설팅 기업인 에너지프로젝트Energy Project

는 매주 수요일 전사적인 '커뮤니티 미팅'을 연다. 각 직원은 "기분은 어떠십니까?"로 시작하는 일련의 간단한 질문을 받는다. 에너지 프로젝트 창립자이자 CEO인 토니 슈워츠Tony Schwartz는 "그 질문은 보통 '어떻게 지내세요?'라고 묻는 것과 매우 다른 질문이에요. 우리 모두는 매일 서로에게 물어봅니다"라고 말하면서 이렇게 덧붙였다. "사람들이 멈춰 서서 생각하고 한 번에 한 명씩 그 사람이 어떻게 느끼는지 말할 때 더 깊은 수준의 대화가 열립니다."[98] 슈워츠는 가끔 그의 동료들의 대답에 개인적인 위기와 가족의 비극이 반영돼 있어 숙연해지거나 심지어 고통스러울 때도 있었다고 회상한다.[99] 그러나 그 대답이 지극히 평범할 때조차 다들 감정적인 경험을 서로 공유했고, 그 후에 계속 이어지는 질문들을 통해 그 경험은 더 구체화됐다. "지난주에 배운 것 중 가장 중요한 게 뭔가요?" "이번 주 목표는 뭐죠?" "가장 감사한 게 있다면 뭔가요?"[100]

집단성을 유도하기 위한 네 번째이자 마지막 원칙은 바로 함께 생각해야 할 필요가 있는 사람들은 직접 만나 함께 의식을 치러야 한다는 것이다.[101] 이러한 목적을 실현하기 위해 의식은 집단 구성원들이 함께 참여하는 의미 있고 조직적인 활동이어야 한다. 만약 그 의식이 동기화된 움직임이나 공유할 수 있는 생리적 각성을 포함한다면 더없이 좋다.[102] 평일마다 '모닝 마일Morning Mile'[103]로 시작하는 미네소타주 셔번카운티의 클리어뷰초등학교Clearview Elementary School에서는 이 두 스위치가 모두 켜져 있다. 모든 학년의 학생들은 수업 전에 보통 밖에서 활기차게 걸으며 20여 분을 보낸다. 그러한 활동과 관련된 신체적 노력 후에는 함께 경험할 수 있는 생리적 각성이 주어진다. 교사들은 학생들이 (특히 추운 미네소타의 겨울 동안) 상기된 뺨을 붉히며

그룹과 함께 생각하기

355

책상에 와 앉는다고 말한다. 한편 모닝 마일은 동기화된 움직임도 만들어 낸다. 연구에 따르면, 사람들이 함께 걷거나 달릴 때 그들은 자동적으로 그리고 무의식적으로 신체의 움직임을 일치시킨다.[104]

심지어 식사를 같이 하는 것과 같이 평범한 의식도 그룹이 함께 얼마나 잘 생각하는지에 영향을 미칠 수 있다. 매사추세츠주에 있는 뱁슨칼리지Babson College에서 기업가 정신을 가르치는 조교수 락슈미 발라찬드라Lakshmi Balachandra는 MBA 학생 132명에게 두 회사 간의 복잡한 합작 투자 계약을 협상하는 경영진을 연기하는 역할극을 해 달라고 요청했다.[105] 그녀가 준비한 시뮬레이션에서 실현 가능한 최대 이익은 단순히 자기 회사의 이익이 아니라, 상대편이 선호하는 것을 파악한 다음 사업 전체의 이익을 극대화하기 위해 협력하면 창출될 것이다. 발라찬드라는 협상하는 동안 식당에서 함께 식사를 하거나 회의실로 가져온 음식을 함께 먹은 참가자들이 식사를 하지 않고 협상을 벌인 참가자들보다 평균 12퍼센트 더 높은 수익을 낸다는 것을 발견했다.

그 설명은 또다시 동기화로 돌아갈 수 있다. 발라찬드라는 우리가 함께 식사를 하면서 결국 음식을 입에 넣고, 씹고, 삼키는 서로의 움직임을 반영하게 된다고 말한다. 그녀는 이렇게 썼다. "이렇게 무의식적으로 서로를 모방하는 것은 논의 중인 문제와 상대방 모두에 긍정적인 감정을 불러일으킬 수 있다." 다른 연구에서는 참가자들이 '가족 방식family style', 즉 큰 그릇에 담아 놓은 음식을 각자 자기 접시에 덜어 먹는 방식으로 먹을 경우, 함께 하는 식사가 협력에 미치는 긍정적 효과가 높아지는 것으로 밝혀졌다.[106] 또 매운 음식이 식사에 포함돼 있는 경우에도 긍정적 효과가 강화될 수 있다. 매운 음식을 먹으면 체온이 높아지고, 땀 분비량이 증가하고, 혈압을 상승시키고, 심장 박동 수를 증가시키며, 아드레날린 분비를 촉진하는 등 생리적 각성의 특징이 나타나기 때문이다.[107] 호주의 한 연구진은 고통스러울 정도로 매운 고추인 '새의 눈 고추'를 함께 먹은 사람들이 더 큰 경제적 협력을 한다는 연구 결과를 보고했다.[108]

이제 우리에게 익숙한 행동 동기화와 생리적 각성이라는 요소를 통합하는 것 외에도 다른 사람들과 함께 음식을 먹는 일은 그 자체로 독특한 의미를 지닌다. 우리의 생존은 이러한 근본적인 자원의 공유에 의존한다. 코넬대학교의 경영학과 조교수인 케빈 니핀 Kevin Kniffin 은 "같이 먹는 것은 엑셀 스프레드시트를 함께 보는 것보다 더 친밀한 행위다. 그 친밀감은 업무에까지 영향을 미친다"라고 말한다.[109] 니핀과 그의 공동 저자들은 저널 〈휴먼 퍼포먼스 Human Performance〉에 발표한 연구에서 식사를 함께 하는 소방관 팀들이 각자 따로따로 식사하는 소방관들보다 더 나은 성과를 낸다고 보고했다.[110] 그는 개인적 성취와 보상에 초점을 맞추면 집단의 성과를 높여 주는 의식의 효과를 간과하게 된다고 믿는다. 니핀은 "함께 식사하는 동료들은 다른 동료들보다 더 높은 수준의 성과를 내는 경향이 있지만, 회사는 구내식당의 기능을 과소평가하는 경우가 많다"고 말한다.[111] 그렇다면 자사 직원들에게 특전으로 고급 구내식당을 제공하는 기술 기업들은 어떨까? 신선한 초밥이나 맛있는 비건 곡물 시리얼을 제공하는지가 아니라 회사 직원들이 그러한 맛있는 음식을 함께 먹는지가 관건일 수 있다.

집단성을 만들어 내기 위한 이러한 모든 접근 방식은 사회적 존재로서의 우리의 본성에 확고한 기반을 두고 있다. 집단성의 효과는 사람들의 뇌와 몸이 한 리듬에 빠져 조화를 이룰 수 있을 정도로 가까운 거리에서 그들이 함께 움직이고, 말하고, 일하는 데 달려 있다. 이는 지속적으로 큰 관심을 받아 온 '크라우드소싱'이나 '하이브 마인드hive mind'(일종의 집단의식이나 집단 지식을 뜻한다 – 옮긴이)와 같은 개념과는 차이를 나타낸다. 이론적으로나 현실적으로나 그 두 개념은 우리 두뇌에 매우 밀접하게 얽혀 있다. 보통 온라인에서 이런저런 아이디어를 궁리하고 논의하는 알 수 없는 무리들을 떠올려 보면 된다. 기술은 더 총체적으로 우리를 서로 고립시켜 개인의 디지털 거품 안에 가뒀다. 하지만 이제 그럴 필요가 없다. 인간 집단의 오래된 자원에 의해 확장된 기술의 유망한 모델이 부상하고 있다.

예를 들어, 독일의 막스플랑크협회Max Planck Institute와 그 밖의 다른 연구소 과학자들은 그룹 내에서 무의식적인 '관계 탐지rapport detection'를 실험하고 있다.[112] 회의실이나 화상 회의 장비에 내장된 센서는 그룹 구성원들의 비언어적 행동(얼굴 표정, 손동작, 시선의 방향)을 드러나지 않는 방식으로 추적 관찰한다. 이러한 데이터는 그룹이 얼마나 잘 협력하고 있는지 측정하기 위해 실시간으로 분석된다. 관계가 임계 수준 이하로 떨어질 때, 그룹의 결속력을 높이기 위해 강압적이지 않고 자연스러운 개입을 적용할 수 있다.[113] 이 시스템은 그룹 리더에게 구성원들과 커피를 마시며 보내는 휴식 시간이 필요하다고 알리거나, 팝업 메시지를 통해 동료에 대한 호응을 나타내는 미러링mirroring을 더 적극적으로 해 볼 것을 제안할 수 있다. 장비가 연결된 '스마트 회의실'[114] 안에서 그 시스템은 온도를 몇 도 더 올리거나 마음을 진정시키는 백색 소음을 들려줄지도 모른다.

집단성을 만들어 내기 위한 또 다른 기술 지원 전략은 그룹 구성원

들이 서로 춤을 추거나 음악에 맞춰 움직이는 동안 그들의 움직임을
동기화하도록 하는 활동이다. 신체에 착용하는 센서는 그룹 구성원
들이 달성한 동기화 수준을 측정하고, 참가자들은 실시간 피드백을
통해 동료들의 움직임과 더 밀접해지도록 움직임을 미세 조정할 수
있다. 캘리포니아대학교 산타크루즈의 컴퓨터미디어학과 교수인 캐
서린 이스비스터는 이렇게 말한다. "우리는 직접적인 사회적 상호 작
용과 연결 수준을 높인 모바일 기반의 게임 경험을 설계하기 시작했
다."[115] 그녀는 신체적 조화를 이루는 것이 어떻게 사람들을 감정적
으로 화합하게 만들고 또 서로를 신뢰할 수 있게 하는지 보여 주는
연구에서 영감을 받았다고 한다.[116] 야무브!Yamove![117]라는 그녀의
게임은 화면이 아닌 다른 게임 플레이어들을 바라보게 만든다. 그녀
는 "더 많은 플레이어가 서로를 바라볼수록 더 조화로운 관계를 맺을
수 있고, 긍정적인 사회적 효과도 꾸준히 더 강해진다"고 덧붙인
다.[118] 처음 만났을 때 어색한 분위기를 깨뜨리기 위한 '아이스브레
이커'나 팀 빌딩team-building 활동으로 활용되는 야무브! 같은 게임은
당황스러운 느낌이나 우스꽝스러운 인상을 줄 수도 있다. 그러나 더
동기화할 수 있는 방향으로 이끌어 주는 이러한 디지털 넛지는 실제
로 효과가 있을 수 있다.

지금까지 살펴본 그룹의 경험과 관련해 놀라운 것은 그 경험이 얼
마나 긍정적인가 하는 점이다. 군사사학자 윌리엄 맥닐은 신병 동기
들과 함께 기초 훈련을 받고 행진하면서 일반화된 감정적 고양 상태
에 들어갔다. 컨설팅 회사인 에너지프로젝트의 창립자인 토니 슈워
츠는 그와 그의 직원들이 매주 참석하는 커뮤니티 미팅이 강력하고,
자유롭고, 심지어 변혁적이라고 느낀다. 교육용 방 탈출 활동에 참가

한 학생들은 설문 조사에서 그 경험이 매력적이고, 동기를 부여하고, 심지어 재미있는 활동이었다고 묘사했다.[119]

사실 우리는 그룹 프로젝트를 긍정적인 관점으로 바라보지 않는다. 그룹으로 하는 작업은 교육이나 업무 현장 모두에서 환영받지 못하는 경우가 많다. 그룹 활동은 비효율적이고, 불공평하며, 말 그대로 짜증나는 일처럼 여겨진다. 연구 문헌에서는 이러한 현상에 '그룹 혐오grouphate'[120]라는 이름까지 붙였고, 그룹 혐오를 '그룹으로 일해야 할 가능성에 직면했을 때 생기는 두려움'이라고 정의했다. 생산적이고, 활기차고, 심지어 행복할 정도로 이상적인 그룹 활동, 즉 우리 인간이 진화해 온 방식에 걸맞은 그룹 활동과 현재 우리 대부분이 경험하는 그룹 활동의 실망스러운 현실의 차이를 설명해 주는 것은 무엇일까? 그 답은 지식 작업에 대한 오늘날의 요구와 과거에 깊이 뿌리내린 우리 인간의 노력에 대한 일련의 생각 사이에서 발생하는 심각한 부조화에 있을 수 있다.

알베르트 아인슈타인에게 전해진 1924년 6월 4일자 편지는 공손한 어조로 시작된다. "존경하는 선생님, 실례를 무릅쓰고 선생님께서 읽고 의견을 나눠 주셨으면 하는 논문을 동봉해 보냅니다. 선생님께서 이 논문에 대해 어떻게 생각하시는지 알고 싶습니다."[121] 이 편지의 발신인인 사티엔드라 나트 보스Satyendra Nath Bose는 동벵골East Bengal(현재의 방글라데시다-옮긴이)에 있는 한 대학의 무명 교수였다. 그가 아인슈타인에게 보낸 논문은 이미 전문 학술지에 재출됐다가 거절당한 상태였다.[122] 예일대학교 물리학과 교수 A. 더글러스 스톤A. Douglas Stone은 그 편지의 수신자가 "당대 가장 유명한 과학자일 뿐 아니라, 지구상에서 가장 잘 알려진 사람 중 한 명이었다"고 말한다. 그러나 편지에서 보스가 "우리는 모두 선생님의 학생이기 때문에"라고 표현한 것처럼 그는 아인슈타인에게 거리낌 없이 편하게 연락해 달라고 부탁했다. 보스는 스톤의 말처럼 "존경심과 대담함이 두루 담긴" 놀라운 요청을 계속 이어 나갔다.[123]

보스는 독일을 대표하는 저널을 명명하며 이렇게 적어 보냈다. "저는 그 논문을 번역할 정도로 독일어를 잘하지 못합니다. 이 논문이 출판할 가치가 있다고 생각하신다면, 〈물리학 저널Zeitschrift für Physik〉에 발표할 수 있도록 주선해 주시면 정말 감사하겠습니다." 더 놀라운 일은 아인슈타인이 그의 이러한 부탁에 응했다는 것이다. 아인슈타인은 논문을 읽으면서 그가 풀어내지 못한 문제를 보스가 해결해 냈다는 사실을 알게 됐다.[124] 24년 전 독일의 물리학자 막스 플랑크Max Planck가 제시한 복사 법칙law of radiation이 빛은 파동인 동시에 입자라는 이론(1905년 아인슈타인이 제시한 이론)에서 어떻게 추론될 수 있었을까 하는 질문이 바로 그 문제였다. 아인슈타인이 보스에게 쓴 것처럼 보스가 제시한 답은 '아름다운 진전'[125]이었다. 보스는 오로지 호기심에 이끌려 그러한 성과를 냈다. 그가 논문을 쓴 이유는 간단했다. 후에 보스는 "저만의 방식으로 그 어려움을 해결하는 법을 알고 싶었습니다"라고 설명했다.[126] 1925년 보스의 논문은 아인슈타인의 해설과 함께 그가 지정한 학술지인 〈물리학 저널〉에 발표됐다. 과학사의 전개가 혼자서 생각한 한 사람에 의해 바뀌었다고 해도 과언이 아니다.[127]

90년이 지난 후, 또 하나의 논문이 발표됐다. 이 논문은 힉스 입자 질량Higgs boson mass의 정확한 측정을 새롭게 보고하면서 보스가 큰 기여를 한 발견 과정에 연속적인 진전을 이뤄 냈다.[128] (보손Boson은 보스를 기념하기 위해 붙여진 이름으로 물리학에서 '보스-아인슈타인 통계Bose-Einstein statistics'라고 불리는 규칙을 따르는 입자의 한 종류다. 보손의 질량은 전기를 띤 입자를 초고속으로 가속시키는 거대한 기계인 입자 가속기를 통해 측정된다.) 힉스 입자 질량을 측정한 이 논문의 저자는 총 5154명이다. 학술지 〈피지컬리뷰 레터스Physical Review Letters〉에 실린 이 논문은 현재 모든 산업과 직종에서 나타나고 있는 경향의 극단적인 예다. 현대 세계가 요구하는 매우 복잡한 작업을 수행하기 위해서는 사람들이 그룹을 지어 함께 생각해야 한다.

이러한 변화는 한때 한 개인의 기여가 일반적이었던 사회과학과 물리과학에서 가장 쉽게 확인하고 측정할 수 있다.[129] 오늘날 과학기술 분야 논문 중 저자가 단 한 명인 논문은 10퍼센트 미만에 불과하다.[130] 사회과학 전반을 다룬 책과 학술지 논문들을 분석한 결과 역시 "단일 저자 출판물의 급격한 감소"를 보여 준다.[131] 경제학에서는 한때 단일 저자 논문이 지배적이었지만, 이제 경제학 논문 중 약 25퍼센트만이 단일 저자의 논문이다.[132] 법률 분야의 경우, 2014년 실시한 법률 학술지에 대한 조사에서 "요즘은 팀 저자들이 단독 저자들보다 압도적으로 많은 법률 지식 생산을 하고 있다"는 결론을 내렸다.[133] 심지어 단독 발명가(토머스 에디슨이나 알렉산더 그레이엄 벨을 떠올려 보자)라는 친숙한 전형도 이제는 더 이상 그 대표성을 발휘하지 못하는 게 사실이다. 2011년 발표된 보고서에 따르면, 지난 40년간 미국 특허 출원에 등재된 사람들의 숫자가 꾸준히 증가했다.[134] 현재 특허 출원된 발명의 약 70퍼센트에는 여러 발명가가 함께 등재돼 있다.

이 연구 중 일부를 수행한 노스웨스턴대학교의 경영학과 교수 브라이언 우지 Brian Uzzi 는 이러한 새로운 전개는 학문적 유행 그 이상의 것이라며 이렇게 말한다. "지식 창출 과정이 근본적으로 바뀌었음을 시사한다."[135] 더 개괄적으로 말하자면 "오늘날 가치를 창출하는 측면에서 인간이 행하는 거의 모든 것은 더 이상 개인이 아닌 팀에 의해 이뤄진다."[136] 변하지 않은 것은 지적인 사고가 일어나는 방식에 관한 우리의 모델이다. 우리는 여전히 좋은 아이디어, 새로운 통찰, 독창적인 해결책이 하나의 뇌에서 나온다고 확신한다. 우리는 입자 가속기와 대규모 협력의 시대에도 여전히 연필을 휘두르는 사티엔드라 나트 보스처럼 사고한다. 우리가 그룹 활동과 씨름하는 원인이 바로 이러한 근본적인 부조화에 있다.

이제 개인적인 모델에서 벗어나 실제로 우리가 살고 있는 세상에 더 적합한 모델로 바뀌어야 할 때다. 우리는 스스로 생각하기에서 벗어나 그룹과 함께 생각할 수 있는 방법들을 찾아보고, 집단심리가 원활하게 작용할 수 있도록 지원해 줄 새로운 행동 양식을 제도화하는 일로 시작할 수 있다. 연구에 따르면, 일단 그러한 제도가 시행되면 집단은 그 집단의 어떤 개별 구성원보다 더 효율적이고 효과적으로 생각할 수 있다. 그리고 심리학자들은 이러한 현상을 가리켜 '집단 지성'이라고 부른다.[137]

집단적으로 사고하는 방식과 개인적으로 사고하는 방식이 다르다는 것은 명백한 사실이지만 우리는 그 사실을 거의 항상 간과한다. 그 차이 중 첫 번째는 다음과 같다. 우리가 혼자서 생각할 때는 생각을 하나하나 다 들여다볼 수 있다. 하지만 우리가 팀 구성원으로서 생각할 때, 모든 사람이 발언을 하고 정보를 공유할 수 있게 하려면 의도적인 노력이 필요하다. 집단의 정신 역학에 대한 연구에 따르면 이러한 노력을 거의 잘 기울이지 않는다. 대신 몇 명 혹은 단 한 사람이 대화를 독점하는 경우가 대부분이다. 게다가 그룹 구성원들은 '독특하고 새로운 정보'[138]를 공유하기보다는 모든 참석자가 이미 알고 있는 정보에 대한 토론에 더 집중한다. 즉 의사소통에 최적화된 양식을 제대로 실천하지 않음으로써 잠재적인 혜택을 누리지 못하고, 비효율적이고 유쾌하지 않은 그룹 활동을 만들고 만다.

그러나 이러한 결과를 피할 수 있다. 의사소통을 수행하는 방식에 간단한 변화를 주면 팀이 효율적인 집단 사고를 하도록 유도할 수 있다. 노스캐롤라이나대학교 샬럿의 경영학과 교수인 스티븐 로겔버그 Steven Rogelberg는 이렇게 말한다. "그룹 구성원들은 회의에서 다른 사람들이 하는 말을 듣기 위해 기다리고 있거나, 상사가 자신이 하는 말을 이해하기 어려운 말, 현실감 없는 말, 요점에서 벗어난 말이라고 생각할까 두려워 말하지 않는 경우가 많다."[139] 그는 회의 참석자들에게 말하는 대신 글로 작성해 달라고 요청하는 것이 이 문제의 해결책이 될 수 있으며, 그렇게 함으로써 독특한 지식과 참신한 아이디어가 나올 수 있는 공간으로 만들 수 있다고 말한다. 회의 참가자들이 색인 카드에 자신의 생각을 적고 나면, 그룹의 리더가 그 내용을 소리 내 읽어 주면 된다. 아니면 회의실 주변에 붙여 둔 종이에 생각을 적어 두면 회의 참가자들이 그 내용을 확인하고, 또 그 내용에 대한 의견을 적음으로써 논의를 이어 갈 수 있다.

의사소통 패턴에 변화를 줄 수 있는 또 다른 방법은 그룹 리더의 행동에 있다. 캐스 선스타인 Cass Sunstein은 오바마 행정부에서 백악관 정보와 규제 사무국장을 역임한 하버드 로스쿨 교수다. 선스타인은 사무국장을 역임하면서 그룹 리더십에 대한 귀중한 교훈을 얻었다.

선스타인은 "여러분은 어떻게 생각하나요? 이것 참 어렵군요"라고 묻는 대신 먼저 자신의 견해를 말하는 것으로 회의를 시작할 경우, 회의 참석자들과 나누는 논의가 훨씬 더 제한적이고 폐쇄적인 방식으로 진행될 수 있다는 사실을 알게 됐다.[140] 선스타인은 리더가 자신이 선호하는 것을 그와 일하는 직원들에게 알리는 순간 대부분 리더의 말에 반대되는 견해로 분위기를 깨기보다는 스스로 '자기 침묵self-silencing'을 선택할 것이라고 말한다.[141] 그는 또 "어떤 사람들은 다른 사람이 아닌 자기 스스로를 침묵시킬 가능성이 높다"고 지적한다.[142] 여기에는 여성과 소수 집단의 구성원뿐 아니라 지위가 낮거나, 경험이 부족하거나, 학력이 낮은 개인도 포함될 수 있다. 그러나 집단심리의 독특한 힘이 발휘되려면 다양한 목소리를 들을 수 있어야 한다. 선스타인은 리더들이 취할 수 있는 한 가지 방법이 그들 스스로 침묵하는 것이라고 말한다. 그는 '호기심이 많고 자기 침묵을 할 줄 아는' 매니저나 관리자는 다시 반사돼 돌아오는 자기 자신의 의견보다 더 많은 의견을 들을 수 있는 가장 좋은 기회를 얻게 된다고 주장한다.[143]

집단적으로 사고하는 방식과 개인적으로 사고하는 방식의 두 번째 차이는 다음과 같다. 그룹의 일부로서 생각할 때 우리는 그룹 구성원들에게 우리의 사고 과정을 가시적으로 보여 줄 필요가 있다. 개인적으로 생각할 때 우리는 밑줄을 긋고 여백에 메모를 하는 등 우리 자신을 위해 '흔적'을 남긴다. 이러한 흔적이 다른 구성원들에 의해 생산적으로 사용되려면 더 구체적이고 명시적이어야 한다. 전자 기기로 우리의 정신 작용을 점차 대신해 나가는 모습을 주시하고 있는 철학자 앤디 클라크는 "요즘 머릿속에서 정신이 점점 사라지고 있다"고 언급했다.[144] 오히려 우리는 머릿속에 머물러 있는 정신을 그보다 더 많이 비울 수 있어야 한다. 우리의 정신을 다른 사람들의 정신과 함께 확장시키려면, 우리의 의식을 머릿속이 아닌 세상에 더 많이 새겨 넣을 수 있어야 한다.

거듭 말하지만, 말로 하는 소통이 핵심이다. 그러나 우리의 개인 지향적 사고 모델에 부합하고 그 모델을 더 강화하는 유형의 언어 소통을 이야기하는 것이 아니다. 연구자들은 우리가 팀원들의 기여에 호응하는 일련의 구체적인 행동을 수행할 것을 권장한다.[145] 우리는 그룹 구성원들이 말하는 바를 인정하고, 반복하고, 바꿔 말하고, 자세하게 설명할 수 있어야 한다. 연구 결과는 이런 식으로 의사소통에 참여하는 것이 더 완전하고 포괄적인 정보를 이끌어 낸다는 점을 보여 준다.[146] 그러한 의사소통 방식은 그룹 전체가 처음에 공유했던 정보를 다시 접할 수 있게 하고 그룹 구성원들이 해당 정보를 더 잘 이해하고 기억할 수 있게 해 준다. 또 서로 공유하는 정보의 정확도도 높여 준다. 심리학자들은 이를 '오류 가지치기error pruning'라고 부른다.[147] 이와 같은 의사소통이 복잡하거나 불필요해 보일 수 있지만, 연구 결과는 이러한 방식의 강화된 의사소통이 전문가의 팀워크를 더 효과적으로 만들어 준다는 점을 시사한다. 예를 들어 비행기 조종사를 대상으로 한 연구에 따르면, 숙련된 조종사들은 동료 조종사들의 말을 자주 반복하고, 바꿔 말하고, 더 자세히 설명한 반면, 초보 조종사들은 그렇게 하지 않았다. 그 결과, 경험이 적은 조종사들은 상공에서 보내는 시간에 대한 기억이 많지 않고 부정확했다.[148]

우리의 생각을 다른 사람들에게 보여 줄 수 있는 또 다른 방법은 게리 올슨Gary Olson과 주디스 올슨Judith Olson이 '공유 인공물shared artifact'**149**이라고 부르는 사물을 함께 만드는 것이다. 캘리포니아대학교 어바인의 정보학과 교수인 올슨 부부는 사람들이 함께 생각하고 일하는 방식을 연구하는 데 30년 이상을 보냈다. 올슨 부부에 따르면, 그룹의 인식 작용을 성공으로 이끄는 데 가장 큰 기여를 하는 것 중 하나는 완성해야 할 작업의 유물이나 유형적 표현의 효과적인 사용이다. 크고, 복잡하고, 지속적이며, 수정 가능한 유물이나 유형적 표현일수록 더 효과적으로 사용할 수 있다. 사회생활을 하며 보낸 오랜 시간 동안 올슨 부부는 화상 회의 소프트웨어와 디지털 협업 플랫폼과 같이 업무 현장에서 사용하는 기술의 효과를 자주 평가해 왔다. 그러나 그들이 세계 최고라고 평가하는 업무 툴을 비교하는 그 기준점은 확실히 아날로그적인 면이 있다.**150** 한 그룹의 사람들이 현재 작업 중인 프로젝트를 위한 전용 공간에 함께 모여 있고, 그 전용 공간의 벽에는 그들이 공유할 인공물(목록, 그래프, 다이어그램, 스케치 형태로 만들어질 수 있음)을 고정할 수 있는 충분한 자리가 있다.

무엇보다 중요한 사실은 이 모든 인공물들이 실제로 공유된다는 것이다. 올슨 부부가 관찰한 한 설계 회의에서 모든 회의 참가자가 시스템 다이어그램이 담긴 개별 사본을 건네받았다. 올슨 부부는 그들의 학술 논문 중 하나에 이렇게 서술했다. "그들은 논의하고 합의해 나가면서 각자 제공받은 다이어그램 사본에 메모를 하고, 무언가를 추가해 적고, 또 무언가에 줄을 그어 지웠다. 우리는 회의가 끝날 무렵 각자 서로 다른 표시를 해 그들이 동의한 사안에 대해 서로 다르게 이해하고 있음을 암시한다는 데 주목했다."**151** 올슨 부부는 하나의 공유 인공물을 다 같이 참고할 수 있는 상황이 안 될 경우, 회의에 참가한 동료들은 결국 합의한 사안에 서로 한 목소리를 내고 있는 게 아니라는 결론을 내렸다.

　그룹을 위한 인공물은 공유가 이뤄질 때뿐 아니라 크고 복잡할 때 유용할 수 있다. 올슨 부부는 사람들이 큰 인공물을 손으로 가리키며 그들 자신의 사고와 그 모습에 주목하는 사람들의 사고를 향상시킨다는 것을 발견했다.[152] 한편, 단순하거나 도식적인 인공물과 대조적으로 복잡한 인공물은 개인의 머릿속에 생각을 담아 두기보다는 다양한 그룹의 생각을 모든 사람이 볼 수 있도록 더 명시적으로 나타낼 수 있게 해 준다. 마지막으로, 공유 인공물은 보존하고, 보유하고, 계속 볼 수 있게 함으로써 지속 가능하고, 수정 가능하며, 새로운 정보나 통찰이 등장하여 변경 가능할 때 가장 효과적이다. 올슨 부부는 그룹으로 작업 중인 다른 팀에 대해 이렇게 설명했다. "그 그룹의 인공물은 만들어진 순서대로 게시된 경우가 많았다. 사람들은 해당 인공물이 언제 만들어졌는지 알기 때문에 무엇을 어디에서 찾아야 하는지 알고 있었고, 다른 사람이 바라보고 있는 곳을 확인함으로써 그 사람이 무엇에 관심을 두고 있는지 알 수 있었다."[153] 올슨 부부는 오늘날 컴퓨터 자료의 눈에 잘 보이지 않는 특징을 안타까워하면서 그러한 자료를 만드는 데 가장 좋은 재료는 간단한 것, 즉 큰 종이에 사용되는 펠트 펜 felt-tip pen(펠트를 심으로 꽂아 쓰는 펜을 말한다 - 옮긴이)이라고 말한다.[154] 우리는 동료의 머릿속에 무엇이 들어 있는지 볼 수 없는 것과 마찬가지로 그의 랩톱 안에 무엇이 들어 있는지 볼 수 없다.

　집단적으로 사고하는 방식과 개인적으로 사고하는 방식의 세 번째 차이는 다음과 같다. 개인적 사고를 할 때, 자연히 우리는 자신의 지식과 기술에 온전히 접근할 수 있다. 우리가 집단적으로 사고할 때는 그렇지가 않다. 그리고 그것은 좋은 일이다. 집단적 사고의 큰 장점

중 하나는 그것이 많은 이의 능력을 한데 가득 모으는 역할을 한다는 데 있다. 궁극적으로 개인적 사고를 통해 얻을 수 있는 것보다 훨씬 더 많은 전문 지식을 아우른다. 우리는 동료 그룹 멤버들이 알고 있는 모든 것을 알 수 없고, 알고 싶어 해서도 안 된다. 그렇게 되면 우리의 정신적 대역폭에 금방 과부하가 걸리고 말 것이다. 하지만 우리는 그들이 무엇을 알고 있는지 알아야 한다. 그들이 알고 있는 것이 필요할 때 그들에게 요청하기 위해서다. 이렇게 우리가 다른 사람들이 갖고 있는 지식을 활용하는 현상을 '분산 기억 transactive memory'이라고 한다.[155]

다니엘 웨그너Daniel Wegner와 토니 줄리아노Toni Giuliano가 결혼한 날, 분산 기억에 대한 그들의 연구가 시작됐다고 할 수 있다. 신랑은 나중에 이렇게 썼다. "토니와 나는 우리가 결혼한 지 얼마 되지 않아 우리가 기억 분담 사항을 공유하고 있다는 것을 알아차렸다. 나는 자동차와 정원 용품이 어디에 있는지 기억했고, 그녀는 집기들이 어디에 있는지 기억했다. 우리는 서로의 분야에서 전문가가 되기 위해 의지할 수 있었다."[156] 사회심리학자로서 웨그너와 줄리아노는 그들 자신의 경험이 신혼 생활의 흥미로운 특징일 뿐만 아니라 과학 연구 주제로 매우 훌륭할 수 있다는 것을 빠르게 확인했다. 일 년 후, 이 커플은 동료인 폴라 헤르텔Paula Hertel과 함께 웨그너가 '집단 사고를 이해하는 새로운 방식'이라고 말하는 바를 소개하는 논문을 발표했다.[157] 웨그너가 말했듯이, "그 누구도 모든 것을 기억하지 못한다." 대신 커플이나 그룹에 속해 있는 우리 모두는 개인적으로 몇 가지를 기억한다. 우리가 모르는 지식을 누가 알고 있는지 알고 있음으로써 더 많은 지식을 기억할 수 있는 것이다. 이러한 방식으로 우리는 분산 기억 시스템의 일부가 된다.

지난 수십 년 동안 심리학자들은 강력한 분산 기억 시스템이 각 그룹 구성원이 갖고 있는 정보량을 효과적으로 늘려 준다는 웨그너의 주장이 사실임을 보여 줬다.[158] 강력한 분산 기억 시스템을 가진 그룹의 구성원들은 보다 더 광범위한 관련 정보를 갖고 있는 동료들과의 연락을 유지하면서 자신의 전문 영역을 심화시키는 작업을 할 수 있다. 그들의 인지 부하는 줄어든다. 그들은 자신과 관련 있는 정보가 들어오는 순간에만 주의를 기울이고, 팀 동료들 역시 그렇게 하고 있다는 것을 잘 알고 있기 때문이다. 또 그러한 그룹의 구성원들은 원활하고 효율적인 협업에 참여할 수 있고, 작업 분배를 할 때 각자 가장 잘 수행할 수 있는 작업을 맡게 된다. 연구 결과에 따르면, 강력한 분산 기억 구조를 구축한 팀은 그 구조가 불분명한 팀보다 더 나은 성과를 낸다.

다니엘 웨그너와 토니 줄리아노가 결혼하고 함께 살기 시작했을 때 그랬던 것처럼, 어떤 규모의 그룹에서든 분산 기억 시스템은 자연스럽게 구성될 것이다.[159] 그러나 시스템은 보통 의도적인 방식으로 구축되지 않기 때문에 그 그룹의 지능을 확장시킬 수 있는 잠재력을 많이 잃게 된다.[160] 그러한 시스템 구축의 목표는 각 구성원이 다른 구성원들의 전문 지식에 대한 부담을 모두 떠안지 않고도 그들이 무엇을 알고 있는지 공유하는 데 있다. 이 모델이 그룹의 구성원들이 동시에 같은 생각을 한다고 믿었던 '집단심리'의 초기 개념과 어떻게 다른지 주목해야 한다. 분산 기억 시스템의 가치는 구성원들이 다른 생각을 하는 동시에 동료 구성원의 정신을 구성하고 있는 내용을 계속 인식하는 데 있다.[161] 정보 과부하에 대응하기 위해 기업들은 무시해도 되는 정보와 주의를 기울여야 하는 정보를 분류해 주는 스마트폰 알림이나 이메일 애플리케이션과 같은 기술적 필터에 우리가 의지하도록 만들었다. 그러나 연구 결과는 사람이 그 어떤 필터보다 가장 세심하고 분별력이 뛰어난 필터 역할을 할 수 있음을 시사한다.[162] 다만, 그들이 알고 있는 것이 무엇인지 우리가 잘 알고 있고, 필요할 때 우리가 그들의 지식에 접근할 수 있어야 한다.

우리 모두는 현재 갖고 있지 않은 정보를 찾는 데 도움이 되는 일련의 정신적 표지를 갖고 있다. 우리는 보고서에 담긴 모든 세부 내용을 기억하지 못할 수도 있지만, 그 보고서를 찾을 수 있는 (물리적 또는 디지털) 폴더가 어디에 있는지는 알고 있다. 그러한 표지는 필요한 정보를 지닌 사람들을 우리에게 알려 주기도 한다.[163] 강력한 분산 기억 시스템을 구축하는 목적은 이러한 표지 신호를 가능한 명확하고 정확하게 만드는 데 있다. 표지를 설정하는 일은 팀이 함께 일하기 시작하는 초기 단계에 시작해야 한다. 작업 초기부터 누가 어떤 작업을 책임지고 있는지뿐만 아니라 누가 어떤 지식을 책임지고 있는지 확실히 하는 것이 중요하다. 그룹 구성원들은 동료 구성원들의 특별한 재능이나 전문 분야에 대해 명확하게 알고 있어야 하고, 그에 맞는 질문과 업무를 할당하기 위한 명확한 프로토콜이 마련돼야 한다.[164] 연구에 따르면 각 구성원이 특정 분야의 전문성을 유지하며 분명하게 책임질 때, 즉 각 주제마다 지정된 '지식 전문가knowledge champion'가 있을 때 그룹이 가장 효과적으로 기능한다.[165] 또 다른 연구에 따르면, 그룹 내 구성원들이 무엇을 알고 있는지 계속 추적하고 최신 정보를 알고 있는 그룹 구성원들의 정신적 '디렉터리directory' 역할을 맡을 메타 지식 전문가를 지명하는 것이 유용할 수 있다고 한다.

마지막으로, 집단적으로 사고하는 방식과 개인적으로 사고하는 방식의 네 번째 차이는 다음과 같다. 개인적인 사고를 할 경우, 그 개인이 자신의 이익을 증진시키기 위해 정신적 노력을 기울이는 것은 간단하고 자연스러운 일이다. 그러나 한 그룹의 사람들이 함께 사고할 때는 다양할 수 있는 그들의 관심사를 공동 목표를 달성하는 데 맞춰 어떻게든 조정할 필요가 있다. 따라서 인센티브는 그룹 구성원들이 자신의 목적을 추구하는 대신 '함께 하는 운명'[166]이라는 의식에서 영감을 얻을 수 있도록 설계돼야 한다. 즉, 한 구성원이 성취한 결과가 그룹 구성원 모두에게 이익이 된다고 느낄 수 있도록 설계돼야 한다. 심리학적 연구와 여전히 연관성을 가진 일부 역사를 살펴보면, 그러한 리엔지니어링 reengineering(업무나 조직을 재구성해 효율을 높이는 경영 방식을 말한다-옮긴이)이 가장 불안정한 상황에서조차 상당히 효과적일 수 있다는 것을 확인할 수 있다.

1971년 텍사스주 오스틴의 공립 학교들은 위기를 맞았다.[167] 그 당시 교육 시스템은 법원의 명령인 인종 차별 폐지의 영향으로 처음 백인 학생, 아프리카계 미국인 학생, 라틴계 학생들이 함께 교실에 모여 학교생활을 하도록 했다. 학교에서는 갈등이 들끓고 신체적 폭력까지 기승을 부리고 있었다. 부교육감 매튜 스냅 Matthew Snapp은 그의 학문적 스승이었던 엘리엇 애런슨 Elliot Aronson에게 도움을 청했다. 애런슨은 사회심리학자이자 텍사스대학교 교수였다.

애런슨은 "첫 번째 단계는 교실에서 대체 무슨 일이 일어나고 있는지 알아내는 것이었다"고 회상했다.[168] 애런슨과 그의 대학원생들은 교실 뒤쪽에 앉아서 상황을 지켜봤고, 그들이 마주한 장면은 그때나 지금이나 많은 면에서 전형적인 중학교 교육이었다. 애런슨은 "교사는 교실 앞에 서서 질문을 던지고 학생들이 답을 알고 있다는 표시를 하기만을 기다린다"고 말했다.[169] "보통 6명에서 10명 사이의 아이들이 자리에 꼿꼿하게 앉아 손을 든다. 몇몇은 교사의 관심을 끌기 위해 힘차게 손을 흔든다. 다른 학생들은 자신을 존재를 감추기라도 하는 것처럼 시선을 피한 채 조용히 자리에 앉아 있다."

애런슨은 이렇게 말했다. "학생들은 그러한 시나리오를 바탕으로 한 일상적인 경험을 통해 교실에서 가르치는 학습 자료의 내용 그 이상의 것을 배운다. 그 매개체는 바로 메시지다. 그들은 또 그 과정에서 암묵적인 교훈을 얻기도 한다."[170] 또 애런슨과 그의 제자들이 발견한 점은 학생들이 반 친구들과 의견을 나누는 데 따르는 이익이 없다는 것이었다. 오로지 그 보상은 정답을 말하는 일, 즉 교사의 머릿속에 있는 답을 말하는 것에 있었다.

상황이 아주 좋을 때도 자기만의 이익을 추구하는 데 집중된 개인적 사고는 협력이나 협업과 양립할 수 없었다. 당시 불안이 만연했던 상황에서 그러한 개인적 사고는 긴장을 악화시키고 고정관념을 더 강화하고 있었다. 애런슨과 그의 연구 팀은 학생들에게 공동체 정신을 가르쳐 주기 위해 노력했지만, 그들은 단순히 그 학생들이 함께 활동하도록 장려하는 것이 정답이 아니라는 사실을 알고 있었다. 대신에 그들은 학생들이 반응을 보이는 인센티브에 변화를 줬다. 애런슨의 말을 빌리면, 그들은 학습 자료를 이해하기 위해 서로 협력할 필요가 있는 상황을 만들어 냄으로써 인센티브에 변화를 줬다. 그리고 그들은 그 방법을 '직소 교실jigsaw classroom' 모형이라고 불렀다.[171]

그 모형이 작동하는 방식은 다음과 같다. 학생들은 5~6명으로 구성된 그룹으로 나뉘었다. 한 학급이 새로운 단원(엘리너 루스벨트Eleanor Roosevelt의 생애에 대한 단원이라고 치자)을 시작할 때, 그룹 내 각 학생은 루스벨트의 어린 시절, 젊은 시절, 영부인으로서의 역할, 인권과 세계 평화와 같은 대의를 위한 그녀의 업적 등 학습 자료의 한 부분을 배정받았다. 학생들의 과제는 각자 배정받은 부분을 완전히 이해한 다음, 그룹에 합류해 자신이 이해한 바를 다른 학생들에게 설명하는 것이었다. 애런슨은 "각 학생이 퍼즐 조각과 같이 독특하고 중요한 정보의 일부분을 갖고 있으며, 모든 학생이 전체 그림을 보고 배우기 전에 그 조각들이 모두 맞춰져야 한다"고 설명했다.[172] 애런슨은 이러한 교육 방식을 마련하여 현장에서 분산 기억 시스템을 효과적으로 구축할 수 있었고, 각 학생은 학습 과목의 특정 내용을 책임지는 전문가로 변모하고 있었다. 애런슨은 "이러한 상황에서 학생들이 훌륭한 학습자가 될 수 있는 유일한 방법은 잘 듣고 잘 질문할 수 있는 사람이 되는 것이다"라고 덧붙였다.[173] 직소 구조는 학생들이 서로를 자원으로 활용하도록 만든다.

새로운 접근법의 효과는 바로 나타났다. 자기 자신의 탁월함을 인정받기 위해 노력하거나 보이지 않게 해 주는 망토로 자신의 존재를 감추려고 했던 학생들은 이제 서로 협력하는 데 집중했다. 애런슨과 그가 지도하는 대학원생들은 직소법과 전통적인 교육 방식을 비교한 연구에서 직소법의 장기적인 효과 역시 확인했다. 학생들은 직소 활동에 참여했을 때 학습 자료를 더 빨리 배웠고 시험에서 더 좋은 성적을 거뒀다. 또 학생들은 반 친구들에게 더 깊이 공감하고 그들을 더 많이 존중하게 됐다. 직소 교실이 시행된 오스틴 지역 학교에서는 인종 간 긴장이 완화되고, 잦은 결석이 감소했으며, 학생들은 학교에 더 호의적인 태도를 갖게 됐다.

 엘리엇 애런슨은 객관적인 증거를 가능한 한 많이 수집하기 위한 노력으로 그가 지도하는 대학원생 중 한 명에게 그들이 연구 중인 학교 지붕에 올라가서 쉬는 시간에 운동장 사진을 찍어 줄 것을 부탁했다. 처음에 그 사진들은 실망스러운 현실을 보여 줬다. 학생들은 인종, 민족, 성별로 정의된 그룹으로 끼리끼리 모여 있었다. 그러나 직소 실험이 진행됨에 따라 단단히 고정됐던 그룹이 느슨해지고 해체되면서 그 사진들에 눈에 띄는 놀라운 변화가 담겼다. 학생들은 교실에서의 새로운 경험을 반영해 더 자유롭게 어울리고 섞이는 모습을 보였다. 연구 팀은 오스틴 학생들이 변화한 모습을 확인할 수 있었다. 마침내 그들은 그들의 머리 밖으로 나와 있었다.

타고난 지능을 넘어서

엘리엇 애런슨이 텍사스주 오스틴의 불안정한 교실에 들어간 지 약 15년 후, 스물다섯 살이 된 그의 아들은 아버지가 걸어 온 학자로서 의 길을 따르기 시작했다. 젊은 청년이 된 그의 아들은 1986년 박사 과정을 밟기 위해 프린스턴대학교 캠퍼스에 도착했다. 그러나 얼마 지나지 않아 조슈아 애런슨Joshua Aronson은 사회심리학자가 되고자 하 는 그의 목표를 가로막는 예상치 못한 상황을 마주하게 됐다. 애런슨 은 저명한 학자이자 자신의 대학원 지도 교수인 에드워드 엘스워스 존스Edward Ellsworth Jones를 만날 때마다 꿀 먹은 벙어리가 되는 자신을 발견했다. 애런슨은 이렇게 말했다. "나는 그 앞에서 완전히 위축돼 있었다. 최대한 준비된 상태로 그의 사무실로 걸어 들어가겠지만, 문 을 열고 들어가는 순간 어김없이 내 아이큐가 10~15점 정도는 떨어질 것이다. 존스 교수님과 있는 것만으로도 그렇게 내 지능은 빨려 나가고 말 것이다."[1]

존스 교수의 사무실에 우둔하게 말문이 막힌 채 서 있으면서 느낀 굴욕은 애런슨에게 매우 깊은 영향을 미쳤고 이후 그가 급성장하게 되는 계기를 마련해 줬다. 10년도 채 되지 않아 애런슨은 오스틴에 있는 텍사스대학교의 주니어 교수로서 심리학 분야의 가장 영향력 있는 연구 중 하나인 '현대 고전'[2]이라 불리는 연구를 설계하는 일을 도왔다. 그 연구 논문에서 애런슨과 그의 공저자인 클로드 스틸Claude Steele은 '고정관념의 위협stereotype threat'이라는 현상을 처음으로 기술했다.[3] 고정관념의 위협은 고정관념의 영향을 받은 사람들의 지적 능력을 약화시켜 일시적으로 사실상 지능을 떨어뜨리는 상태를 말한다. 애런슨과 스틸의 실험은 수학이나 과학 과목을 수강하는 여학생들이나 대학에 다니는 아프리카계 미국인과 라틴계 학생들과 같이 학구적으로 열등하다는 고정관념이 형성된 집단의 구성원이 그들의 성별이나 민족성을 뚜렷하게 인식하게 됐을 때 지적 능력 테스트에서 더 낮은 점수를 받는다는 결과를 보여 줬다.

고정관념의 위협은 이후 심리학에서 중요한 개념이 됐다. 예를 들어, 그 개념은 연구자들이 왜 여성들이 STEM 분야에서 두각을 잘 드러내지 못하는지, 또 만반의 준비가 된 소수 집단 출신의 고등학교 졸업생들이 왜 대학에서 여전히 어려움을 겪게 되는지에 관한 연구를 수행하도록 이끌었다. 이러한 연구 조사는 보다 일반적인 사실에 그 뿌리를 두고 있다고, 즉 우리 모두에게 적용된다고 애런슨은 말한다. 그는 "지능은 우리 머릿속에 고정된 어떤 덩어리가 아니다. 더 정확히 말하면, 지능은 일종의 처리 과정이다"라고 설명한다.[4] 즉 지능은 우리의 뇌, 우리의 신체, 우리의 공간, 우리의 관계 사이에서 일어나는 유동적인 상호 작용이다. 지능적으로 사고할 수 있는 능력은 이러한 내적·외적 요소들을 능숙하게 조정하는 데에서 나온다. 또 실제로 연구에서도 그러한 정신적 확장이 고정관념의 위협과 같은 도전에 직면했을 때 우리가 더 효과적으로 생각하는 데 도움이 된다는 사실이 밝혀졌다. 우리가 1장에서 살펴본 것처럼 신체 신호를 재해석하기 위해 '인지적 재평가'를 사용하면 불안이 성과를 억제하는 효과를 막을 수 있다.[5] 5장에서 살펴본 바와 같이, 물리적 환경에 '소속감을 나타내는 신호'를 추가하면 지적 사고에 도움이 되는 심리적 안정감을 만들어 낼 수 있다.[6] 그리고 7장에서 알게 된 것처럼 '인지적 도제'에게 제공되는 전문가의 피드백을 정교하게 구조화하면 자기 의심을 극복하는 데 필요한 자신감을 심어 줄 수 있다.[7]

현재 뉴욕대학교 심리학과 부교수인 조슈아 애런슨은 지도 교수를 만날 때 자신이 말을 더듬던 상태가 '조건부 어리석음conditional stupidity'[8]이라고 쓴웃음을 지으며 말한다. 우리가 정신적 확장에 대해 무엇을 하고 그것들이 또 어떻게 작용하는지 알게 되면서, 우리는 이제 지능, 심지어 총기를 향상시켜 줄 수 있는 조건들을 갖출 수 있게 됐다. 이 책에서 우리는 내수용 감각 신호, 운동, 제스처, 자연 공간, 만들어진 공간, '아이디어의 공간', 전문가, 동료, 그룹 등 한 번에 한 가지 확장에 대해 집중적으로 살펴봤다. 그러나 연구 결과는 그러한 확장 요소들이 함께 사용되면서 우리가 갖고 있는 모든 범위의 신경 외적 자원을 이용하는 정신적 틀에 그 요소들이 통합될 때 가장 강력한 효과를 발휘한다는 점을 보여 준다.

확장된 정신의 능숙한 사용은 학교나 직장에서 대부분 인정받지 못하고 개발되지 않은 능력으로 심리학, 교육학, 경영학 분야의 연구자들도 오랫동안 관심을 두지 않았다. 그러나 효과적인 확장의 몇 가지 일반적인 원칙은 이제 명확하게 인식되고 있으며, 앞서 여러 장에 걸쳐 우리가 살펴봤던 최근의 연구 결과에도 내포돼 있다. 정신을 확장하는 프로젝트를 들여다볼 수 있는 세 개의 렌즈가 될 수 있는 원칙을 차례로 살펴보도록 하자.

첫 번째 원칙은 우리가 잘 택할 수 있는 몇 가지 정신적 습관을 실천하는 것이다. 이 원칙은 우리가 가능할 때마다 불필요한 정보를 없애고, 표면화하고, 머리 밖으로 빼내 세상으로 옮기는 일로 시작할 수 있다.[9] 이 책을 통해 우리는 불필요한 정보를 없애는 많은 예를 살펴봤고, 그 정보를 없애서 얻을 수 있는 다양한 이점을 알게 됐다. 불필요한 정보를 없애면 우리가 많은 세부 사항을 기억해야 하는 부담이 줄어들고, 따라서 문제 해결과 아이디어 생성과 같은 더 까다로운 작업을 위한 정신적 자원을 확보할 수 있게 된다. 또 그것은 우리가 감각을 통해 관찰할 수 있고, 한때 상상 속에만 존재했던 이미지나 생각을 새롭게 지각할 수 있는 '분리 이득detachment gain'을 만들어 낸다.

가장 간단한 형태의 정보 비우기는 우리의 생각을 종이에 적는 것이다. 간단한 행위지만 우리 머릿속에서 무언가를 하는 것을 가치 있게 여기는 세상에서 자주 도외시하는 행위다. 찰스 다윈의 이야기와 그가 HMS 비글호에서 꾸준히 기록했던 항해 일지에서 배웠듯이, 일기장이나 수첩 사용을 통한 지속적인 정보 비우기 습관은 새로운 관찰을 하고 창조적 아이디어를 통합하는 우리의 능력을 확장시킬 수 있다. 역사학자 로버트 카로의 사례를 통해 살펴봤듯이, 우리가 물리적으로 탐색할 수 있을 만큼 큰 공간에 정보를 덜어내면(벽 크기의 개요, 특대형 개념 지도, 다중 화면 워크스테이션), 공간 추론과 공간 기억이라는 능력을 그 정보에 사용할 수 있다.

정보를 표면화하는 일은 보다 더 복잡한 형태를 취한다. 그것은 어떤 한 작업의 일부분에 우리가 완전히 집중하더라도 그 작업의 다른 부분은 비워지도록 세심하게 설계하는 과정이 뒤따를 수 있다. 법학과 교수인 몬테 스미스가 채택한 방식에서 그는 학생들이 새롭게 습득한 법률 지식을 이해하고 분명하게 설명하는 데 집중하는 한편 법률 보고서를 구성하는 과제는 모델로 대신하도록 했다. 정보를 비우는 행위는 문자 언어를 필요로 하지 않는다. 또 가끔씩 그 행위가 구체화될 수 있다.[10] 예를 들어, 우리가 그 제스처를 취하면 머릿속에 담아 둬야 했을 생각의 일부를 우리 손으로 표현하는 것이나 다름없다. 마찬가지로, 우리가 손을 사용해 물체를 움직일 때, 우리는 새로운 배치 형태를 눈앞에 보이는 형태로 존재하는 세상에 떠넘긴다. [예를 들어, 인테리어 디자이너가 새로운 가구들을 분류하면서 모델을 움직이거나, 새로운 단어를 만들기 위해 보드 판의 타일을 재배치하는 스크래블Scrabble(철자가 적힌 타일로 글자 만들기를 하는 보드 게임을 말한다-옮긴이) 게임 플레이어를 상상해 보자.]

또 어떤 때는 정보를 떠넘기는 일이 사회적인 행위가 될 수도 있다.[11] 우리는 분산 기억 시스템 구축을 통해 들어오는 정보를 관찰하고 기억하는 작업을 동료들에게 떠넘기는 방법을 배웠다. 또 정보 떠넘기기는 우리가 팀원들의 이익을 위해 우리 자신의 사고 과정을 보여 주는 '흔적'을 표면화할 때 대인 관계와 관련된 맥락에서 발생한다. 이 경우, 우리는 자신의 심적 부담을 덜기 위해서가 아니라 다른 사람들과의 협업을 촉진하기 위해서 정보 떠넘기기를 한다.

이어서 두 번째 원칙은 우리는 가능한 한 정보를 인공물로 변형하고, 데이터를 무언가 실제적인 것으로 만들기 위해 노력해야 한다는 것이다. 그런 다음, 필요한 정보를 적고, 지도를 만들고, 느끼고, 수정하고, 다른 사람들에게 보여 주면서 그 인공물과 상호 작용을 해야 한다. 인간은 추상적인 것을 생각하기 위해서가 아니라 구체적인 것을 다루기 위해 진화했다. 우리 마음의 관심을 끌만 한 무언가가 주어질 때, 우리의 지능은 확장한다. 예를 들어, 우리가 손으로 돌리는 자전거 바퀴를 통해 물리학 개념을 경험하거나, 외국어 단어를 보고 느끼고 다른 사람들에게 보여 줄 수 있는 제스처로 바꿀 때 지능은 확장한다. 무엇이 '훌륭한 작품'을 구성하는지 잘 모를 때 영감을 받을 수 있는 실제 모델을 접함으로써 훌륭한 작품에 대한 명확한 기준이 형성될 수 있다('오스틴의 나비'를 떠올려 보자). 메마른 지적 사고는 우리가 몸에서 발생하는 내부 신호에 집중하고, 이름을 붙이고, 관찰할 때 깊이 뿌리내린 체현된 사고를 통해 확장될 수 있다. 오늘날 우리의 일상은 끝없이 흘러나오는 상징적인 정보를 처리하는 데 소비된다. 약간의 창의성만 겸비하면, 추상적인 상징을 눈에 보이는 사물과 감각적인 경험으로 바꾸는 방법을 찾을 수 있고, 그렇게 해서 새로운 방식으로 추상적인 상징에 대해 생각할 수 있다.

세 번째 원칙은 정신노동을 할 때 우리는 가능한 한 생산적으로 자신의 상태를 변화시킬 수 있는 방법을 찾아야 한다는 것이다. 우리는 두뇌를 컴퓨터에 비유하는 한계를 반복적으로 마주해 왔고, 여기서 그 비유의 가장 뚜렷한 결점을 직면하게 된다. 상당히 많은 정보량이 들어올 때, 컴퓨터는 5분 동안 작업을 하든, 5시간 동안 작업을 하든, 형광등이 켜진 사무실에 설치돼 있든, 햇빛이 잘 드는 창문 옆에 있든,

다른 컴퓨터들이 근처에 있든, 그 공간의 유일한 컴퓨터이든 간에 같은 방법으로 모든 정보를 처리한다. 컴퓨터는 이런 방식으로 작동하지만, 인간은 그렇지 않다. 우리가 정보를 처리하는 방식은 그 정보를 접했을 때 우리가 처한 상태에 큰 영향을 받는다.

효과적으로 정신을 확장하기 위해서는 당면한 과제에 가장 적합한 상태로 우리를 유도하는 법에 대해 주의 깊게 생각해 봐야 한다. 예를 들어, 우리는 새로운 것을 배우기 전에 활발한 운동을 먼저 할 수 있다. 우리가 팀을 이뤄 함께 일하게 됐을 때, 그룹 동기화와 함께 나누는 신체적 각성(매운 음식 함께 먹기 등)을 경험할 수 있는 기회를 찾아 볼 수도 있다. 공간 개념을 이해해야 할 때는 책상에서 일어나 우리 손과 몸을 움직여 볼 수도 있다. 또 창의력이 필요할 때는 사흘 간의 황야 여행을 계획해 볼 수도 있다. 집중력이 떨어져 다시 회복할 필요가 있을 때는 근처 공원에서 산책하고, 아이디어가 논리적으로 타당한지 확인하고 싶을 때는 함께 논쟁할 상대를 찾아보면서 우리 자신의 상태를 의도적으로 바꿔 볼 수 있다. 우리 뇌를 기계처럼 부주의하게 사용하는 대신에, 뇌를 상황에 맞게 다룰 때 우리는 더 현명하게 사고하게 될 것이다.

이 원칙은 뇌가 무엇을 하도록 진화했는지에 대한 이해에 맞춰 정신적 확장이 작동하는 방식에 대한 더 수준 높은 견해를 제시한다. 뇌는 몸을 감지하고 움직이는 일, 물리적 공간을 탐색하는 일, 우리 종의 다른 구성원들과 상호 작용하는 일에 맞게 잘 진화했다. 이러한 인간의 기본적 능력뿐 아니라 문명은 우리 뇌가 자연스럽게 일어나지 않는 상징적 처리와 개념적 인식에 관여하도록 하면서 추상적 개념에 대한 거대한 체계를 구축했다. 물론 추상적 개념은 우리의 능력을 기하급수적으로 확장해 줬다. 그러나 역설적이게도 이제 더 앞으로 나아가기 위해서는 이 과정을 반대로 작동시켜야 할지도 모른다. 현대의 삶이 요구하는 점점 더 복잡해지는 사고를 효과적으로 잘 수행해 내기 위해서는 우리 스스로 추상적 개념을 뇌가 여전히 가장 편안하게 인식하는 물리적·공간적·사회적 형태로 다시 바꿀 필요가 있다는 사실을 알게 될 것이다.

네 번째 원칙은 가능한 한 우리가 생각하는 정보를 다시 구현하기 위한 조치를 취해야 한다는 것이다. 이 원칙을 실천해 보면, 이것이 의미하는 바를 이해하기 시작할 것이다. 지식 추구는 많은 경우 사고 과정을 신체에서 분리하고, 생각을 우리의 지저분한 동물학적 구조에서 분리된 뇌 영역으로 끌어올리려고 노력해 왔다. 확장된 마음에 대한 연구는 그와 반대되는 접근 방식을 제안한다. 즉 우리는 몸을 다시 사고 과정으로 끌어들일 수 있는 방법을 찾아야 한다. 그 방법에는 우리가 내리는 선택이 내수용 감각 신호에 영향을 받을 수 있도록 하는 방식이 포함될 수 있다. 데이터 기반의 의사 결정에 초점을 맞추면서 우리가 자주 간과해 온 접근 방식이다. 또 물리적인 세계에서의 기원과 분리돼 추상화된 학문적 개념을 신체 움직임으로 체현하는 방법을 취할 수도 있다. 아니면 우리 자신과 다른 사람들의 제스처, 즉 언어가 존재하기 전 인류의 첫 번째 언어에 다시 주의를 기울이는 방법도 있다. 체화된 인지 연구에서 살펴봤듯이, 깊은 수준에서 뇌는 여전히 우리가 사용하는 말('목표에 가닿기', '일정에 뒤처진' 등)에 반영돼 있는 신체 행동과 관련해 추상적 개념을 이해한다. 우리는 상상력이 부족한 우리 몸을 생각이라는 행위에 다시 끌어들여 추상적 개념을 이해하려는 뇌를 도울 수 있다.

다섯 번째 원칙은 인간의 또 다른 능력을 강조한다. 가능한 한 우리는 우리가 생각하는 정보를 다시 공간화하는 조치를 취해야 한다. 앤디 클라크가 말한 것처럼 우리는 '살아 있는 정신', 즉 풍경이 있는 길을 선택하고 집으로 돌아가는 길을 찾기 위해 만들어진 뇌를 물려받았다. 신경과학 연구는 우리 뇌가 정신적 지도의 방식으로 정보, 특히 추상적인 정보를 처리하고 저장한다는 사실을 보여 준다. 우리는 마주하는 정보를 명확한 공간적 구성 방식으로 배치하여 공간을 지향하는 고유한 특성을 지닌 뇌와 협력할 수 있다(예를 들면, 기억의 궁전을 만들거나 개념 지도를 만들 수 있다). 교육 연구 분야에서 전문가들은 이제 '교육 과정 공간화하기'[12]에 대해 이야기한다. 즉 학생들이 공간 언어와 제스처를 사용하고, 스케치와 지도 제작을 하고, 차트, 테이블, 다이어그램을 해석하고 만드는 법을 배우도록 하여 학생들의 공간 능력을 끌어내는 동시에 강화할 수 있다. 공간화된 교육 과정은 보통 기하학과 같은 과목에 적용되지만, 연구자들은 그러한 공간적 교육 방식이 화학, 생물학, 역사를 포함한 다양한 주제를 보다 더 발전된 방식으로 생각하는 데에도 도움이 될 수 있다고 말한다. 또 공간적 추론이 학교에서만 일어나서는 안 된다. 업무 현장은 우리의 타고난 탐색 능력을 재발견하게 해 주는 공간적 표현 방식으로 정보를 다시 생각해 볼 풍부한 기회를 제공한다.

여섯 번째 원칙은 가능한 한 우리가 생각하는 정보를 다시 사회화할 조치를 취해야 한다는 것이다. 이 책의 앞부분에서 우리는 머릿속으로 계속 반복하는 패턴이 일종의 내면화된 대화라는 것을 배웠다. 마찬가지로, 시험, 평가, 개요, 사례 연구, 에세이, 제안서 등 우리가 학교와 직장에서 접하는 서면 형태의 많은 정보는 실제로 종이 위에서 이뤄지는 사회적 대화(질문, 이야기, 주장)이고 상상 속의 청자나 대화 상대에게 전하는 이야기다. 앞서 살펴봤듯이, 어느 정도 거리를 둔 그러한 상호 작용을 실제 사회적 만남으로 바꾸는 일에는 상당한 이점이 따른다. 우리가 살펴본 연구 결과는 다른 사람들과 관계를 맺을 때 뇌가 '같은' 정보를 다르게 (보통 더 효과적으로) 처리한다는 것을 보여 준다. 즉 우리가 그들을 모방하거나, 그들과 토론하고 이야기를 주고받거나, 동기화하고 협력하거나, 가르치고 배우면서 정보를 더 효과적으로 처리할 수 있다. 우리는 선천적으로 사회적 생명체이고, 우리의 사고 과정은 다른 사람들을 그 과정에 끌어들임으로써 더 향상된다.

정신적 확장의 마지막 원칙들은 좀 더 넓은 시야를 갖기 위해 뒤로 물러서서 다소 심오한 질문을 던져 보게 해 준다. 우리는 어떤 유형의 생명체일까? 우리는 상당히 특이하고 흥미로운 인간의 본성에 대한 세심한 이해 없이는 정신을 확장하기 위한 효과적인 프로토콜을 설계할 수 없다. 인간의 특이한 점에 대한 명확한 인식은 우리가 일곱 번째 원칙으로 요약한 것과 같은 새로운 종류의 정신적 틀을 만들 수 있도록 해 준다. 일곱 번째 원칙은 가능한 한 인지적 순환을 만들어 내어 우리의 생각을 관리해야 한다는 것이다.

앤디 클라크가 지적했듯이, 컴퓨터과학자들이 인공 지능 시스템을 개발할 때 그들은 잠깐 계산하고, 결과를 출력하고, 출력한 것을 검사하고, 출력한 종이의 여백에 표시를 하고, 동료들에게 사본을 돌린 다음 그 과정을 또 반복하는 기계를 설계하지 않는다.[13] 컴퓨터는 그런 식으로 작동하지 않는다. 바로 우리 인간이 그런 방식으로 작동한다. 클라크가 즐겨 말하듯, "본질적으로 우리는 순환하는 동물이다". 우리의 생물학적 지능과 관련된 중요한 것들은 인식의 내적·외적 모드 안팎으로 순환하고 뇌, 신체, 세계 사이를 통과하여 이익을 얻는다. 이는 우리가 입력, 출력, 완료와 같은 컴퓨터에 적합한 선형적 경로를 따라 생각을 전개해 나가고 싶은 충동을 억누르고 더 구불구불한 경로를 따라 생각을 이어 나갈 수 있어야 한다는 점을 의미한다.

우리는 우리 몸의 입구를 통해 생각을 전달할 수 있다. 즉 우리는 내수용 감각 신호를 찾고, 제스처가 보여 주고자 한 것을 이해하고, 움직임으로 생각을 표현하고, 활발한 운동 중이나 운동 후에 느끼는 자극을 관찰한다. 우리는 공간 안에서 생각을 펼칠 수 있고, 머릿속에 있는 생각을 도식화하고 탐색하고 조사하고 탐구할 영역처럼 다룰 수 있다. 또 우리는 아는 사람들의 뇌를 통해 우리의 생각을 이어 가고 혼자서는 얻기 어려운 통찰을 여러 사람에게서 얻을 수 있다. 무엇보다 가장 좋은 점은 이 세 영역을 통해 생각을 순환시킬 수 있다는 것이다. 우리가 피해야 할 일은 머릿속에 생각을 가두고 두개골 너머에 있는 세계와 만나지 않는 것이다.

우리는 순환적인 동물이며, 우리가 처한 즉각적인 상태와 상황에 따라 민감하게 반응하는 동물이다. 따라서 여덟 번째 원칙은 가능한 한 인지적으로 '적합한 상황'을 만들어 내어 우리의 생각을 관리해야 한다는 것이다. 우리는 뇌를 헤아릴 수 없을 정도로 놀라운 능력을 지닌 기관으로 여기는 경우가 많다. 하지만 또 말 잘 듣는 하인처럼 명령대로 기능하기를 기대하면서 우리 뇌를 다루는 경향도 있다. 우리는 뇌에 이것에 집중하고, 저것을 기억하고, 지금 당장 시작해 일을 끝내라고 요구한다. 안타깝게도 우리는 종종 뇌가 신뢰하기 어려운 기관임을 알게 된다. 집중력이 오락가락 불안정하고, 기억력에 문제가 있으며, 제대로 활동하는 데에도 일관성이 없다. 문제는 뇌에 명령을 내리려고 하는 우리 태도에 있다. 명령을 내리는 것이 아니라 우리가 원하는 결과를 이끌어 낼 수 있는 환경을 만들 목적을 갖고 뇌에 접근할 때, 뇌는 더 효과적으로 기능하게 될 것이다.

예를 들어, 학생이 배워야 할 내용을 받아쓰게 하는 대신 그 학생이 다른 친구들 앞에서 그 내용을 설명하도록 하자. 그 학생이 취하는 제스처는 더 깊은 수준의 이해를 이끌어 낼 것이다. 지침이 가득 담긴 매뉴얼을 직원에게 건네는 대신 그 직원이 동료들과 이야기 나눌 수 있는 공간과 자리를 마련해 보자. 이야기에는 매뉴얼을 통해 전달할 수 없는 암묵적 지식이 가득 담겨 있다. 팀에 협력하고 협업하라고 지시하는 대신 동기화된 움직임과 상호 생리적인 각성이 일어날 수밖에 없는 활동적인 이벤트를 기획하자. 지능을 확장해 주는 환경을 만드는 기술은 부모, 교사, 매니저들이 숙달해야 할 기술이다.

확장의 마지막 원칙은 자기 지시적 관찰과 함께 다시 확장 그 자체로 돌아간다. 우리는 어떤 유형의 생명체일까? 우리 인간은 기회가 주어졌을 때 열정적이고 적극적으로 확장하는 존재다. 신경과학과 인지심리학 연구는 우리가 도구를 사용하기 시작할 때, 마치 우리가 손에 쥐고 있는 그 도구가 신체의 일부가 돼 우리 팔이 연장된 것처럼 느낄 수 있다고 한다. '신체 스키마body schema', 즉 신체 모양, 크기, 위치에 대한 우리의 감각이 확장해 그 도구를 우리의 일부로 받아들인다는 것이다.[14] 정신적 확장이 일어나는 경우에도 비슷한 현상이 발생한다. 안정적이고 지속적인 방식으로 확장이 가능하면 우리 인간은 그 확장과 관련된 요소들을 우리의 사고에 통합할 것이다. 따라서, 아홉 번째 원칙은 가능한 한 일상적인 환경에 확장과 관련된 요소들을 통합하여 우리의 사고를 관리해야 한다는 것이다.

예를 들어, 우리가 소속감과 정체성에 대한 신호를 접할 때 동기가 강화되고 성과가 향상되는 현상을 생각해 보자. 시간이 지남에 따라 그룹 구성원들과 함께 구축한 분산 기억 시스템을 떠올려 보자. 분산 기억 시스템을 구축하면 정보를 처리하고 기억하는 부담이 그룹 구성원 전체에 분산되는 이점이 있다. 또 잠깐씩 바라보면서 주의력을 회복시키는 데 도움이 되는 실내의 식물 화분이나 '녹색' 벽과 지붕을 한번 상상해 보자. 그러한 확장 요소가 일단 확실하게 통합되면 우리의 신경 능력의 완벽한 부속물로 기능해 지능적으로 생각하는 우리의 사고력을 지원하고 강화해 줄 것이다.

이 원칙은 안정성에 치우쳐져 있다는 점에 주목할 필요가 있다. 소속감과 정체성에 대한 지속적인 신호는 '핫데스킹'이나 지정되지 않은 작업 공간의 사무실에서는 지속되기 어렵기 때문이다. 분산 기억 시스템은 이직률이 높거나 팀 구성이 지속적으로 바뀌는 작업 환경에서는 구축되기가 어렵다. 그러나 참신함과 유연성을 기리는 역동적이고 빠르게 변하는 사회에서 우리에게 소중한 정신적 확장을 유지하고 보존하는 노력 역시 존중받아야 한다. 정신적 확장이라는 소중한 가치가 사라지기 전까지는 그것이 우리의 지능을 얼마나 강화시켜 주는지 잘 이해하지 못할 수도 있다.

'확장된 마음을 위한 교육 과정'이라 말할 수 있는 이 원칙들은 현재 그 어떤 학교나 직장 교육에서도 다뤄지지 않고 있다. 변화가 필요하다. 정신을 확장하는 법을 배우는 일은 교육의 일부가 돼야 한다. 현재 사람들이 알고 있는 정신 확장의 방법은 그들 스스로 알아낸 수준에 불과하다. 이제 우리는 개인마다 모두 다르게 개발된 확장 능력을 지니고 있다는 점을 알고 있다. 게다가 과학자들은 이 능력이 기존의 아이큐 테스트 진행 방식을 변형하여 정밀하게 측정될 수 있다는 사실을 발견했다. (아이큐 테스트의 형태는 그대로 유지하면서 정신적 확장의 모든 요소를 의도적으로 배제하는 진행 방식을 취한다. 즉 테스트 응시자는 계산기나 인터넷 같은 도구를 사용할 수 없고, 몸을 움직이거나 환경을 재정비할 수 없으며, 다른 사람과 대화할 수도 없다.) 무엇보다 가장 흥미로운 점은 확장 기술에 대한 테스트 결과가 현실 세계의 성과와 일치한다는 것이다. 즉 정신을 더 크게 확장할 수 있는 개인이 일상생활에서도 더 효과적으로 문제를 해결할 수 있다는 경험적 증거가 연구를 통해 밝혀졌다.

2019년 2월, 네덜란드 출신 심리학자들로 구성된 연구 팀과 철학자 앤디 클라크가 학술지 〈네이처휴먼 비헤이비어 Nature Human Behaviour〉를 통해 연구 결과를 발표했다. 그들은 이렇게 썼다. "연구진은 강력하지만 아직 충분히 연구되지 않은 인간 지능의 특징, 즉 복잡한 문제를 해결하기 위해 외부 물체, 소품, 보조 기구를 사용하는 우리 인간의 능력을 정량적으로 평가하기 시작했다."[15] 그들은 전통적인 지능 테스트인 레이븐 지능 검사 Raven Advanced Progressive Matrices 를 이용했다. 1938년 처음 소개된 이래 전 세계에서 수백만 번 이상 사용된 이 아이큐 테스트는 응시자들에게 각각 한 개의 퍼즐 조각이 빠져 있는 일련의 기하학 퍼즐을 보여 준다. 테스트 응시자는 제공된 여러 선택지 중에서 각 패턴을 올바르게 완성해 주는 퍼즐 조각을 선택해야 한다. (이 테스트는 종이와 연필을 사용해 응시하는 버전으로 제공되지만, 오늘날에는 대부분 컴퓨터를 통해 시행되고 있다.)

알려진 대로 '레이븐' 테스트의 표준 버전에서는 응시자들이 각각의 선택지 패턴과 맞을지 안 맞을지를 머릿속으로 상상하면서 주어진 작업을 수행해야 한다. 즉 해당 테스트의 규칙에 따르면, 응시자들은 신경 외적 자원을 이용해 그들의 정신을 확장할 수 없다. 그들은 내적 추론 과정에만 의존해 테스트에 임해야 한다. 그와 대조적으로 클라크와 그의 동료들이 설계한 테스트 버전에서는 응시자들이 새로운 조합을 만들기 위해 선택지에 있는 퍼즐 조각들을 디지털 방식으로 조작하고 화면상에서 움직일 수 있다. 연구진은 새로 만든 테스트의 타당성을 평가하기 위해 네덜란드의 라이덴대학교와 에라스무스대학교에 재학 중인 학생 495명을 모집했다. 모집한 학생 중 절반은 무작위로 기존 버전의 레이븐 테스트를 받도록 했고, 나머지 절반은 확장된 버전의 테스트를 받도록 했다. 연구진은 두 번째 그룹이 테스트를 받는 동안 그들이 얼마나 적극적으로 화면상 배치를 조작하는지 관찰했다.

인상적인 결과가 곧 드러났다. 새로운 상호 작용 기능을 최대한 활용한 응시자들은 퍼즐 조각을 움직이기 전에는 잘 보이지 않던 패턴을 발견할 수 있는 경우가 많았다. 테스트에 응하는 동안 그들이 취한 움직임을 분석한 결과, 적극적인 확장을 시도한 응시자들은 연속적인 순환을 통해 그들의 사고 과정을 작동시키는 것으로 보였다. 그들은 문제 해결 공간을 도움이 유리한 방식으로 바꿔 주는 외부 행동과 그렇게 해서 만들어진 새로운 구성에 대한 내부 평가를 반복적으로 오가며 사고를 했다. 에라스무스대학교의 심리학과 조교수이자 이 연구 논문의 주 저자lead author인 브루노 보카네그라Bruno Bocanegra는 이렇게 말한다. "우리의 연구는 참가자들이 행한 상호 작용의 양과 그들이 문제를 얼마나 잘 해결했는지 사이의 관계를 매우 명확하

익스텐드 마인드

390

게 보여 줬다. 우리는 사람들이 퍼즐 조각과 상호 작용을 하고, 새로운 구성에 대해 깊이 생각하고, 전략을 재평가한 다음, 다시 상호 작용을 하기 위해 손을 뻗는 모습을 봤다. 그들은 바로 이러한 순환을 통해 문제를 효과적으로 해결할 수 있었다."[16]

최종 결과는 테스트 응시자가 움직이는 퍼즐 조각을 사용해 정신을 확장하면 할수록 복잡해 보이는 퍼즐을 더 잘 맞춘다는 것을 보여 줬다. 또 연구진은 확장된 버전의 테스트가 움직임이 없는 기존 버전의 레이븐 테스트보다 실험실 밖에서의 학생들의 지적 성과, 즉 그들이 대학 과정에서 받은 성적을 예측하는 데 더 적합하다는 사실을 발견했다. 논문 저자들은 학생들의 정신적 확장에 대한 기술을 측정한 테스트는 기존의 아이큐 테스트에서 측정되지 않는 지능의 행동적인 측면을 추가로 활용하는 것일 수 있다고 썼다. 브루노 보카네그라는 이렇게 말한다. "사람들은 문제를 해결하기 위해 강력하지만 과소평가된 전략을 사용하고 있다. 사실 사람들이 자신의 사고 과정을 잘 묘사하지 못하기 때문에 과소평가되는 부분이 있다. 사람들은 그들이 사용하는 전략에 의식적으로 접근하지 못하는 경우가 많지만, 그럼에도 불구하고 그 전략을 사용한다. 우리는 사람들이 더 정교한 전략을 개발할 수 있는지 알아보기 위한 후속 연구를 수행할 의향이 있다."

보카네그라의 연구 발표는 시작에 불과하지만, 그와 비슷한 연구 활동의 광범위한 확대는 어렵지 않게 상상할 수 있다. 개인이 사고 과정에서 내수용 감각, 움직임, 제스처를 얼마나 잘 사용할 수 있는지, 그가 인지 기능을 강화하기 위해 자연환경을 흡수하고 건축을 설계하고 아이디어의 공간을 활용하는 데 얼마나 능숙한지, 그가 전문가들과 함께 사고하고, 동료들과 사고하고, 그룹과 함께 사고하는 데 얼마나 능숙한지 평가하는 테스트를 한번 상상해 보자. 그러한 테스트는 새로운 유형의 지능을 측정하는 새로운 유형의 아이큐 테스트의 표본이 될 수도 있을 것이다. (똑똑함에 대한 우리 사회의 정의가 새롭게 공인됐다는 의미에서 '새로운' 유형의 아이큐 테스트가 될 수 있을 것이다. 우리가 이 책을 통해 확인했듯이, 인간들은 태곳적부터 그들의 정신을 확장해 왔다.)

보카네그라는 이렇게 말한다. "인간들은 문제를 해결하기 위해서 보통 우리가 알고 있는 것보다 훨씬 더 많이 그들의 물리적·사회적 환경을 사용한다. 우리가 환경을 그런 식으로 이해하게 되면, 지능을 내적이고 본질적인 개인의 자질로 측정할 수 있다고 생각하는 것이 얼마나 어리석은 일인지 보이기 시작한다." 물론 아이큐 테스트가 사람들의 지능 개발에 도움을 주기보다는 그들의 순위를 매기고, 그들을 구분해 나누고, 그들을 배제하는 데 사용되면서 오용된 적이 많았기 때문에 그러한 테스트 역시 잘못 사용될 가능성이 있다. 그러나 그러한 오용을 피할 수 없는 것은 아니다. 일단 우리가 정신적 확장을 가시화하면, 그에 대한 새로운 인식과 함께 무엇을 할 것인가는 우리에게 달려 있다.

현재 우리 사회를 휘젓고 있는 문제, 즉 많은 사람이 갈수록 더 부당하고 느끼고 참기 어렵다고 느끼는 미국의 불평등 문제에 그것을 적용하는 것으로 시작할 수도 있다. 현재의 상황을 옹호하는 사람들은 사회적·경제적 불평등은 개인이 타고난 재능과 능력에 의해 결정되는 일종의 자연스러운 불평등을 반영하는 것일 뿐이라는 주장을 오랫동안 해 왔다. 그러한 주장은 확장된 마음의 관점에서 보면 더 설득력이 없어 보인다. 만약 지능적으로 사고하는 우리의 능력이 신경 외적 자원의 가용성에 깊은 영향을 받아 형성된다면, 그때 우리는 어떻게 그들의 그 터무니없이 불공평한 분배 방식을 계속 옹호할 수 있을까?

한 유명한 사고 실험에서 현대 철학자 존 롤스John Rawls는 이상적인 사회를 설계하는 상상을 했다. 그러나 그는 디자이너들이 그들이 만들어 낼 새로운 세상에서 어떻게 얼마나 잘 지낼지 알 수 없는 상태, 즉 '무지의 베일veil of ignorance' **17** 뒤에서 그렇게 했다. 롤스는 이렇게 썼다. "사회의 번영과 기회가 어떻게 분배될지를 결정하는 일에 관여하는 동안 아무도 그의 사회적 지위, 계급적 지위, 사회적 지위에 대해 알지 못하며, 또 아무도 자연적 자산과 능력의 분배에 따르는 그의 운, 그의 지능, 그의 영향력 등을 알지 못한다."

생각해 보면 매우 흥미로운 이야기이지만, 롤스의 시나리오를 완전히 이해하기란 늘 어려웠다. 우리는 우리의 '자연적 자산과 능력', 그중에서도 특히 우리의 '지능'과 매우 밀접한 관계를 맺고 있다. 확장된 마음 이론은 우리가 이 본능적인 관계를 깊이 파헤치기 시작하는 데 사용할 수 있는 도구다. 우리의 떼려야 뗄 수 없는 일부라고 믿는 타고난 지능과 달리 정신적 확장에 대한 접근은 우연이나 운의 문제로 더 쉽게 이해된다. 더없이 새로운 이 개념적 이론은 그 안에 "신의 은총이 없었다면 나도 그렇게 됐을 것이다"와 같은 낡고 겸손한 도덕적 정서를 품고 있다. 이제, 확장된 마음의 현실을 인정하는 일은 우리가 확장된 가슴extended heart을 얻을 수 있도록 이끌어 줄 것이다.

감사의 말

인지심리학자 스티븐 코슬린Stephen Kosslyn은 확장된 마음 이론의 가까운 사촌 격인 개념을 제안했다. 그는 한 개인이 다른 사람을 '사회적 보철social prosthetic'로 이용할 수 있다고 제안한다. 코슬린은 공저자 G. 웨인 밀러G. Wayne Miller와 함께 이렇게 썼다. "중요한 것은 여러분이 이러한 방식으로 다른 사람과 상호 작용할 때, 그 사람은 여러분을 더 효과적으로 만들 수 있는 능력을 갖고 있다는 것이다. (…) 그 사람은 여러분의 부족함을 채워 준다. 그리고 그 과정이 일어나는 바로 그 순간 여러분은 다른 사람과의 상호 작용에 의해 완전히 다른 사람이 된다."

이 책을 쓰는 동안 티나 베넷Tina Bennett과 에아몬 돌란Eamon Dolan 그 두 사람이 내게 그러한 역할을 해 줬다. 내가 과연 이 야심 찬 프로젝트를 해낼 수 있을지 의심하고 있을 때, 티나와 에아몬은 내가 바랄 수 있는 모든 희망, 자신감, 영감을 내게 주면서 내 부족함을 채워 줬다. 티나와 에아몬에게 고마운 마음을 전한다.

많은 사람이 이 책을 만들기 위해 열심히 일했다. 호튼 미플린 하코트Houghton Mifflin Harcourt 출판사의 편집 및 제작 팀인 뎁 브로디Deb Brody, 아이비 기븐스Ivy Givens, 브루스 니콜스Bruce Nichols(현 리틀, 브라운Little, Brown 출판사), 베스 벌리 풀러Beth Burleigh Fuller에게 감사한 마음을 전한다. 아만다 헬러는Amanda Heller는 꼼꼼하게 교정을 봐 줬고, 마크 로빈슨Mark Robinson은 멋진 표지 디자인을 해 줬다. WME의 제이 맨델Jay Mandel은 매우 유능한 시안-애슐리 에드워즈Sian-Ashleigh Edwards의 도움을 받아 확실한 가이드 역할을 해 줬다. 아웃:싱크 그룹Out:think Group의 조셉 힌슨Joseph Hinson과 그의 팀은 내게 멋진 웹사이트를 만들어 줬다. 스테파니 아네스티스Stephanie Anestis는 뉴헤이븐의 춥고 바람이 많이 부는 날에 내 프로필 사진을 즐겁게 찍어 줬다. 예일대학교의 동아시아 어문학부의 야마구치 미카Mika Yamaguchi 씨가 라디오 타이소 관련 부분을 도와줬다.

오랜 기간 동안 리서치를 하고 이 책을 쓰면서 나는 운 좋게도 뉴 아메리카New America가 제공하는 L. 슈워츠 펠로우십L. Schwartz Fellowship, 퓨처 텐스 펠로우십Future Tense Fellowship, 러닝 사이언스 익스체인지 펠로우십Learning Sciences Exchange Fellowship(제이콥스재단Jacobs Foundation에서 함께 제공)을 지원받았다. 앤-마리 슬로터Anne-Marie Slaughter, 리사 건지Lisa Guernsey, 앙드레 마르티네즈Andrés Martinez, 피터 베르겐Peter Bergen, 아위스타 아유브Awista Ayub, 토리 보슈Torie Bosch, 엘리스 프란치노Elise Franchino에게 깊은 감사를 전한다. 이 책 작업을 하면서 스펜서재단Spencer Foundation의 지원도 받았다. 스펜서 에듀케이션 저널리즘 펠로우십Spencer Education Journalism Fellowship 수상자로서 스펜서재단의 명예 회장인 마이클 맥퍼슨Michael McPherson, 컬럼비아대학교 언론 대학원의 린넬 핸콕LynNell Hancock과 마거리트 홀러웨이Marguerite Holloway, 동료 자말 압둘-알림Jamaal Abdul-Alim과 로렌 스미스 카메라Lauren Smith Camera에게 감사를 전한다. 또 예일대학교의 푸어부 교수학습센터Poorvu Center for Teaching and Learning의 내 옛 동료인 제니퍼 프레데릭Jennifer Frederick, 마크 그레이엄Mark Graham, 트레이시 애디Tracie Addy, 베스 루오마Beth Luoma에게도 고마운 마음을 전하고 싶다.

이 책의 내용은 연구자, 교육자, 작가, 편집자들과의 많은 대화로 더욱 풍부해졌다. 시간을 내 자신의 연구에 대한 내 질문에 답해 준과학자들에게 감사를 전한다. 또 이 책에서 살펴본 문제들을 숙고하는 데 도움을 준 비공식 고문인 폴 블룸Paul Bloom, 데이비드 다니엘David Daniel, 데이비드 독터먼David Dockterman, 댄 윌링햄Dan Willingham, 칼 짐머Carl Zimmer에게도 깊은 감사를 표한다. 마하린 바나지Mahzarin Banaji, 티나 바세기안Tina Barseghian, 에

밀리 바젤론Emily Bazelon, 울리히 보저Ulrich Boser, 빌 브라운Bill Brown, 아담 코헨Adam Cohen, 니키 도이도프Nicky Dawidoff, 제이콥 해커Jacob Hacker, 제이크 할펀Jake Halpern, 카를라 호비츠Carla Horwitz, 스콧 배리코프먼Scott Barry Kaufman, 홀리 코비Holly Korbey, 더그 레모프Doug Lemov, 스티브 레빙스턴Steve Levingston, 다니엘 마르코비츠Daniel Markovits, 카일 페더슨Kyle Pedersen, 로버트 폰디시오Robert Pondiscio, 제시카 세이거Jessica Sager, 제이슨 스탠리Jason Stanley, 브로 색스버그Bror Saxberg, 리즈 테일러Liz Taylor, 그레그 토포Greg Toppo, 리즈 윌런Liz Willen, 오브리 화이트Aubrey White와 소통하면서 얻게 된 통찰에 대해서도 감사를 전하고 싶다.

여러 친구가 친절하게도 이 책 원고를 읽고 의견을 공유해 줬다. 캐서린 바워스Kathryn Bowers, 벤 다트너Ben Dattner, 마크 오펜하이머Mark Oppenheimer, 웬디 패리스Wendy Paris, 그레첸 루빈Gretchen Rubin, 에이미 수드마이어Amy Sudmyer에게 고마운 마음을 전한다. 많은 친구가 진심으로 고마운 정신적인 지원을 해 줬다. 빅터 아그란Victor Agran, 카산드라 알빈슨Cassandra Albinson, 수지 앨더먼Suzie Alderman, 사라 빌스턴Sarah Bilston, 제니 브라운Jenny Brown, 제임스 페이니James Feighny, 앨리슨 번즈Alison Burns, 앤디Andy, 엠마Emma, 잭 바워스Jack Bowers, 수지 케인Susie Cain, 줄리 쿠퍼Julie Cooper, 리사 다모어Lisa Damour, 레이첼 도프트Rachel Doft, 에밀리 고든Emily Gordon, 말라 게하Marla Geha, 매트 폴리Matt Polly, 앨리슨 일릭Alison Illick, 제시카 코프먼Jessica Kaufman, 크리스 케닐리Chris Kenneally, 오즈 쿠스Oz Kus, 나디아 라비Nadya Labi, 마거리트 램Marguerite Lamb, 앨리슨 맥킨Alison MacKeen, 스콧 샤피로Scott Shapiro, 미셸 오렉린Michele Orecklin, 파멜라 폴Pamela Paul, 에바 펠코넨Eeva Pelkonen, 터너 브룩스Turner Brooks, 댄 퍼킨스Dan Perkins, 에밀리 루빈Emily Rubin, 에마 세팔라Emma Seppälä, 캐서린 스튜어트Katherine Stewart, 밥 설리번Bob Sullivan, 셸 스완슨Shel Swanson, 브론 타물리스Bron Tamulis, 애비 터커Abby Tucker, 제니 왓츠Jenny Watts, 데버렐스Deverells 가족(빌Bill, 존John, 헬렌Helen, 리누스Linus, 페탈Petal, 비기Biggie), 카렌 윈Karen Wynn, 그레이스 짐머Grace

Zimmer에게 감사를 표한다.

내가 앨리사 쿼트Alissa Quart와 함께 시작해 15년 이상 함께해 온 작가 그룹인 인비저블 인스티튜트Invisible Institute는 귀중한 조언과 즐거운 동지애를 나눠 줬다. 게리 배스Gary Bass, 수전 버튼Susan Burton, 에이다 캘훈Ada Calhoun, KJ 델안토니아KJ Dell'Antonia, 리디아 덴워스Lydia Denworth, 엘리자베스 데비타-래번Elizabeth Devita-Raeburn, 레베카 도너Rebecca Donner, 애비 엘린Abby Ellin, 랜디 엡스타인Randi Epstein, 셰리 핑크Sheri Fink, 린제이 겔만Lindsay Gellman, 아니아 카메네츠Anya Kamenetz, 림 카시스Reem Kassis, 마리아 코니코바Maria Konnikova, 브렌던 코너Brendan Koerner, 제스 라헤이Jess Lahey, 캐서린 랜퍼Katherine Lanpher, 론 리버Ron Lieber, 주디스 맷로프Judith Matloff, 케이티 오렌스타인Katie Orenstein, 카자 페리나Kaja Perina, 안드레아 피터슨Andrea Peterson, 메리 필론Mary Pilon, 조쉬 프레이저Josh Prager, 폴 래번Paul Raeburn, 알렉산더 루소Alexander Russo, 캐서린 세인트 루이Catherine St. Louis, 데비 스티어Debbie Stier, 마이아 살라비츠Maia Szalavitz, 로렌 샌들러Lauren Sandler, 데비 시걸Debbie Siegel, 레베카 스클루트Rebecca Skloot, 스테이시 설리번Stacy Sullivan, 해리엇 워싱턴Harriet Washington, 톰 졸너Tom Zoellner에게 따뜻한 감사를 전한다.

미리암 웰본Miryam Welbourne의 정곡을 찌르는 통찰과 지지, 다아시 체이스Darcy Chase의 차분한 존재감과 멋진 유머, 헌신적인 아버지 역할을 해 준 존 위트John Witt에게도 깊은 감사를 표한다. 내 아이들을 가르쳐 준 캘빈힐 탁아소Calvin Hill Day Care Center, 키티러스트먼-핀들링유치원Kitty Lustman-Findling Kindergarten, 푸트학교Foote School, 홉킨스학교Hopkins School의 선생님들에게도 존경을 표한다. 마지막으로, 어머니 낸시 폴Nancy Paul, 아버지 팀 폴Tim Paul, 자매 샐리 폴Sally Paul, 샐리의 파트너 빌리 포크스Billy Fowks, 샐리와 빌리의 아들 프랭키 포크스Frankie Fowks에게 고마운 마음을 전한다.

그리고 사랑하는 내 두 아들 테디 위트Teddy Witt와 거스 위트Gus Witt, 다른 누구보다 너희 둘과 소통하면서 나는 새로운 사람으로 거듭날 수 있었다.

주

프롤로그

1. Friedrich Nietzsche, 다음 출처에서 인용: Frédéric Gros, *A Philosophy of Walking*, trans. John Howe (London: Verso, 2014), 19.
2. Gros, *A Philosophy of Walking*, 19.
3. Gros, *A Philosophy of Walking*, 19.
4. Friedrich Nietzsche, 다음 출처에서 인용: Gros, *A Philosophy of Walking*, 11.
5. Gros, *A Philosophy of Walking*, 20.
6. Daniel Kahneman, *Thinking, Fast and Slow* (New York: Farrar, Straus and Giroux, 2011), 40.
7. Evan Thompson and Diego Cosmelli, "Brain in a Vat or Body in a World? Brainbound Versus Enactive Views of Experience," *Philosophical Topics* 39 (Spring 2011): 163–80.
8. Andy Clark and David Chalmers, "The Extended Mind," *Analysis* 58 (January 1998): 7–19. "확장된 마음"이라는 문구는 데이비드 차머스(David Chalmers)에 의해 처음 제안되었다.
9. 다음 출처에서 인용: David J. Chalmers, "Extended Cognition and Extended Consciousness," in *Andy Clark and His Critics*, ed. Matteo Colombo, Elizabeth Irvine, and Mog Stapleton (New York: Oxford University Press, 2019), 12.
10. Clark and Chalmers, "The Extended Mind."
11. Andy Clark, *Supersizing the Mind: Embodiment, Action, and Cognitive Extension* (New York: Oxford University Press, 2011), 131.
12. Andy Clark, "Embodied, Situated, and Distributed Cognition," in *A Companion to Cognitive Science*, ed. William Bechtel and George Graham (Malden, MA: Blackwell Publishing, 1998), 510.
13. Clark, *Supersizing the Mind*, xxv.
14. Gros, *A Philosophy of Walking*, 19.

서문

1. Alexis Madrigal, "Mapping the Most Complex Structure in the Universe: Your Brain," *Wired*, January 24, 2000.
2. William Butler Yeats, "Emotion of Multitude," in *The Collected Works of W. B. Yeats*, vol. 4, *Early Essays*, ed. George Bernstein and Richard J. Finneran (New York: Scribner, 2007), 159.
3. Moliere [Jean-Baptiste Poquelin], *The Middle Class Gentleman*, trans. Philip Dwight Jones, act 2, Project Gutenberg 웹사이트 게시, https://www.gutenberg.org/files/2992/2992-h/2992-h.htm.
4. Andy Clark, *Natural-Born Cyborgs: Minds, Technologies, and the Future of Human Intelligence* (New York: Oxford University Press, 2003), 4–5.
5. Emo Philips, *Emo Philips Live! At the Hasty Pudding Theatre* (New York: HBO Video, 1987).
6. 에니악(ENIAC)에 대한 나의 논의는 다음 출처를 근거로 한다. Thomas Haigh, Mark Priestley, and

Crispin Rope, ENIAC in Action: Making and Remaking the Modern Computer (Cambridge: MIT Press, 2016); Scott McCartney, ENIAC: The Triumphs and Tragedies of the World's First Computer (New York: Walker Publishing, 1999); Jean Jennings Bartik, Pioneer Programmer: Jean Jennings Bartik and the Computer That Changed the World (Kirksville, MO: Truman State University Press, 2013); Walter Isaacson, The Innovators: How a Group of Hackers, Geniuses, and Geeks Created the Digital Revolution (New York: Simon & Schuster, 2014); Annie Jacobsen, The Pentagon's Brain: An Uncensored History of DARPA (New York: Little, Brown, 2015); C. Dianne Martin, "ENIAC: The Press Conference That Shook the World," IEEE Technology and Society Magazine, December 1995; Steven Levy, "The Brief History of the ENIAC Computer," Smithsonian Magazine, November 2013; David K. Allison, "Using the Computer: Episodes Across 50 Years," paper presented at the 24th Annual ACM Computer Science Conference, February 1996; T. R. Kennedy, "Electronic Computer Flashes Answers, May Speed Engineering," New York Times, February 14, 1946; National Museum of American History, "ENIAC Accumulator #2," NMAH 웹사이트, https://americanhistory.si.edu/collections/search/object/nmah 334742; Penn Engineering, "ENIAC at Penn Engineering," the University of Pennsylvania 웹사이트, https://www.seas.upenn.edu/about/history-heritage/eniac/.

7. Kennedy, "Electronic Computer Flashes Answers, May Speed Engineering."

8. Bartik, Pioneer Programmer, 25.

9. Kennedy, "Electronic Computer Flashes Answers, May Speed Engineering."

10. C. Dianne Martin, "Digital Dreams: Public Perceptions About Computers," ACM Inroads 4 (September 2013): 34–35.

11. 다음 출처에서 인용: Haigh, Priestley, and Rope, ENIAC in Action.

12. 다음 출처에서 인용: C. Dianne Martin, "The Myth of the Awesome Thinking Machine," Communications of the ACM 36 (April 1993): 120–33.

13. Steven Sloman and Philip Fernbach, The Knowledge Illusion: Why We Never Think Alone (New York: Riverhead Books, 2017), 24–25.

14. Lisa S. Blackwell, "Psychological Mediators of Student Achievement During the Transition to Junior High School: The Role of Implicit Theories" (PhD diss., Columbia University, 2002).

15. Lisa S. Blackwell, Kali H. Trzesniewski, and Carol Sorich Dweck, "Implicit Theories of Intelligence Predict Achievement Across an Adolescent Transition: A Longitudinal Study and an Intervention," Child Development 78 (January–February 2007): 246–63.

16. Carol S. Dweck, Mindset: The New Psychology of Success (New York: Random House, 2006), 7.

17. Blackwell, Trzesniewski, and Dweck, "Implicit Theories of Intelligence Predict Achievement Across an Adolescent Transition."

18. Angela L. Duckworth, Christopher Peterson, Michael D. Matthews, and Dennis R. Kelly, "Grit: Perseverance and Passion for Long-Term Goals," Journal of Personality and Social Psychology 92 (June 2007): 1087–1101.

19. Angela Duckworth, Grit: The Power of Passion and Perseverance (New York: Scribner, 2016), 192.

20. Elena Pasquinelli, "Neuromyths: Why Do They Exist and Persist?," Mind, Brain, and Education 6 (May 2012): 89–96.

21. Matthew Cobb, The Idea of the Brain: The Past and Future of Neuroscience (New York: Basic Books, 2020).

22. John R. Searle, Minds, Brains and Science (Cambridge: Harvard University Press, 1984), 44.

23. John Harvey Kellogg, First Book in Physiology and Hygiene (New York: Harper & Brothers, 1888), 106.

24. Stephen Jay Gould, The Mismeasure of Man (New York: W. W. Norton, 1996), 27.

25. Paul Bloom, Descartes' Baby: How the Science of Child Development Explains What Makes Us Human (New York: Norton, 2004), 48.

26. Park Sae-jin, "Power Firm Seeks Every Method to Keep Magpies Off Power Poles," Aju Business Daily, July 3, 2018.

27. David C. Geary, "Reflections of Evolution and Culture in Children's Cognition: Implications for Mathematical Development and Instruction," *American Psychologist* 50 (January 1995): 24–37.

28. James R. Flynn, "Massive IQ Gains in 14 Nations: What IQ Tests Really Measure," *Psychological Bulletin* 101 (March 1987): 171–91.

29. James R. Flynn and Michael Shayer, "IQ Decline and Piaget: Does the Rot Start at the Top?," *Intelligence* 66 (January 2018): 112–21.

30. Nicholas S. Fitz and Peter B. Reiner, "Time to Expand the Mind," *Nature* 531 (March 2016): S9.

31. Lumos Labs, "Press Resources," https://www.lumosity.com/en/resources/.

32. Bobby Stojanoski et al., "Targeted Training: Converging Evidence Against the Transferable Benefits of Online Brain Training on Cognitive Function," *Neuropsychologia* 117 (August 2018): 541–50.

33. Daniel J. Simons et al., "Do 'Brain-Training' Programs Work?," *Psychological Science in the Public Interest* 17 (October 2016): 103–86.

34. N. Deniz Aksayli, Giovanni Sala, and Fernand Gobet, "The Cognitive and Academic Benefits of Cogmed: A Meta-Analysis," *Educational Research Review* 27 (June 2019): 229–43.

35. Joseph W. Kable et al., "No Effect of Commercial Cognitive Training on Brain Activity, Choice Behavior, or Cognitive Performance," *Journal of Neuroscience* 37 (August 2017): 7390–402.

36. Giovanni Sala et al., "Working Memory Training Does Not Enhance Older Adults' Cognitive Skills: A Comprehensive Meta-Analysis," *Intelligence* 77 (November–December 2019): 1–13.

37. "Lumosity to Pay $2 Million to Settle FTC Deceptive Advertising Charges for Its 'Brain Training' Program," FTC 웹사이트, January 5, 2016, https://www.ftc.gov/news-events/press-releases/2016/01/lumosity-pay-2-million-settle-ftc-deceptive-advertising-charges.

38. Masud Husain and Mitul A Mehta, "Cognitive Enhancement by Drugs in Health and Disease," *Trends in Cognitive Sciences* 15 (January 2011): 28–36.

39. Christina Farr, "This Start-Up Raised Millions to Sell 'Brain Hacking' Pills, but Its Own Study Found Coffee Works Better," CNBC, November 30, 2017.

40. Martha J. Farah, "The Unknowns of Cognitive Enhancement: Can Science and Policy Catch Up with Practice?," *Science* 350 (October 2015), 379–80.

41. 앤디 클라크(Andy Clark)가 나타샤 미첼(Natasha Mitchell)과의 인터뷰에서 언급했다. "Natural Born Cyborgs: Minds, Technologies, and the Future of Human Intelligence," *All in the Mind*, Australian Broadcasting Company, May 18, 2003.

42. Clark, *Natural-Born Cyborgs*, 4, 10.

43. Clark and Chalmers, "The Extended Mind."

44. Julian Baggini, "A Piece of iMe: An Interview with David Chalmers," *The Philosophers' Magazine*, 2008.

45. K. Anders Ericsson, Ralf T. Krampe, and Clemens Tesch-Römer, "The Role of Deliberate Practice in the Acquisition of Expert Performance," *Psychological Review* 100 (July 1993): 363–406.

46. Paul P. Maglio, Michael J. Wenger, and Angelina M. Copeland, "The Benefits of Epistemic Action Outweigh the Costs," the 25th Annual Conference of the Cognitive Science Society에서 발표된 논문, July–August 2003.

PART 1. 우리 몸

감각을 통해 생각하기

1. John Coates, *The Hour Between Dog and Wolf: Risk Taking, Gut Feelings, and the Biology of Boom and Bust* (New York: Penguin Press, 2012), 119, 98. 존 코츠에 대한 나의 논의는 이 자료에 바탕한다.

2. Narayanan Kandasamy et al., "Interoceptive Ability Predicts Survival on a London Trading Floor," *Scientific Reports* 6 (September 2016).

3. 내수용 감각에 대한 개괄적인 논의에 대해서는 다음 자료를 보라. A. D. (Bud) Craig, "Interoception: The Sense of the Physiological Condition of the Body," *Current Opinion in Neurobiology* 13 (August 2003): 500–505.

4. Vivien Ainley et al., "'Bodily Precision': A Predictive Coding Account of Individual Differences in Interoceptive Accuracy," Philosophical Transactions of the Royal Society B: *Biological Sciences* 371 (November 2016).

5. Sarah N. Garfinkel et al., "Knowing Your Own Heart: Distinguishing Interoceptive Accuracy from Interoceptive Awareness," *Biological Psychology* 104 (January 2015): 65–74.

6. Vivien Ainley, 다음 출처에서 인용: Jyoti Madhusoodanan, "Inner Selfie," *Science Notes* (2014).

7. 비비안 에인리(Vivien Ainley)와의 인터뷰.

8. Hugo D. Critchley et al., "Neural Systems Supporting Interoceptive Awareness," Nature Neuroscience 7 (January 2004): 189–95. 또한 다음을 보라. A. D. Craig, "Human Feelings: Why Are Some More Aware Than Others?," *Trends in Cognitive Science* 8 (June 2004): 239–41.

9. Jennifer Murphy et al., "Interoception and Psychopathology: A Developmental Neuroscience Perspective," *Developmental Cognitive Neuroscience* 23 (February 2017): 45–56.

10. Jennifer Murphy et al., "Estimating the Stability of Heartbeat Counting in Middle Childhood: A Twin Study," *Biological Psychology* 148 (November 2019). 또한 다음을 보라. Kristina Oldroyd, Monisha Pasupathi, and Cecilia Wainryb, "Social Antecedents to the Development of Interoception: Attachment Related Processes Are Associated with Interoception," *Frontiers in Psychology* 10 (April 2019).

11. A. D. (Bud) Craig, *How Do You Feel?: An Interoceptive Moment with Your Neurobiological Self* (Princeton: Princeton University Press, 2014), 7–8.

12. Pawel Lewicki, Maria Czyzewska, and Hunter Hoffman, "Unconscious Acquisition of Complex Procedural Knowledge," *Journal of Experimental Psychology: Learning, Memory, and Cognition* 13 (1987): 523–30.

13. "Nonconscious information acquisition": Pawel Lewicki, Thomas Hill, and Maria Czyzewska, "Nonconscious Acquisition of Information," *American Psychologist* 47 (June 1992): 796–801.

14. Moshe Bar, "The Proactive Brain: Memory for Predictions," *Philosophical Transactions of the Royal Society B: Biological Sciences* 364 (May 2009): 1235–43.

15. Lewicki, Hill, and Czyzewska, "Nonconscious Acquisition of Information."

16. Guy Claxton, "Corporal Thinking," *Chronicle of Higher Education* 62 (September 2015): 19.

17. Antoine Bechara et al., "Deciding Advantageously Before Knowing the Advantageous Strategy," *Science* 275 (1997): 1293–95. 또한 다음을 보라. Tasha Poppa and Antoine Bechara, "The Somatic Marker Hypothesis: Revisiting the Role of the 'Body-Loop' in Decision-Making," *Current Opinion in Behavioral Sciences* 19 (February 2018): 61–66.

18. Natalie S. Werner et al., "Enhanced Cardiac Perception Is Associated with Benefits in Decision-Making," *Psychophysiology* 46 (November 2009): 1123–29. 또한 다음을 보라. Barnaby D. Dunn et al., "Listening to Your Heart: How Interoception Shapes Emotion Experience and Intuitive Decision Making," *Psychological Science* 21 (December 2010): 1835–44.

19. Antonio R. Damasio, *Descartes' Error* (New York: G. P. Putnam's Sons, 1994), 165–204.

20. Dana Fischer, Matthias Messner, and Olga Pollatos, "Improvement of Interoceptive Processes

After an 8-Week Body Scan Intervention," *Frontiers in Human Neuroscience* 11 (September 2017). 또한 다음을 보라. Bethany E. Kok and Tania Singer, "Phenomenological Fingerprints of Four Meditations: Differential State Changes in Affect, Mind-Wandering, Meta-Cognition, and Interoception Before and After Daily Practice Across 9 Months of Training," *Mindfulness* 8 (August 2017): 218–31.

21. Paul B. Sharp et al., "Mindfulness Training Induces Structural Connectome Changes in Insula Networks," *Scientific Reports* 8 (May 2018). 또한 다음을 보라. Norman A. S. Farb, Zindel V. Segal, and Adam K. Anderson, "Mindfulness Meditation Training Alters Cortical Representations of Interoceptive Attention," *Social Cognitive and Affective Neuroscience* 8 (January 2013): 15–26.

22. Jon Kabat-Zinn, *Full Catastrophe Living: Using the Wisdom of Your Body and Mind to Face Stress, Pain, and Illness* (New York: Bantam Books, 2013), 88, 95–97.

23. Matthew D. Lieberman et al., "Subjective Responses to Emotional Stimuli During Labeling, Reappraisal, and Distraction," *Emotion* 11 (June 2011): 468–80.

24. Andrea N. Niles et al., "Affect Labeling Enhances Exposure Effectiveness for Public Speaking Anxiety," *Behaviour Research and Therapy* 68 (May 2015): 27–36.

25. Uwe Herwig et al., "Self-Related Awareness and Emotion Regulation," *Neuroimage* 50 (April 2010): 734–41. 또한 다음을 보라. Matthew D. Lieberman et al., "Putting Feelings into Words: Affect Labeling Disrupts Amygdala Activity in Response to Affective Stimuli," *Psychological Science* 18 (May 2007): 421–28.

26. Herwig et al., "Self-Related Awareness and Emotion Regulation."

27. Niles et al., "Affect Labeling Enhances Exposure Effectiveness for Public Speaking Anxiety."

28. Todd B. Kashdan, Lisa Feldman Barrett, and Patrick E. McKnight, "Unpacking Emotion Differentiation: Transforming Unpleasant Experience by Perceiving Distinctions in Negativity," *Current Directions in Psychological Science* 24 (February 2015): 10–16.

29. Jeremy A. Yip et al., "Follow Your Gut? Emotional Intelligence Moderates the Association Between Physiologically Measured Somatic Markers and Risk-Taking," *Emotion* 20 (April 2019): 462–72.

30. Aleksandra Herman et al., "Interoceptive Accuracy Predicts Nonplanning Trait Impulsivity," *Psychophysiology* 56 (June 2019).

31. Gary E. Bolton and Rami Zwick, "Anonymity Versus Punishment in Ultimatum Bargaining," *Games and Economic Behavior* 10 (July 1995): 95–121.

32. Ulrich Kirk, Jonathan Downar, and P. Read Montague, "Interoception Drives Increased Rational Decision-Making in Meditators Playing the Ultimatum Game," *Frontiers in Neuroscience* 5 (April 2011).

33. Kirk, Downar, and Montague, "Interoception Drives Increased Rational Decision-Making in Meditators Playing the Ultimatum Game."

34. Kahneman, *Thinking, Fast and Slow*.

35. Mark Fenton-O'Creevy et al., "Thinking, Feeling and Deciding: The Influence of Emotions on the Decision Making and Performance of Traders," *Journal of Organizational Behavior* 32 (November 2011): 1044–61. 또한 다음을 보라. Mark Fenton-O'Creevy, "'The Heart Has Its Reasons': Emotions and Cognition in the World of Finance," *Financial World*, February 2015.

36. 금융 트레이더의 말은 다음 자료에서 인용했다. Shalini Vohra and Mark FentonO'Creevy, "Intuition, Expertise and Emotion in the Decision Making of Investment Bank Traders," in *Handbook of Research Methods on Intuition*, ed. Marta Sinclair (Northampton: Edward Elgar Publishing, 2014), 88–98.

37. Mark Fenton-O'Creevy et al., "Emotion Regulation and Trader Expertise: Heart Rate Variability on the Trading Floor," *Journal of Neuroscience, Psychology, and Economics* 5 (November 2012): 227–37.

38. Vohra and Fenton-O'Creevy, "Intuition, Expertise and Emotion in the Decision Making of Investment Bank Traders."

마음은 어떻게 작동하는가

39. Mark Fenton-O'Creevy et al., "A Learning Design to Support the Emotion Regulation of Investors," the OECD-SEBI International Conference on Investor Education에서 발표된 논문, February 2012.

40. Mark Fenton-O'Creevy et al., "A Game Based Approach to Improve Traders' Decision Making," the International Gamification for Business Conference에서 발표된 논문, September 2015. 또한 다음을 보라. Gilbert Peffer et al., "xDelia Final Report: Emotion-Centred Financial Decision Making and Learning," Open University에서 발행된 보고서, January 2012.

41. Sahib S. Khalsa et al., "Interoception and Mental Health: A Roadmap," *Biological Psychiatry: Cognitive Neuroscience and Neuroimaging* 3 (June 2018): 501–13.

42. Coates, *The Hour Between Dog and Wolf*, 53.

43. 이에 대한 개괄적 논의는 다음 자료를 보라. Lisa Feldman Barrett, *How Emotions Are Made: The Secret Life of the Brain* (New York: Houghton Mifflin Harcourt, 2017), 56–83.

44. Johann D. Kruschwitz et al., "Self-Control Is Linked to Interoceptive Inference: Craving Regulation and the Prediction of Aversive Interoceptive States Induced with Inspiratory Breathing Load," *Cognition* 193 (December 2019). 또한 다음을 보라. Hayley A. Young et al., "Interoceptive Accuracy Moderates the Response to a Glucose Load: A Test of the Predictive Coding Framework," *Proceedings of the Royal Society B: Biological Sciences* 286 (March 2019).

45. Lori Haase et al., "When the Brain Does Not Adequately Feel the Body: Links Between Low Resilience and Interoception," *Biological Psychology* 113 (January 2016): 37–45.

46. Kathryn M. Connor and Jonathan R. T. Davidson, "Development of a New Resilience Scale: The Connor-Davidson Resilience Scale (CD-RISC)," *Depression and Anxiety* (September 2003): 76–82.

47. Diana Nyad, *Find a Way* (New York: Alfred A. Knopf, 2015), 223–24. 또한 다음을 보라. Ariel Levy, "Breaking the Waves," *The New Yorker*, February 3, 2014.

48. *Nyad, Find a Way*, 224.

49. *Nyad, Find a Way*, 224.

50. Martin P. Paulus et al., "Subjecting Elite Athletes to Inspiratory Breathing Load Reveals Behavioral and Neural Signatures of Optimal Perform ers in Extreme Environments," *PLoS One* 7 (January 2012). 또한 다음을 보라. Alan Simmons et al., "Altered Insula Activation in Anticipation of Changing Emotional States: Neural Mechanisms Underlying Cognitive Flexibility in Special Operations Forces Personnel," *NeuroReport* 24 (March 2012): 234–39.

51. Martin P. Paulus et al., "A Neuroscience Approach to Optimizing Brain Resources for Human Performance in Extreme Environments," *Neuroscience & Biobehavioral Reviews* 33 (July 2009): 1080–88.

52. Haase et al., "When the Brain Does Not Adequately Feel the Body."

53. Amishi P. Jha et al., "Practice Is Protective: Mindfulness Training Promotes Cognitive Resilience in High-Stress Cohorts," *Mindfulness* (February 2017): 46–58.

54. Elizabeth A. Stanley, *Widen the Window: Training Your Brain and Body to Thrive During Stress and Recover from Trauma* (New York: Avery, 2019), 5.

55. Elizabeth A. Stanley, "Mindfulness-Based Mind Fitness Training(MMFT): An Approach for Enhancing Performance and Building Resilience in High Stress Contexts," in *The Wiley Blackwell Handbook of Mindfulness*, ed. Amanda Ie, Christelle T. Ngnoumen, and Ellen J. Langer (Malden, MA: John Wiley & Sons, 2014), 964–85.

56. Amishi P. Jha et al., "Minds 'At Attention': Mindfulness Training Curbs Attentional Lapses in Military Cohorts," *PLoS One* 10 (February 2015).

57. Amishi P. Jha et al., "Short-Form Mindfulness Training Protects Against Working Memory Degradation over High-Demand Intervals," *Journal of Cognitive Enhancement* 1 (June 2017): 154–71.

58. Stanley, *Widen the Window*, 284–91.

59. Stanley, "Mindfulness-Based Mind Fitness Training (MMFT)."

60. Lisa Feldman Barrett et al., "Interoceptive Sensitivity and Self-Reports of Emotional Experi-

ence," *Journal of Personality and Social Psychology* 87 (November 2004): 684–97. 또한 다음을 보라. Beate M. Herbert, Olga Pollatos, and Rainer Schandry, "Interoceptive Sensitivity and Emotion Processing: An EEG Study," *International Journal of Psychophysiology* 65 (September 2007): 214–27.

61. Anne Kever et al., "Interoceptive Sensitivity Facilitates Both Antecedent-and Response-Focused Emotion Regulation Strategies," *Personality and Individual Differences* 87 (December 2015): 20–23.

62. William James, "What Is an Emotion?," *Mind* 9 (April 1884): 188–205.

63. Barrett, *How Emotions Are Made.* 또한 다음을 보라. Lisa Feldman Barrett, "The Theory of Constructed Emotion: An Active Inference Account of Interoception and Categorization," *Social Cognitive and Affective Neuroscience* 12 (January 2017): 1–23.

64. Alison Wood Brooks, "Get Excited: Reappraising Pre-Performance Anxiety as Excitement," *Journal of Experimental Psychology: General* 143 (June 2014): 1144–58.

65. Alia J. Crum, Peter Salovey, and Shawn Achor, "Rethinking Stress: The Role of Mindsets in Determining the Stress Response," *Journal of Personality and Social Psychology* 104 (April 2013): 716–33.

66. Jeremy P. Jamieson et al., "Turning the Knots in Your Stomach into Bows: Reappraising Arousal Improves Performance on the GRE," *Journal of Experimental Social Psychology* 46 (January 2010): 208–12.

67. Rachel Pizzie et al., "Neural Evidence for Cognitive Reappraisal as a Strategy to Alleviate the Effects of Math Anxiety," PsyArXiv에 게시된 논문, March 2019.

68. Jürgen Füstös et al., "On the Embodiment of Emotion Regulation: Interoceptive Awareness Facilitates Reappraisal," *Social Cognitive and Affective Neuroscience* 8 (December 2013): 911–17.

69. Brooks, "Get Excited."

70. Adrienne Wood et al., "Fashioning the Face: Sensorimotor Simulation Contributes to Facial Expression Recognition," *Trends in Cognitive Sciences* 20 (March 2016): 227–40.

71. David T. Neal and Tanya L. Chartrand, "Embodied Emotion Perception: Amplifying and Dampening Facial Feedback Modulates Emotion Perception Accuracy," *Social Psychological and Personality Science* 2 (April 2011): 673–78.

72. Vivien Ainley, Marcel Brass, and Manos Tsakiris, "Heartfelt Imitation: High Interoceptive Awareness Is Linked to Greater Automatic Imitation," *Neuropsychologia* 60 (July 2014): 21–28.

73. Yuri Terasawa et al., "Interoceptive Sensitivity Predicts Sensitivity to the Emotions of Others," *Cognition & Emotion* 28 (February 2014): 1435–48. 또한 다음을 보라. Punit Shah, Caroline Catmur, and Geoffrey Bird, "From Heart to Mind: Linking Interoception, Emotion, and Theory of Mind," *Cortex* 93 (August 2017): 220–23.

74. Delphine Grynberg and Olga Pollatos, "Perceiving One's Body Shapes Empathy," *Physiology & Behavior* 140 (March 2015): 54–60.

75. Irene Messina et al., "Somatic Underpinnings of Perceived Empathy: The Importance of Psychotherapy Training," *Psychotherapy Research* 23 (March 2013): 169–77.

76. 임상의사, 다음 출처에서 인용: Robert Shaw, "The Embodied Psychotherapist: An Exploration of the Therapists' Somatic Phenomena Within the Therapeutic Encounter," *Psychotherapy Research* 14 (August 2006): 271–88.

77. Susie Orbach, "The John Bowlby Memorial Lecture: The Body in Clinical Practice, Part One and Part Two," in *Touch: Attachment and the Body*, ed. *Kate White* (New York: Routledge, 2019), 17–48.

78. Andrew J. Arnold, Piotr Winkielman, and Karen Dobkins, "Interoception and Social Connection," *Frontiers in Psychology* 10 (November 2019).

79. Tomoko Isomura and Katsumi Watanabe, "Direct Gaze Enhances Interoceptive Accuracy," *Cognition* 195 (February 2020). 또한 다음을 보라. Matias Baltazar et al., "Eye Contact Elicits Bodily Self-Awareness in Human Adults," *Cognition* 133 (October 2014): 120–27.

80. Nesrine Hazem et al., "Social Contact Enhances Bodily Self-Awareness," *Scientific Reports* 8 (March 2018).

81. Arnold, Winkielman, and Dobkins, "Interoception and Social Connection." 또한 다음을 보라. Caroline Durlik and Manos Tsakiris, "Decreased Interoceptive Accuracy Following Social Exclusion," *International Journal of Psychophysiology* 96 (April 2015), 57–63.

82. Arnold, Winkielman, and Dobkins, "Interoception and Social Connection."

83. Coates, *The Hour Between Dog and Wolf*, 120.

84. Cassandra D. Gould van Praag et al., "HeartRater: Tools for the Evaluation of Interoceptive Dimensions of Experience," *Psychosomatic Medicine* 79 (May 2017).

85. "How doppel Works," feeldoppel.com에 게시, May 24, 2017, https://feeldoppel.com/pages/science.

86. Ruben T. Azevedo, "The Calming Effect of a New Wearable Device During the Anticipation of Public Speech," *Scientific Reports* 7 (May 2017).

87. Manos Tsakiris, "Investigating the Effect of *doppel* on Alertness," 조사 보고서.

88. Manos Tskakiris, 다음 출처에서 인용: "Wearing a Heart on Your Sleeve: New Research Shows That a Tactile Heartbeat Significantly Reduces Stress," Royal Holloway 웹사이트 게시, University of London, October 18, 2018, https://www.royalholloway.ac.uk/research-and-teaching/departments-and-schools/psychology/news/wearing-a-heart-on-your-sleeve/.

89. Derek Parfit, *Reasons and Persons* (Oxford: Oxford University Press, 1984), ix.

90. A. D. (Bud) Craig, *How Do You Feel? An Interoceptive Moment with Your Neurobiological Self* (Princeton: Princeton University Press, 2014), xvii, 182.

운동을 통해 생각하기

1. Jeff Fidler, 산제이 굽타(Sanjay Gupta)에 의한 인터뷰, "Exercising at Work," CNN, July 7, 2007.

2. Jeff L. Fidler et al., "Feasibility of Using a Walking Workstation During CT Image Interpretation," *Journal of the American College of Radiology* (November 2008): 1130–36.

3. Amee A. Patel et al., "Walking While Working: A Demonstration of a Treadmill-Based Radiologist Workstation," the Radiological Society of North America Scientific Assembly and Annual Meeting에서 발표된 논문, February 2008.

4. Cody R. Johnson et al., "Effect of Dynamic Workstation Use on Radiologist Detection of Pulmonary Nodules on CT," *Journal of the American College of Radiology* 16 (April 2019): 451–57.

5. Tom Bullock et al., "Acute Exercise Modulates FeatureSelective Responses in Human Cortex," *Journal of Cognitive Neuroscience* 29 (April 2017): 605–18. 또한 다음을 보라. Tom Bullock, Hubert Cecotti, and Barry Giesbrecht, "Multiple Stages of Information Processing Are Modulated During Acute Bouts of Exercise," *Neuroscience* 307 (October 2015): 138–50.

6. Liyu Cao and Barbara Händel, "Walking Enhances Peripheral Visual Processing in Humans," *PLoS Biology* 17 (October 2019). 또한 다음을 보라. Liyu Cao and Barbara Händel, "Increased Influence of Periphery on Central Visual Processing in Humans During Walking," *bioRxiv* (January 2018).

7. Fernando Gomez-Pinilla and Charles Hillman, "The Influence of Exercise on Cognitive Abilities," *Comprehensive Physiology* 3 (January 2013): 403–28.

8. David A. Raichlen and John D. Polk, "Linking Brains and Brawn: Exercise and the Evolution of Human Neurobiology," *Proceedings of the Royal Society of London B: Biological Sciences* 280 (January 2013).

9. Raichlen and Polk, "Linking Brains and Brawn."

10. David A. Raichlen and Gene E. Alexander, "Adaptive Capacity: An Evolutionary Neuroscience Model Linking Exercise, Cognition, and Brain Health," *Trends in Neurosciences* 40 (July 2017): 408–21.

11. Raichlen and Alexander, "Adaptive Capacity."

12. Ian J. Wallace, Clotilde Hainline, and Daniel E. Lieberman, "Sports and the Human Brain: An Evolutionary Perspective," in *Handbook of Clinical Neurology, vol. 158, Sports Neurology*, ed. Brian Hainline and Robert A. Stern (Amsterdam: Elsevier, 2018), 3–10.

13. David A. Raichlen et al., "Physical Activity Patterns and Biomarkers of Cardiovascular Disease Risk in Hunter-Gatherers," *American Journal of Human Biology* 29 (March–April 2017).

14. Robert Feld, "Re: 'Walking Workstations: Ambulatory Medicine Redefined,'" *Journal of the American College of Radiology* 6 (March 2009): 213.

15. Karl E. Minges et al., "Classroom Standing Desks and Sedentary Behavior: A Systematic Review," *Pediatrics* 137 (February 2016).

16. Stacy A. Clemes et al., "Sitting Time and Step Counts in Office Workers," *Occupational Medicine* 64 (April 2014): 188–92.

17. Andy Clark, *Being There: Putting Brain, Body, and World Together Again* (Cambridge: MIT Press, 1998), 35. Mireya Villarreal, "California School Becomes First to Lose Chairs for Standing Desks," CBS News, October 12, 2015.

18. Mireya Villarreal, "California School Becomes First to Lose Chairs for Standing Desks," CBS News, October 12, 2015.

19. Maureen Zink, 다음 출처에서 인용: Juliet Starrett, "Eight Reasons Why Kids Should Stand at School," *Medium*, June 3, 2019.

20. Roy F. Baumeister and Kathleen D. Vohs, "Willpower, Choice, and Self-Control," in *Time and Decision: Economic and Psychological Perspectives on Intertemporal Choice*, ed. George Loewenstein, Daniel Read, and Roy Baumeister (New York: Russell Sage Foundation, 2003), 201–16. 또한 다음을 보라. Joel S. Warm, Raja Parasuraman, and Gerald Matthews, "Vigilance Requires Hard Mental Work and Is Stressful," *Human Factors* 50 (June 2008): 433–41.

21. Christine Langhanns and Hermann Müller, "Effects of Trying 'Not to Move' Instruction on Cortical Load and Concurrent Cognitive Performance," *Psychological Research* 82 (January 2018): 167–76.

22. James A. Levine, Sara J. Schleusner, and Michael D. Jensen, "Energy Expenditure of Nonexercise Activity," *American Journal of Clinical Nutrition* 72 (December 2000): 1451–54.

23. Ranjana K. Mehta, Ashley E. Shortz, and Mark E. Benden, "Standing Up for Learning: A Pilot Investigation on the Neurocognitive Benefits of Stand-Biased School Desks," *International Journal of Environmental Research and Public Health* 13 (December 2015).

24. Marianela Dornhecker et al., "The Effect of Stand-Biased Desks on Academic Engagement: An Exploratory Study," *International Journal of Health Promotion and Education* 53 (September 2015): 271–80.

25. Gregory Garrett et al., "Call Center Productivity over 6 Months Following a Standing Desk Intervention," *IIE Transactions on Occupational Ergonomics and Human Factors* 4 (July 2016): 188–95.

26. Kerstin Mayer, Sarah Nicole Wyckoff, and Ute Strehl, "Underarousal in Adult ADHD: How Are Peripheral and Cortical Arousal Related?," *Clinical EEG and Neuroscience* 47 (July 2016): 171–79. 또한 다음을 보라. Julia Geissler et al., "Hyperactivity and Sensation Seeking as Autoregulatory Attempts to Stabilize Brain Arousal in ADHD and Mania?," *ADHD Attention Deficit and Hyperactivity Disorders* 6 (July 2014): 159–73.

27. Tadeus A. Hartanto et al., "A Trial by Trial Analysis Reveals More Intense Physical Activity Is Associated with Better Cognitive Control Performance in Attention-Deficit/Hyperactivity Disorder," *Child Neuropsychology* 22 (2016): 618–26.

28. Michael Karlesky and Katherine Isbister, "Understanding Fidget Widgets: Exploring the Design Space of Embodied Self-Regulation," the 9th Nordic Conference on Human-Computer Interaction에서 발표된 논문, October 2016.

29. Katherine Isbister and Michael Karlesky, "Embodied SelfRegulation with Tangibles," the 8th International Conference on Tangible, Embedded and Embodied Interaction에서 발표된 논문,

February 2014.

30. Katherine Isbister, 다음 출처에서 인용: Melissa Dahl, "Researchers Are Studying the Things People Fiddle With at Their Desks," *New York Magazine*, March 12, 2015.

31. Alice M. Isen, "Positive Affect as a Source of Human Strength," in *A Psychology of Human Strengths: Fundamental Questions and Future Directions for a Positive Psychology*, ed. Lisa G. Aspinwall and Ursula M. Staudinger (Washington, DC: American Psychological Association, 2003), 179–95.

32. Michael Karlesky and Katherine Isbister, "Designing for the Physical Margins of Digital Workspaces: Fidget Widgets in Support of Productivity and Creativity," the 8th International Conference on Tangible, Embedded and Embodied Interaction에서 발표된 논문, February 2014.

33. Jackie Andrade, "What Does Doodling Do?," *Applied Cognitive Psychology* 24 (2010): 100–106.

34. Karlesky and Isbister, "Understanding Fidget Widgets."

35. Kahneman, *Thinking, Fast and Slow*, 39–40.

36. 신체 활동이 인지에 주는 영향에 대한 나의 논의는 다음 자료에 근거한다: Matthew B. Pontifex et al., "A Primer on Investigating the After Effects of Acute Bouts of Physical Activity on Cognition," *Psychology of Sport & Exercise* 40 (January 2019): 1–22; Annese Jaffery, Meghan K. Edwards, and Paul D. Loprinzi, "The Effects of Acute Exercise on Cognitive Function: Solomon Experimental Design," *Journal of Primary Prevention* 39 (February 2018): 37–46; Charles H. Hillman, Nicole E. Logan, and Tatsuya T. Shigeta, "A Review of Acute Physical Activity Effects on Brain and Cognition in Children," *Translational Journal of the American College of Sports Medicine* 4 (September 2019): 132–36; Yu-Kai Chang et al., "The Effects of Acute Exercise on Cognitive Performance: A Meta-Analysis," *Brain Research* 1453 (May 2012): 87–101; Phillip D. Tomporowski, "Effects of Acute Bouts of Exercise on Cognition," *Acta Psychologica* 112 (March 2003): 297–324; Eveleen Sng, Emily Frith, and Paul D. Loprinzi, "Temporal Effects of Acute Walking Exercise on Learning and Memory Function," *American Journal of Health Promotion* 32 (September 2018): 1518–25. Paul D. Loprinzi et al., "The Temporal Effects of Acute Exercise on Episodic Memory Function: Systematic Review with Meta-Analysis," *Brain Sciences* 9 (April 2019); James T. Haynes 4th et al., "Experimental Effects of Acute Exercise on Episodic Memory Function: Considerations for the Timing of Exercise," *Psychological Reports* 122 (October 2019): 1744–54; Paul D. Loprinzi and Christy J. Kane, "Exercise and Cognitive Function: A Randomized Controlled Trial Examining Acute Exercise and Free-Living Physical Activity and Sedentary Effects," *Mayo Clinic Proceedings* 90 (April 2015): 450–60; Ai-Guo Chen et al., "Effects of Acute Aerobic Exercise on Multiple Aspects of Executive Function in Preadolescent Children," *Psychology of Sport and Exercise* 15 (November 2014): 627–36; and Julia C. Basso and Wendy A. Suzuki, "The Effects of Acute Exercise on Mood, Cognition, Neurophysiology, and Neurochemical Pathways: A Review," *Brain Plasticity* 2 (March 2017): 127–52.

37. Matthew T. Mahar, "Impact of Short Bouts of Physical Activity on Attention-to-Task in Elementary School Children," *Preventive Medicine* 52 (June 2011): S60–64.

38. Anneke G. van der Niet et al., "Effects of a Cognitively Demanding Aerobic Intervention During Recess on Children's Physical Fitness and Executive Functioning," *Pediatric Exercise Science* 28 (February 2018): 64–70.

39. Jennifer McMurrer, "NCLB Year 5: Choices, Changes, and Challenges: Curriculum and Instruction in the NCLB Era," the Center on Education Policy에서 발행된 보고서, December 2007.

40. Wendell C. Taylor, "Transforming Work Breaks to Promote Health," *American Journal of Preventive Medicine* 29 (December 2005): 461–65.

41. Pontifex et al., "A Primer on Investigating the After Effects of Acute Bouts of Physical Activity on Cognition."

42. Yanyun Zhou et al., "The Impact of Bodily States on Divergent Thinking: Evidence for a Control-Depletion Account," *Frontiers in Psychology* 8 (September 2017).

43. Haruki Murakami, "The Running Novelist," *The New Yorker*, June 2, 2008.

44. Haruki Murakami, *What I Talk About When I Talk About Running: A Memoir* (New York: Al-

fred A. Knopf, 2008), 48.

45. Murakami, *What I Talk About When I Talk About Running*, 16–17.

46. Arne Dietrich, "Transient Hypofrontality as a Mechanism for the Psychological Effects of Exercise," *Psychiatry Research* 145 (November 2006): 79–83. 또한 다음을 보라. Arne Dietrich and Michel Audiffren, "The Reticular-Activating Hypofrontality (RAH) Model of Acute Exercise," *Neuroscience & Biobehavioral Reviews* 35 (May 2011): 1305–25.

47. Evangelia G. Chrysikou, "Creativity In and Out of (Cognitive) Control," *Current Opinion in Behavioral Sciences* 27 (June 2019): 94–99.

48. Arne Dietrich and Laith Al-Shawaf, "The Transient Hypofrontality Theory of Altered States of Consciousness," *Journal of Consciousness Studies* 25 (2018): 226–47. 또한 다음을 보라. Arne Dietrich, "Functional Neuroanatomy of Altered States of Consciousness: The Transient Hypofrontality Hypothesis," *Consciousness and Cognition* 12 (June 2003): 231–56.

49. Chun-Chih Wang, "Executive Function During Acute Exercise: The Role of Exercise Intensity," *Journal of Sport and Exercise Psychology* 35 (August 2013): 358–67.

50. Jacqueline M. Del Giorno et al., "Cognitive Function During Acute Exercise: A Test of the Transient Hypofrontality Theory," *Journal of Sport and Exercise Psychology* 32 (June 2010): 312–23.

51. Kathryn Schulz, "What We Think About When We Run," *The New Yorker*, November 3, 2015.

52. 리뷰는 다음을 보라; Lawrence W. Barsalou, "Grounded Cognition," Annual Review of Psychology 59 (January 2008): 617–45.

53. James Bigelow and Amy Poremba, "Achilles' Ear? Inferior Human Short-Term and Recognition Memory in the Auditory Modality," *PLoS One* 9 (2014).

54. Ilaria Cutica, Francesco Ianì, and Monica Bucciarelli, "Learning from Text Benefits from Enactment," *Memory & Cognition* 42 (May 2014): 1026–37. 또한 다음을 보라. Christopher R. Madan and Anthony Singhal, "Using Actions to Enhance Memory: Effects of Enactment, Gestures, and Exercise on Human Memory," *Frontiers in Psychology* 3 (November 2012).

55. Manuela Macedonia and Karsten Mueller, "Exploring the Neural Representation of Novel Words Learned Through Enactment in a Word Recognition Task," *Frontiers in Psychology* 7 (June 2016).

56. Lars-Göran Nilsson, "Remembering Actions and Words," in *The Oxford Handbook of Memory*, ed. Endel Tulving and Fergus I. M. Craik (New York: Oxford University Press, 2000), 137–48.

57. Helga Noice and Tony Noice, "What Studies of Actors and Acting Can Tell Us About Memory and Cognitive Functioning," *Current Directions in Psychological Science* 15 (February 2006): 14–18.

58. Helga Noice and Tony Noice, "Long-Term Retention of Theatrical Roles," *Memory* 7 (May 1999): 357–82.

59. 배우, 다음 출처에서 인용: Helga Noice, "Elaborative Memory Strategies of Professional Actors," *Applied Cognitive Psychology* 6 (September–October 1992): 417–27

60. elga Noice, Tony Noice, and Cara Kennedy, "Effects of Enactment by Professional Actors at Encoding and Retrieval," *Memory* 8 (November 2000): 353–63.

61. A. R. Gurney, *The Dining Room* (New York: Dramatist Play Service, 1998), act 1.

62. Helga Noice et al., "Improving Memory in Older Adults by Instructing Them in Professional Actors' Learning Strategies," *Applied Cognitive Psychology* 13 (August 1999): 315–28; Helga Noice, Tony Noice, and Graham Staines, "A Short-Term Intervention to Enhance Cognitive and Affective Functioning in Older Adults," *Journal of Aging and Health* 16 (August 2004): 562–85; Tony Noice and Helga Noice, "A Theatrical Intervention to Lower the Risk of Alzheimer's and Other Forms of Demen tia," in *The Routledge Companion to Theatre, Performance and Cognitive Science*, ed. Rick Kemp and Bruce McConchie (New York: Routledge, 2019), 280–90.

63. Helga Noice and Tony Noice, "Learning Dialogue With and Without Movement," *Memory & Cognition* 29 (September 2001): 820–27.

64. Helga Noice and Tony Noice, "The Non-Literal Enactment Effect: Filling in the Blanks," *Discourse Processes* 44 (August 2007): 73–89.
65. Christopher Kent and Koen Lamberts, "The Encoding-Retrieval Relationship: Retrieval as Mental Simulation," *Trends in Cognitive Sciences* 12 (March 2008): 92–98.
66. Elena Daprati, Angela Sirigu, and Daniele Nico, "Remembering Actions Without Proprioception," *Cortex* 113 (April 2019): 29–36.
67. Noice and Noice, "The Non-Literal Enactment Effect."
68. Sian L. Beilock et al., "Sports Experience Changes the Neural Processing of Action Language," *Proceedings of the National Academy of Sciences* 105 (September 2008): 13269–73.
69. Tanja Link et al., "Walk the Number Line — An Embodied Training of Numerical Concepts," *Trends in Neuroscience and Education* 2 (June 2013): 74–84. 또한 다음을 보라. Margina Ruiter, Sofie Loyens, and Fred Paas, "Watch Your Step Children! Learning Two-Digit Numbers Through Mirror-Based Observation of Self-Initiated Body Movements," *Educational Psychology Review* 27 (September 2015): 457–74.
70. Arthur M. Glenberg, "How Reading Comprehension Is Embodied and Why That Matters," *International Electronic Journal of Elementary Education* 4 (2011): 5–18.
71. Arthur M. Glenberg et al., "Activity and Imagined Activity Can Enhance Young Children's Reading Comprehension," *Journal of Educational Psychology* 96 (September 2004): 424–36.
72. Glenberg et al., "Activity and Imagined Activity Can Enhance Young Children's Reading Comprehension." 또한 다음을 보라. Arthur Glenberg, "Thinking with the Body," *Scientific American*, March 3, 2008.
73. Arthur M. Glenberg et al., "What Brains Are For: Action, Meaning, and Reading Comprehension," in *Reading Comprehension Strategies: Theories, Interventions, and Technologies, ed.* Danielle S. McNamara (Mahwah, NJ: Psychology Press, 2007), 221–40.
74. Arthur Glenberg et al., "Improving Reading to Improve Math," *Scientific Studies of Reading* 16 (July 2012): 316–40.
75. Ayelet Segal, John Black, and Barbara Tversky, "Do Gestural Interfaces Promote Thinking? Congruent Gestures Promote Performance in Math," the 51st Annual Meeting of the Psychonomic Society에서 발표된 논문, November 2010. 또한 다음을 보라. John B. Black et al., "Embodied Cognition and Learning Environment Design," in *Theoretical Foundations of Learning Environments*, ed. Susan Land and David Jonassen (New York: Routledge, 2012), 198–223.
76. Adam K. Dubé and Rhonda N. McEwen, "Do Gestures Matter? The Implications of Using Touchscreen Devices in Mathematics Instruction," *Learning and Instruction* 40 (December 2015): 89–98.
77. David Hestenes and Malcolm Wells, "Force Concept Inventory," *The Physics Teacher* 30 (March 1992): 141–58.
78. Carl Wieman, "The 'Curse of Knowledge,' or Why Intuition About Teaching Often Fails," *American Physical Society News* 16 (November 2017). 또한 다음을 보라. Edward F. Redish, Jeffery M. Saul, and Richard N. Steinberg, "Student Expectations in Introductory Physics," *American Journal of Physics* 66 (October 1998): 212–24.
79. Daniel L. Schwartz and Tamara Black, "Inferences Through Imagined Actions: Knowing by Simulated Doing," *Journal of Experimental Psychology: Learning, Memory, and Cognition* 25 (January 1999): 1–21.
80. Carly Kontra et al., "Physical Experience Enhances Science Learning," *Psychological Science* 26 (June 2015): 737–49.
81. Dor Abrahamson and Raúl Sánchez-García, "Learning Is Moving in New Ways: The Ecological Dynamics of Mathematics Education," *Journal of the Learning Sciences* 25 (2016): 203–39
82. Elinor Ochs, Patrick Gonzales, and Sally Jacoby, "'When I Come Down I'm in the Domain State': Grammar and Graphic Representation in the Interpretive Activity of Physicists," in *Interaction and Grammar, ed. Elinor Ochs, Emanuel A. Schegloff, and Sandra A. Thompson* (Cambridge: Cambridge University Press, 1996), 328–69.

83. Walter Isaacson, "The Light-Beam Rider," *New York Times*, October 30, 2015.

84. Albert Einstein, 다음 출처에서 인용: Leopold Infeld, *Albert Einstein: His Work and Its Influence on Our World* (New York: Scribner, 1961), 312.

85. Albert Einstein, 다음 출처에서 인용: Jacques Hadamard, *The Mathematician's Mind: The Psychology of Invention in the Mathematical Field* (Princeton: Princeton University Press, 1945), 143.

86. Barbara McClintock, 다음 출처에서 인용: Evelyn Fox Keller, *A Feeling for the Organism: The Life and Work of Barbara McClintock* (New York: Henry Holt, 1983), 117.

87. Jonas Salk, *Anatomy of Reality: Merging of Intuition and Reason* (New York: Columbia University Press, 1983), 7.

88. Susan Gerofsky, "Approaches to Embodied Learning in Mathematics," in *Handbook of International Research in Mathematics Education*, ed. Lyn D. English and David Kirshner (New York: Routledge, 2016), 60–97.

89. Jie Sui and Glyn W. Humphreys, "The Integrative Self: How SelfReference Integrates Perception and Memory," *Trends in Cognitive Sciences* 19 (December 2015): 719–28.

90. Firat Soylu et al., "Embodied Perspective Taking in Learning About Complex Systems," *Journal of Interactive Learning Research* 28 (July 2017): 269–03. 또한 다음을 보라. David J. DeLiema et al., "Learning Science by Being You, Being It, Being Both," in *Proceedings of the 10th International Conference of the Learning Sciences: Future of Learning, vol. 2*, ed. Peter Freebody et al. (Sydney: University of Sydney, 2012), 102–3.

91. Rachel E. Scherr et al., "Negotiating Energy Dynamics Through Embodied Action in a Materially Structured Environment," *Physical Review* 9 (July 2013).

92. 레이첼 쉐르(Rachel Scherr)와의 저자 인터뷰.

93. Joseph P. Chinnici, Joyce W. Yue, and Kieron M. Torres, "Students as 'Human Chromosomes' in Role-Playing Mitosis & Meiosis," *The American Biology Teacher* 66 (2004): 35–39.

94. Ted Richards, "Using Kinesthetic Activities to Teach Ptolemaic and Copernican Retrograde Motion," *Science & Education* 21 (2012): 899–910.

95. Pauline M. Ross, Deidre A. Tronson, and Raymond J. Ritchie, "Increasing Conceptual Understanding of Glycolysis & the Krebs Cycle Using Role-Play," *The American Biology Teacher* 70 (March 2008): 163–68.

96. Diana Sturges, Trent W. Maurer, and Oladipo Cole, "Understanding Protein Synthesis: A Role-Play Approach in Large Undergraduate Human Anatomy and Physiology Classes," *Advances in Physiology Education* 33 (June 2009): 103–10.

97. Carmen J. Petrick and H. Taylor Martin, "Learning Mathematics: You're It vs. It's It," in *Proceedings of the 10th International Conference of the Learning Sciences: Future of Learning, vol. 2*, ed. Peter Freebody et al. (Sydney: University of Sydney, 2012), 101–2.

98. Carmen Smith and Candace Walkington, "Four Principles for Designing Embodied Mathematics Activities," *Australian Mathematics Education Journal* 1 (2019): 16–20.

99. Carmen Petrick Smith, "Body-Based Activities in Secondary Geometry: An Analysis of Learning and Viewpoint," *Social Science and Mathematics* 118 (May 2018): 179–89.

100. Sian L. Beilock, *How the Body Knows Its Mind* (New York: Atria Books, 2015), 69–70.

101. Angela K.-y. Leung et al., "Embodied Metaphors and Creative 'Acts,'" *Psychological Science* 23 (May 2012): 502–9.

102. Leung et al., "Embodied Metaphors and Creative 'Acts.'"

103. Michael L. Slepian and Nalini Ambady, "Fluid Movement and Creativity," *Journal of Experimental Psychology: General* 141 (November 2012): 625–29. 또한 다음을 보라. Shu Imaizumi, Ubuka Tagami, and Yi Yang, "Fluid Movements Enhance Creative Fluency: A Replication of Slepian and Ambady (2012)," PsyArXiv에 게시된 논문, March 2020.

104. Marily Oppezzo and Daniel L. Schwartz, "Give Your Ideas Some Legs: The Positive Effect of Walking on Creative Thinking," *Journal of Experimental Psychology: Learning, Memory, and Cognition* 40 (July 2014): 1142–52.

105. Chun-Yu Kuo and Yei-Yu Yeh, "Sensorimotor-Conceptual Integration in Free Walking Enhances Divergent Thinking for Young and Older Adults," *Frontiers in Psychology* 7 (October 2016).

106. Friedrich Nietzsche, *Twilight of the Idols* (Oxford: Oxford University Press, 1998), 9.

107. Søren Kierkegaard, *Søren Kierkegaard's Journals and Papers, vol. 5*, ed. and trans. Howard V. Hong and Edna H. Hong (Bloomington: Indiana University Press, 1978), 412.

108. Ralph Waldo Emerson, *The Topical Notebooks of Ralph Waldo Emerson*, vol. 1, ed. Susan Sutton Smith (Columbia: University of Missouri Press, 1990), 260.

109. Jean-Jacques Rousseau, *The Confessions of Jean-Jacques Rousseau* (London: Reeves and Turner, 1861), 343.

110. Michel de Montaigne, *The Essays: A Selection, ed. and trans. M. A. Screech* (New York: Penguin Books, 1987), 304.

111. Rebecca Solnit, *Wanderlust: A History of Walking* (New York: Penguin Books, 2000).

112. Henry David Thoreau, "Walking," *Atlantic Monthly* 9 (June 1862): 657–74.

113. Henry David Thoreau, *A Year in Thoreau's Journal: 1851* (New York: Penguin Books, 1993).

제스처를 통해 생각하기

1. Gabriel Hercule, "HUDlog — Demo Day Pitch," YouTube 영상, 2018.01.25, https://www.youtube.com/watch?v=dbBemSKGPbM.

2. Geoffrey Beattie and Heather Shovelton, "An Experimental Investigation of the Role of Different Types of Iconic Gesture in Communication: A Semantic Feature Approach," *Gesture* 1 (January 2001): 129–49.

3. Rowena A. E. Viney, Jean Clarke, and Joep Cornelissen, "Making Meaning from Multimodality: Embodied Communication in a Business Pitch Setting," in *The SAGE Handbook of Qualitative Business and Management Research Methods*, ed. Catherine Cassell, Ann L. Cunliffe, and Gina Grandy (Thousand Oaks, CA: Sage Publications, 2017), 193–214.

4. Nicole Torres, "When You Pitch an Idea, Gestures Matter More Than Words," *Harvard Business Review*, May–June 2019.

5. Joep P. Cornelissen, Jean S. Clarke, and Alan Cienki, "Sensegiving in Entrepreneurial Contexts: The Use of Metaphors in Speech and Gesture to Gain and Sustain Support for Novel Business," *International Small Business Journal: Researching Entrepreneurship* 30 (April 2012): 213–41.

6. Alan Cienki, Joep P. Cornelissen, and Jean Clarke, "The Role of Human Scale, Embodied Metaphors/Blends in the Speech and Gestures of Entrepreneurs," the 9th Conference on Conceptual Structure, Discourse, and Language에서 발표된 논문, October 2008.

7. Francesco Ianì and Monica Bucciarelli, "Mechanisms Underlying the Beneficial Effect of a Speaker's Gestures on the Listener," *Journal of Memory and Language* 96 (October 2017): 110–21.

8. Ruben van Werven, Onno Bouwmeester, and Joep P. Cornelissen, "Pitching a Business Idea to Investors: How New Venture Founders Use Micro-Level Rhetoric to Achieve Narrative Plausibility," *International Small Business Journal: Researching Entrepreneurship* 37 (May 2019): 193–214.

9. Van Werven, Bouwmeester, and Cornelissen, "Pitching a Business Idea to Investors."

10. Jean S. Clarke, Joep P. Cornelissen, and Mark P. Healey, "Actions Speak Louder Than Words: How Figurative Language and Gesturing in Entrepreneurial Pitches Influences Investment Judgments," *Academy of Management Journal* 62 (April 2019): 335–60.

11. 프레더릭 미스킨(Frederic Mishkin)과의 저자 인터뷰.

12. Michael A. Arbib, Katja Liebal, and Simone Pika, "Primate Vocalization, Gesture, and the Evolution of Human Language," *Current Anthropology* 49 (December 2008): 1053–76. 또한 다음을 보라. Erica A. Cartmill, Sian Beilock, and Susan Goldin-Meadow, "A Word in the Hand: Action,

Gesture and Mental Representation in Humans and Non-Human Primates," *Philosophical Transactions of the Royal Society B: Biological Sciences* 367 (January 2012): 129–43.

13. Spencer D. Kelly et al., "Offering a Hand to Pragmatic Understanding: The Role of Speech and Gesture in Comprehension and Memory," *Journal of Memory and Language* 40 (May 1999): 577–92.

14. Jean A. Graham and Michael Argyle, "A Cross-Cultural Study of the Communication of Extra-Verbal Meaning by Gestures," *International Journal of Psychology* 10 (February 1975): 57–67.

15. Susan Goldin-Meadow, "Gesture and Cognitive Development," in *Handbook of Child Psychology and Developmental Science: Cognitive Processes*, ed. Lynn S. Liben, Ulrich Müller, and Richard M. Lerner (Hoboken, NJ: John Wiley & Sons, 2015), 339–80.

16. Susan Goldin-Meadow and Catherine Momeni Sandhofer, "Gestures Convey Substantive Information About a Child's Thoughts to Ordinary Listeners," *Developmental Science* 2 (December 1999): 67–74. 또한 다음을 보라. Ruth Breckinridge Church and Susan Goldin-Meadow, "The Mismatch Between Gesture and Speech as an Index of Transitional Knowledge," *Cognition* 23 (June 1986): 43–71.

17. David McNeill, Justine Cassell, and Karl-Erik McCullough, "Communicative Effects of Speech-Mismatched Gestures," *Research on Language and Social Interaction* 27 (1994): 223–37.

18. Christian Heath, "Gesture's Discrete Tasks: Multiple Relevancies in Visual Conduct and in the Contextualization of Language," in *The Contextualization of Language, ed. Peter Auer and Aldo Di Luzio* (Philadelphia: John Benjamins, 1992), 101–28.

19. Elaine M. Crowder, "Gestures at Work in Sense-Making Science Talk," *Journal of the Learning Sciences* 5 (1996), 173–208.

20. Mandana Seyfeddinipur and Sotaro Kita, "Gesture as an Indicator of Early Error Detection in Self-Monitoring of Speech," the Disfluency in Spontaneous Speech Workshop에서 발표된 논문, August 2001.

21. Frances H. Rauscher, Robert M. Krauss, and Yihsiu Chen, "Gesture, Speech, and Lexical Access: The Role of Lexical Movements in Speech Production," *Psychological Science* 7 (July 1996): 226–31.

22. Karen J. Pine, Hannah Bird, and Elizabeth Kirk, "The Effects of Prohibiting Gestures on Children's Lexical Retrieval Ability," *Developmental Science* 10 (November 2007): 747–54. 또한 다음을 보라. Sheena Finlayson et al., "Effects of the Restriction of Hand Gestures on Disfluency," the Disfluency in Spontaneous Speech Workshop에서 발표된 논문, September 2003.

23. Donna Frick-Horbury and Robert E. Guttentag, "The Effects of Restricting Hand Gesture Production on Lexical Retrieval and Free Recall," *American Journal of Psychology* 111 (Spring 1998): 43–62.

24. Monica Bucciarelli et al., "Children's Creation of Algorithms: Simulations and Gestures," *Journal of Cognitive Psychology* 28 (2016): 297–318.

25. Martha W. Alibali and Sotaro Kita, "Gesture Highlights Perceptually Present Information for Speakers," *Gesture* 10 (January 2010): 3–28.

26. Núria Esteve-Gibert and Pilar Prietoba, "Infants Temporally Coordinate Gesture-Speech Combinations Before They Produce Their First Words," *Speech Communication* 57 (February 2014): 301–16.

27. Elizabeth Bates et al., "Vocal and Gestural Symbols at 13 Months," *Merrill-Palmer Quarterly of Behavior and Development* 26 (October 1980): 407–23.

28. Bari Walsh, "The Power of Babble," *Harvard Gazette*, July 2016.

29. Susan Goldin-Meadow et al., "Young Children Use Their Hands to Tell Their Mothers What to Say," *Developmental Science* 10 (November 2007): 778–85.

30. Jana M. Iverson and Susan Goldin-Meadow, "Gesture Paves the Way for Language Development," *Psychological Science* 16 (May 2005): 367–71. 또한 다음을 보라. Seyda Ozçalikan and

Susan Goldin-Meadow, "Gesture Is at the Cutting Edge of Early Language Development," *Cognition* 96 (July 2005): B101–13.

31. Meredith L. Rowe and Susan Goldin-Meadow, "Early Gesture Selectively Predicts Later Language Learning," *Developmental Science* 12 (January 2009): 182–87.

32. Betty Hart and Todd R. Risley, *Meaningful Differences in the Everyday Experience of Young American Children* (Baltimore: Paul H. Brookes Publishing, 1995).

33. Roberta Michnick Golinkoff et al., "Language Matters: Denying the Existence of the 30-Million-Word Gap Has Serious Consequences," *Child Development* 90 (May 2019): 985–92.

34. Janellen Huttenlocher et al., "Sources of Variability in Children's Language Growth," *Cognitive Psychology* 61 (December 2010): 343–65.

35. Erika Hoff, "The Specificity of Environmental Influence: Socioeconomic Status Affects Early Vocabulary Development via Maternal Speech," *Child Development* 74 (October 2003): 1368–78.

36. Huttenlocher et al., "Sources of Variability in Children's Language Growth"; Hoff, "The Specificity of Environmental Influence."

37. Huttenlocher et al., "Sources of Variability in Children's Language Growth"; Hoff, "The Specificity of Environmental Influence." 또한 다음을 보라. Meredith L. Rowe, "Child-Directed Speech: Relation to Socioeconomic Status, Knowledge of Child Development and Child Vocabulary Skill," *Journal of Child Language* 35 (February 2008): 185–205.

38. Meredith L. Rowe and Susan Goldin-Meadow, "Differences in Early Gesture Explain SES Disparities in Child Vocabulary Size at School Entry," *Science* 323 (February 2009): 951–53.

39. Betty Hart and Todd Risley, "The Early Catastrophe: The 30 Million Word Gap by Age 3," *American Educator*, Spring 2003.

40. Dorthe Bleses et al., "Early Productive Vocabulary Predicts Academic Achievement 10 Years Later," *Applied Psycholinguistics* 37 (November 2016): 1461–76.

41. Meredith L. Rowe and Kathryn A. Leech, "A Parent Intervention with a Growth Mindset Approach Improves Children's Early Gesture and Vocabulary Development," *Developmental Science* 22 (July 2019).

42. Eve Sauer LeBarton, Susan Goldin-Meadow, and Stephen Raudenbush, "Experimentally Induced Increases in Early Gesture Lead to Increases in Spoken Vocabulary," *Journal of Cognitive Development* 16 (2015): 199–220.

43. Susan W. Goodwyn, Linda P. Acredolo, and Catherine A. Brown, "Impact of Symbolic Gesturing on Early Language Development," *Journal of Nonverbal Behavior* 24 (June 2000): 81–103.

44. Rowe and Leech, "A Parent Intervention with a Growth Mindset Approach Improves Children's Early Gesture and Vocabulary Development."

45. Susan Goldin-Meadow, Martha W. Alibali, and Ruth Breckinridge Church, "Transitions in Concept Acquisition: Using the Hand to Read the Mind," *Psychological Review* 100 (April 1993): 279–97.

46. Jean Piaget, *The Child's Conception of Number* (New York: W. W. Norton and Company, 1965).

47. Church and Goldin-Meadow, "The Mismatch Between Gesture and Speech as an Index of Transitional Knowledge."

48. Church and Goldin-Meadow, "The Mismatch Between Gesture and Speech as an Index of Transitional Knowledge."

49. Michelle Perry, Ruth Breckinridge Church, and Susan Goldin-Meadow, "Transitional Knowledge in the Acquisition of Concepts," *Cognitive Development* 3 (October 1988): 359–400.

50. Addison Stone, Rebecca Webb, and Shahrzad Mahootian, "The Generality of Gesture-Speech Mismatch as an Index of Transitional Knowledge: Evidence from a Control-of-Variables Task," *Cognitive Development* 6 (July–September 1991): 301–13.

51. Martha W. Alibali and Susan Goldin-Meadow, "Gesture-Speech Mismatch and Mechanisms of Learning: What the Hands Reveal About a Child's State of Mind," *Cognitive Psychology* 25 (Oc-

tober 1993): 468–523.

52. Raedy Ping et al., "Gesture-Speech Mismatch Predicts Who Will Learn to Solve an Organic Chemistry Problem," the Annual Meeting of the American Educational Research Association에 서 발표된 논문, April 2012.

53. Martha W. Alibali et al., "Spontaneous Gestures Influence Strategy Choices in Problem Solving," *Psychological Science* 22 (September 2011): 1138–44.

54. Susan Goldin-Meadow, 다음 출처에서 인용: Eric Jaffe, "Giving Students a Hand: William James Lecturer Goldin-Meadow Shows the Importance of Gesture in Teaching," *APS Observer*, July 2004.

55. Martha W. Alibali, Sotaro Kita, and Amanda J. Young, "Gesture and the Process of Speech Production: We Think, Therefore We Gesture," *Language and Cognitive Processes* 15 (December 2000): 593–613.

56. Susan Goldin-Meadow, *Hearing Gesture: How Our Hands Help Us Think* (Cambridge: Belknap Press of Harvard University Press, 2003), 147. 또한 다음을 보라. Autumn B. Hostetter, Martha W. Alibali, and Sotaro Kita, "I See It in My Hands' Eye: Representational Gestures Reflect Conceptual Demands," *Language and Cognitive Processes* 22 (April 2007): 313–36.

57. Wolff-Michael Roth, "From Gesture to Scientific Language," *Journal of Pragmatics* 32 (October 2000): 1683–1714.

58. Susan Goldin-Meadow et al., "Explaining Math: Gesturing Lightens the Load," *Psychological Science* 12 (November 2001): 516–22.

59. Wolff-Michael Roth, "Gestures: Their Role in Teaching and Learning," *Review of Educational Research* 71 (Fall 2001): 365–92.

60. Barbara Tversky, *Mind in Motion: How Action Shapes Thought* (New York: Basic Books, 2019), 125.

61. Wolff-Michael Roth and Daniel Lawless, "Science, Culture, and the Emergence of Language," *Science Education* 86 (May 2002): 368–85.

62. Mingyuan Chu and Sotaro Kita, "The Nature of Gestures' Beneficial Role in Spatial Problem Solving," *Journal of Experimental Psychology: General* 140 (February 2011): 102–16.

63. Crowder, "Gestures at Work in Sense-Making Science Talk."

64. David DeLiema and Francis Steen, "Thinking with the Body: Conceptual Integration Through Gesture in Multiviewpoint Model Construction," in *Language and the Creative Mind*, ed. Michael Borkent, Barbara Dancygier, and Jennifer Hinnell (Stanford: CSLI Publications, 2013), 275–94.

65. Candace Walkington et al., "Being Mathematical Relations: Dynamic Gestures Support Mathematical Reasoning," the 11th International Conference of the Learning Sciences에서 발표된 논문, June 2014.

66. Kim A. Kastens, Shruti Agrawal, and Lynn S. Liben, "The Role of Gestures in Geoscience Teaching and Learning," *Journal of Geoscience Education* 56 (September 2008): 362–68.

67. L. Amaya Becvar, James D. Hollan, and Edwin Hutchins, "Hands as Molecules: Representational Gestures Used for Developing Theory in a Scientific Laboratory," *Semiotica* 156 (January 2005): 89–112.

68. Kinnari Atit et al., "Spatial Gestures Point the Way: A Broader Understanding of the Gestural Referent," the 35th Annual Conference of the Cognitive Science Society에서 발표된 논문, July–August 2013. 또한 다음을 보라. Kinnari Atit, Thomas F. Shipley, and Basil Tipoff, "What Do a Geologist's Hands Tell You? A Framework for Classifying Spatial Gestures in Science Education," in *Space in Mind: Concepts for Spatial Learning and Education*, ed. Daniel R. Montello, Karl Grossner, and Donald G. Janelle (Cambridge: MIT Press, 2014), 173–94.

69. Kastens, Agrawal, and Liben, "The Role of Gestures in Geoscience Teaching and Learning."

70. Kinnari Atit, Kristin Gagnier, and Thomas F. Shipley, "Student Gestures Aid Penetrative Thinking," *Journal of Geoscience Education* 63 (February 2015): 66–72.

71. Lynn S. Liben, Adam E. Christensen, and Kim A. Kastens, "Gestures in Geology: The Roles of

Spatial Skills, Expertise, and Communicative Context," the 7th International Conference on Spatial Cognition에서 발표된 논문, July 2010, 동일한 저자에 의한 다른 연구를 참조한다; Lynn S. Liben, Kim A. Kastens, and Adam E. Christensen, "Spatial Foundations of Science Education: The Illustrative Case of Instruction on Introductory Geological Concepts," *Cognition and Instruction* 29 (January–March 2011): 45–87.

72. Liben, Christensen, and Kastens, "Gestures in Geology."

73. 미셸 쿡(Michele Cooke)과의 저자 인터뷰.

74. Evguenia Malaia and Ronnie Wilbur, "Enhancement of Spatial Processing in Sign Language Users," in *Space in Mind: Concepts for Spatial Learning and Education*, ed. Daniel R. Montello, Karl Grossner, and Donald G. Janelle (Cambridge: MIT Press, 2014), 99–118. 또한 다음을 보라. Karen Emmorey, Edward Klima, and Gregory Hickok, "Mental Rotation Within Linguistic and Non-Linguistic Domains in Users of American Sign Language," *Cognition* 68 (September 1998): 221–46.

75. Madeleine Keehner and Susan E. Gathercole, "Cognitive Adaptations Arising from Nonnative Experience of Sign Language in Hearing Adults," *Memory & Cognition* 35 (June 2007): 752–61.

76. Anthony Steven Dick et al., "Co-Speech Gestures Influence Neural Activity in Brain Regions Associated with Processing Semantic Information," *Human Brain Mapping* 30 (April 2009): 3509–26.

77. Spencer Kelly et al., "The Brain Distinguishes Between Gesture and Action in the Context of Processing Speech," the 163rd Acoustical Society of America Meeting에서 발표된 논문, May 2012.

78. Arne Nagels et al., "Hand Gestures Alert Auditory Cortices: Possible Impacts of Learning on Foreign Language Processing," in *Positive Learning in the Age of Information*, ed. Olga Zlatkin-Troitschanskaia, Gabriel Wittum, and Andreas Dengel (Wiesbaden: Springer VS, 2018), 53–66.

79. 스펜서 켈리(Spencer Kelly)와의 저자 인터뷰.

80. Nicole Dargue and Naomi Sweller, "Two Hands and a Tale: When Gestures Benefit Adult Narrative Comprehension," *Learning and Instruction* 68 (August 2020).

81. Ruth Breckinridge Church, Philip Garber, and Kathryn Rogalski, "The Role of Gesture in Memory and Social Communication," *Gesture* 7 (July 2007): 137–58.

82. Ji Y. Son et al., "Exploring the Practicing-Connections Hypothesis: Using Gesture to Support Coordination of Ideas in Understanding a Complex Statistical Concept," *Cognitive Research: Principles and Implications* 3 (December 2018).

83. Zhongling Pi et al., "Instructors' Pointing Gestures Improve Learning Regardless of Their Use of Directed Gaze in Video Lectures," *Computers & Education* 128 (January 2019): 345–52.

84. Pi et al., "Instructors' Pointing Gestures Improve Learning Regardless of Their Use of Directed Gaze in Video Lectures."

85. Theodora Koumoutsakis, "Gesture in Instruction: Evidence from Live and Video Lessons," *Journal of Nonverbal Behavior* 40 (December 2016): 301–15.

86. Zhongling Pi et al., "All Roads Lead to Rome: Instructors' Pointing and Depictive Gestures in Video Lectures Promote Learning Through Different Patterns of Attention Allocation," *Journal of Nonverbal Behavior* 43 (July 2019): 549–59.

87. Koumoutsakis et al., "Gesture in Instruction."

88. Son et al., "Exploring the Practicing-Connections Hypothesis."

89. Jiumin Yang et al., "Instructors' Gestures Enhance Their Teaching Experience and Performance While Recording Video Lectures," *Journal of Computer Assisted Learning* 36 (April 2020): 189–98.

90. Susan Wagner Cook and Susan Goldin-Meadow, "The Role of Gesture in Learning: Do Children Use Their Hands to Change Their Minds?," *Journal of Cognition and Development* 7 (April 2006): 211–32.

91. Susan Goldin-Meadow, Jaffe의 인터뷰, "Giving Students a Hand."
92. Sara C. Broaders et al., "Making Children Gesture Brings Out Implicit Knowledge and Leads to Learning," *Journal of Experimental Psychology: General* 136 (November 2007): 539–50.
93. Chu and Kita, "The Nature of Gestures' Beneficial Role in Spatial Problem Solving."
94. Alice Cravotta, M. Grazia Busà, and Pilar Prieto, "Effects of Encouraging the Use of Gestures on Speech," *Journal of Speech, Language, and Hearing Research* 62 (September 2019): 3204–19.
95. Martha W. Alibali et al., "Students Learn More When Their Teacher Has Learned to Gesture Effectively," *Gesture* 13 (January 2013): 210–33.
96. Jillian E. Lauer, Eukyung Yhang, and Stella F. Lourenco, "The Development of Gender Differences in Spatial Reasoning: A Meta-Analytic Review," *Psychological Bulletin* 145 (June 2019): 537–65.
97. Stacy B. Ehrlich, Susan C. Levine, and Susan Goldin-Meadow, "The Importance of Gesture in Children's Spatial Reasoning," *Developmental Psychology* 42 (November 2006): 1259–68.
98. Raedy Ping et al., "Using Manual Rotation and Gesture to Improve Mental Rotation in Preschoolers," the 33rd Annual Conference of the Cognitive Science Society에서 발표된 논문, July 2011. 또한 다음을 보라. Elizabeth M. Wakefield et al., "Breaking Down Gesture and Action in Mental Rotation: Understanding the Components of Movement That Promote Learning," *Developmental Psychology* 55 (May 2019): 981–93.
99. Carine Lewis, Peter Lovatt, and Elizabeth D. Kirk, "Many Hands Make Light Work: The Facilitative Role of Gesture in Verbal Improvisation," *Thinking Skills and Creativity* 17 (September 2015): 149–57.
100. Wolff-Michael Roth, "Making Use of Gestures, the Leading Edge in Literacy Development," in *Crossing Borders in Literacy and Science Instruction: Perspectives on Theory and Practice,* ed. Wendy Saul (Newark, DE: International Reading Association; and Arlington, VA: National Science Teachers Association, 2004), 48–70.
101. Andrew T. Stull et al., "Does Manipulating Molecular Models Promote Representation Translation of Diagrams in Chemistry?," the International Conference on Theory and Application of Diagrams에서 발표된 논문, August 2010. 또한 다음을 보라. Lilian Pozzer-Ardenghi and Wolff-Michael Roth, "Photographs in Lectures: Gestures as Meaning-Making Resources," *Linguistics and Education* 15 (Summer 2004): 275–93.
102. Roth, "Gestures: Their Role in Teaching and Learning."
103. Roth, "Making Use of Gestures, the Leading Edge in Literacy Development."
104. Susan Goldin-Meadow, Debra Wein, and Cecilia Chang, "Assessing Knowledge Through Gesture: Using Children's Hands to Read Their Minds," *Cognition and Instruction* 9 (1992): 201–19.
105. Martha Wagner Alibali, Lucia M. Flevares, and Susan GoldinMeadow, "Assessing Knowledge Conveyed in Gesture: Do Teachers Have the Upper Hand?," *Journal of Educational Psychology* 89 (March 1997): 183–93.
106. Spencer D. Kelly et al., "A Helping Hand in Assessing Children's Knowledge: Instructing Adults to Attend to Gesture," *Cognition and Instruction* 20 (2002): 1–26.
107. Goldin-Meadow, *Hearing Gesture,* 128.
108. Shamin Padalkar and Jayashree Ramadas, "Designed and Spontaneous Gestures in Elementary Astronomy Education," *International Journal of Science Education* 33 (August 2011): 1703–39.
109. Beilock, *How the Body Knows Its Mind,* 92.
110. Kensy Cooperrider, Elizabeth Wakefield, and Susan GoldinMeadow, "More Than Meets the Eye: Gesture Changes Thought, Even Without Visual Feedback," the 37th Annual Conference of the Cognitive Science Society에서 발표된 논문, July 2015.
111. Kerry Ann Dickson and Bruce Warren Stephens, "It's All in the Mime: Actions Speak Louder Than Words When Teaching the Cranial Nerves," *Anatomical Science Education* 8 (Novem-

ber–December 2015): 584–92.

112. Manuela Macedonia, "Bringing Back the Body into the Mind: Gestures Enhance Word Learning in Foreign Language," *Frontiers in Psychology* 5 (December 2014).

113. Manuela Macedonia, "Learning a Second Language Naturally: The Voice Movement Icon Approach," *Journal of Educational and Developmental Psychology* 3 (September 2013): 102–16.

114. Manuela Macedonia, "Sensorimotor Enhancing of Verbal Memory Through 'Voice Movement Icons' During Encoding of Foreign Language" (PhD diss., University of Salzburg, 2003).

115. Manuela Macedonia et al., "Depth of Encoding Through Observed Gestures in Foreign Language Word Learning," *Frontiers in Psychology* 10 (January 2019).

116. Brian Mathias et al., "Motor Cortex Causally Contributes to Auditory Word Recognition Following Sensorimotor-Enriched Vocabulary Training," ArXiv에 게시된 논문, May 2020.

117. Kirsten Bergmann and Manuela Macedonia, "A Virtual Agent as Vocabulary Trainer: Iconic Gestures Help to Improve Learners' Memory Performance," the 13th International Conference on Intelligent Virtual Agents에서 발표된 논문, August 2013.

118. Manuela Macedonia, Kirsten Bergmann, and Friedrich Roithmayr, "Imitation of a Pedagogical Agent's Gestures Enhances Memory for Words in Second Language," *Science Journal of Education* 2 (2014): 162–69.

119. Susan Wagner Cook et al., "Hand Gesture and Mathematics Learning: Lessons from an Avatar," *Cognitive Science* 41 (March 2017): 518–35.

120. Goldin-Meadow et al., "Explaining Math." 또한 다음을 보라. Raedy Ping and Susan Goldin-Meadow, "Gesturing Saves Cognitive Resources When Talking About Nonpresent Objects," *Cognitive Science* 34 (May 2010): 602–19.

121. Angela M. Kessell and Barbara Tversky, "Using Diagrams and Gestures to Think and Talk About Insight Problems," *Proceedings of the Annual Meeting of the Cognitive Science Society* 28 (2006).

122. 브렌던 제프리스(Brendan Jeffreys)와의 저자 인터뷰.

PART 2. 주변 환경

자연 공간을 통해 생각하기

1. 잭슨 폴록(Jackson Pollock)의 뉴욕시에서 이스트엔드로의 이동에 대한 나의 논의는 다음과 같은 출처에 근거한다: Deborah Solomon, Jackson Pollock: A Biography (New York: Simon & Schuster, 1987); Jeffrey Potter, *To a Violent Grave: An Oral Biography of Jackson Pollock* (New York: G. P. Putnam, 1985); Lee F. Mindel, "Jackson Pollock and Lee Krasner's Long Island House and Studio," Architectural Digest, November 30, 2013; Ellen Maguire, "At Jackson Pollock's Hamptons House, a Life in Spatters," *New York Times*, July 14, 2006.

2. Audrey Flack, 다음 출처에서 인용: Maguire, "At Jackson Pollock's Hamptons House, a Life in Spatters."

3. Potter, *To a Violent Grave*, 81.

4. Gordon H. Orians and Judith H. Heerwagen, "Evolved Responses to Landscapes," in *The Adapted Mind: Evolutionary Psychology and the Generation of Culture*, ed. Jerome H. Barkow, Leda Cosmides, and John Tooby (New York: Oxford University Press, 1995), 555–79.

5. Neil E. Klepeis et al., "The National Human Activity Pattern Survey (NHAPS): A Resource for Assessing Exposure to Environmental Pollutants," *Journal of Exposure Science & Environmental Epidemiology* 11 (July 2001): 231–52.

6. F. Thomas Juster, Frank Stafford, and Hiromi Ono, "Changing Times of American Youth: 1981–2003," the Institute for Social Research 보고서, University of Michigan, January 2004.

7. Stephen R. Kellert et al., "The Nature of Americans: Disconnection and Recommendations for Reconnection," 다음 날짜에 발행된 보고서 April 2017.

8. Rhonda Clements, "An Investigation of the Status of Outdoor Play," *Contemporary Issues in Early Childhood* 5 (March 2004): 68–80.

9. United Nations, "2018 Revision of World Urbanization Prospects," Population Division of the UN Department of Economic and Social Affairs에서 발행된 보고서, May 2018.

10. Central Park Conservancy, "About Us," https://www.centralparknyc.org/about.

11. Frederick Law Olmsted, 다음 출처에서 인용: Witold Rybczynski, *A Clearing in the Distance: Frederick Law Olmsted and America in the 19th Century* (New York: Simon & Schuster, 1999), 258.

12. Rybczynski, A Clearing in the Distance. 또한 다음을 보라. John G. Mitchell, "Frederick Law Olmsted's Passion for Parks," *National Geographic*, March 2005.

13. Rybczynski, *A Clearing in the Distance.*

14. John D. Balling and John H. Falk, "Development of Visual Preference for Natural Environments," *Environment and Behavior* 14 (January 1982): 5–28. 또한 다음을 보라. Mary Ann Fischer and Patrick E. Shrout, "Children's Liking of Landscape Paintings as a Function of Their Perceptions of Prospect, Refuge, and Hazard," *Environment and Behavior* 21 (May 2006): 373–93.

15. Jay Appleton, *The Experience of Landscape* (New York: John Wiley & Sons, 1977).

16. Andrew M. Szolosi, Jason M. Watson, and Edward J. Ruddell, "The Benefits of Mystery in Nature on Attention: Assessing the Impacts of Presentation Duration," *Frontiers in Psychology* 5 (November 2014). 또한 다음을 보라. Thomas R. Herzog and Anna G. Bryce, "Mystery and Preference in Within-Forest Settings," *Environment and Behavior* 39 (July 2007): 779–96.

17. Matt Ridley, "Why We Love a Bit of Africa in Our Parkland," *The Times (London)*, December 28, 2015.

18. Gordon H. Orians, *Snakes, Sunrises, and Shakespeare: How Evolution Shapes Our Loves and Fears* (Chicago: University of Chicago Press, 2014), 20.

19. Kalevi Mikael Korpela, "Place-Identity as a Product of Environmental Self-Regulation," *Journal of Environmental Psychology* 9 (September 1989): 241–56.

20. Roger S. Ulrich et al., "Stress Recovery During Exposure to Natural and Urban Environments," *Journal of Environmental Psychology* 11 (September 1991): 201–30.

21. Russ Parsons et al., "The View from the Road: Implications for Stress Recovery and Immunization," *Journal of Environmental Psychology* 18 (June 1998): 113–40.

22. See, e.g., Bin Jiang et al., "A Dose-Response Curve Describing the Relationship Between Urban Tree Cover Density and Self-Reported Stress Recovery," *Environment and Behavior* 48 (September 2014): 607–29.

23. Tytti Pasanen et al., "Can Nature Walks with Psychological Tasks Improve Mood, Self-Reported Restoration, and Sustained Attention? Results from Two Experimental Field Studies," *Frontiers in Psychology* 9 (October 2018).

24. Gregory N. Bratman et al., "Nature Experience Reduces Rumination and Subgenual Prefrontal Cortex Activation," *Proceedings of the National Academy of Sciences* 112 (July 2015): 8567–72.

25. Marc G. Berman et al., "Interacting with Nature Improves Cognition and Affect for Individuals with Depression," *Journal of Affective Disorders* 140 (November 2012): 300–305.

26. Rita Berto, "Exposure to Restorative Environments Helps Restore Attentional Capacity," *Journal of Environmental Psychology* 25 (September 2005): 249–59.

27. Gregory N. Bratman, J. Paul Hamilton, and Gretchen C. Daily, "The Impacts of Nature Experience on Human Cognitive Function and Mental Health," *Annals of the New York Academy of Sciences* 1249 (February 2012): 118–36.

28. Marc G. Berman, John Jonides, and Stephen Kaplan, "The Cognitive Benefits of Interacting with Nature," *Psychological Science* 19 (December 2008): 1207–12.

29. Andrea Faber Taylor and Frances E. Kuo, "Children with Attention Deficits Concentrate Better

After Walk in the Park," *Journal of Attention Disorders* 12 (March 2009): 402–9. 또한 다음을 보라. Frances E. Kuo and Andrea Faber Taylor, "A Potential Natural Treatment for Attention-Deficit/Hyperactivity Disorder: Evidence from a National Study," *American Journal of Public Health* 94 (September 2004): 1580–86.

30. Taylor and Kuo, "Children with Attention Deficits Concentrate Better After Walk in the Park."

31. William James, *The Principles of Psychology*, vol. 1 (New York: Henry Holt and Company, 1890), 416–19.

32. Avik Basu, Jason Duvall, and Rachel Kaplan, "Attention Restoration Theory: Exploring the Role of Soft Fascination and Mental Bandwidth," *Environment and Behavior* 51 (November 2019): 1055–81.

33. Freddie Lymeus, Per Lindberg, and Terry Hartig, "Building Mindfulness Bottom-Up: Meditation in Natural Settings Supports Open Monitoring and Attention Restoration," *Consciousness and Cognition* 59 (March 2018): 40–56.

34. Patricia Morgan and Dor Abrahamson, "Contemplative Mathematics Pedagogy: Report from a Pioneering Workshop," the Annual Meeting of the American Educational Research Association 에서 발표된 논문, April 2019.

35. Freddie Lymeus, Tobias Lundgren, and Terry Hartig, "Attentional Effort of Beginning Mindfulness Training Is Offset with Practice Directed Toward Images of Natural Scenery," *Environment and Behavior* 49 (June 2017): 536–59. 또한 다음을 보라. Freddie Lymeus, Per Lindberg, and Terry Hartig, "A Natural Meditation Setting Improves Compliance with Mindfulness Training," *Journal of Environmental Psychology* 64 (August 2019): 98–106.

36. Bin Jiang, Rose Schmillen, and William C. Sullivan, "How to Waste a Break: Using Portable Electronic Devices Substantially Counteracts Attention Enhancement Effects of Green Spaces," *Environment and Behavior* 51 (November 2019): 1133–60. 또한 다음을 보라. Theresa S. S. Schilhab, Matt P. Stevenson, and Peter Bentsen, "Contrasting Screen-Time and Green-Time: A Case for Using Smart Technology and Nature to Optimize Learning Processes," *Frontiers in Psychology* 9 (June 2018).

37. Marc Berman and Kathryn Schertz, "ReTUNE (Restoring Through Urban Nature Experience)," the University of Chicago 웹사이트 게시, Summer 2017, https://appchallenge.uchicago.edu/retune/.

38. 이곳에 묘사된 첫 번째 경로는 the Waze app을 이용해 매핑되었다. 다운로드 출처: https://www.waze.com/. 두 번째 경로는 the ReTUNE platform을 이용해 매핑되었다. 다음 출처에서 찾을 수 있었다: https://retune-56d2e.firebaseapp.com/.

39. Kathryn E. Schertz, Omid Kardan, and Marc G. Berman, "ReTUNE: Restoring Through Urban Nature Experience," the UChicago App Challenge에서 발표된 포스터, August 2017.

40. Marc G. Berman et al., "The Perception of Naturalness Correlates with Low-Level Visual Features of Environmental Scenes," *PLoS One* 9 (December 2014).

41. Hiroki P. Kotabe, Omid Kardan, and Marc G. Berman, "The Nature-Disorder Paradox: A Perceptual Study on How Nature Is Disorderly Yet Aesthetically Preferred," *Journal of Experimental Psychology: General* 146 (August 2017): 1126–42. 또한 다음을 보라. Agnes van den Berg, Yannick Joye, and Sander L. Koole, "Why Viewing Nature Is More Fascinating and Restorative Than Viewing Buildings: A Closer Look at Perceived Complexity," *Urban Forestry & Urban Greening* 20 (October 2016): 397–401.

42. Denise Grady, "The Vision Thing: Mainly in the Brain," *Discover*, June 1, 1993.

43. Yannick Joye and Agnes van den Berg, "Nature Is Easy on the Mind: An Integrative Model for Restoration Based on Perceptual Fluency," the 8th Biennial Conference on Environmental Psychology에서 발표된 논문, September 2010.

44. Rolf Reber, Norbert Schwarz, and Piotr Winkielman, "Processing Fluency and Aesthetic Pleasure: Is Beauty in the Perceiver's Processing Experience?," *Personality and Social Psychology Review* 8 (November 2004): 364–82. 또한 다음을 보라. Piotr Winkelman and John T. Cacioppo, "Mind at Ease Puts a Smile on the Face: Psychophysiological Evidence That Processing Facili-

tation Elicits Positive Affect," *Journal of Personality and Social Psychology* 81(December 2001): 989–1000.

45. Yannick Joye et al., "When Complex Is Easy on the Mind: Internal Repetition of Visual Information in Complex Objects Is a Source of Perceptual Fluency," *Journal of Experimental Psychology: Human Perception and Performance* 42 (January 2016): 103–14.

46. Yannick Joye and Agnes van den Berg, "Is Love for Green in Our Genes? A Critical Analysis of Evolutionary Assumptions in Restorative Environments Research," *Urban Forestry & Urban Greening* 10 (2011): 261–68

47. Caroline M. Hägerhäll, Terry Purcell, and Richard Taylor, "Fractal Dimension of Landscape Silhouette Outlines as a Predictor of Landscape Preference," *Journal of Environmental Psychology* 24 (June 2004), 247–55.

48. Richard P. Taylor et al., "Perceptual and Physiological Responses to the Visual Complexity of Fractal Patterns," *Nonlinear Dynamics, Psychology, and Life Sciences* 9 (January 2005): 89–114. 또한 다음을 보라. Richard P. Taylor, "Reduction of Physiological Stress Using Fractal Art and Architecture," *Leonardo* 39 (June 2006): 245–51.

49. Caroline M. Hägerhäll et al., "Human Physiological Benefits of Viewing Nature: EEG Responses to Exact and Statistical Fractal Patterns," *Nonlinear Dynamics, Psychology, and Life Sciences* 19 (January 2015): 1–12; Caroline M. Hägerhäll et al., "Investigations of Human EEG Response to Viewing Fractal Patterns," *Perception* 37 (October 2008): 1488–94.

50. Arthur W. Juliani et al., "Navigation Performance in Virtual Environments Varies with Fractal Dimension of Landscape," *Journal of Environmental Psychology* 47 (September 2016): 155–65.

51. Yannick Joye et al., "When Complex Is Easy on the Mind: Internal Repetition of Visual Information in Complex Objects Is a Source of Perceptual Fluency," *Journal of Experimental Psychology: Human Perception and Performance* 42 (January 2016): 103–14.

52. Richard P. Taylor and Branka Spehar, "Fractal Fluency: An Intimate Relationship Between the Brain and Processing of Fractal Stimuli," in *The Fractal Geometry of the Brain*, ed. Antonio Di Ieva (New York: Springer, 2016), 485–98.

53. Richard P. Taylor, Adam P. Micolich, and David Jonas, "Fractal Analysis of Pollock's Drip Paintings," *Nature* 399 (June 1999): E9–10. 또한 다음을 보라. Jose Alvarez-Ramirez, Carlos Ibarra-Valdez, and Eduardo Rodriguez, "Fractal Analysis of Jackson Pollock's Painting Evolution," *Chaos, Solitons & Fractals* 83 (February 2016): 97–104.

54. Richard Taylor, 다음 출처에서 인용: Jennifer Ouellette, "Pollock's Fractals," *Discover*, October 2001.

55. Roger Ulrich, 다음 출처에서 인용: Michael Waldholz, "The Leafy Green Road to Good Mental Health," *Wall Street Journal*, August 2003.

56. Roger S. Ulrich, "View Through a Window May Influence Recovery from Surgery," *Science* 224 (April 1984): 420–21.

57. Roger Ulrich, 다음 출처에서 인용: Adam Alter, "Where We Are Shapes Who We Are," *New York Times*, June 14, 2013.

58. Roger S. Ulrich et al., "A Review of the Research Literature on Evidence-Based Healthcare Design," *HERD: Health Environments Research & Design* 1 (April 2008): 61–125.

59. Roger S. Ulrich, Robert F. Simons, and Mark Miles, "Effects of Environmental Simulations and Television on Blood Donor Stress," *Journal of Architectural and Planning Research* 20 (March 2003): 38–47.

60. Roger S. Ulrich, "Natural Versus Urban Scenes: Some Psychophysiological Effects," *Environment and Behavior* 13 (September 1981): 523–56.

61. Marek Frank, Jan Petruzalek, and Denis Šefara, "Eye Movements in Viewing Urban Images and Natural Images in Diverse Vegetation Periods," *Urban Forestry & Urban Greening* 46 (December 2019). 또한 다음을 보라. Deltcho Valtchanov and Colin Ellard, "Cognitive and Affective Responses to Natural Scenes: Effects of Low Level Visual Properties on Preference, Cognitive Load and Eye-Movements," *Journal of Environmental Psychology* 43 (September 2015): 184–

95.

62. Rita Berto et al., "An Exploratory Study of the Effect of High and Low Fascination Environments on Attentional Fatigue," *Journal of Environmental Psychology* 30 (December 2010): 494–500.

63. Irving Biederman and Edward A. Vessel, "Perceptual Pleasure and the Brain: A Novel Theory Explains Why the Brain Craves Information and Seeks It Through the Senses," *American Scientist* 94 (May–June 2006): 247–53.

64. Edward O. Wilson, *Biophilia: The Human Bond with Other Species* (Cambridge: Harvard University Press, 1984), 109–11.

65. Rohan Silva, 다음 출처에서 인용: Diana Budds, "There Are More Than 2,000 Plants in This Lush Coworking Space," *Fast Company*, February 12, 2017

66. Ruth K. Raanaas et al., "Benefits of Indoor Plants on Attention Capacity in an Office Setting," *Journal of Environmental Psychology* 31 (March 2011): 99–105. 또한 다음을 보라. Tina Bringslimark, Terry Hartig, and Grete Grindal Patil, "Psychological Benefits of Indoor Plants in Workplaces: Putting Experimental Results into Context," *HortScience* 42 (June 2007): 581–87.

67. Agnes E. van den Berg et al., "Green Walls for a Restorative Classroom Environment: A Controlled Evaluation Study," *Environment and Behavior* 49 (August 2017): 791–813.

68. William Browning, "Constructing the Biophilic Community," in *Constructing Green: The Social Structures of Sustainability*, ed. Rebecca L. Henn and Andrew J. Hoffman (Cambridge: MIT Press, 2013), 341–50.

69. 빌 브라우닝(Bill Browning)과의 저자 인터뷰.

70. Jie Yin et al., "Physiological and Cognitive Performance of Exposure to Biophilic Indoor Environment," *Building and Environment* 132 (March 2018): 255–62.

71. Kevin Nute et al., "The Animation of the Weather as a Means of Sustaining Building Occupants and the Natural Environment," *International Journal of Environmental Sustainability* 8 (2012): 27–39.

72. Mohamed Boubekri et al., "Impact of Windows and Daylight Exposure on Overall Health and Sleep Quality of Office Workers: A Case-Control Pilot Study," *Journal of Clinical Sleep Medicine* 10 (June 2014): 603–11.

73. Adele Peters, "Google Is Trying to Improve Its Workplaces with Offices Inspired by Nature," *Fast Company*, January 12, 2015.

74. Lindsay Baker, *A History of School Design and Its Indoor Environmental Standards, 1900 to Today* (Washington, DC: National Institute of Building Sciences, 2012).

75. Lisa Sarnicola, 다음 출처에서 인용: Joann Gonchar, "Schools of the 21st Century: P.S. 62, the Kathleen Grimm School for Leadership and Sustainability at Sandy Ground," Architectural Record, January 2016.

76. Wing Tuen Veronica Leung et al., "How Is Environmental Greenness Related to Students' Academic Performance in English and Mathematics?," *Landscape and Urban Planning* 181 (January 2019): 118–24.

77. Dongying Li and William C. Sullivan, "Impact of Views to School Landscapes on Recovery from Stress and Mental Fatigue," *Landscape and Urban Planning* 148 (April 2016): 149–58.

78. Lisa Heschong, "Windows and Office Worker Performance: The SMUD Call Center and Desktop Studies," in *Creating the Productive Workplace*, ed. Derek Clements-Croome (New York: Taylor & Francis, 2006), 277–309.

79. Kate E. Lee et al., "40-Second Green Roof Views Sustain Attention: The Role of Micro-Breaks in Attention Restoration," *Journal of Environmental Psychology* 42 (June 2015): 182–89.

80. Rachel Kaplan, "The Nature of the View from Home: Psychological Benefits," *Environment and Behavior* 33 (July 2001): 507–42.

81. John Muir, *My First Summer in the Sierra* (Boston: Houghton Mifflin, 1916), 82.

82. Theodore Roosevelt, "John Muir: An Appreciation," in *The Outlook: A Weekly Newspaper*, January 16, 1915, 28.

83. Theodore Roosevelt, the Capitol Building in Sacrament 연설, California, on May 19, 1903, in *A Compilation of the Messages and Speeches of Theodore Roosevelt, 1901–1905*, vol. 1, ed. Alfred Henry Lewis (Washington, DC: Bureau of National Literature and Art, 1906), 410.

84. Meredith S. Berry et al., "Making Time for Nature: Visual Exposure to Natural Environments Lengthens Subjective Time Perception and Reduces Impulsivity," *PLoS* One 10 (November 2015).

85. Arianne J. van der Wal et al., "Do Natural Landscapes Reduce Future Discounting in Humans?," *Proceedings of the Royal Society B: Biological Sciences* 280 (December 2013).

86. Rebecca Jenkin et al., "The Relationship Between Exposure to Natural and Urban Environments and Children's Self-Regulation," *Landscape Research* 43 (April 2018): 315–28.

87. Berry et al., "Making Time for Nature."

88. Maria Davydenko and Johanna Peetz, "Time Grows on Trees: The Effect of Nature Settings on Time Perception," *Journal of Environmental Psychology* 54 (December 2017): 20–26.

89. Kellie Dowdell, Tonia Gray, and Karen Malone, "Nature and Its Influence on Children's Outdoor Play," *Journal of Outdoor and Environmental Education* 15 (December 2011): 24–35. 또한 다음을 보라. Anne-Marie Morrissey, Caroline Scott, and Mark Rahimi, "A Comparison of Sociodramatic Play Processes of Preschoolers in a Naturalized and a Traditional Outdoor Space," *International Journal of Play* 6 (May 2017): 177–97.

90. Ethan A. McMahan and David Estes, "The Effect of Contact with Natural Environments on Positive and Negative Affect: A Meta-Analysis," *Journal of Positive Psychology* 10 (November 2015): 507–19. 또한 다음을 보라. George MacKerron and Susana Mourato, "Happiness Is Greater in Natural Environments," *Global Environmental Change* 23 (October 2013): 992–1000.

91. David Strayer, 다음 출처에서 인용: Florence Williams, "This Is Your Brain on Nature," *National Geographic*, January 2016. 또한 다음을 보라. Frank M. Ferraro III, "Enhancement of Convergent Creativity Following a Multiday Wilderness Experience," *Ecopsychology* 7 (March 2015): 7–11.

92. Ruth Ann Atchley, David L. Strayer, and Paul Atchley, "Creativity in the Wild: Improving Creative Reasoning Through Immersion in Natural Settings," *PLoS One* 7 (December 2012).

93. Yang Bai et al., "Awe, the Diminished Self, and Collective Engagement: Universals and Cultural Variations in the Small Self," *Journal of Personality and Social Psychology* 113 (August 2017): 185–209. 또한 다음을 보라. Yannick Joye and Jan Willem Bolderdijk, "An Exploratory Study into the Effects of Extraordinary Nature on Emotions, Mood, and Prosociality," *Frontiers in Psychology* 5 (January 2015).

94. Dacher Keltner and Jonathan Haidt, "Approaching Awe, a Moral, Spiritual, and Aesthetic Emotion," *Cognition & Emotion* 17 (March 2003): 297–314.

95. Michelle Shiota et al., "Transcending the Self: Awe, Elevation, and Inspiration," in *Handbook of Positive Emotions*, ed. Michele M. Tugade, Michelle N. Shiota, and Leslie D. Kirby (New York: Guilford Press, 2016), 362–77.

96. Michelle N. Shiota, Belinda Campos, and Dacher Keltner, "The Faces of Positive Emotion: Prototype Displays of Awe, Amusement, and Pride," *Annals of the New York Academy of Science* 1000 (December 2003): 296–99. 또한 다음을 보라. Belinda Campos et al., "What Is Shared, What Is Different? Core Relational Themes and Expressive Displays of Eight Positive Emotions," *Cognition & Emotion* 27 (January 2013): 37–52.

97. Michelle N. Shiota, Dacher Keltner, and Amanda Mossman, "The Nature of Awe: Elicitors, Appraisals, and Effects on Self-Concept," *Cognition & Emotion* 21 (August 2007): 944–63. 또한 다음을 보라. Laura L. Carstensen, Derek M. Isaacowitz, and Susan Turk Charles, "Taking Time Seriously: A Theory of Socioemotional Selectivity," *American Psychologist* 54 (March 1999): 165–81.

98. Alexander F. Danvers and Michelle N. Shiota, "Going Off Script: Effects of Awe on Memory for Script-Typical and –Irrelevant Narrative Detail," *Emotion* 17 (September 2017): 938–52.

99. Jonathan Haidt, *The Righteous Mind: Why Good People Are Divided by Politics and Religion*

(New York: Pantheon Books, 2012), 228.

100. Jia Wei Zhang et al., "An Occasion for Unselfing: Beautiful Nature Leads to Prosociality," *Journal of Environmental Psychology* 37 (March 2014): 61–72. 또한 다음을 보라. John M. Zelenski, Raelyne L. Dopko, and Colin A. Capaldi, "Cooperation Is in Our Nature: Nature Exposure May Promote Cooperative and Environmentally Sustainable Behavior," *Journal of Environmental Psychology* 42 (June 2015): 24–31.

101. Nicolas Guéguen and Jordy Stefan, "'Green Altruism': Short Immersion in Natural Green Environments and Helping Behavior," *Environment and Behavior* 48 (February 2016): 324–42. 또한 다음을 보라. Claire Prade and Vassilis Saroglou, "Awe's Effects on Generosity and Helping," *Journal of Positive Psychology* 11 (September 2016): 522–30.

102. Dacher Keltner and James J. Gross, "Functional Accounts of Emotions," *Cognition and Emotion* 13 (September 1999): 467–80.

103. Bai et al., "Awe, the Diminished Self, and Collective Engagement." 또한 다음을 보라. Jennifer E. Stellar et al., "Self-Transcendent Emotions and Their Social Functions: Compassion, Gratitude, and Awe Bind Us to Others Through Prosociality," *Emotion* 9 (July 2017): 200–207.

104. Frank White, *The Overview Effect: Space Exploration and Human Evolution* (Reston, VA: American Institute of Aeronautics and Astronautics, 1998), 3–4. 또한 다음을 보라. David B. Yaden et al., "The Overview Effect: Awe and Self-Transcendent Experience in Space Flight," *Psychology of Consciousness: Theory, Research, and Practice* 3 (March 2016): 1–11.

105. Alan Shepard, 다음 출처에서 인용: Don Nardo, *The Blue Marble: How a Photograph Revealed Earth's Fragile Beauty* (North Mankato, MN: Compass Point Books, 2014), 46.

106. Rusty Schweikart, 다음 출처에서 인용: White, The Overview Effect, 11.

107. Edgar Mitchell, 다음 출처에서 인용: White, The Overview Effect, 38.

108. Edgar Mitchell, 다음 출처에서 인용: Yaden et al., "The Overview Effect"

109. Clay Morgan, "Long-Duration Psychology: The Real Final Frontier?," in *Shuttle Mir: The United States and Russia Share History's Highest Stage* (Houston: Lyndon B. Johnson Space Center), 50–51.

110. Monica Edwards and Laurie Abadie, "Zinnias from Space! NASA Studies the Multiple Benefits of Gardening," the NASA Human Research Program 웹사이트 게시, January 19, 2016.

111. Morgan, "Long-Duration Psychology."

112. Michael Foale, 다음 출처에서 인용: "Mir-24 Mission Interviews," October 29, 1997, NASA History 웹사이트 게시, https://history.nasa.gov/SP-4225/documentation/mir-summaries/mir24/interviews.htm.

113. David Jagneaux, "Virtual Reality Could Provide Healthy Escape for Homesick Astronauts," *Vice*, January 10, 2016.

114. Harry Francis Mallgrave, *Architecture and Embodiment: The Implications of the New Sciences and Humanities for Design* (New York: Routledge, 2013), 74.

만들어진 공간을 통해 생각하기

1. 조너스 소크(Jonas Salk)의 아시시 수도원 방문에 대한 나의 논의는 다음 출처에 근거한다: John Paul Eberhard, "Architecture and Neuroscience: A Double Helix," in *Mind in Architecture: Neuroscience, Embodiment, and the Future of Design*, ed. Sarah Robinson and Juhani Pallasmaa (Cambridge: MIT Press, 2015), 123–36; *Nathaniel Coleman, Utopias and Architecture* (New York: Routledge, 2007); Norman L. Koonce, "Stewardship: An Architect's Perspective," in *Historic Cities and Sacred Sites: Cultural Roots for Urban Futures*, ed. Ismail Serageldin, Ephim Shluger, and Joan Martin-Brown (Washington, DC: World Bank, 2001), 30–32.

2. Jonas Salk, 다음 출처에서 인용: Coleman, *Utopias and Architecture*, 185.

3. 조너스 소크(Jonas Salk)와 루이스 칸(Louis Kahn)의 협력에 대한 나의 논의는 다음 출처에 근거한다: Wendy Lesser, *You Say to Brick: The Life of Louis Kahn* (New York: Farrar, Straus and Gir-

oux, 2017); Charlotte DeCroes Jacobs, *Jonas Salk: A Life* (New York: Oxford University Press, 2015); Jonathan Salk, "Reflections on the Relationship Between Lou Kahn and Jonas Salk," the DFC Technology and Innovation Summit에서의 이야기, 2015, the DesignIntelligence 웹사이트 게시, https://www.di.net/articles/reflections-on-the-relationship-between-lou-kahn-and-jonas-salk/; Stuart W. Leslie, "A Different Kind of Beauty: Scientific and Architectural Style in I. M. Pei's Mesa Laboratory and Louis Kahn's Salk Institute," *Historical Studies in the Natural Sciences* 38 (Spring 2008): 173–221; Carter Wiseman, *Louis I. Kahn: Beyond Time and Style; A Life in Architecture* (New York: W. W. Norton, 2007); David B. Brownlee and David G. De Long, *Louis I. Kahn: In the Realm of Architecture* (New York: Rizzoli, 1991).

4. Carolina A. Miranda, "Louis Kahn's Salk Institute, the Building That Guesses Tomorrow, Is Aging — Very, Very Gracefully," *Los Angeles Times*, November 22, 2016.

5. Jonas Salk, 다음 출처에서 인용: Wiseman, Louis I. Kahn, 135.

6. Christopher Alexander, *Sara Ishikawa, and Murray Silverstein, A Pattern Language* (New York: Oxford University Press, 1977).

7. Alex Coburn, Oshin Vartanian and Anjan Chatterjee, "Buildings, Beauty, and the Brain: A Neuroscience of Architectural Experience," *Journal of Cognitive Neuroscience* 29 (September 2017): 1521–31.

8. Roger N. Goldstein, "Architectural Design and the Collaborative Research Environment," *Cell* 127 (October 2006): 243–46.

9. Roger G. Barker, *Habitats, Environments, and Human Behavior: Studies in Ecological Psychology and Eco-Behavioral Science from the Midwest Psychological Field Station, 1947–1972* (San Francisco: Jossey-Bass, 1978). 또한 다음을 보라. James Gibson, *Roger Barker, and the Legacy of William James* (Mahwah, NJ: Lawrence Erlbaum Associates, 2001).

10. Benjamin R. Meagher, "Ecologizing Social Psychology: The Physical Environment as a Necessary Constituent of Social Processes," *Personality and Social Psychology Review* 24 (February 2020): 3–23.

11. Roger Barker, *Ecological Psychology: Concepts and Methods for Studying the Environment of Human Behavior* (Palo Alto: Stanford University Press, 1968), 152.

12. Christopher Alexander, *The Timeless Way of Building* (New York: Oxford University Press, 1979), 106.

13. Colin Ellard, *Places of the Heart: The Psychogeography of Everyday Life* (New York: Bellevue Literary Press, 2015), 24–25.

14. John L. Locke, *Eavesdropping: An Intimate History* (Oxford: Oxford University Press, 2010), 5.

15. Joscelyn Godwin, *The Pagan Dream of the Renaissance* (Boston: Weiser Books, 2005).

16. Philippe Ariès and Georges Duby, eds., *A History of Private Life*, vol. 2, *Revelations of the Medieval World* (Cambridge: Belknap Press of Harvard University Press, 1988).

17. Michel de Montaigne, "Of Solitude," in *The Essays of Michael Seigneur De Montaigne, trans. Peter Coste* (London: S. and E. Ballard, 1759), 277.

18. Matthew C. Davis, Desmond J. Leach, and Chris W. Clegg, "The Physical Environment of the Office: Contemporary and Emerging Issues," *International Review of Industrial and Organizational Psychology* 26 (2011): 193–237.

19. Steven Johnson, *Where Good Ideas Come From: A Natural History of Invention* (New York: Riverhead Books, 2010), 162–63.

20. Steven Johnson, *The Invention of Air: A Story of Science, Faith, Revolution, and the Birth of America* (New York: Riverhead, 2008).

21. Steven Johnson, 가이 라즈(Guy Raz)의 인터뷰, "How Cafe Culture Helped Make Good Ideas Happen," All Things Considered, NPR, October 17, 2010.

22. Thomas J. Allen, *Managing the Flow of Technology* (Cambridge: MIT Press, 1977). 또한 다음을 보라. Peter Dizikes, "The Office Next Door," *MIT Technology Review*, October 2011.

23. "Infinite Corridor," the Atlas Obscura 웹사이트 게시, https://www.atlasobscura.com/places/infinite-corridor.

24. Thomas J. Allen and Gunter W. Henn, *The Organization and Architecture of Innovation* (New York: Routledge, 2007). 또한 다음을 보라. Matthew Claudel et al., "An Exploration of Collaborative Scientific Production at MIT Through Spatial Organization and Institutional Affiliation," *PLoS One* 12 (June 2017).

25. Fabrice B. R. Parmentier, "Deviant Sounds Yield Distraction Irrespective of the Sounds' Informational Value," *Journal of Experimental Psychology: Human Perception and Performance* 42 (June 2016): 837–46.

26. Fabrice B. R. Parmentier, Jacqueline Turner, and Laura Perez, "A Dual Contribution to the Involuntary Semantic Processing of Unexpected Spoken Words," *Journal of Experimental Psychology: General* 143 (February 2014): 38–45.

27. Niina Venetjoki et al., "The Effect of Speech and Speech Intelligibility on Task Performance," *Ergonomics* 49 (September 2006): 1068–91. 또한 다음을 보라. Valtteri Hongisto, "A Model Predicting the Effect of Speech of Varying Intelligibility on Work Performance," *Indoor Air* 15 (December 2005): 458–68.

28. Fabrice B. R. Parmentier, Jacqueline Turner, and Laura Perez, "A Dual Contribution to the Involuntary Semantic Processing of Unexpected Spoken Words," *Journal of Experimental Psychology: General* 143 (February 2014): 38–45. 또한 다음을 보라. Helena Jahncke, "Open-Plan Office Noise: The Susceptibility and Suitability of Different Cognitive Tasks for Work in the Presence of Irrelevant Speech," *Noise Health* 14 (November–December 2012), 315–20.

29. Marijke Keus van de Poll and Patrik Sörqvist, "Effects of Task Interruption and Background Speech on Word Processed Writing," *Applied Cognitive Psychology* 30 (May–June 2016): 430–39.

30. Marijke Keus van de Poll et al., "Disruption of Writing by Background Speech: The Role of Speech Transmission Index," *Applied Acoustics* 81 (July 2014): 15–18.

31. John E. Marsh et al., Why Are Background Telephone Conversations Distracting?," *Journal of Experimental Psychology: Applied* 24 (June 2018): 222–35. 또한 다음을 보라. Veronica V. Galván, Rosa S. Vessal, and Matthew T. Golley, "The Effects of Cell Phone Conversations on the Attention and Memory of Bystanders," *PLoS One* 8 (2013).

32. Lauren L. Emberson et al., "Overheard Cell-Phone Conversations: When Less Speech Is More Distracting," *Psychological Science* 21 (October 2010): 1383–88.

33. Nick Perham and Harriet Currie, "Does Listening to Preferred Music Improve Reading Comprehension Performance?," *Applied Cognitive Psychology* 28 (March–April 2014): 279–84.

34. Manuel F. Gonzalez and John R. Aiello, "More Than Meets the Ear: Investigating How Music Affects Cognitive Task Performance," *Journal of Experimental Psychology: Applied* 25 (September 2019): 431–44.

35. Emma Threadgold et al., "Background Music Stints Creativity: Evidence from Compound Remote Associate Tasks," *Applied Cognitive Psychology* 33 (September–October 2019): 873–88.

36. Peter Tze-Ming Chou, "Attention Drainage Effect: How Background Music Effects [sic] Concentration in Taiwanese College Students," *Journal of the Scholarship of Teaching and Learning* (January 2010): 36–46.

37. Nick Perham and Martinne Sykora, "Disliked Music Can Be Better for Performance Than Liked Music," *Applied Cognitive Psychology* 26 (June 2012): 550–55.

38. Chou, "Attention Drainage Effect."

39. Martin R. Vasilev, Julie A. Kirkby, and Bernhard Angele, "Auditory Distraction During Reading: A Bayesian Meta-Analysis of a Continuing Controversy," *Perspectives on Psychological Science* 12 (September 2018): 567–97.

40. Perham and Sykora, "Disliked Music Can Be Better for Performance Than Liked Music."

41. Romina Palermo and Gillian Rhodes, "Are You Always on My Mind? A Review of How Face Perception and Attention Interact," *Neuropsychologia* 45 (2007): 75–92.

42. Takemasa Yokoyama et al., "Attentional Capture by Change in Direct Gaze," *Perception* 40 (July 2011): 785–97. 또한 다음을 보라. Atsushi Senju and Mark H. Johnson, "The Eye Contact Effect:

Mechanisms and Development," *Trends in Cognitive Sciences* 13 (March 2009): 127–34.

43. J. Jessica Wang and Ian A. Apperly, "Just One Look: Direct Gaze Briefly Disrupts Visual Working Memory," *Psychonomic Bulletin & Review* 24 (2017): 393–99. 또한 다음을 보라. Laurence Conty et al., "The Cost of Being Watched: Stroop Interference Increases Under Concomitant Eye Contact," *Cognition* 115 (April 2010): 133–39.

44. Laurence Conty et al., "The Mere Perception of Eye Contact Increases Arousal During a Word-Spelling Task," *Social Neuroscience* 5 (2010): 171–86. 또한 다음을 보라. Terhi M. Helminen, Suvi M. Kaasinen, and Jari K. Hietanen, "Eye Contact and Arousal: The Effects of Stimulus Duration," *Biological Psychology* 88 (September 2011): 124–30.

45. Annelies Vredeveldt and Timothy J. Perfect, "Reduction of Environmental Distraction to Facilitate Cognitive Performance," *Frontiers in Psychology* 5 (August 2014).

46. Arthur M. Glenberg, Jennifer L. Schroeder, and David A. Robertson, "Averting the Gaze Disengages the Environment and Facilitates Remembering," *Memory & Cognition* 26 (July 1998): 651–58.

47. Annelies Vredeveldt, Graham J. Hitch, and Alan D. Baddeley, "Eyeclosure Helps Memory by Reducing Cognitive Load and Enhancing Visualisation," *Memory & Cognition* 39 (April 2011): 1253–63.

48. Rémi Radel and Marion Fournier, "The Influence of External Stimulation in Missing Knowledge Retrieval," *Memory* 25 (October 2017): 1217–24.

49. Timothy J. Perfect et al., "How Can We Help Witnesses to Remember More? It's an (Eyes) Open and Shut Case," *Law and Human Behavior* 32 (August 2008): 314–24.

50. Robert A. Nash et al., "Does Rapport-Building Boost the Eyewitness Eyeclosure Effect in Closed Questioning?," *Legal and Criminological Psychology* 21 (September 2016): 305–18.

51. Radel and Fournier, "The Influence of External Stimulation in Missing Knowledge Retrieval."

52. Robert Frost, "Mending Wall," in *Robert Frost: Collected Poems, Prose, and Plays* (New York: Library of America, 1995), 39–40.

53. Kathleen D. Vohs, Roy F. Baumeister, and Natalie J. Ciarocco, "Self-Regulation and Self-Presentation: Regulatory Resource Depletion Impairs Impression Management and Effortful Self-Presentation Depletes Regulatory Resources," *Journal of Personality and Social Psychology* 88 (April 2005): 632–57.

54. Alison Hirst and Christina Schwabenland, "Doing Gender in the 'New Office,'" *Gender, Work & Organization* 25 (March 2018): 159–76.

55. Shira Baror and Moshe Bar, "Associative Activation and Its Relation to Exploration and Exploitation in the Brain," *Psychological Science* 27 (June 2016): 776–89.

56. Moshe Bar, "Think Less, Think Better," *New York Times*, June 17, 2016.

57. Ethan Bernstein, "The Transparency Trap," Harvard Business Review, October 2014. 또한 다음을 보라. Julian Birkinshaw and Dan Cable, "The Dark Side of Transparency," *McKinsey Quarterly*, February 2017.

58. Ethan S. Bernstein, "The Transparency Paradox: A Role for Privacy in Organizational Learning and Operational Control," *Administrative Science Quarterly* 57 (June 2012): 181–216.

59. Darhl M. Pedersen, "Psychological Functions of Privacy," *Journal of Environmental Psychology* 17 (June 1997): 147–56.

60. Anne-Laure Fayard and John Weeks, "Who Moved My Cube?," *Harvard Business Review*, July–August 2011.

61. Ben Waber, "Do Open Offices Really Increase Collaboration?," *Quartz*, April 13, 2018.

62. Rachel L. Morrison and Keith A. Macky, "The Demands and Resources Arising from Shared Office Spaces," *Applied Ergonomics* 60 (April 2017): 103–15.

63. Rachel Morrison, "Open-Plan Offices Might Be Making Us Less Social and Productive, Not More," *Quartz*, September 19, 2016.

64. Alison Hirst, "Settlers, Vagrants and Mutual Indifference: Unintended Consequences of Hot-Desking," *Journal of Organizational Change* 24 (2011): 767–88. 또한 다음을 보라. Alison

Hirst, "How Hot-Deskers Are Made to Feel Like the Homeless People of the Office World," *The Conversation*, February 13, 2017.

65. Jeremy P. Jamieson, "The Home Field Advantage in Athletics: A Meta-Analysis," *Journal of Applied Social Psychology* 40 (July 2010): 1819–48. 또한 다음을 보라. Mark S. Allen and Marc V. Jones, "The 'Home Advantage' in Athletic Competitions," *Current Directions in Psychological Science* 23 (February 2014): 48–53.

66. Kerry S. Courneya and Albert V. Carron, "The Home Advantage in Sport Competitions: A Literature Review," *Journal of Sport and Exercise Psychology* 14 (March 1992): 13–27.

67. Nick Neave and Sandy Wolfson, "Testosterone, Territoriality, and the 'Home Advantage,'" *Physiology & Behavior* 78 (February 2003): 269–75.

68. Lorraine E. Maxwell and Emily J. Chmielewski, "Environmental Personalization and Elementary School Children's Self-Esteem," *Journal of Environmental Psychology* 28 (June 2008): 143–53. 또한 다음을 보라. Clare Ulrich, "A Place of Their Own: Children and the Physical Environment," *Human Ecology* 32 (October 2004): 11–14.

69. David C. Glass and Jerome E. Singer, "Experimental Studies of Uncontrollable and Unpredictable Noise," *Representative Research in Social Psychology* 4 (1973): 165–83. 또한 다음을 보라. David C. Glass, Jerome E. Singer, and Lucy N. Friedman, "Psychic Cost of Adaptation to an Environmental Stressor," *Journal of Personality and Social Psychology* 12 (1969): 200–210.

70. So Young Lee and Jay L. Brand, "Can Personal Control over the Physical Environment Ease Distractions in Office Workplaces?," *Ergonomics* 53 (March 2010): 324–35. 또한 다음을 보라. So Young Lee and Jay L. Brand, "Effects of Control over Office Workspace on Perceptions of the Work Environment and Work Outcomes," *Journal of Environmental Psychology* 25 (September 2005): 323–33.

71. Graham Brown, "Setting (and Choosing) the Table: The Influence of the Physical Environment in Negotiation," in *Negotiation Excellence: Successful Deal Making*, ed. Michael Benoliel (Singapore: World Scientific Publishing, 2015), 23–37.

72. Graham Brown and Markus Baer, "Location in Negotiation: Is There a Home Field Advantage?," *Organizational Behavior and Human Decision Processes* 114 (March 2011): 190–200.

73. Meagher, "Ecologizing Social Psychology."

74. Benjamin R. Meagher, "The Emergence of Home Advantage from Differential Perceptual Activity" (PhD diss., University of Connecticut, July 2014).

75. Craig Knight and S. Alexander Haslam, "The Relative Merits of Lean, Enriched, and Empowered Offices: An Experimental Examination of the Impact of Workspace Management Strategies on Well-Being and Productivity," *Journal of Experimental Psychology: Applied* 16 (2010): 158–72.

76. Study participant, 다음 출처에서 인용: Tim Harford, Messy: The Power of Disorder to Transform Our Lives (New York: Riverhead Books 2016), 66.

77. Ethan Bernstein, Jesse Shore, and David Lazer, "How Intermittent Breaks in Interaction Improve Collective Intelligence," *Proceedings of the National Academy of Sciences* 115 (August 2018): 8734–39. 또한 다음을 보라. Ethan Bernstein, Jesse Shore, and David Lazer, "Improving the Rhythm of Your Collaboration," *MIT Sloan Management Review*, September 2019.

78. Richard D. G. Irvine, "The Architecture of Stability: Monasteries and the Importance of Place in a World of Non-Places," *Etnofoor* 23 (2011): 29–49.

79. Una Roman D'Elia, *Raphael's Ostrich* (University Park: Pennsylvania State University Press, 2015).

80. Katharine H. Greenaway et al., "Spaces That Signal Identity Improve Workplace Productivity," *Journal of Personnel Psychology* 15 (2016): 35–43.

81. Kris Byron and Gregory A. Laurence, "Diplomas, Photos, and Tchotchkes as Symbolic Self-Representations: Understanding Employees' Individual Use of Symbols," *Academy of Management Journal* 58 (February 2015): 298–323.

82. Daphna Oysterman, Kristen Elmore, and George Smith, "Self, Self-Concept, and Identity," in

Handbook of Self and Identity, ed. Mark R. Leary and June Price Tangney (New York: Guilford Press, 2012), 69–104.

83. Brandi Pearce et al., "What Happened to My Office? The Role of Place Identity at Work," *Academy of Management Annual Meeting Proceedings* (November 2017). 또한 다음을 보라. Russell W. Belk, "Possessions and the Extended Self," *Journal of Consumer Research* 15 (September 1988): 139–68.

84. Mihaly Csikszentmihalyi, "Why We Need Things," in *History from Things: Essays on Material Culture*, ed. Steven Lubar and W. David Kingery (Washington, DC: Smithsonian Institution, 1993), 20–29. 또한 다음을 보라. Mihaly Csikszentmihalyi, "The Symbolic Function of Possessions: Towards a Psychology of Materialism," the 90th Annual Convention of the American Psychological Association에서 발표된 논문, August 1982.

85. Daphna Oyserman and Mesmin Destin, "Identity-Based Motivation: Implications for Intervention," *The Counseling Psychologist* 38 (October 2010): 1001–43.

86. Nalini Ambady et al., "Stereotype Susceptibility in Children: Effects of Identity Activation on Quantitative Performance," *Psychological Science* 12 (September 2001): 385–90.

87. Korpela, "Place-Identity as a Product of Environmental Self-Regulation."

88. Gregory A. Laurence, Yitzhak Fried, and Linda H. Slowik, "'My Space': A Moderated Mediation Model of the Effect of Architectural and Experienced Privacy," *Journal of Environmental Psychology* 36 (December 2013): 144–52.

89. Ryoko Imai and Masahide Ban, "Disrupting Workspace: Designing an Office That Inspires Collaboration and Innovation," *Ethnographic Praxis in Industry Conference, Case Studies 1: Pathmaking with Ethnographic Approaches in and for Organizations* (November 2016): 444–64.

90. Krystal D'Costa, "Resisting the Depersonalization of the Work Space," *Scientific American*, July 18, 2018. 또한 다음을 보라. Alex Haslam and Craig Knight, "Your Place or Mine?," BBC News, November 17, 2006.

91. Knight and Haslam, "The Relative Merits of Lean, Enriched, and Empowered Offices."

92. Alexander Haslam, 다음 출처에서 인용: Richard Webb, "Sit and Arrange," *Ahmedabad Mirror*, February 5, 2019.

93. Craig Knight and S. Alexander Haslam, "Your Place or Mine? Organizational Identification and Comfort as Mediators of Relationships Between the Managerial Control of Workspace and Employees' Satisfaction and WellBeing," *British Journal of Management* 21 (September 2010): 717–35.

94. Valerie Purdie-Vaughns et al., "Social Identity Contingencies: How Diversity Cues Signal Threat or Safety for African Americans in Mainstream Institutions," *Journal of Personality and Social Psychology* 94 (April 2008): 615–30.

95. Mary C. Murphy, Kathryn M. Kroeper, and Elise M. Ozier, "Prejudiced Places: How Contexts Shape Inequality and How Policy Can Change Them," *Policy Insights from the Behavioral and Brain Sciences* 5 (March 2018): 66–74.

96. Mary C. Murphy and Gregory M. Walton, "From Prejudiced People to Prejudiced Places: A Social-Contextual Approach to Prejudice," in *Stereotyping and Prejudice (Frontiers of Social Psychology)*, ed. Charles Stangor and Christian S. Crandall (New York: Psychology Press, 2013), 181–203.

97. Frank Dobbin and Alexandra Kalev, "Why Doesn't Diversity Training Work? The Challenge for Industry and Academia," *Anthropology Now* 10 (September 2018): 48–55.

98. 소속감에 관한 사프나 셰리언(Sapna Cheryan)의 개인적 경험에 대한 나의 논의는 다음의 출처에 근거한다. Sapna Cheryan, "Redesigning Environments Increases Girls' Interest in Computer Science," the STEM for All Video Showcase에서 발표된 일부 영상: Transforming the Educational Landscape, May 2018, https://stemforall2018.videohall.com/presentations/1198; Sapna Cheryan, "Stereotypes as Gatekeepers," talk given at TEDxSeattle, 2010.04.27, https://www.youtube.com/watch?v=TYwI-qM20x4; Sapna Cheryan, interviewed by Manola Secaira, "This Gender and Race Researcher Explains Why Techies Don't Have to Be Trekkies," ;2019.05.03, https://

미주 입니다

crosscut.com/2019/05/gender-and-race-researcher-explains-why-techies-dont-have-be-trek-kies. Lisa Grossman, "Of Geeks and Girls," Science Notes (2009).

99. Cheryan, "Stereotypes as Gatekeepers."

100. Sapna Cheryan et al., "Ambient Belonging: How Stereotypical Cues Impact Gender Participation in Computer Science," *Journal of Personality and Social Psychology* 97 (December 2009): 1045–60.

101. Sapna Cheryan, Andrew N. Meltzoff, and Saenam Kim, "Classrooms Matter: The Design of Virtual Classrooms Influences Gender Disparities in Computer Science Classes," *Computers & Education* 57 (September 2011): 1825–35.

102. Cheryan, "Stereotypes as Gatekeepers."

103. Sapna Cheryan, Allison Master, and Andrew N. Meltzoff, "Cultural Stereotypes as Gatekeepers: Increasing Girls' Interest in Computer Science and Engineering by Diversifying Stereotypes," *Frontiers in Psychology* 6 (February 2015).

104. Sapna Cheryan, "A New Study Shows How Star Trek Jokes and Geek Culture Make Women Feel Unwelcome in Computer Science," *Quartz*, October 31, 2016.

105. Rene F. Kizilcec et al., "Welcome to the Course: Early Social Cues Influence Women's Persistence in Computer Science," the ACM Conference on Human Factors in Computing Systems에서 발표된 논문, April 2020.

106. Cheryan, Meltzoff, and Kim, "Classrooms Matter." 또한 다음을 보라. Danaë Metaxa-Kakavouli et al., "Gender-Inclusive Design: Sense of Belonging and Bias in Web Interfaces," the CHI Conference on Human Factors in Computing Systems에서 발표된 논문, April 2018.

107. Christopher Brooks, Josh Gardner, and Kaifeng Chen, "How Gender Cues in Educational Video Impact Participation and Retention," the 13th International Conference of the Learning Sciences에서 발표된 논문, June 2018.

108. René F. Kizilcec and Andrew J. Saltarelli, "Psychologically Inclusive Design: Cues Impact Women's Participation in STEM Education," the CHI Conference on Human Factors in Computing Systems에서 발표된 논문, May 2019.

109. René F. Kizilcec and Andrew J. Saltarelli, "Can a Diversity Statement Increase Diversity in MOOCs?," the 6th ACM Conference on Learning at Scale에서 발표된 논문, June 2019.

110. Kizilcec and Saltarelli, "Psychologically Inclusive Design."

111. Louis Kahn, 다음 출처에서 인용: Lesser, You Say to Brick, 5.

112. Jonas Salk, 다음 출처에서 인용: Lesser, You Say to Brick, 33.

113. Amber Dance, "Science and Culture: The Brain Within Buildings," *Proceedings of the National Academy of Sciences* 114 (January 2017): 785–87. 또한 다음을 보라. Heeyoung Choo et al., "Neural Codes of Seeing Architectural Styles," *Scientific Reports* 7 (January 2017).

114. Joan Meyers-Levy and Rui (Juliet) Zhu, "The Influence of Ceiling Height: The Effect of Priming on the Type of Processing That People Use," *Journal of Consumer Research* 34 (August 2007): 174–86.

115. Sarah Williams Goldhagen, *Welcome to Your World: How the Built Environment Shapes Our Lives* (New York: HarperCollins, 2017). 또한 다음을 보라. Ann Sussman and Justin B. Hollander, *Cognitive Architecture: Designing for How We Respond to the Built Environment* (New York: Routledge, 2015).

116. Sussman and Hollander, *Cognitive Architecture.* 또한 다음을 보라. Ann Sussman, "Why Brain Architecture Matters for Built Architecture," *Metropolis*, August 19, 2015.

117. Oshin Vartanian et al., "Impact of Contour on Aesthetic Judgments and Approach-Avoidance Decisions in Architecture," *Proceedings of the National Academy of Sciences* 110 (June 2013): 10446–53. 또한 다음을 보라. Letizia Palumbo, Nicole Ruta, and Marco Bertamini, "Comparing Angular and Curved Shapes in Terms of Implicit Associations and Approach/Avoidance Responses," *PLoS One* 10 (October 2015).

118. Robert L. Fantz and Simon B. Miranda, "Newborn Infant Attention to Form of Contour," *Child Development* 46 (1975): 224–28.

119. Enric Munar et al., "Common Visual Preference for Curved Contours in Humans and Great Apes," *PLoS One* 10 (November 2015).

120. 다음 출처에서 인용된 연구: Michael Anft, "This Is Your Brain on Art," *Johns Hopkins Magazine*, March 6, 2010.

121. Matt Tyrnauer, "Architecture in the Age of Gehry," *Vanity Fair*, August 2010.

122. Richard Coyne, "Thinking Through Virtual Reality: Place, Non-Place and Situated Cognition," *Technè: Research in Philosophy and Technology* 10 (Spring 2007): 26–38. 또한 다음을 보라. Marc Augé, *Non-Places: Introduction to an Anthropology of Supermodernity*, trans. John Howe (London: Verso, 1995).

123. Coyne, "Thinking Through Virtual Reality."

124. Louis Kahn, 다음 출처에서 인용: "Marin City Redevelopment," *Progressive Architecture* 41 (November 1960).

아이디어 공간을 통해 생각하기

1. Joshua Foer, *Moonwalking with Einstein: The Art and Science of Remembering Everything* (New York: Penguin Press, 2011).

2. Sarah Chalmers, "Mindboggling — Meet the Forgetful Memory Champ Who's Battling for Britain," *Daily Mail*, August 30, 2007.

3. Ben Pridmore, 다음 출처에서 인용: Adam Lusher, "World Memory Champion Reveals His Secrets," *Sunday Telegraph*, August 5, 2007.

4. Stephen Robb, "How a Memory Champ's Brain Works," BBC News, April 7, 2009.

5. Kurt Danziger, *Marking the Mind: A History of Memory* (New York: Cambridge University Press, 2008).

6. Eleanor A. Maguire et al., "Routes to Remembering: The Brains Behind Superior Memory," *Nature Neuroscience* 6 (January 2003): 90–95.

7. Russell A. Epstein et al., "The Cognitive Map in Humans: Spatial Navigation and Beyond," *Nature Neuroscience* 20 (October 2017): 1504–13. 또한 다음을 보라. Alexandra O. Constantinescu, Jill X. O'Reilly, and Timothy E. J. Behrens, "Organizing Conceptual Knowledge in Humans with a Gridlike Code," *Science* 352 (June 2016): 1464–68.

8. George Lakoff and Mark Johnson, "Conceptual Metaphor in Everyday Language," *Journal of Philosophy* 77 (August 1980): 453–86. 또한 다음을 보라. George Lakoff and Mark Johnson, *Metaphors We Live By* (Chicago: University of Chicago Press, 1980).

9. Barbara Tversky, *Mind in Motion: How Action Shapes Thought* (New York: Basic Books, 2019), 57.

10. Arne D. Ekstrom and Charan Ranganath, "Space, Time, and Episodic Memory: The Hippocampus Is All Over the Cognitive Map," *Hippocampus* 28 (September 2018): 680–87. 또한 다음을 보라. Mona M. Garvert, Raymond J. Dolan, and Timothy E. J. Behrens, "A Map of Abstract Relational Knowledge in the Human Hippocampal-Entorhinal Cortex," *eLife* 6 (April 2017).

11. Branka Milivojevic et al., "Coding of Event Nodes and Narrative Context in the Hippocampus," *Journal of Neuroscience* 36 (December 2016): 12412–24. 또한 다음을 보라. Vishnu Sreekumar, "Hippocampal Activity Patterns Reflect the Topology of Spaces: Evidence from Narrative Coding," *Journal of Neuroscience* 37 (June 2017): 5975–77.

12. Arthur M. Glenberg and Justin Hayes, "Contribution of Embodiment to Solving the Riddle of Infantile Amnesia," *Frontiers in Psychology* 7 (January 2016).

13. Jessica Robin, Jordana Wynn, and Morris Moscovitch, "The Spatial Scaffold: The Effects of Spatial Context on Memory for Events," *Journal of Experimental Psychology: Learning, Memory, and Cognition* 42 (February 2016): 308–15. 또한 다음을 보라. Jonathan F. Miller et al., "Neural Activity in Human Hippocampal Formation Reveals the Spatial Context of Retrieved Memories," *Science* 342 (November 2013): 1111–14.

14. Timothy P. McNamara and Christine M. Valiquette, "Remembering Where Things Are," in *Human Spatial Memory: Remembering Where*, ed. Gary L. Allen (Mahwah, NJ: Lawrence Erlbaum Associates, 2004), 3–24. 또한 다음을 보라. Andrea N. Suarez et al., "Gut Vagal Sensory Signaling Regulates Hippocampus Function Through Multi-Order Pathways," *Nature Communications* 9 (June 2018): 1–15.

15. Martin Dresler et al., "Mnemonic Training Reshapes Brain Networks to Support Superior Memory," *Neuron* 93 (March 2017): 1227–35.

16. Charles (Trey) Wilson, "The Chow Hall as Mind Palace," Teaching Academic 게시: A CTLL Blog, August 29, 2018, https://blog.ung.edu/ctll/the-chow-hall-as-mind-palace-2/.

17. 로버트 카로(Robert Caro)와 그의 작업 방법에 대한 나의 논의는 다음 출처의 자료를 바탕으로 한다: James Santel, "Robert Caro, the Art of Biography," *Paris Review*, Spring 2016; Scott Porch, "'The Power Broker' Turns 40: How Robert Caro Wrote a Masterpiece," *Daily Beast*, September 16, 2014; Charles McGrath, "Robert Caro's Big Dig," *New York Times Magazine*, April 12, 2012; Chris Jones, "The Big Book," *Esquire*, April 12, 2012; Scott Sherman, "Caro's Way," *Columbia Journalism Review*, May–June 2002; Stephen Harrigan, "The Man Who Never Stops," *Texas Monthly*, April 1990; William Goldstein, "Robert Caro Talks About His Art, His Methods and LBJ," *Publishers Weekly*, November 25, 1983.

18. Robert Caro, 다음 출처에서 인용: Jones, "The Big Book."

19. Robert Caro, 다음 출처에서 인용: Santel, "Robert Caro, the Art of Biography."

20. Robert Caro, 다음 출처에서 인용: Goldstein, "Robert Caro Talks About His Art, His Methods and LBJ."

21. Barbara Tversky and Angela Kessell, "Thinking in Action," *Pragmatics & Cognition* 22 (January 2014): 206–33.

22. David Kirsh, "Adapting the Environment Instead of Oneself," *Adaptive Behavior* 4 (1996): 415–52.

23. Evan F. Risko and Sam J. Gilbert, "Cognitive Offloading," *Trends in Cognitive Sciences* 20 (September 2016): P676–88. 또한 다음을 보라. Andy Clark, "Minds in Space," in *The Spatial Foundations of Language and Cognition*, ed. Kelly S. Mix, Linda B. Smith, and Michael Gasser (New York: Oxford University Press, 2010), 7–15.

24. Joseph D. Novak, "A Search to Create a Science of Education: The Life of an Ivy League Professor, Business Consultant, and Research Scientist," self-published autobiography, https://www.ihmc.us/files/JNovak-ASearchToCreateAScienceOfEducation.pdf.

25. Joseph D. Novak, *Learning, Creating, and Using Knowledge: Concept Maps as Facilitative Tools in Schools and Corporations* (Mahwah, NJ: Lawrence Erlbaum Associates, 1998), 177.

26. David A. Kirby, *Lab Coats in Hollywood: Science, Scientists, and Cinema* (Cambridge: MIT Press, 2010), 200.

27. John Underkoffler, "Pointing to the Future of UI," TED Talk, February 2010, https://www.ted.com/talks/john_underkoffler_pointing_to_the_future_of_ui?language=en.

28. John Underkoffler, 다음 출처에서 인용: Kirby, *Lab Coats in Hollywood*, 201.

29. Robert Ball and Chris North, "Realizing Embodied Interaction for Visual Analytics Through Large Displays," *Computers & Graphics* 31 (June 2007): 380–400.

30. Robert Ball and Chris North, "The Effects of Peripheral Vision and Physical Navigation on Large Scale Visualization," the 34th Annual Graphics Interface Conference에서 발표된 논문, May 2008. 또한 다음을 보라. Khairi Reda et al., "Effects of Display Size and Resolution on User Behavior and Insight Acquisition in Visual Exploration," *Proceedings of the 33rd Annual ACM Conference on Human Factors in Computing Systems* (April 2015): 2759–68.

31. Robert Ball, "Three Ways Larger Monitors Can Improve Productivity," *Graziadio Business Review* 13 (January 2010): 1–5.

32. Ball and North, "Realizing Embodied Interaction for Visual Analytics Through Large Displays." 또한 다음을 보라. Alex Endert et al., "Visual Encodings That Support Physical Navigation on Large Displays," *Proceedings of Graphics Interface* 2011 (May 2011): 103–10.

33. Ball and North, "The Effects of Peripheral Vision and Physical Navigation on Large Scale Visualization." 또한 다음을 보라. Reda et al., "Effects of Display Size and Resolution on User Behavior and Insight Acquisition in Visual Exploration."

34. Ball and North, "Realizing Embodied Interaction for Visual Analytics Through Large Displays."

35. Ball and North, "The Effects of Peripheral Vision and Physical Navigation on Large Scale Visualization."

36. Yvonne Jansen, Jonas Schjerlund, and Kasper Hornbæk, "Effects of Locomotion and Visual Overview on Spatial Memory When Interacting with Wall Displays," *Proceedings of the 2019 CHI Conference on Human Factors in Computing Systems* (May 2019): 1–12. 또한 다음을 보라. Joey Scarr, Andy Cockburn, and Carl Gutwin, "Supporting and Exploiting Spatial Memory in User Interfaces," *Foundations and Trends in Human-Computer Interaction*, December 2013.

37. Desney S. Tan et al., "The Infocockpit: Providing Location and Place to Aid Human Memory," *Proceedings of the 2001 Workshop on Perceptive User Interfaces* (November 2001): 1–4.

38. Ball and North, "Realizing Embodied Interaction for Visual Analytics Through Large Displays." 또한 다음을 보라. Endert et al., "Visual Encodings That Support Physical Navigation on Large Displays."

39. Carl Gutwin and Andy Cockburn, "A Field Experiment of Spatially-Stable Overviews for Document Navigation," *Proceedings of the 2017 CHI Conference on Human Factors in Computing Systems* (May 2017): 5905–16.

40. Mikkel R. Jakobsen and Kasper Hornbæk, "Is Moving Improving? Some Effects of Locomotion in Wall-Display Interaction," *Proceedings of the 33rd Annual ACM Conference on Human Factors in Computing Systems* (April 2015): 4169–78. 또한 다음을 보라. Roman Rädle et al., "The Effect of Egocentric Body Movements on Users' Navigation Performance and Spatial Memory in Zoomable User Interfaces," *Proceedings of the 2013 ACM International Conference on Interactive Tabletops and Surfaces* (October 2013): 23–32.

41. Ball and North, "Realizing Embodied Interaction for Visual Analytics Through Large Displays."

42. Ball, "Three Ways Larger Monitors Can Improve Productivity."

43. Ball, "Three Ways Larger Monitors Can Improve Productivity."

44. 찰스 다윈과 그의 현장 수첩에 대한 나의 논의는 다음과 같은 출처에 근거한다. Charles Darwin, *The Beagle Record: Selections from the Original Pictorial Records and Written Accounts of the Voyage of HMS Beagle*, ed. Richard Darwin Keynes (New York: Cambridge University Press, 1979); Charles Darwin, *The Complete Work of Charles Darwin Online*, ed. John van Wyhe, http://darwin-online.org.uk; E. Janet Browne, *Charles Darwin: Voyaging* (Princeton: Princeton University Press, 1995); John Gribbin and Mary Gribbin, *FitzRoy: The Remarkable Story of Darwin's Captain and the Invention of the Weather Forecast* (New Haven: Yale University Press, 2004); National Archives, *Tales from the Captain's Log* (London: Bloomsbury, 2017).

45. Browne, Charles Darwin, 194.

46. Charles Darwin, 다음 출처에서 인용. Gordon Chancellor, "Darwin's Geological Diary from the Voyage of the Beagle," Darwin Online 게시, http://darwin-online.org.uk/EditorialIntroductions/Chancellor_GeologicalDiary.html.

47. Chancellor, "Darwin's Geological Diary from the Voyage of the Beagle."

48. Erick Greene, "Why Keep a Field Notebook?," in *Field Notes on Science and Nature*, ed. Michael Canfield (Cambridge: Harvard University Press, 2011), 251–76.

49. James J. Gibson, *The Senses Considered as Perceptual Systems* (New York: Houghton Mifflin, 1966), 285.

50. Daniel C. Dennett, *Content and Consciousness* (London: Routledge, 1969), 154.

51. Daniel Reisberg, "External Representations and the Advantages of Externalizing One's Thoughts," the 9th Annual Conference of the Cognitive Science Society에서 발표된 논문, July 1987.

52. Daniel Reisberg, "The Detachment Gain: The Advantage of Thinking Out Loud," in *Perception, Cognition, and Language: Essays in Honor of Henry and Lila Gleitman*, ed. Barbara Lan-

dau et al. (Cambridge: MIT Press, 2000), 139–56.

53. Eliza Bobek and Barbara Tversky, "Creating Visual Explanations Improves Learning," *Cognitive Research: Principles and Implications* 1 (December 2016).

54. Bobek and Tversky, "Creating Visual Explanations Improves Learning." 또한 다음을 보라. Barbara Tversky, "Some Ways of Thinking," in *Model-Based Reasoning in Science and Technology: Theoretical and Cognitive Issues*, ed. Lorenzo Magnani (New York: Springer, 2014), 3–8.

55. Reisberg, "External Representations and the Advantages of Externalizing One's Thoughts."

56. Masaki Suwa, John Gero, and Terry Purcell, "Unexpected Discoveries and S-Invention of Design Requirements: Important Vehicles for a Design Process," *Design Studies* 21 (November 2000): 539–67. 또한 다음을 보라. Masaki Suwa et al., "Seeing into Sketches: Regrouping Parts Encourages New Interpretations," in *Visual and Spatial Reasoning in Design II*, ed. John S. Gero, Barbara Tversky, and Terry Purcell (Sydney: Key Centre of Design Computing and Cognition, 2001), 207–19.

57. Gabriela Goldschmidt, "On Visual Design Thinking: The Vis Kids of Architecture," *Design Studies* 15 (April 1994): 158–74.

58. Barbara Tversky, "Multiple Models: In the Mind and in the World," *Historical Social Research* 31 (2018): 59–65.

59. Gabriela Goldschmidt, "The Backtalk of SelfGenerated Sketches," *Design Issues* 19 (Winter 2003): 72–88.

60. Barbara Tversky and Masaki Suwa, "Thinking with Sketches," in *Tools for Innovation: The Science Behind the Practical Methods That Drive New Ideas*, ed. Arthur B. Markman and Kristin L. Wood (New York: Oxford University Press, 2009), 75–84. 또한 다음을 보라. Barbara Tversky, "The Cognitive Design of Tools of Thought," *Review of Philosophy and Psychology* 6 (2015): 99–116.

61. Andrea Kantrowitz, Michelle Fava, and Angela Brew, "Drawing Together Research and Pedagogy," *Art Education* 70 (May 2017): 50–60.

62. David Kirsh and Paul Maglio, "On Distinguishing Epistemic from Pragmatic Action," *Cognitive Science* 18 (October 1994): 513–49. 또한 다음을 보라. Paul P. Maglio, Michael J. Wenger, and Angelina M. Copeland, "Evidence for the Role of Self-Priming in Epistemic Action: Expertise and the Effective Use of Memory," *Acta Psychologica* 127 (January 2008): 72–88.

63. Paul P. Maglio and David Kirsh, "Epistemic Action Increases with Skill," the 18th Annual Conference of the Cognitive Science Society에서 발표된 논문, July 1996.

64. Daniel Smithwick and David Kirsh, "Let's Get Physical: Thinking with Things in Architectural Design," the 37th Annual Conference of the Cognitive Science Society에서 발표된 논문, July 2015. 또한 다음을 보라. Daniel Smithwick, Larry Sass, and David Kirsh, "Creative Interaction with Blocks and Robots," the 38th Annual Conference of the Cognitive Science Society에서 발표된 논문, August 2016.

65. Smithwick and Kirsh, "Let's Get Physical."

66. 제임스 왓슨(James D. Watson)에 대한 나의 논의와 그의 DNA 구조 발견은 다음 자료들에서 도출되었다: James D. Watson, The Double Helix: A Personal Account of the Discovery of the Structure of DNA (New York: Scribner, 1996); James Watson, "Discovering the Double Helix Structure of DNA," Cold Spring Harbor Laboratory 인터뷰 게시, https://www.cshl.edu/dnalc-media/discovering-the-double-helix-structure-of-dna-james-watson-video-with-3d-animation-and-narration/#transcript; Cavendish Laboratory Educational Outreach, "The Structure of DNA: Crick and Watson, 1953," CambridgePhysics.org 게시, http://www.cambridgephysics.org/dna/dna_index.htm; US National Library of Medicine, "The Discovery of the Double Helix, 1951–1953," the US National Library of Medicine 웹사이트 게시, https://profiles.nlm.nih.gov/spotlight/sc/feature/doublehelix.

67. Watson, The Double Helix, 192.

68. Watson, "Discovering the Double Helix Structure of DNA."

69. Watson, The Double Helix, 194–96.

70. Gaëlle Vallée-Tourangeau and Frédéric ValléeTourangeau, "Why the Best Problem-Solvers Think with Their Hands, as Well as Their Heads," *The Conversation*, November 10, 2016.

71. Frédéric Vallée-Tourangeau and Gaëlle Vallée-Tourangeau, "Diagrams, Jars, and Matchsticks: A Systemicist's Toolkit," in *Diagrammatic Reasoning*, ed. Riccardo Fusaroli and Kristian Tylén (Philadelphia: John Benjamins Publishing, 2014), 187–205.

72. Vallée-Tourangeau and Vallée-Tourangeau, "Why the Best Problem-Solvers Think with Their Hands, as Well as Their Heads."

73. Lisa G. Guthrie and Frédéric Vallée-Tourangeau, "Interactivity and Mental Arithmetic: Coupling Mind and World Transforms and Enhances Performance," *Studies in Logic, Grammar and Rhetoric* 41 (2015): 41–59. 또한 다음을 보라. Wendy Ross, Frédéric Vallée-Tourangeau, and Jo Van Herwegen, "Mental Arithmetic and Interactivity: The Effect of Manipulating External Number Representations on Older Children's Mental Arithmetic Success," *International Journal of Science and Mathematics Education* (June 2019).

74. Gaëlle Vallée-Tourangeau, Marlène Abadie, and Frédéric ValléeTourangeau, "Interactivity Fosters Bayesian Reasoning Without Instruction," *Journal of Experimental Psychology: General* 144 (June 2015): 581–603.

75. Emma Henderson, Gaëlle Vallée-Tourangeau, and Frédéric Vallée-Tourangeau, "Planning in Action: Interactivity Improves Planning Performance," the 39th Annual Conference of the Cognitive Science Society에서 발표된 논문, July 2017.

76. Anna Weller, Gaëlle Villejoubert, and Frédéric Vallée-Tourangeau, "Interactive Insight Problem Solving," *Thinking & Reasoning* 17 (2011): 424–39. 또한 다음을 보라. Lisa G. Guthrie et al., "Learning and Interactivity in Solving a Transformation Problem," *Memory & Cognition* 43 (July 2015): 723–35.

77. Frédéric Vallée-Tourangeau, Miroslav Sirota, and Gaëlle Vallée-Tourangeau, "Interactivity Mitigates the Impact of Working Memory Depletion on Mental Arithmetic Performance," *Cognitive Research: Principles and Implications* 1 (December 2016).

78. Mariana Lozada and Natalia Carro, "Embodied Action Improves Cognition in Children: Evidence from a Study Based on Piagetian Conservation Tasks," *Frontiers in Psychology* 7 (March 2016).

79. Guthrie et al., "Learning and Interactivity in Solving a Transformation Problem."

80. Daniel L. Schwartz, Jessica M. Tsang, and Kristen P. Blair, *The ABCs of How We Learn: 26 Scientifically Proven Approaches, How They Work, and When to Use Them* (New York: W. W. Norton, 2016), 86–101.

81. Guthrie and Vallée-Tourangeau, "Interactivity and Mental Arithmetic: Coupling Mind and World Transforms and Enhances Performance."

82. Michael Allen and Frédéric Vallée-Tourangeau, "Interactivity Defuses the Impact of Mathematics Anxiety in Primary School Children," *International Journal of Science and Mathematics Education* 14 (July 2015): 1553–66.

83. Frédéric Vallée-Tourangeau, Lisa Guthrie, and Gaëlle Villejoubert, "Moves in the World Are Faster Than Moves in the Head: Interactivity in the River Crossing Problem," the 35th Annual Conference of the Cognitive Science Society에서 발표된 논문, July–August 2013.

84. 리처드 파인만(Richard Feynman)과 찰스 와이너(Charles Weiner)의 대화에 대한 나의 논의는 제임스 글릭(James Gleick)의 설명에서 도출되었다. *Genius: The Life and Science of Richard Feynman* (New York: Pantheon Books, 1992), 409.

85. Clark, *Supersizing the Mind*, xxv.

86. Clark, *Natural-Born Cyborgs*, 5.

87. Clark, *Supersizing the Mind*, 23.

익스텐드 마인드

PART 3. 관계

전문가를 통해 생각하기

1. John Ydstie, "Robust Apprenticeship Program Key to Germany's Manufacturing Might," Morning Edition, NPR, January 4, 2018.

2. Maria Knobelsdorf, Christoph Kreitz, and Sebastian Böhne, "Teaching Theoretical Computer Science Using a Cognitive Apprenticeship Approach," the 45th ACM Technical Symposium on Computer Science Education에서 발표된 논문, March 2014.

3. Allan Collins, John Seely Brown, and Ann Holum, "Cognitive Apprenticeship: Making Thinking Visible," *American Educator*, Winter 1991.

4. "Les Étudiants Miment les Maladies Neurologiques pour Mieux les Appréhender [Students Mimic Neurological Diseases to Better Understand Them]," Assistance Hôpitaux Publique de Paris 웹사이트의 영상, https://www.aphp.fr/contenu/avec-allodocteurs-les-etudiants-miment-les-maladies-neurologiques-pour-mieux-les-apprehender.

5. Emmanuel Roze et al., "Miming Neurological Syndromes Improves Medical Students' Long-Term Retention and Delayed Recall of Neurology," *Journal of the Neurological Sciences* 391 (August 2018): 143–48. 또한 다음을 보라. Emmanuel Roze et al., "'The Move,' an Innovative Simulation-Based Medical Education Program Using Roleplay to Teach Neurological Semiology: Students' and Teachers' Perceptions," *Revue Neurologique* 172 (April–May 2016): 289–94.

6. Emmanuel Roze, "'The Move' Program Presented in Dublin," 인터뷰 영상, the Institut du Cerveau 웹사이트 게시, December 19, 2016, https://icm-institute.org/en/actualite/the-move-program-presented-in-dublin/.

7. Roze et al., "Miming Neurological Syndromes Improves Medical Students' Long-Term Retention and Delayed Recall of Neurology."

8. Joshua A. Cuoco, "Medical Student Neurophobia: A Review of the Current Pandemic and Proposed Educational Solutions," *European Journal of Educational Sciences* 3 (September 2016): 41–46.

9. Patti Adank, Peter Hagoort, and Harold Bekkering, "Imitation Improves Language Comprehension," *Psychological Science* 21 (December 2010): 1903–09.

10. Patti Adank et al., "Accent Imitation Positively Affects Language Attitudes," *Frontiers in Psychology* 4 (May 2013).

11. Edward P. J. Corbett, "The Theory and Practice of Imitation in Classical Rhetoric," *College Composition and Communication* 22 (October 1971): 243–50. 또한 다음을 보라. James J. Murphy, "Roman Writing as Described by Quintilian," in *A Short History of Writing Instruction: From Ancient Greece to Contemporary America*, ed. James J. Murphy (New York: Routledge, 2012), 36–76.

12. James J. Murphy, "The Modern Value of Ancient Roman Methods of Teaching Writing, with Answers to Twelve Current Fallacies," *Writing on the Edge* 1 (Fall 1989): 28–37. 또한 다음을 보라. J. Scott Shields, "The Art of Imitation," *The English Journal* 96 (July 2007): 56–60.

13. *The Institutio Oratoria of Quintilian*, trans. H. E. Butler (New York: G. P. Putnam's Sons, 1922), 75.

14. Juan Luis Vives, 다음 출처에서 인용: Don Paul Abbott, "Reading, Writing, and Rhetoric in the Renaissance," in *A Short History of Writing Instruction: From Ancient Greece to Contemporary America*, ed. James J. Murphy (New York: Routledge, 2012), 148–71.

15. Jessica Millen, "Romantic Creativity and the Ideal of Originality: A Contextual Analysis," *Cross-Sections* 6 (2010): 91–104. 또한 다음을 보라. Elaine K. Gazda, The Ancient Art of Emulation: Studies in *Artistic Originality and Tradition from the Present to Classical Antiquity* (Ann Arbor: University of Michigan Press, 2002).

16. Walter Jackson Bate, *The Burden of the Past and the English Poet* (Cambridge: Harvard Uni-

versity Press, 2013).

17. Robert N. Essick and Joseph Viscomi, "An Inquiry into William Blake's Method of Color Printing," *Blake: An Illustrated Quarterly* 35 (Winter 2002): 74–103.

18. William Blake, *Jerusalem: The Emanation of the Giant Albion* (Princeton: Princeton University Press, 1991), 144.

19. Bennett Galef, "Breathing New Life into the Study of Imitation by Animals: What and When Do Chimpanzees Imitate?," in *Perspectives on Imitation: Mechanisms of Imitation and Imitation in Animals*, ed. Susan L. Hurley and Nick Chater (Cambridge: MIT Press, 2005), 295–96.

20. 애플의 상업 광고는 이곳에서 볼 수 있다: https://www.youtube.com/watch?v=tjgtLSHhTPg.

21. Kevin N. Laland, *Darwin's Unfinished Symphony: How Culture Made the Human Mind* (Princeton: Princeton University Press, 2017), 50.

22. Luke Rendell, 다음 출처에서 인용: Sarah Boesveld, "Post-Grad Copycats Prove That Innovation Is Highly Overrated," *Globe and Mail*, April 16, 2010.

23. Luke Rendell et al., "Cognitive Culture: Theoretical and Empirical Insights into Social Learning Strategies," *Trends in Cognitive Sciences* 15 (February 2011): 68–76. 또한 다음을 보라. R. Alexander Bentley, Mark Earls, and Michael J. O'Brien, *I'll Have What She's Having: Mapping Social Behavior* (Cambridge: MIT Press, 2011).

24. Peter Duersch, Jörn Oechssler, and Burkhard C. Schipper, "Unbeatable Imitation," *Games and Economic Behavior* 76 (September 2012): 88–96.

25. Gerald S. Martin and John Puthenpurackal, "Imitation Is the Sincerest Form of Flattery: Warren Buffett and Berkshire Hathaway," the Social Science Research Network에 게시된 논문, September 2005.

26. Enrique Badía, *Zara and Her Sisters: The Story of the World's Largest Clothing Retailer* (New York: Palgrave Macmillan, 2009), 23.

27. Patricia Kowsmann, "Fast Fashion: How a Zara Coat Went from Design to Fifth Avenue in 25 Days," *Wall Street Journal*, December 6, 2016.

28. Kasra Ferdows, Michael A. Lewis, and José A. D. Machuca, "Rapid-Fire Fulfillment," *Harvard Business Review*, November 2004.

29. Gerard J. Tellis and Peter N. Golder, "First to Market, First to Fail? Real Causes of Enduring Market Leadership," *MIT Sloan Management Review*, January 15, 1996.

30. Alex (Sandy) Pentland, *Honest Signals: How They Shape Our World* (Cambridge: MIT Press, 2008).

31. Jan-Michael Ross and Dmitry Sharapov, "When the Leader Follows: Avoiding Dethronement Through Imitation," *Academy of Management Journal* 58 (2015): 658–79.

32. Jan-Michael Ross, "The Highest Form of Flattery? What Imitation in the America's Cup Can Teach Business," Imperial College Business School 웹사이트 게시, May 25, 2017, https://www.imperial.ac.uk/business-school/blogs/ib-knowledge/highest-form-flattery-what-imitation-americas-cup-can-teach-business/.

33. *How Smart Companies Use Imitation to Gain a Strategic Edge* (Cambridge: Harvard Business Press, 2010), 9.

34. Chrystopher L. Nehaniv and Kerstin Dautenhahn, "The Correspondence Problem," in *Imitation in Animals and Artifacts*, ed. Kerstin Dautenhahn and Chrystopher L. Nehaniv (Cambridge: MIT Press, 2002), 41–62.

35. Institute of Medicine, *To Err Is Human: Building a Safer Health System*, ed. Linda T. Kohn, Janet M. Corrigan, and Molla S. Donaldson (Washington, DC: National Academies Press, 2000).

36. Valerie E. Barnes and William P. Monan, "Cockpit Distractions: Precursors to Emergencies," *Proceedings of the Human Factors and Ergonomics Society Annual Meeting* 34 (October 1990): 1142–44.

37. Magdalena Z. Raban and Johanna I. Westbrook, "Are Interventions to Reduce Interruptions and Errors During Medication Administration Effective? A Systematic Review," *BMJ Quality &*

Safety 23 (May 2014): 414–21.

38. William P. Monan, "Distraction — A Human Factor in Air Carrier Hazard Events," Technical Memorandum 78608 (Washington, DC: National Aeronautics and Space Administration, 1979).

39. Kyle Anthony et al., "No Interruptions Please: Impact of a No Interruption Zone on Medication Safety in Intensive Care Units," *Critical Care Nurse* 30 (June 2010): 21–29.

40. Lew McCreary, "Kaiser Permanente's Innovation on the Front Lines," *Harvard Business Review*, September 2010.

41. Robert L. Sumwalt, "Accident and Incident Reports Show Importance of 'Sterile Cockpit' Compliance," *Flight Safety Digest* 13 (July 1994): 1–8.

42. Theresa M. Pape, "The Effect of Nurses' Use of a Focused Protocol to Reduce Distractions During Medication Administration" (PhD diss., Texas Woman's University, 2002).

43. Theresa M. Pape, "Applying Airline Safety Practices to Medication Administration," *MEDSURG Nursing* 12 (April 2003): 77–93.

44. Agency for Healthcare Research and Quality, "AHRQ Health Care Innovations Exchange: Checklists with Medication Vest or Sash Reduce Distractions During Medication Administration" (2009).

45. Shenkar, *Copycats*, 41.

46. Oded Shenkar, "The Challenge of Imovation," *Ivey Business Journal*, March–April 2011.

47. Paul F. Nunes, Narendra P. Mulani, and Trevor J. Gruzin, "Leading by Imitation," *Accenture Outlook*, 2007, 1–9.

48. Ellen Barlow, "A Simple Checklist That Saves Lives," *Harvard Public Health Magazine*, Fall 2008.

49. Alex B. Haynes et al., "A Surgical Safety Checklist to Reduce Morbidity and Mortality in a Global Population," *New England Journal of Medicine* 360 (January 2009): 491–99.

50. Elizabeth Mort et al., "Improving Health Care Quality and Patient Safety Through Peer-to-Peer Assessment: Demonstration Project in Two Academic Medical Centers," *American Journal of Medical Quality* 32 (September 2017): 472–79. 또한 다음을 보라. Peter J. Pronovost and Daniel W. Hudson, "Improving Healthcare Quality Through Organisational Peer-to-Peer Assessment: Lessons from the Nuclear Power Industry," *BMJ Quality & Safety* 21 (October 2012): 872–75.

51. 스티브 잡스(Steve Jobs)가 제록스 PARC에서 처음 본 혁신의 모방에 대한 나의 논의는 다음 자료에서 도출되었다: Walter Isaacson, *Steve Jobs* (New York: Simon & Schuster, 2011), 92–101.

52. Oded Shenkar, "Just Imitate It! A Copycat Path to Strategic Agility," *Ivey Business Journal*, May–June 2012.

53. Andrew N. Meltzoff and Peter J. Marshall, "Human Infant Imitation as a Social Survival Circuit," *Current Opinion in Behavioral Sciences* 24 (December 2018): 130–36.

54. Hyacinth Mascarenhas, "Elon Musk's OpenAI Is Teaching Robots How to Imitate Humans After Seeing Them Do a Task Once," *International Business Times*, May 17, 2017.

55. Alison Gopnik, "AIs Versus Four-Year-Olds," in *Possible Minds: Twenty-Five Ways of Looking at AI*, ed. John Brockman (New York: Penguin Press, 2019), 219–30.

56. Zanna Clay and Claudio Tenie, "Is Overimitation a Uniquely Human Phenomenon? Insights from Human Children as Compared to Bonobos," *Child Development* 89 (September–October 2018): 1535–44.

57. Emily R. R. Burdett et al., "Do Children Copy an Expert or a Majority? Examining Selective Learning in Instrumental and Normative Contexts," *PLoS One* 11 (October 2016). 또한 다음을 보라. Diane Poulin-Dubois, Ivy Brooker, and Alexan dra Polonia, "Infants Prefer to Imitate a Reliable Person," *Infant Behavior and Development* 34 (April 2011): 303–9.

58. Amanda J. Lucas, Emily R. R. Burdett et al., "The Development of Selective Copying: Children's Learning from an Expert Versus Their Mother," *Child Development* 88 (November 2017): 2026–42.

59. Francys Subiaul, "What's Special About Human Imitation? A Comparison with Enculturated Apes," *Behavioral Sciences* 6 (September 2016). 또한 다음을 보라. Mark Nielsen and Cornelia

Blank, "Imitation in Young Children: When Who Gets Copied Is More Important Than What Gets Copied," *Developmental Psychology* 47 (July 2011): 1050–53.

60. Francys Subiaul et al., "Becoming a High-Fidelity-Super-Imitator: What Are the Contributions of Social and Individual Learning?," *Developmental Science* 18 (November 2015): 1025–35.

61. Andrew Whiten et al., "Emulation, Imitation, Over-Imitation and the Scope of Culture for Child and Chimpanzee," *Philosophical Transactions of the Royal Society B: Biological Sciences* 364 (August 2009): 2417–28.

62. Clay and Tenie, "Is Overimitation a Uniquely Human Phenomenon?"

63. Derek E. Lyons et al., "The Scope and Limits of Overimitation in the Transmission of Artefact Culture," *Philosophical Transactions of the Royal Society B: Biological Sciences* 366 (Aparil 2011): 1158–67.

64. Joseph Henrich, "A Cultural Species: How Culture Drove Human Evolution," *Psychological Science Agenda*, November 2011. 또한 다음을 보라. Mark Nielsen and Keyan Tomaselli, "Overimitation in Kalahari Bushman Children and the Origins of Human Cultural Cognition," *Psychological Science* 21 (May 2010): 729–36.

65. Yue Yu and Tamar Kushnir, "Social Context Effects in 2-and 4-Year-Olds' Selective Versus Faithful Imitation," *Developmental Psychology* 50 (March 2014): 922–33.

66. Nicola McGuigan, Jenny Makinson, and Andrew Whiten, "From Over-Imitation to Super-Copying: Adults Imitate Causally Irrelevant Aspects of Tool Use with Higher Fidelity Than Young Children," *British Journal of Psychology* 102 (February 2011): 1–18. 또한 다음을 보라. Andrew Whiten et al., "Social Learning in the Real-World: 'Over-Imitation' Occurs in Both Children and Adults Unaware of Participation in an Experiment and Independently of Social Interaction," *PLoS One* 11 (July 2016).

67. Andrew N. Meltzoff and M. Keith Moore, "Newborn Infants Imitate Adult Facial Gestures," *Child Development* 54 (June 1983): 702–09.

68. Maricela Correa-Chávez and Barbara Rogoff, "Children's Attention to Interactions Directed to Others: Guatemalan Mayan and European American Patterns," *Developmental Psychology* 45 (May 2009): 630–41.

69. Alison Gopnik, "What's Wrong with the Teenage Mind?," *Wall Street Journal*, January 28, 2012.

70. Ron Berger, "Deeper Learning: Highlighting Student Work," *Edutopia*, January 3, 2013. 또한 다음을 보라. Ron Berger, "Models of Excellence: What Do Standards Really Look Like?," Education Week 웹사이트 게시, April 20, 2015, http://blogs.edweek.org/edweek/learning_deeply/2015/04/models_of_excellence_what_do_standards_really_look_like.html.

71. Ron Berger, featured in the video "Austin's Butterfly: Building Excellence in Student Work," EL Education 웹사이트 게시, https://modelsofexcellence.eleducation.org/resources/austins-butterfly.

72. Paul Butler, "Imitation as Freedom: (Re)Forming Student Writing," The Quarterly 24 (Spring 2002): 25–32. 또한 다음을 보라. Donna Gorrell, "Freedom to Write — Through Imitation," Journal of Basic Writing 6 (Fall 1987): 53–59.

73. Tom Pace, "Style and the Renaissance of Composition Studies," in *Refiguring Prose Style: Possibilities for Writing Pedagogy*, ed. T. R. Johnson and Tom Pace (Logan: Utah State University Press, 2005), 3–22.

74. Corbett, "The Theory and Practice of Imitation in Classical Rhetoric."

75. Davida H. Charney and Richard A. Carlson, "Learning to Write in a Genre: What Student Writers Take from Model Texts," *Research in the Teaching of English* 29 (February 1995): 88–125.

76. Fredricka L. Stoller et al., "Demystifying Disciplinary Writing: A Case Study in the Writing of Chemistry," *Across the Disciplines* 2 (2005).

77. Stoller et al., "Demystifying Disciplinary Writing."

78. Terrill Pollman, "The Sincerest Form of Flattery: Examples and Model-Based Learning in the Classroom," *Journal of Legal Education* 64 (November 2014): 298–333.

79. Terri L. Enns and Monte Smith, "Take a (Cognitive) Load Off: Creating Space to Allow First-

Year Legal Writing Students to Focus on Analytical and Writing Processes," *Legal Writing: The Journal of the Legal Writing Institute* 20 (2015): 109–40.

80. David F. Feldon, "The Implications of Research on Expertise for Curriculum and Pedagogy," *Educational Psychology Review* 19 (June 2006): 91–110.

81. Richard E. Clark et al., "The Use of Cognitive Task Analysis to Improve Instructional Descriptions of Procedures," *Journal of Surgical Research* 173 (March 2012): e37–42.

82. David F. Feldon, "Do Psychology Researchers Tell It Like It Is? A Microgenetic Analysis of Research Strategies and Self-Report Accuracy," *Instructional Science* 38 (July 2010): 395–415.

83. Chin-Jung Chao and Gavriel Salvendy, "Percentage of Procedural Knowledge Acquired as a Function of the Number of Experts from Whom Knowledge Is Acquired for Diagnosis, Debugging, and Interpretation Tasks," *International Journal of Human-Computer Interaction* 6 (July 1994): 221–33.

84. Karsten Stueber, *Rediscovering Empathy: Agency, Folk Psychology, and the Human Sciences* (Cambridge: MIT Press, 2006), 21.

85. Ting Zhang, "Back to the Beginning: Rediscovering Inexperience Helps Experts Give Advice," *Academy of Management Proceedings* 2015 (November 2017). 또한 다음을 보라. Carmen Nobel, "How to Break the Expert's Curse," *Harvard Business School Working Knowledge*, February 23, 2015.

86. Fernand Gobet, "Chunking Models of Expertise: Implications for Education," *Applied Cognitive Psychology* 19 (March 2005): 183–204.

87. 존 메이튼(John Mighton)과 JUMP에 대한 나의 논의는 다음 자료를 따른다: John Mighton, "If You Want to Make Math Appealing to Children, Think Like a Child," *New York Times*, December 10, 2013; John Mighton, 잉그리드 위켈그렌(Ingrid Wickelgren)의 인터뷰, "Kids JUMP for Math," *Scientific American podcast*, August 7, 2013; John Mighton, *The End of Ignorance: Multiplying Our Human Potential* (Toronto: Alfred A. Knopf Canada, 2007); John Mighton, *The Myth of Ability: Nurturing Mathematical Talent in Every Child* (New York: Walker & Company, 2003); Jenny Anderson, "A Mathematician Has Created a Teaching Method That's Proving There's No Such Thing as a Bad Math Student," *Quartz*, February 15, 2017; David Bornstein, "A Better Way to Teach Math," *New York Times*, April 18, 2011; Sue Ferguson, "The Math Motivator," *Maclean's*, September 22, 2003.

88. Tracy Solomon et al., "A Cluster-Randomized Controlled Trial of the Effectiveness of the JUMP Math Program of Math Instruction for Improving Elementary Math Achievement," *PLoS One* 14 (October 2019).

89. Itiel E. Dror, Sarah V. Stevenage, and Alan R. S. Ashworth, "Helping the Cognitive System Learn: Exaggerating Distinctiveness and Uniqueness," *Applied Cognitive Psychology* 22 (May 2008): 573–84.

90. Gillian Rhodes, Susan Brennan, and Susan Carey, "Identification and Ratings of Caricatures: Implications for Mental Representations of Faces," *Cognitive Psychology* 19 (October 1987): 473–97.

91. Michelene T. H. Chi, Paul J. Feltovich, and Robert Glaser, "Categorization and Representation of Physics Problems by Experts and Novices," *Cognitive Science* 5 (April 1981): 121–52.

92. Joshua Wesson, 다음 출처에서 인용: Adam Fiore in "Wine Talk: The Taste and Flavor Guru," *Jerusalem Post*, May 9, 2012.

93. Andreas Gegenfurtner, Erno Lehtinen, and Roger Säljö, "Expertise Differences in the Comprehension of Visualizations: A Meta-Analysis of Eye-Tracking Research in Professional Domains," *Educational Psychology Review* 23 (December 2011): 523–52.

94. Charlotte E. Wolff et al., "Teacher Vision: Expert and Novice Teachers' Perception of Problematic Classroom Management Scenes," *Instructional Science* 44 (June 2016): 243–65.

95. Ellen M. Kok and Halszka Jarodzka, "Before Your Very Eyes: The Value and Limitations of Eye Tracking in Medical Education," *Medical Education* 51 (January 2017): 114–22.

96. Reynold J. Bailey et al., "Subtle Gaze Direction," *ACM Transactions on Graphics* 28 (September

2009): 1–22. 또한 다음을 보라. Brett Roads, Michael C. Mozer, and Thomas A. Busey, "Using Highlighting to Train Attentional Expertise," *PLoS One* 11 (January 2016).

97. Samuel J. Vine et al., "Cheating Experience: Guiding Novices to Adopt the Gaze Strategies of Experts Expedites the Learning of Technical Laparoscopic Skills," *Surgery* 152 (July 2012): 32–40.

98. Janet van der Linden et al., "Buzzing to Play: Lessons Learned from an In the Wild Study of Real-Time Vibrotactile Feedback," the SIGCHI Conference on Human Factors in Computing Systems에서 발표된 논문, May 2011. 또한 다음을 보라. Jeff Lieberman and Cynthia Breazeal, "TIKL: Development of a Wearable Vibrotactile Feedback Suit for Improved Human Motor Learning," *IEEE Transactions on Robotics* 23 (October 2007): 919–26.

99. United States Bureau of Apprenticeship and Training, *Apprenticeship: Past and Present* (Washington, DC: United States Department of Labor, 1969).

동료와 함께 생각하기

1. 물리학 교육을 개선하기 위한 와이먼(Carl E. Wieman)의 노력(그의 연구 포함)에 대한 나의 논의는 다음 자료에서 도출되었다. Wieman, "The 'Curse of Knowledge' "; Carl E. Wieman, "Expertise in University Teaching & the Implications for Teaching Effectiveness, Evaluation & Training," *Dædalus* 148 (Fall 2019): 47–78; Carl Wieman, *Improving How Universities Teach Science: Lessons from the Science Education Initiative* (Cambridge: Harvard University Press, 2017); Susanne Dambeck, "Carl Wieman: Teaching Science More Effectively," the Lindau Nobel Laureate Meetings 웹사이트 게시, July 7, 2016, https://www.lindau-nobel.org/carl-wieman-teaching-science-more-effectively/; Carl E. Wieman, "Ideas for Improving Science Education," *New York Times*, September 2, 2013; Carl Wieman, "Why Not Try a Scientific Approach to Science Education?," *Change: The Magazine of Higher Learning* 39 (September–October 2007): 9–15.

2. M. Mitchell Waldrop, "Why We Are Teaching Science Wrong, and How to Make It Right," *Nature* 523 (July 2015).

3. Carl E. Wieman, *Collected Papers of Carl Wieman* (Singapore: World Scientific, 2008).

4. The Royal Swedish Academy of Sciences, "New State of Matter Revealed:Bose-Einstein Condensate," the Nobel Prize 웹사이트 게시, October 9, 2001, https://www.nobelprize.org/prizes/physics/2001/press-release/.

5. Wieman, *Collected Papers*, 4.

6. David F. Feldon et al., "Postdocs' Lab Engagement Predicts Trajectories of PhD Students' Skill Development," *Proceedings of the National Academy of Sciences* 116 (October 2019): 20910–16.

7. Wieman, *Improving How Universities Teach Science*.

8. Scott Freeman et al., "Active Learning Increases Student Performance in Science, Engineering, and Mathematics," *Proceedings of the National Academy of Sciences* 111 (June 2014): 8410–15.

9. Louis Deslauriers, Ellen Schelew, and Carl Wieman, "Improved Learning in a Large-Enrollment Physics Class," *Science* 332 (May 2011): 862–64.

10. Carl Wieman, "Why I Donated to PhET," PhET Interactive Simulations/University of Colorado Boulder 웹사이트에 게시된 영상, https://phet.colorado.edu/en/about.

11. Charles Fernyhough, "Dialogic Thinking," in *Private Speech, Executive Functioning, and the Development of Verbal Self-Regulation*, ed. Adam Winsler, Charles Fernyhough, and Ignacio Montego (New York: Cambridge University Press, 2009), 42–52.

12. Jason P. Mitchell et al., "Thinking About Others: The Neural Substrates of Social Cognition," in *Social Neuroscience: People Thinking About Thinking People*, ed. Karen T. Litfin (Cambridge: MIT Press, 2006), 63–82.

13. Jason P. Mitchell, C. Neil Macrae, and Mahzarin R. Banaji, "Encoding-Specific Effects of Social

Cognition on the Neural Correlates of Subsequent Memory," *Journal of Neuroscience* 24 (May 2004): 4912–17.

14. Matthew D. Lieberman, *Social: Why Our Brains Are Wired to Connect* (New York: Crown, 2013), 284.

15. Thalia Wheatley et al., "Beyond the Isolated Brain: The Promise and Challenge of Interacting Minds," *Neuron* 103 (July 2019): 186–88.

16. James McPartland and Joy Hirsch, "Imaging of Social Brain Enters Real World," *Spectrum*, January 31, 2017.

17. Ezequiel Di Paolo and Hanne De Jaegher, "The Interactive Brain Hypothesis," *Frontiers of Human Neuroscience* 6 (June 2012).

18. Joy Hirsch et al., "Frontal Temporal and Parietal Systems Synchronize Within and Across Brains During Live Eye-To-Eye Contact," *Neuroimage* 157 (August 2017): 314–30.

19. Matthew Piva et al., "Distributed Neural Activity Patterns During Human-to-Human Competition," *Frontiers in Human Neuroscience* 11 (November 2017).

20. 예를 들어, Sören Krach et al., "Are Women Better Mindreaders? Sex Differences in Neural Correlates of Mentalizing Detected with Functional MRI," *BMC Neuroscience* 10 (February 2009).

21. Jari Kätsyri et al., "The Opponent Matters: Elevated fMRI Reward Responses to Winning Against a Human Versus a Computer Opponent During Interactive Video Game Playing," *Cerebral Cortex* 23 (December 2013): 2829–39.

22. Barbara T. Conboy et al., "Social Interaction in Infants' Learning of Second-Language Phonetics: An Exploration of Brain-Behavior Relations," *Developmental Neuropsychology* 40 (April 2015): 216–29.

23. Peter C. Wason, "Reasoning," in *New Horizons in Psychology*, ed. Brian M. Foss (Harmondsworth: Penguin Books, 1966), 135–51.

24. Raymond S. Nickerson, *Conditional Reasoning: The Unruly Syntactics, Semantics, Thematics, and Pragmatics of "If "* (New York: Oxford University Press, 2015), 33.

25. Philip N. Johnson-Laird and Peter C. Wason, "Insight into a Logical Relation," *Quarterly Journal of Experimental Psychology* 22 (1970): 49–61.

26. Dan Sperber and Hugo Mercier, "Reasoning as a Social Competence," in *Collective Wisdom: Principles and Mechanisms*, ed. Hélène Landemore and Jon Elster (New York: Cambridge University Press, 2012), 368–92.

27. Leda Cosmides, "The Logic of Social Exchange: Has Natural Selection Shaped How Humans Reason? Studies with the Wason Selection Task," *Cognition* 31 (April 1989): 187–276.

28. Leda Cosmides and John Tooby, "Cognitive Adaptations for Social Exchange," in *The Adapted Mind: Evolutionary Psychology and the Generation of Culture*, ed. Jerome H. Barkow, Leda Cosmides, and John Tooby (New York: Oxford University Press, 1995), 163–228.

29. Richard A. Griggs and James R. Cox, "The Elusive Thematic-Materials Effect in Wason's Selection Task," *British Journal of Social Psychology* 73 (August 1982): 407–20. 또한 다음을 보라. Ken I. Manktelow and David E. Over, "Social Roles and Utilities in Reasoning with Deontic Conditionals," *Cognition* 39 (May 1991): 85–105.

30. Christopher Badcock, "Making Sense of Wason," *Psychology Today* 웹사이트 게시, May 5, 2012, https://www.psychologytoday.com/us/blog/the-imprinted-brain/201205/making-sense-wason.

31. Cosmides and Tooby, "Cognitive Adaptations for Social Exchange."

32. Nicola Canessa et al., "The Effect of Social Content on Deductive Reasoning: An fMRI Study," *Human Brain Mapping* 26 (September 2005): 30–43.

33. Robin I. M. Dunbar, "The Social Brain Hypothesis," *Evolutionary Anthropology* 6 (December 1998): 178–90.

34. Lieberman, *Social*, 31.

35. Matthew D. Lieberman, "The Social Brain and Its Superpowers," *Psychology Today* 웹사이트 게시, October 8, 2013, https://www.psychologytoday.com/us/blog/social-brain-social-mind/201310/the-social-brain-and-its-superpowers.

주

36. Sarah-Jayne Blakemore and Kathryn L. Mills, "Is Adolescence a Sensitive Period for Sociocultural Processing?," *Annual Review of Psychology* 65 (2014): 187–207.

37. 십 대들의 이러한 발달은 다음을 포함한 많은 연구에서 발견되었다: Maya L. Rosen et al., "Salience Network Response to Changes in Emotional Expressions of Others Is Heightened During Early Adolescence: Relevance for Social Functioning," *Developmental Science* 21 (May 2018); William E. Moore III et al., "Facing Puberty: Associations Between Pubertal Development and Neural Responses to Affective Facial Displays," *Social Cognitive and Affective Neuroscience* 7 (January 2012): 35–43; Jennifer H. Pfeifer et al., "Entering Adolescence: Resistance to Peer Influence, Risky Behavior, and Neural Changes in Emotion Reactivity," *Neuron* 69 (March 2011): 1029–36.

38. Linda Van Leijenhorst et al., "What Motivates the Adolescent? Brain Regions Mediating Reward Sensitivity Across Adolescence," *Cerebral Cortex* 20 (January 2010): 61–69. 또한 다음을 보라. Monique Ernst et al., "Amygdala and Nucleus Accumbens in Responses to Receipt and Omission of Gains in Adults and Adolescents," *NeuroImage* 25 (May 2005): 1279–91.

39. Jason Chein et al., "Peers Increase Adolescent Risk Taking by Enhancing Activity in the Brain's Reward Circuitry," *Developmental Science* 14 (March 2011): F1–10.

40. Iroise Dumontheil et al., "Developmental Differences in the Control of Action Selection by Social Information," *Journal of Cognitive Neuroscience* 24 (October 2012): 2080–95.

41. Matthew D. Lieberman, "Education and the Social Brain," *Trends in Neuroscience and Education* 1 (December 2012): 3–9.

42. Mary Helen Immordino-Yang and Antonio Damasio, "We Feel, Therefore We Learn: The Relevance of Affective and Social Neuroscience to Education," *Mind, Brain and Education* 1 (March 2007): 3–10.

43. David C. Geary and Daniel B. Berch, "Evolution and Children's Cognitive and Academic Development," in *Evolutionary Perspectives on Child Development and Education*, ed. David C. Geary and Daniel B. Berch (New York: Springer, 2016), 217–49. 또한 다음을 보라. David C. Geary, "An Evolutionarily Informed Education Science," *Educational Psychologist* 43 (October 2008): 179–95.

44. Jamshid J. Tehrani and Felix Riede, "Towards an Archaeology of Pedagogy: Learning, Teaching and the Generation of Material Culture Traditions," *World Archaeology* 40 (September 2008): 316–31.

45. Gergely Csibra and György Gergely, "Natural Pedagogy as Evolutionary Adaptation," *Philosophical Transactions of the Royal Society B: Biological Sciences* 366 (April 2011): 1149–57. 또한 다음을 보라. Barry S. Hewlett and Casey J. Roulette, "Teaching in Hunter-Gatherer Infancy," *Royal Society Open Science* 3 (January 2016).

46. Cecilia I. Calero, A. P. Goldin, and M. Sigman, "The Teaching Instinct," *Review of Philosophy and Psychology* 9 (December 2018): 819–30.

47. György Gergely and Gergely Csibra, "Natural Pedagogy," in *Navigating the Social World: What Infants, Children, and Other Species Can Teach Us*, ed. Mahzarin R. Banaji and Susan A. Gelman (New York: Oxford University Press, 2013), 127–32. 또한 다음을 보라. György Gergely, Katalin Egyed, and Ildikó Király, "On Pedagogy," *Developmental Science* 10 (January 2007): 139–46.

48. Anne Fernald and Thomas Simon, "Expanded Intonation Contours in Mothers' Speech to Newborns," *Developmental Psychology* 20 (January 1984): 104–13.

49. Nairán Ramírez-Esparza, Adrián García-Sierra, and Patricia K. Kuhl, "Look Who's Talking: Speech Style and Social Context in Language Input to Infants Are Linked to Concurrent and Future Speech Development," *Developmental Science* 17 (November 2014): 880–91.

50. Sidney Strauss, Margalit Ziv, and Adi Stein, "Teaching as a Natural Cognition and Its Relations to Preschoolers' Developing Theory of Mind," *Cognitive Development* 17 (September–December 2002): 1473–87.

51. Joy Hirsch et al., "A Two-Person Neural Mechanism for Sharing Social Cues During Real Eye

Contact," the 49th Annual Meeting of the Society for Neuroscience에서 발표된 논문, October 2019.

52. Joy Hirsch, 다음 출처에서 인용: Sarah Deweerdt, "Looking Directly in the Eyes Engages Region of the Social Brain," *Spectrum*, October 20, 2019.

53. Patricia K. Kuhl, "Is Speech Learning 'Gated' by the Social Brain?," *Developmental Science* 10 (January 2007): 110–20.

54. Judy S. DeLoache et al., "Do Babies Learn from Baby Media?," *Psychological Science* 21 (November 2010): 1570–74. 또한 다음을 보라. Patricia K. Kuhl, FengMing Tsao, and Huei-Mei Liu, "Foreign-Language Experience in Infancy: Effects of Short-Term Exposure and Social Interaction on Phonetic Learning," *Proceedings of the National Academy of Sciences* 100 (July 2003): 9096–9101.

55. Daniel R. Anderson and Tiffany A. Pempek, "Television and Very Young Children," *American Behavioral Scientist* 48 (January 2005): 505–22.

56. Petter Kristensen and Tor Bjerkedal, "Explaining the Relation Between Birth Order and Intelligence," *Science* 316 (June 2007): 1717.

57. Cynthia A. Rohrbeck et al., "Peer-Assisted Learning Interven tions with Elementary School Students: A Meta-Analytic Review," *Journal of Educational Psychology* 95 (June 2003): 240–57. 또한 다음을 보라. Peter A. Cohen, James A. Kulik, and Chen-Lin C. Kulik, "Educational Outcomes of Tutoring: A Meta-Analysis of Findings," *American Educational Research Journal* 19 (January 1982): 237–48.

58. John F. Nestojko et al., "Expecting to Teach Enhances Learning and Organization of Knowledge in Free Recall of Text Passages," *Memory & Cognition* 42 (October 2014): 1038–48. 또한 다음을 보라. John A. Bargh and Yaacov Schul, "On the Cognitive Benefits of Teaching," *Journal of Educational Psychology* 72 (1980): 593–604.

59. Logan Fiorella and Richard E. Mayer, "The Relative Benefits of Learning by Teaching and Teaching Expectancy," *Contemporary Educational Psychology* 38 (October 2013): 281–88. 또한 다음을 보라. Stewart Ehly, Timothy Z. Keith, and Barry Bratton, "The Benefits of Tutoring: An Exploration of Expectancy and Outcomes," *Contemporary Educational Psychology* 12 (April 1987): 131–34.

60. Jonathan Galbraith and Mark Winterbottom, "Peer-Tutoring: What's in It for the Tutor?," *Educational Studies* 37 (July 2011): 321–32.

61. Rod D. Roscoe and Michelene T. H. Chi, "Understanding Tutor Learning: Knowledge-Building and Knowledge-Telling in Peer Tutors' Explanations and Questions," *Review of Educational Research* 77 (December 2007): 534–74.

62. Rod D. Roscoe and Michelene T. H. Chi, "Tutor Learning: The Role of Explaining and Responding to Questions," *Instructional Science* 36 (July 2008): 321–50.

63. Vincent Hoogerheide, Sofie M. M. Loyens, and Tamara van Gog, "Effects of Creating Video-Based Modeling Examples on Learning and Transfer," *Learning and Instruction* 33 (October 2014): 108–19. 또한 다음을 보라. Vincent Hoogerheide et al., "Generating an Instructional Video as Homework Activity Is Both Effective and Enjoyable," *Learning and Instruction* 64 (December 2019).

64. Vincent Hoogerheide et al., "Gaining from Explaining: Learning Improves from Explaining to Fictitious Others on Video, Not from Writing to Them," *Contemporary Educational Psychology* 44–45 (January–April 2016): 95–106.

65. Vincent Hoogerheide et al., "Enhancing Example-Based Learning: Teaching on Video Increases Arousal and Improves Problem-Solving Performance," *Journal of Educational Psychology* 111 (January 2019): 45–56.

66. Marika D. Ginsburg-Block, Cynthia A. Rohrbeck, and John W. Fantuzzo, "A Meta-Analytic Review of Social, Self-Concept, and Behavioral Outcomes of Peer-Assisted Learning," *Journal of Educational Psychology* 98 (November 2006): 732–49.

67. 과거에 '코카콜라 밸류드 유스 프로그램'으로 이름 붙여졌다. 다음을 보라. https://www.idra.org/

valued-youth/.

68. Nurit Bar-Eli and Amiram Raviv, "Underachievers as Tutors," *Journal of Educational Research* 75 (1982): 139–43. 또한 다음을 보라. Vernon L. Allen and Robert S. Feldman, "Learning Through Tutoring: Low-Achieving Children as Tutors," *Journal of Experimental Education* 42 (1973): 1–5.

69. Robert E. Slavin, "Evidence-Based Reform: Advancing the Education of Students at Risk," Renewing Our Schools, Securing Our Future: A National Task Force on Public Education에서 작성된 보고서, March 2005. 또한 다음을 보라. Olatokunbo S. Fashola and Robert E. Slavin, "Effective Dropout Prevention and College Attendance Programs for Students Placed at Risk," *Journal of Education for Students Placed at Risk* 3 (1998): 159–83.

70. Sandra Y. Okita and Daniel L. Schwartz, "Learning by Teaching Human Pupils and Teachable Agents: The Importance of Recursive Feedback," *Journal of the Learning Sciences* 22 (2013): 375–412. 또한 다음을 보라. Daniel L. Schwartz and Sandra Okita, "The Productive Agency in Learning by Teaching," 조사 보고서, 이곳에서 사용 가능하다: http://citeseerx.ist.psu.edu/viewdoc/download?doi=10.1.1.90.5549&rep=rep1&type=pdf.

71. Behnoosh Afghani et al., "A Novel Enrichment Program Using Cascading Mentorship to Increase Diversity in the Health Care Professions," *Academic Medicine* 88 (September 2013): 1232–38.

72. Yu-Qian Zhu, Holly Chiu, and Eduardo Jorge Infante Holguin-Veras, "It Is More Blessed to Give Than to Receive: Examining the Impact of Knowledge Sharing on Sharers and Recipients," *Journal of Knowledge Management* 22 (2018): 76–91.

73. PowerMyLearning, "Engage Families Using Family Playlists," PowerMyLearning 웹사이트 게시, https://powermylearning.org/learn/connect/family-playlists/. 또한 다음을 보라. David Bornstein, "When Parents Teach Children (and Vice Versa)," *New York Times*, March 13, 2018.

74. Emmanuel Trouche et al., "The Selective Laziness of Reasoning," *Cognitive Science* 40 (November 2016): 2122–36.

75. Fabio Paglieri, "A Plea for Ecological Argument Technologies," *Philosophy & Technology* 30 (June 2017): 209–38.

76. Shane Frederick, "Cognitive Reflection and Decision Making," *Journal of Economic Perspectives* 19 (Fall 2005): 25–42.

77. Peter C. Wason, "On the Failure to Eliminate Hypotheses in a Conceptual Task," *Quarterly Journal of Experimental Psychology* 12 (July 1960): 129–40.

78. Kahneman, *Thinking, Fast and Slow*, 81.

79. Hugo Mercier and Dan Sperber, *The Enigma of Reason* (Cambridge: Harvard University Press, 2017), 1.

80. Hugo Mercier, "Why So Smart? Why So Dumb?," *Psychology Today* 웹사이트 게시, July 28, 2011, https://www.psychologytoday.com/intl/blog/social-design/201107/why-so-smart-why-so-dumb?

81. Hugo Mercier and Dan Sperber, "Why Do Humans Reason? Arguments for an Argumentative Theory," *Behavioral and Brain Sciences* 34 (April 2011): 57–74.

82. Hugo Mercier, "The Argumentative Theory: Predictions and Empirical Evidence," *Trends in Cognitive Sciences* 20 (September 2016): 689–700.

83. Hugo Mercier et al., "Experts and Laymen Grossly Underestimate the Benefits of Argumentation for Reasoning," *Thinking & Reasoning* 21 (July 2015): 341–55.

84. Emmanuel Trouche, Emmanuel Sander, and Hugo Mercier, "Arguments, More Than Confidence, Explain the Good Performance of Reasoning Groups," *Journal of Experimental Psychology: General* 143 (October 2014): 1958–71. 또한 다음을 보라. Hugo Mercier, "Making Science Education More Natural — Some Ideas from the Argumentative Theory of Reasoning," *Zeitschrift für Pädagogische Psychologie* 30 (2016): 151–53.

85. Brad Bird, 다음 출처에서 인용: Hayagreeva Rao, Robert Sutton, and Allen P. Webb, "Innovation Lessons from Pixar: An Interview with Oscar-Winning Director Brad Bird," *McKinsey Quarterly*, April 2008.

86. Robert I. Sutton, *Good Boss, Bad Boss: How to Be the Best . . . and Learn from the Worst* (New York: Hachette Book Group, 2010), 85, 83. 또한 다음을 보라. Robert I. Sutton, "It's Up to You to Start a Good Fight," *Harvard Business Review*, August 3, 2010.

87. David W. Johnson, Roger T. Johnson, and Karl A. Smith, "Constructive Controversy: The Educative Power of Intellectual Conflict," *Change: The Magazine of Higher Learning* 32 (January–February 2000): 28–37. 또한 다음을 보라. David W. Johnson and Roger T. Johnson, "Energizing Learning: The Instructional Power of Conflict," *Educational Researcher* 38 (January 2009): 37–51.

88. Philip E. Tetlock, "Accountability and Complexity of Thought," *Journal of Personality and Social Psychology* 45 (July 1983): 74–83. 또한 다음을 보라. Jennifer S. Lerner and Philip E. Tetlock, "Accounting for the Effects of Accountability," *Psychological Bulletin*, 125 (March 1999): 255–75.

89. Baruch B. Schwarz, "Argumentation and Learning," in *Argumentation and Education: Theoretical Foundations and Practices*, ed. Nathalie Muller Mirza and Anne-Nelly Perret-Clermont (New York: Springer, 2009), 91–126.

90. Nancy L. Stein and Elizabeth R. Albro, "The Origins and Nature of Arguments: Studies in Conflict Understanding, Emotion, and Negotiation," *Discourse Processes* 32 (2001): 113–33. 또한 다음을 보라. Nancy Stein and Ronan S. Bernas, "The Early Emergence of Argumentative Knowledge and Skill," in *Foundations of Argumentative Text Processing*, ed. Jerry Andriessen and Pierre Courier (Amsterdam: Amsterdam University Press, 1999), 97–116.

91. Thomas Castelain, Stéphane Bernard, and Hugo Mercier, "Evidence That Two-Year-Old Children Are Sensitive to Information Presented in Arguments," *Infancy* 23 (January 2018): 124–35. 또한 다음을 보라. Hugo Mercier, Stéphane Bernard, and Fabrice Clément, "Early Sensitivity to Arguments: How Preschoolers Weight Circular Arguments," *Journal of Experimental Child Psychology* 125 (September 2014): 102–9.

92. Hugo Mercier et al., "Natural-Born Arguers: Teaching How to Make the Best of Our Reasoning Abilities," *Educational Psychologist* 52 (2017): 1–16.

93. Sutton, *Good Boss, Bad Boss*, 273, 98.

94. Diana J. Arya and Andrew Maul, "The Role of the Scientific Discovery Narrative in Middle School Science Education: An Experimental Study," *Journal of Educational Psychology*, 104 (November 2012): 1022–32. 또한 다음을 보라. Di ana Jaleh Arya, "Discovery Stories in the Science Classroom" (PhD diss., University of California, Berkeley, 2010).

95. Janet Ahn et al., "Motivating Students' STEM Learning Using Biographical Information," *International Journal of Designs for Learning* 7 (February 2016): 71–85.

96. Karen D. Larison, "Taking the Scientist's Perspective: The Nonfiction Narrative Engages Episodic Memory to Enhance Students' Understanding of Scientists and Their Practices," *Science & Education* 27 (March 2018): 133–57.

97. Daniel T. Willingham, *Why Don't Students Like School? A Cognitive Scientist Answers Questions About How the Mind Works and What It Means for the Classroom* (San Francisco: Jossey-Bass, 2009), 51–58.

98. Daniel T. Willingham, "The Privileged Status of Story," *American Educator*, Summer 2004.

99. Willingham, "The Privileged Status of Story."

100. Paul J. Zak, "Why Inspiring Stories Make Us React: The Neuroscience of Narrative," *Cerebrum* 2 (January–February 2015).

101. Nicole K. Speer et al., "Reading Stories Activates Neural Representations of Visual and Motor Experiences," *Psychological Science* 20 (August 2009): 989–99.

102. Danielle N. Gunraj et al., "Simulating a Story Character's Thoughts: Evidence from the Directed Forgetting Task," *Journal of Memory and Language* 96 (October 2017): 1–8.

103. Diana I. Tamir et al., "Reading Fiction and Reading Minds: The Role of Simulation in the Default Network," *Social Cognitive and Affective Neuroscience* 11 (February 2016): 215–24.

104. Christopher G. Myers, "The Stories We Tell: Organizing for Vicarious Learning in Medical

445

Transport Teams," 조사 보고서, November 2015. 또한 다음을 보라. Christopher G. Myers, "That Others May Learn: Three Views on Vicarious Learning in Organizations" (PhD diss., University of Michigan, 2015).

105. 수송 팀 간호사, 다음 출처에서 인용: Myers, "That Others May Learn."
106. 수송 팀 간호사, 다음 출처에서 인용: Myers, "The Stories We Tell."
107. Christopher G. Myers, "Performance Benefits of Reciprocal Vicarious Learning in Teams," *Academy of Management Journal* (in press), 온라인 발행 April 2020.
108. 수송 팀 간호사, 다음 출처에서 인용: Myers, "That Others May Learn."
109. 수송 팀 간호사, 다음 출처에서 인용: Myers, "That Others May Learn."
110. Ben Waber, "How Tracking Worker Productivity Could Actually Make Amazon Warehouses Less Efficient," *Quartz*, April 26, 2018.
111. Sandy Pentland, 다음 출처에서 인용: Larry Hardesty, "Social Studies," *MIT News*, November 1, 2010.
112. Christopher G. Myers, "Is Your Company Encouraging Employees to Share What They Know?," *Harvard Business Review*, November 6, 2015.
113. Myers, "That Others May Learn."
114. Philippe Baumard, *Tacit Knowledge in Organizations*, trans. Samantha Wauchope (Thousand Oaks, CA: Sage Publications, 1999).
115. Christopher Myers, "Try Asking the Person at the Next Desk," *Medium*, January 16, 2017.
116. 기술 기업 직원, 크리스토퍼 마이어스(Christopher Myers)에 의한 인터뷰 그리고 다음 출처에서 인용: Michael Blanding, "Knowledge Transfer: You Can't Learn Surgery by Watching," *Harvard Business School Working Knowledge*, September 8, 2015.

그룹과 함께 생각하기

1. 이 사건에 대한 자세한 내용은 다음 출처를 따랐다: Edwin Hutchins, *Cognition in the Wild* (Cambridge: MIT Press, 1995). 배의 이름과 선원들의 이름은 허친스가 고안한 가명이다.
2. Hutchins, *Cognition in the Wild*, 1.
3. Hutchins, *Cognition in the Wild*.
4. Hutchins, *Cognition in the Wild*.
5. Hutchins, *Cognition in the Wild*, 3.
6. Hutchins, *Cognition in the Wild*.
7. Hutchins, *Cognition in the Wild*, 2.
8. Hutchins, *Cognition in the Wild*.
9. Hutchins, *Cognition in the Wild*, xiii.
10. Hutchins, *Cognition in the Wild*, xiv.
11. Hutchins, *Cognition in the Wild*, xiii.
12. Hutchins, *Cognition in the Wild*, 233.
13. Hutchins, *Cognition in the Wild*, 328.
14. Hutchins, *Cognition in the Wild*, 4.
15. Hutchins, *Cognition in the Wild*.
16. Hutchins, *Cognition in the Wild*, 5.
17. Hutchins, *Cognition in the Wild*, 322.
18. Hutchins, *Cognition in the Wild*, 339.
19. Hutchins, *Cognition in the Wild*, 5.
20. Eviatar Zerubavel and Eliot R. Smith, "Transcending Cognitive Individualism," *Social Psychology Quarterly* 73 (December 2010): 321–25. 또한 다음을 보라. Stephen M. Downes, "Socializing Naturalized Philosophy of Science," *Philosophy of Science* 60 (September 1993): 452–68.
21. Gustave Le Bon, *The Crowd: A Study of the Popular Mind* (New York: Macmillan, 1896), 51.
22. William McDougall, *The Group Mind: A Sketch of the Principles of Collective Psychology, with*

Some Attempt to Apply Them to the Interpretation of National Life and Character (New York: G. P. Putnam's Sons, 1920), 58.

23. "집단심리(group mind)"에 대한 초기 개념에 대한 나의 논의는 다음과 같은 출처에 근거한다: Georg Theiner, "A Beginner's Guide to Group Minds," in *New Waves in Philosophy of Mind*, ed. Mark Sprevak and Jesper Kallestrup (New York: Palgrave Macmillan, 2014), 301–22; Georg Theiner, Colin Allen, and Robert L. Goldstone, "Recognizing Group Cognition," *Cognitive Systems Research* 11 (December 2010): 378–95; Georg Theiner and Timothy O'Connor, "The Emergence of Group Cognition," in *Emergence in Science and Philosophy*, ed. Antonella Corradini and Timothy O'Connor (New York: Routledge, 2010): 78–120; Daniel M. Wegner, "Transactive Memory: A Contemporary Analysis of the Group Mind," in *Theories of Group Behavior*, ed. Brian Mullen and George R. Goethals (Berlin: Springer Verlag, 1987), 185–208; Daniel M. Wegner, Toni Giuliano, and Paula T. Hertel, "Cognitive Interdependence in Close Relationships," in *Compatible and Incompatible Relationships*, ed. William Ickes (New York: Springer, 1985), 253–76.

24. Le Bon, The Crowd, 10–11.

25. McDougall, The Group Mind, 41.

26. Carl Jung, 다음 출처에서 인용: Theiner and O'Connor, "The Emergence of Group Cognition."

27. Wegner, Giuliano, and Hertel, "Cognitive Interdependence in Close Relationships."

28. Theiner, "A Beginner's Guide to Group Minds."

29. Jay J. Van Bavel, Leor M. Hackel, and Y. Jenny Xiao, "The Group Mind: The Pervasive Influence of Social Identity on Cognition," in *New Frontiers in Social Neuroscience*, ed. Jean Decety and Yves Christen (New York: Springer, 2014), 41–56.

30. 감각과 루틴에 대한 내용은 다음을 보라. "Radio Taiso Exercise Routine," 유튜브에 게시된 영상, January 7, 2017, https://www.youtube.com/watch?v=I6ZRH9Mraqw.

31. Justin McCurry, "Listen, Bend and Stretch: How Japan Fell in Love with Exercise on the Radio," *The Guardian*, July 20, 2019. 또한 다음을 보라. Agence France-Presse, "Japan Limbers Up with Monkey Bars, Radio Drills for Company Employees," *Straits Times*, June 15, 2017.

32. Tal-Chen Rabinowitch and Andrew N. Meltzoff, "Synchronized Movement Experience Enhances Peer Cooperation in Preschool Children," *Journal of Experimental Child Psychology* 160 (August 2017): 21–32.

33. Tal-Chen Rabinowitch and Ariel Knafo-Noam, "Synchronous Rhythmic Interaction Enhances Children's Perceived Similarity and Closeness Towards Each Other," *PLoS One* 10 (April 2015).

34. Scott S. Wiltermuth and Chip Heath, "Synchrony and Cooperation," *Psychological Science* 20 (January 2009): 1–5.

35. Günther Knoblich and Natalie Sebanz, "Evolving Intentions for Social Interaction: From Entrainment to Joint Action," *Philosophical Transactions of the Royal Society B: Biological Sciences* 363 (June 2008): 2021–31.

36. Edward H. Hagen and Gregory A. Bryant, "Music and Dance as a Coalition Signaling System," *Human Nature* 14 (February 2003): 21–51.

37. Thalia Wheatley et al., "From Mind Perception to Mental Connection: Synchrony as a Mechanism for Social Understanding," *Social and Personality Psychology Compass* 6 (August 2012): 589–606.

38. Adam Baimel, Susan A. J. Birch, and Ara Norenzayan, "Coordinating Bodies and Minds: Behavioral Synchrony Fosters Mentalizing," *Journal of Experimental Social Psychology* 74 (January 2018): 281–90. 또한 다음을 보라. Adam Baimel et al., "Enhancing 'Theory of Mind' Through Behavioral Synchrony," *Frontiers in Psychology* 6 (June 2015).

39. Piercarlo Valdesolo, Jennifer Ouyang, and David DeSteno, "The Rhythm of Joint Action: Synchrony Promotes Cooperative Ability," *Journal of Experimental Social Psychology* 46 (July 2010): 693–95.

40. Lynden K. Miles et al., "Moving Memories: Behavioral Synchrony and Memory for Self and Others," *Journal of Experimental Social Psychology* 46 (March 2010): 457–60. 또한 다음을 보라.

C. Neil Macrae et al., "A Case of Hand Waving: Action Synchrony and Person Perception," *Cognition* 109 (October 2008): 152–56.

41. Patricia A. Herrmann et al., "Stick to the Script: The Effect of Witnessing Multiple Actors on Children's Imitation," *Cognition* 129 (December 2013): 536–43.

42. Rabinowitch and Meltzoff, "Synchronized Movement Experience Enhances Peer Cooperation in Preschool Children."

43. Valdesolo, Ouyang, and DeSteno, "The Rhythm of Joint Action." 또한 다음을 보라. Martin Lang et al., "Endorphin-Mediated Synchrony Effects on Cooperation," *Biological Psychology* 127 (July 2017): 191–97.

44. Bahar Tunçgenç and Emma Cohen, "Movement Synchrony Forges Social Bonds Across Group Divides," *Frontiers in Psychology* 7 (May 2016). 또한 다음을 보라. Piercarlo Valdesolo and David DeSteno, "Synchrony and the Social Tuning of Compassion," *Emotion* 11 (April 2011): 262–66.

45. Tanya Vacharkulksemsuk and Barbara L. Fredrickson, "Strangers in Sync: Achieving Embodied Rapport Through Shared Movements," *Journal of Experimental Social Psychology* 48 (January 2012): 399–402. 또한 다음을 보라. Michael J. Hove and Jane L. Risen, "It's All in the Timing: Interpersonal Synchrony Increases Affiliation," *Social Cognition* 27 (December 2009): 949–61.

46. Bahar Tunçgenç and Emma Cohen, "Interpersonal Movement Synchrony Facilitates Pro-Social Behavior in Children's Peer-Play," *Developmental Science*, 21 (January 2018): 1–9. 또한 다음을 보라. Laura K. Cirelli, "How Interpersonal Synchrony Facilitates Early Prosocial Behavior," *Current Opinion in Psychology* 20 (April 2018): 35–39.

47. Maria-Paola Paladino et al., "Synchronous Multisensory Stimulation Blurs Self-Other Boundaries," *Psychological Science* 21 (September 2010): 1202–7. 또한 다음을 보라. Elisabeth Pacherie, "How Does It Feel to Act Together?," *Phenomenology and the Cognitive Sciences* 13 (2014): 25–46.

48. Bronwyn Tarr et al., "Synchrony and Exertion During Dance Independently Raise Pain Threshold and Encourage Social Bonding," *Biology Letters* 11 (October 2015). 또한 다음을 보라. Emma E. A. Cohen et al., "Rowers' High: Behavioural Synchrony Is Correlated with Elevated Pain Thresholds," *Biology Letters* 6 (February 2010): 106–8.

49. Kerry L. Marsh, "Coordinating Social Beings in Motion," in *People Watching: Social, Perceptual, and Neurophysiological Studies of Body Perception*, ed. Kerri Johnson and Maggie Shiffrar (New York: Oxford University Press, 2013), 234–55.

50. Barbara Ehrenreich, *Dancing in the Streets: A History of Collective Joy* (New York: Metropolitan Books, 2006). 또한 다음을 보라. William Hardy McNeill, *Keeping Together in Time: Dance and Drill in Human History* (Cambridge: Harvard University Press, 1995).

51. Walter Freeman, "A Neurobiological Role of Music in Social Bonding," in *The Origins of Music*, ed. Nils Lennart Wallin, Björn Merker, and Steven Brown (Cambridge: MIT Press, 2000), 411–24.

52. Jonathan Haidt, *The Righteous Mind: Why Good People Are Divided by Politics and Religion* (New York: Pantheon Books, 2012), 223.

53. Mattia Gallotti and Chris D. Frith, "Social Cognition in the We-Mode," *Trends in Cognitive Science* 17 (April 2013): 160–65.

54. McNeill, *Keeping Together in Time*, 2.

55. Joshua Conrad Jackson et al., "Synchrony and Physiological Arousal Increase Cohesion and Cooperation in Large Naturalistic Groups," *Scientific Reports* 8 (January 2018).

56. Dmitry Smirnov et al., "Emotions Amplify Speaker-Listener Neural Alignment," *Human Brain Mapping* 40 (November 2019) 4777–88. 또한 다음을 보라. Lauri Nummenmaa et al., "Emotional Speech Synchronizes Brains Across Listeners and Engages Large-Scale Dynamic Brain Networks," *Neuroimage* 102 (November 2014): 498–509.

57. Gün R. Semin, "Grounding Communication: Synchrony," in *Social Psychology: Handbook of*

Basic Principles, ed. Arie W. Kruglanski and E. Tory Higgins (New York: Guilford Press, 2007), 630–49.

58. Yong Ditch, Joseph Reilly, and Betrand Schneider, "Using Physiological Synchrony as an Indicator of Collaboration Quality, Task Performance and Learning," the 19th International Conference on Artificial Intelligence in Education에서 발표된 논문, June 2018. 또한 다음을 보라. Dan Mønster et al., "Physiological Evidence of Interpersonal Dynamics in a Cooperative Production Task," *Physiology & Behavior* 156 (March 2016): 24–34.

59. Frank A. Fishburn et al., "Putting Our Heads Together: Interpersonal Neural Synchronization as a Biological Mechanism for Shared Intentionality," *Social Cognitive and Affective Neuroscience* 13 (August 2018): 841–49.

60. Kyongsik Yun, "On the Same Wavelength: Faceto-Face Communication Increases Interpersonal Neural Synchronization," *Journal of Neuroscience* 33 (March 2013): 5081–82. 또한 다음을 보라. Jing Jiang et al., "Neural Synchronization During Face-to-Face Communication," *Journal of Neuroscience* 32 (November 2012): 16064–69.

61. Garriy Shteynberg, "Shared Attention," *Perspectives on Psychological Science* 10 (August 2015): 579–90.

62. Garriy Shteynberg, "A Social Host in the Machine? The Case of Group Attention," *Journal of Applied Research in Memory and Cognition* 3 (December 2014): 307–11. 또한 다음을 보라. Garriy Shteynberg, "A Silent Emergence of Culture: The Social Tuning Effect," *Journal of Personality and Social Psychology* 99 (October 2010): 683–89.

63. Garriy Shteynberg, "A Collective Perspective: Shared Attention and the Mind," *Current Opinion in Psychology* 23 (October 2018): 93–97.

64. Garriy Shteynberg and Evan P. Apfelbaum, "The Power of Shared Experience: Simultaneous Observation with Similar Others Facilitates Social Learning," *Social Psychological and Personality Science* 4 (November 2013): 738–44.

65. Shteynberg and Apfelbaum, "The Power of Shared Experience."

66. Samantha E. A. Gregory and Margaret C. Jackson, "Joint Attention Enhances Visual Working Memory," *Journal of Experimental Psychology: Learning, Memory, and Cognition* 43 (February 2017): 237–49. 또한 다음을 보라. Ullrich Wagner et al., "The Joint Action Effect on Memory as a Social Phenomenon: The Role of Cued Attention and Psychological Distance," *Frontiers in Psychology* 8 (October 2017).

67. Garriy Shteynberg et al., "Feeling More Together: Group Attention Intensifies Emotion," *Emotion* 14 (December 2014): 1102–14. 또한 다음을 보라. Garriy Shteynberg and Adam D. Galinsky, "Implicit Coordination: Sharing Goals with Similar Others Intensifies Goal Pursuit," *Journal of Experimental Social Psychology* 47 (November 2011): 1291–94.

68. Stefanie Hoehl et al., "What Are You Looking At? Infants' Neural Processing of an Adult's Object-Directed Eye Gaze," *Developmental Science* 11 (January 2008): 10–16. 또한 다음을 보라. Tricia Striano, Vincent M. Reid, and Stefanie Hoehl, "Neural Mechanisms of Joint Attention in Infancy," *European Journal of Neuroscience* 23 (May 2006): 2819–23.

69. Rechele Brooks and Andrew N. Meltzoff, "The Development of Gaze Following and Its Relation to Language," *Developmental Science* 8 (November 2005): 535–43.

70. Catalina Suarez-Rivera, Linda B. Smith, and Chen Yu, "Multimodal Parent Behaviors Within Joint Attention Support Sustained Attention in Infants," *Developmental Psychology* 55 (January 2019): 96–109. 또한 다음을 보라. Chen Yu and Linda B. Smith, "The Social Origins of Sustained Attention in One-Year-Old Human Infants," *Current Biology* 26 (May 2016): 1235–40.

71. Sebastian Wahl, Vesna Marinovi, and Birgit Träuble, "Gaze Cues of Isolated Eyes Facilitate the Encoding and Further Processing of Objects in 4-Month-Old Infants," *Developmental Cognitive Neuroscience* 36 (April 2019). 또한 다음을 보라. Vincent M. Reid et al., "Eye Gaze Cueing Facilitates Neural Processing of Objects in 4-Month-Old Infants," *NeuroReport* 15 (November 2004): 2553–55.

72. Louis J. Moses et al., "Evidence for Referential Understanding in the Emotions Domain at

Twelve and Eighteen Months," *Child Development* 72 (May–June 2001): 718–35.

73. Michael Tomasello et al., "Reliance on Head Versus Eyes in the Gaze Following of Great Apes and Human Infants: The Cooperative Eye Hypothesis," *Journal of Human Evolution* 52 (March 2007): 314–20.

74. Hiromi Kobayashi and Shiro Kohshima, "Unique Morphology of the Human Eye and Its Adaptive Meaning: Comparative Studies on External Morphology of the Primate Eye," *Journal of Human Evolution* 40 (May 2001): 419–35.

75. Tomasello et al., "Reliance on Head Versus Eyes in the Gaze Following of Great Apes and Human Infants." 또한 다음을 보라. Hiromi Kobayashi and Kazuhide Hashiya, "The Gaze That Grooms: Contribution of Social Factors to the Evolution of Primate Eye Morphology," *Evolution and Human Behavior* 32 (May 2011): 157–65.

76. Ker Than, "Why Eyes Are So Alluring," *LiveScience*, November 7, 2006.

77. Michael Tomasello, *The Cultural Origins of Human Cognition* (Cambridge: Harvard University Press, 1999).

78. Shteynberg, "A Collective Perspective"; Shteynberg and Apfelbaum, "The Power of Shared Experience."

79. Garriy Shteynberg et al., "The Broadcast of Shared Attention and Its Impact on Political Persuasion," *Journal of Personality and Social Psychology* 111 (November 2016): 665–73.

80. Bertrand Schneider, "Unpacking Collaborative Learning Processes During Hands-On Activities Using Mobile Eye-Trackers," the 13th International Conference on Computer Supported Collaborative Learning에서 발표된 논문, June 2019. 또한 다음을 보라. Nasim Hajari et al., "Spatio-Temporal Eye Gaze Data Analysis to Better Understand Team Cognition," the 1st International Conference on Smart Multimedia에서 발표된 논문, August 2018.

81. Ross Neitz, "U of A Lab Testing Technologies to Better Train Surgeons," *Folio*, April 25, 2019.

82. Schneider, "Unpacking Collaborative Learning Processes During Hands-On Activities Using Mobile Eye-Trackers."

83. Duckworth, *Grit*.

84. Gregory M. Walton and Geoffrey L. Cohen, "Sharing Motivation," in *Social Motivation*, ed. David Dunning (New York: Psychology Press, 2011), 79–102. 또한 다음을 보라. Allison Master and Gregory M. Walton, "Minimal Groups Increase Young Children's Motivation and Learning on Group-Relevant Tasks," *Child Development* 84 (March–April 2013): 737–51.

85. Priyanka B. Carr and Gregory M. Walton, "Cues of Working Together Fuel Intrinsic Motivation," *Journal of Experimental Social Psychology* 53 (July 2014): 169–84.

86. Edward L. Deci and Richard M. Ryan, *Intrinsic Motivation and Self-Determination in Human Behavior* (New York: Plenum Press, 1985).

87. Brian Lickel et al., "Varieties of Groups and the Perception of Group Entitativity," *Journal of Personality and Social Psychology* 78 (February 2000): 223–46. 또한 다음을 보라. Donald T. Campbell, "Common Fate, Similarity, and Other Indices of the Status of Aggregates of Persons as Social Entities," *Behavioral Science* 3 (January 1958): 14–25.

88. Paul Barnwell, "My Students Don't Know How to Have a Conversation," *The Atlantic*, April 22, 2014.

89. 이 주제에 대한 유용한 정보는 다음을 보라. Cal Newport, "Was E-Mail a Mistake?," *The New Yorker*, August 6, 2019.

90. Richard L. Moreland and Larissa Myaskovsky, "Exploring the Performance Benefits of Group Training: Transactive Memory or Improved Communication?," *Organizational Behavior and Human Decision Processes* 82 (May 2000): 117–33. 또한 다음을 보라. Diane Wei Liang, Richard Moreland, and Linda Argote, "Group Versus Individual Training and Group Performance: The Mediating Factor of Transactive Memory," *Personality and Social Psychology Bulletin* 21 (April 1995): 384–93.

91. Gillian Tett, *The Silo Effect: The Peril of Expertise and the Promise of Breaking Down Barriers* (New York: Simon & Schuster, 2015).

92. 참고 자료로 다음을 보라. Dhruv Khullar, "Doctors and Nurses, Not Learning Together," *New York Times*, April 30, 2015.

93. Maja Djukic, "Nurses and Physicians Need to Learn Together in Order to Work Together," the Robert Wood Johnson Foundation 웹사이트 게시, May 11, 2015, https://www.rwjf.org/en/blog/2015/05/nurses_and_physician.html. 또한 다음을 보라. Andrew Schwartz, "Training Nurse Practitioners and Physicians for the Next Generation of Primary Care," the University of California-San Francisco 웹사이트 게시, January 2013, https://scienceofcaring.ucsf.edu/future-nursingtrainin-nurs-practitioner-an-physician-nex-generatio-primar-care.

94. Cheri Friedrich et al., "Escaping the Professional Silo: An Escape Room Implemented in an Interprofessional Education Curriculum," *Journal of Interprofessional Care* 33 (September–October 2019): 573–75. 또한 다음을 보라. Cheri Friedrich et al., "Interprofessional Health Care Escape Room for Advanced Learners," *Journal of Nursing Education* 59 (January 2020): 46–50.

95. Hilary Teaford, "Escaping the Professional Silo: Implementing An Interprofessional Escape Room," MinneSOTL 블로그 게시, https://wcispe.wordpress.com/2017/12/01/escaping-the-professional-silo-implementing-an-interprofessional-escape-room/.

96. Brock Bastian, Jolanda Jetten, and Laura J. Ferris, "Pain as Social Glue: Shared Pain Increases Cooperation," *Psychological Science* 25 (November 2014): 2079– 85. 또한 다음을 보라. Shawn Achor, "The Right Kind of Stress Can Bond Your Team Together," *Harvard Business Review*, December 14, 2015.

97. Frederick G. Elias, Mark E. Johnson, and Jay B. Fortman, "TaskFocused Self-Disclosure: Effects on Group Cohesiveness, Commitment to Task, and Productivity," *Small Group Research* 20 (February 1989): 87–96.

98. Tony Schwartz, "How Are You Feeling?," *Harvard Business Review*, February 22, 2011.

99. Tony Schwartz, "The Importance of Naming Your Emotions," *New York Times*, April 3, 2015.

100. Tony Schwartz, "What If You Could Truly Be Yourself at Work?," *Harvard Business Review*, January 23, 2013.

101. Cristine H. Legare and Nicole Wen, "The Effects of Ritual on the Development of Social Group Cognition," *Bulletin of the International Society for the Study of Behavioral Development* 2 (2014): 9–12. 또한 다음을 보라. Ronald Fischer et al., "How Do Rituals Affect Cooperation? An Experimental Field Study Comparing Nine Ritual Types," *Human Nature* 24 (June 2013): 115–25.

102. Kerry L. Marsh, Michael J. Richardson, and R. C. Schmidt, "Social Connection Through Joint Action and Interpersonal Coordination," *Topics in Cognitive Science* 1 (April 2009): 320–39.

103. Jenny Berg, "Students at Clearview Go the Extra (Morning) Mile Every Day Before School," *St. Cloud Times*, January 17, 2019. 또한 다음을 보라. Sarah D. Sparks, "Why Lunch, Exercise, Sleep, and Air Quality Matter at School," *Education Week*, March 12, 2019.

104. Christine E. Webb, Maya Rossignac-Milon, and E. Tory Higgins, "Stepping Forward Together: Could Walking Facilitate Interpersonal Conflict Resolution?," *American Psychologist* 72 (May–June 2017): 374–85. 또한 다음을 보라. Ari Z. Zivotofsky and Jeffrey M. Hausdorff, "The Sensory Feedback Mechanisms Enabling Couples to Walk Synchronously: An Initial Investigation," *Journal of NeuroEngineering and Rehabilitation* 4 (August 2008).

105. Lakshmi Balachandra, "Should You Eat While You Negotiate?," *Harvard Business Review*, January 29, 2013.

106. Kaitlin Woolley and Ayelet Fishbach, "A Recipe for Friendship:Similar Food Consumption Promotes Trust and Cooperation," *Journal of Consumer Psychology* 27 (January 2017): 1–10.

107. Shinpei Kawakami et al., "The Brain Mechanisms Underlying the Perception of Pungent Taste of Capsaicin and the Subsequent Autonomic Responses," *Frontiers of Human Neuroscience* 9 (January 2016).

108. Bastian, Jetten, and Ferris, "Pain as Social Glue."

109. Kevin Kniffin, 다음 출처에서 인용: Susan Kelley, "Groups That Eat Together Perform Better Together," *Cornell Chronicle*, November 19, 2015.

110. Kevin M. Kniffin et al., "Eating Together at the Firehouse: How Workplace Commensality Relates to the Performance of Firefighters," *Human Performance* 28 (August 2015): 281–306.

111. Kevin Kniffin, "Upbeat Music Can Make Employees More Cooperative," *Harvard Business Review*, August 30, 2016.

112. Philipp Müller, Michael Xuelin Huang, and Andreas Bulling, "Detecting Low Rapport During Natural Interactions in Small Groups from Non-Verbal Behaviour," the 23rd International Conference on Intelligent User Interfaces에서 발표된 논문, March 2018.

113. Andrea Stevenson Won, Jeremy N. Bailenson, and Joris H. Janssen, "Automatic Detection of Nonverbal Behavior Predicts Learning in Dyadic Interactions," *IEEE Transactions on Affective Computing* 5 (April–June 2014): 112–25. 또한 다음을 보라. Juan Lorenzo Hagad et al., "Predicting Levels of Rapport in Dyadic Interactions Through Automatic Detection of Posture and Posture Congruence," the IEEE 3rd International Conference on Social Computing에서 발표된 논문, October 2011.

114. Indrani Bhattacharya et al., "A Multimodal-Sensor-Enabled Room for Unobtrusive Group Meeting Analysis," the 20th ACM International Conference on Multimodal Interaction에서 발표된 논문, October 2018. 또한 다음을 보라. Prerna Chikersal et al., "Deep Structures of Collaboration: Physiological Correlates of Collective Intelligence and Group Satisfaction," the ACM Conference on Computer Supported Cooperative Work and Social Computing에서 발표된 논문, February 2017.

115. Katherine Isbister et al., "Yamove! A Movement Synchrony Game That Choreographs Social Interaction," *Human Technology* 12 (May 2016): 74–102.

116. Katherine Isbister, 다음 출처에서 인용: "The Future Is Now: Innovation Square Comes to NYU-Poly," the NYU Tandon School of Engineering Polytechnic Institute 웹사이트에 게시된 기사, June 12, 2012, https://engineering.nyu.edu/news/future-now-innovation-square-comes-nyu-poly.

117. Isbister et al., "Yamove!" 또한 다음을 보라. Katherine Isbister, Elena Márquez Segura, and Edward F. Melcer, "Social Affordances at Play: Game Design Toward Socio-Technical Innovation," the Conference on Human Factors in Computing Systems에서 발표된 논문, April 2018.

118. Katherine Isbister, *How Games Move Us: Emotion by Design* (Cambridge: MIT Press, 2016), 96.

119. Jesús Sánchez-Martín, Mario Corrales-Serrano, Amalia Luque-Sendra, and Francisco Zamora-Polo, "Exit for Success. Gamifying Science and Technology for University Students Using Escape-Room. A Preliminary Approach," *Heliyon* 6 (July 2020).

120. Scott A. Myers and Alan K. Goodboy, "A Study of Grouphate in a Course on Small Group Communication," *Psychological Reports* 97 (October 2005): 381–86.

121. Satyendra Nath Bose, in a letter written to Albert Einstein, in *The Collected Papers of Albert Einstein*, vol. 14, *The Berlin Years: Writings & Correspondence*, April 1923–May 1925, ed. Diana Kormos Buchwald et al., (Princeton: Princeton University Press, 2015), 399.

122. A. Douglas Stone, *Einstein and the Quantum: The Quest of the Valiant Swabian* (Princeton: Princeton University Press, 2015), 215.

123. Stone, *Einstein and the Quantum*, 215.

124. John Stachel, "Einstein and Bose," in *Satyendra Nath Bose: His Life and Times; Selected Works (with Commentary)*, ed. Kameshwar C. Wali (Singapore: World Scientific, 2009), 422–41.

125. Albert Einstein, 다음 출처에서 인용: Stachel, "Einstein and Bose."

126. Satyendra Nath Bose, 다음 출처에서 인용: Stachel, "Einstein and Bose."

127. Stone, *Einstein and the Quantum*. 또한 다음을 보라. A. Douglas Stone, "What Is a Boson? Einstein Was the First to Know," *HuffPost*, October 1, 2012.

128. Georges Aad et al., "Combined Measurement of the Higgs Boson Mass in pp Collisions at $\sqrt{s}$ = 7 and 8 TeV with the ATLAS and CMS Experiments," *Physical Review Letters* 114 (May 2015).

129. Stefan Wuchty, Benjamin F. Jones, and Brian Uzzi, "The Increasing Dominance of Teams in Production of Knowledge," *Science* 316 (May 2007): 1036–39. 또한 다음을 보라. Brad Wible, "Science as Team Sport," *Kellogg Insight*, October 10, 2008.

130. National Research Council, *Enhancing the Effectiveness of Team Science* (Washington, DC: National Academies Press, 2015).

131. Truyken L. B. Ossenblok, Frederik T. Verleysen, and Tim C. E. Engels, "Coauthorship of Journal Articles and Book Chapters in the Social Sciences and Humanities (2000–2010)," *Journal of the Association for Information Science and Technology* 65 (January 2014): 882–97. 또한 다음을 보라. Dorte Henriksen, "The Rise in Co-Authorship in the Social Sciences (1980–2013)," *Scientometrics* 107 (May 2016): 455–76.

132. Lukas Kuld and John O'Hagan, "Rise of Multi-Authored Papers in Economics: Demise of the 'Lone Star' and Why?," *Scientometrics* 114 (March 2018): 1207–25. 또한 다음을 보라. Lukas Kuld and John O'Hagan, "The Trend of Increasing CoAuthorship in Economics: New Evidence," the VOX CEPR Policy Portal 게시, December 16, 2017, https://voxeu.org/article/growth-multi-authored-journal-articles-economics.

133. Christopher A. Cotropia and Lee Petherbridge, "The Dominance of Teams in the Production of Legal Knowledge," *Yale Law Journal* 124 (June 2014): 18–28.

134. Mark Roth, "Groups Produce Collective Intelligence, Study Says," *Pittsburgh Post-Gazette*, January 10, 2011.

135. Wuchty, Jones, and Uzzi, "The Increasing Dominance of Teams in Production of Knowledge."

136. Brian Uzzi, 다음 출처에서 인용: Roberta Kwok, "For Teams, What Matters More: Raw Talent or a History of Success Together?," *Kellogg Insight*, June 3, 2019.

137. Anita Williams Woolley et al., "Evidence for a Collective Intelligence Factor in the Performance of Human Groups," *Science* 330 (October 2010): 686–88.

138. Garold Stasser and William Titus, "Pooling of Unshared Information in Group Decision Making: Biased Information Sampling During Discussion," *Journal of Personality and Social Psychology* 48 (June 1985): 1467–78.

139. Steven G. Rogelberg and Liana Kreamer, "The Case for More Silence in Meetings," *Harvard Business Review*, June 14, 2019.

140. Cass Sunstein, "What Makes Teams Smart (or Dumb)," *HBR IdeaCast*, Episode 440, December 18, 2014.

141. Cass R. Sunstein and Reid Hastie, *Wiser: Getting Beyond Groupthink to Make Groups Smarter* (Cambridge: Harvard Business Review Press, 2015), 33.

142. Cass R. Sunstein, "Group Judgments: Deliberation, Statistical Means, and Information Markets," University of Chicago Public Law and Legal Theory 조사 보고서, number 72, 2004.

143. Sunstein and Hastie, *Wiser*, 105.

144. Clark, *Natural-Born Cyborgs*, 5.

145. Annelies Vredeveldt, Alieke Hildebrandt, and Peter J. van Koppen, "Acknowledge, Repeat, Rephrase, Elaborate: Witnesses Can Help Each Other Remember More," *Memory* 24 (2016): 669–82.

146. Romain J. G. Clément et al., "Collective Cognition in Humans: Groups Outperform Their Best Members in a Sentence Reconstruction Task," *PLoS One* 8 (October 2013).

147. Suparna Rajaram and Luciane P. Pereira-Pasarin, "Collaborative Memory: Cognitive Research and Theory," *Perspectives on Psychological Science* 5 (November 2010): 649–63.

148. Michelle L. Meade, Timothy J. Nokes, and Daniel G. Morrow, "Expertise Promotes Facilitation on a Collaborative Memory Task," *Memory* 17 (January 2009): 39–48.

149. Gary M. Olson and Judith S. Olson, "Distance Matters," *HumanComputer Interaction* 15 (September 2000): 139–78.

150. Stephanie Teasley et al., "How Does Radical Collocation Help a Team Succeed?," the Conference on Computer Supported Cooperative Work에서 발표된 논문, December 2000. 또한 다음을 보라. Lisa M. Covi et al., "A Room of Your Own: What Do We Learn About Support of Teamwork from Assessing Teams in Dedicated Project Rooms?," the International Workshop on Cooperative Buildings에서 발표된 논문, February 1998.

151. Judith S. Olson et al., "The (Currently) Unique Advantages of Collocated Work," in *Distributed*

Work, ed. Pamela Hinds and Sara B. Kiesler (Cambridge: MIT Press, 2002), 113–35.

152. Mathilde M. Bekker, Judith S. Olson, and Gary M. Olson, "Analysis of Gestures in Face-to-Face Design Teams Provides Guidance for How to Use Groupware in Design," *Proceedings of the 1st Conference on Designing Interactive Systems: Processes, Practices, Methods, & Techniques* (August 1995): 157–66.

153. Olson et al., "The (Currently) Unique Advantages of Collocated Work," 122–23.

154. Covi et al., "A Room of Your Own."

155. Wegner, Giuliano, and Hertel, "Cognitive Interdependence in Close Relationships." 또한 다음을 보라. Wegner, "Transactive Memory."

156. Daniel M. Wegner, "Don't Fear the Cybermind," *New York Times*, August 4, 2012.

157. Wegner, "Don't Fear the Cybermind."

158. Gün R. Semin, Margarida V. Garrido, and Tomás A. Palma, "Socially Situated Cognition: Recasting Social Cognition as an Emergent Phenomenon," in *The SAGE Handbook of Social Cognition*, ed. Susan Fiske and Neil Macrae (Thousand Oaks, CA: Sage Publications, 2012), 138–64. 또한 다음을 보라. Zhi-Xue Zhang et al., "Transactive Memory System Links Work Team Characteristics and Performance," *Journal of Applied Psychology* 92 (2007): 1722–30.

159. John R. Austin, "Transactive Memory in Organizational Groups: The Effects of Content, Consensus, Specialization, and Accuracy on Group Performance," *Journal of Applied Psychology* 88 (October 2003): 866–78.

160. Kyle J. Emich, "How Expectancy Motivation Influences Information Exchange in Small Groups," *Small Group Research* 43 (June 2012): 275–94.

161. Babak Hemmatian and Steven A. Sloman, "Two Systems for Thinking with a Community: Outsourcing Versus Collaboration," in *Logic and Uncertainty in the Human Mind: A Tribute to David E. Over*, ed. Shira Elqayam et al. (New York: Routledge, 2020), 102–15. 또한 다음을 보라. Roy F. Baumeister, Sarah E. Ainsworth, and Kathleen D. Vohs, "Are Groups More or Less Than the Sum of Their Members? The Moderating Role of Individual Identification," *Behavioral and Brain Sciences* 39 (January 2016).

162. Eoin Whelan and Robin Teigland, "Transactive Memory Systems as a Collective Filter for Mitigating Information Overload in Digitally Enabled Organizational Groups," *Information and Organization* 23 (July 2013): 177–97.

163. Nathaniel Rabb, Philip M. Fernbach, and Steven A. Sloman, "Individual Representation in a Community of Knowledge," *Trends in Cognitive Sciences* 23 (October 2019): 891–902. 또한 다음을 보라. Garold Stasser, Dennis D. Stewart, and Gwen M. Wittenbaum, "Expert Roles and Information Exchange During Discussion: The Importance of Knowing Who Knows What," *Journal of Experimental Social Psychology* 31 (May 1995): 244–65.

164. Jim Steele, "Structured Reflection on Roles and Tasks Improves Team Performance, UAH Study Finds," the University of Alabama in Huntsville 웹사이트에 게시된 기사, April 8, 2013.

165. Julija N. Mell, Daan van Knippenberg, and Wendy P. van Ginkel, "The Catalyst Effect: The Impact of Transactive Memory System Structure on Team Performance," *Academy of Management Journal* 57 (August 2014): 1154–73. 또한 다음을 보라. Alex Fradera, "Why Your Team Should Appoint a 'Meta-Knowledge' Champion — One Person Who's Aware of Everyone Else's Area of Expertise," *British Psychological Society Research Digest*, September 8, 2014.

166. Haidt, The Righteous Mind, 90.

167. 엘리엇 애런슨(Elliot Aronson)과 그의 "직소 교실(jigsaw classroom)" 기법에 대한 나의 논의는 다음 출처에 근거한다: Elliot Aronson, *Not by Chance Alone: My Life as a Social Psychologist* (New York: Basic Books, 2010); Elliot Aronson, *The Social Animal*, 9th ed. (New York: Worth Publishers, 2004); Elliot Aronson, Nobody Left to Hate: Teaching Compassion After Columbine (New York: Henry Holt, 2000); Elliot Aronson, "Reducing Hostility and Building Compassion: Lessons from the Jigsaw Classroom," in *The Social Psychology of Good and Evil*, ed. Arthur G. Miller (New York: Guilford Press, 2004), 469–88; Elliot Aronson and Diane Bridgeman, "Jigsaw Groups and the Desegregated Classroom: In Pursuit of Common Goals," in *Readings About*

the *Social Animal*, ed. Elliot Aronson (New York: Macmillan, 2003), 423–33; Elliot Aronson and Neal Osherow, "Cooperation, Prosocial Behavior, and Academic Performance: Experiments in the Desegregated Classroom," *Applied Social Psychology Annual* 1 (1980): 163–96; Susan Gilbert, "A Conversation with Elliot Aronson," *New York Times*, March 27, 2001; Ursula Vils, " 'Jigsaw Method' Cuts Desegregation Strife," *Los Angeles Times*, August 10, 1978.

168. Aronson, *Not by Chance Alone*, 201.
169. Aronson, *The Social Animal*, 281.
170. Aronson and Osherow, "Cooperation, Prosocial Behavior, and Academic Performance."
171. Aronson, *Not by Chance Alone*, 203.
172. Aronson, "Reducing Hostility and Building Compassion."
173. Aronson and Osherow, "Cooperation, Prosocial Behavior, and Academic Performance."

결론

1. 조슈아 애런슨(Joshua Aronson)과의 저자 인터뷰.
2. Susan T. Fiske, "The Discomfort Index: How to Spot a Really Good Idea Whose Time Has Come," *Psychological Inquiry* 14 (2003): 203–8.
3. Claude M. Steele and Joshua Aronson, "Stereotype Threat and the Intellectual Test Performance of African Americans," *Journal of Personality and Social Psychology* 69 (November 1995): 797–811.
4. Joshua Aronson, quoted in Annie Murphy Paul, "It's Not Me, It's You," *New York Times*, October 6, 2012.
5. Michael Johns, Michael Inzlicht, and Toni Schmader, "Stereotype Threat and Executive Resource Depletion: Examining the Influence of Emotion Regulation," *Journal of Experimental Psychology: General* 137 (November 2008): 691–705.
6. Sapna Cheryan et al., "Designing Classrooms to Maximize Student Achievement," *Policy Insights from the Behavioral and Brain Sciences* 1 (October 2014): 4–12.
7. Geoffrey L. Cohen, Claude M. Steele, and Lee D. Ross, "The Mentor's Dilemma: Providing Critical Feedback Across the Racial Divide," *Personality and Social Psychology Bulletin* 25 (October 1999): 1302–18.
8. Joshua Aronson, 다음에서 인용: Paul, "It's Not Me, It's You."
9. Risko and Gilbert, "Cognitive Offloading."
10. Azadeh Jamalian, Valeria Giardino, and Barbara Tversky, "Gestures for Thinking," *Proceedings of the Annual Conference of the Cognitive Science Society* 35 (2013): 645–50.
11. Sloman and Fernbach, *The Knowledge Illusion*.
12. Nora S. Newcombe, "Thinking Spatially in the Science Classroom," *Current Opinion in Behavioral Sciences* 10 (August 2016): 1–6.
13. Andy Clark, "Extended You," TEDxLambeth, December 16, 2019.
14. Lucilla Cardinali et al., "Tool-Use Induces Morphological Updating of the Body Schema," *Current Biology* 19 (June 2009): R478–79. 또한 다음을 보라. Angelo Maravita and Atsushi Iriki, "Tools for the Body (Schema)," *Trends in Cognitive Sciences* 8 (February 2004): 79–86.
15. Bruno R. Bocanegra et al., "Intelligent Problem-Solvers Externalize Cognitive Operations," *Nature Human Behaviour* 3 (February 2019): 136–42.
16. 브루노 보카네그라(Bruno Bocanegra)와의 저자 인터뷰.
17. John Rawls, *A Theory of Justice* (Cambridge: Harvard University Press, 1971), 11.

455

옮긴이 이정미

호주 시드니 대학교에서 금융과 경영정보시스템을 공부했다. 읽고 쓰기를 좋아해 늘 책을 곁에 두고 살다가 바른번역 소속 번역가로 활동하고 있다. 글 쓰는 번역가가 되는 게 꿈이며, 옮긴 책으로는 《신 대공황》, 《누구나 죽기 전에 꿈을 꾼다》, 《디자인은 어떻게 세상을 만들어가는가》, 《레고 북》, 《현금 없는 사회》 등이 있다.

익스텐드 마인드

1판 1쇄 발행 2022년 10월 25일
1판 2쇄 발행 2022년 12월 7일

지은이 애니 머피 폴
옮긴이 이정미

발행인 양원석 **편집장** 차선화 **책임편집** 박시솔
디자인 김유진, 김미선 **영업마케팅** 윤우성, 박소정, 정다은, 백승원
해외저작권 임이안

펴낸 곳 ㈜알에이치코리아
주소 서울시 금천구 가산디지털2로 53, 20층 (가산동, 한라시그마밸리)
편집문의 02-6443-8890   **도서문의** 02-6443-8800
홈페이지 http://rhk.co.kr
등록 2004년 1월 15일 제2-3726호

ISBN 978-89-255-7737-1 (03180)